"十二五"普通高等教育本科国家级规划教材

高等学校经济管理类核心课程教材

财务管理学

（第五版）

Financial Management

刘玉平　马海涛　李小荣／主编

中国人民大学出版社
·北京·

出版说明

改革开放以来，中国的经济走上了高速发展的通道，获得了前所未有的发展。顺应这一形势，我国大部分高校也开始重视经济管理类人才的培养，开设了经济管理类专业。但是，与西方发达国家相比，我们的现代经济管理理论与实践落后几十年甚至上百年，最初很多理论和实践都是从西方直接“拿来”的。但是，西方的经济管理著作毕竟是站在西方的国情和经济基础上进行研究的，对于中国的很多现实问题很不适用。因此，要真正培养中国自己的经济管理类人才，必须有一套适合中国学生阅读和学习的教材。

基于以上认识，中国人民大学出版社按照教育部规定的经济管理类核心课程，组织编写了这套教材，供经济管理类的学生作为专业基础课程进行学习。本套教材在组织编写上，遵循了以下原则：

第一，教材实行本土化。我国与发达国家相比，国情不同，文化背景不同，思维方式不同，语言的表述方式也不同，因此，要真正培养中国的经济管理人才，教材还是本土化为宜。因此，本套教材在吸收西方经济管理理论精髓的基础上，充分结合中国的国情和实践，把中国的背景知识与国际合理接轨。

第二，精选作者，保证教材质量。本套教材的作者均为各自领域的权威或佼佼者，并且都在教学一线工作多年，有丰富的教学经验。而且，作者能够不断结合当前教学的需要和现实环境的变化，及时进行修订，推陈出新，始终保持教材的“精”与“新”。

第三，配套丰富，方便读者学习。本套教材大部分都配备了内容丰富的学习指导书，并且免费为一线教学提供网络教学资源，力求为使用该书的老师和学生提供周到的服务。

我们秉承中国人民大学出版社“出教材学术精品，育人文社科英才”的宗旨，紧跟时代脉搏，不断推出精品，提升教材的质量，为中国经济管理教育和实践水平的提升做出贡献。我们希望广大读者的建议和鞭策，能够促使我们不断对本套丛书进行改进和完善，以更好地服务读者。

中国人民大学出版社

第五版前言

为了延续本教材的已有成果和进一步提升教材质量，从而更好地满足读者需求，我们成立了修订小组对第四版教材进行了修订。第五版在保留第四版精华部分的同时，依托新的修订小组成员的智慧，在第四版的基础上做了较为全面的修订，主要修改之处体现在以下几个方面：第一，对教材的逻辑框架进行了重新梳理。本书对财务管理基础、融资决策、投资决策、股利政策和财务分析等内容进行了阐述。从基础到应用的章节安排，既体现了理论与实践的结合，也全面系统地介绍了核心财务决策的内容。第二，扩充了部分内容。比如丰富和增加了无形资产投资、期权等知识。第三，融入了新修订小组成员的新的教学成果和想法。

本次修订版本由中央财经大学马海涛、李小荣主持，参与修订工作的人员还有中央财经大学财政税务学院的翟进步、孙会霞、林东杰和万钟，由李小荣负责修改、定稿。虽然修订小组花了大量心血，但本次修订依然存在不足之处，恳请读者批评指正。

编者

目 录

第一章
财务管理概述

财务管理是以企业为主体的价值管理，本书中的财务管理指的就是企业财务管理。财务管理的内容是对企业资金运动及其所体现的财务关系进行的协调和控制。因此，本章中的内容主要包括两个部分：一是企业财务管理本身的内容，如财务管理的概念、财务管理目标与原则、财务管理方法体系等。二是与财务管理活动相关的内容，如财务管理环境，它会直接影响企业财务管理活动的开展及其效果。

第一节　财务管理理论的发展

一、财务管理的概念

财务是社会财富方面的事务与业务。人类的生存与发展，离不开物质资料及其生产经营。在市场经济条件下，物质资料生产经营活动过程的综合反映与控制，是以货币价值——资金形式表现出来的。随着社会再生产活动的进行，生产经营企业必然与国家、其他企业和单位产生一定的经济关系，同时，企业内部各部门之间、企业与职工及其他个人之间也都会产生一定的经济关系，这样必然会引起资金的不断变化，即资金运动，从而形成财务问题。本书中的财务管理主要指的是企业财务管理。对于企业来说，财务是指企业再生产过程中的资金运动及其所体现的经济关系（财务关系）。

管理是对管理对象所进行的决策、计划、组织、监督和控制。因而，财务管理就是在国家方针、政策指导下，根据国民经济发展的客观规律和企业资金活动的特点，对企业的资金运动进行决策、计划、组织、监督和控制，对企业的财务关系进行协调的一项工作。简单地讲，财务管理就是组织企业财务活动，处理财务关系的一项经济管理活动，它是企业管理的重要组成部分。

财务管理（financial management）是从西方经济学中分离出来的一门独立的学科。它的产生和发展约有100年的历史。在此期间，财务管理迅速发展成为一门独立且融众多学科知识于一身的系统学科，并在企业管理中发挥着极其重要的作用。我国经济改革的目标是建立和完善社会主义市场经济体制。企业是市场经济的主体，是经济活动的细胞。企业的资金活动越来越活跃，企业财务关系也越来越复杂，从而引起财务管理在内容、方法和手段上发生重大变革，财务管理将在经济管理中扮演着越来越重要的角色，起着越来越重要的作用。因此，企业必须高度重视财务管理理论、方法、规范和财务管理者素质的建设，积极推广和运用现代化的财务管理方法，迅速提高财务管理水平，不断发挥财务管理的作用，以全面提高企业的经济效益。

二、财务管理的对象

（一）企业的资金运动

企业的资金的作用是开展生产经营活动并创造财富。拥有一定数量的资金，是企业进行生产经营活动的必要条件。企业再生产过程不断进行，企业的资金也处于不断运动中，可以说，企业进行生产经营活动的过程，就是资金随企业再生产的进行而不断循环和周转的过程。企业资金只有不停地运动，不断地循环和周转，才能通过劳动者的劳动得到价值量上的增值，为企业带来经济效益。

企业生产经营活动在工业企业主要表现为供应、生产和销售活动；在商业企业主要表现为购销和储运活动。在整个过程中，劳动者不但生产出新的商品，而且将生产中消耗掉的生产资料的价值转移到产品中去，并且创造出新的价值，通过销售使商品的价值得以实现。因此，企业的生产经营活动，一方面表现为实物形态的物资运动，另一方面表现为价值形态的资金运动。物资运动和资金运动，是企业生产经营活动的两个方面，它们既互相联系，又相对独立。物资运动是资金运动的基础，资金运动是物资运动的价值表现形式。资金运动反映着物资运动，又是物资运动的条件；物资运动借助于资金运动来实现。所以，企业的生产经营活动是物资运动和资金运动的统一。

企业再生产过程中的资金运动总是从货币资金形态开始，依次通过供应、生产和销售三个阶段，依次表现为储备资金、生产资金、成品资金等不同的资金形态，最后转化为货币资金。企业资金从货币资金开始，经过若干阶段，又回到货币资金形态的运动过程，就是资金的循环。企业资金周而复始、不间断的循环过程，就是资金的周转。资金的循环和周转体现着资金运动的形态变化。

企业的资金的运动过程，可以分为筹集、运用和分配三个阶段。

1. 资金的筹集

在市场经济条件下，筹集资金是企业进行生产经营活动的前提，企业如果没有筹集到必要的资金，生产经营活动所必需的物质技术基础就无法建立。因此，资金的筹集是企业一项重要的财务活动，它包括确定企业资金需求量和资金的来源渠道。筹集资金是企业资金运动和财务管理的起点和基本环节。无论企业筹集资金的来源渠道和筹集方式如何，其取得的资金都不外乎两种：一种是由投资者投入的资金，即企业资本金（又称为权益资金）。另一种是向债权人借入的资金，即企业负债（又称为负债资金或债务资金）。

企业资本金是企业在工商行政管理部门登记的注册资金总额，企业在设立时必须有企业资本金，并不得低于国家规定的限额。根据投资主体的不同，企业资本金包括国家资本金、法人资本金、个人资本金和外商资本金等。企业资本金可根据有关法律、法规的规定，采取国家投资、各方集资或者发行股票等方式进行筹集。企业负债包括长期负债（如长期借款、应付长期债券、长期应付款项）和短期负债（如短期借款、应付及预收款项等）。

2. 资金的运用

资金的运用就是把筹集到的资金合理地投入生产经营活动过程及各个方面。工业企业生产经营活动一般分为供应、生产和销售三个连续过程。在供应阶段中，企业将使用筹集到的资金购置劳动资料和劳动对象，如机器设备、厂房建筑物和各种原材料等，此时企业的资金就由货币资金形态转化为固定资产资金占用形态和储备资金形态。在生产阶段中，企业劳动者通过劳动作用于劳动对象，使固定资产和储备资金都发生损耗，此时耗费的固定资产、储备资金、支付给员工的工资和管理费用的货币资金，便转化为生产资金形态，随着在制品、半成品的制造完成，生产资金又转化为成品资金形态，这时的成品资金已包括了劳动者新创造增加的价值量。在销售阶段中，企业通过销售产品取得营业收入，实现了商品价值和资金的增值，资金从成品资金形态转化为货币资金形态。可见，工业企业的生产经营过程，既是资金形态变化的过程，又是资金耗费和资金增值的过程。

商业企业的业务活动主要包括供应和销售两个阶段。在供应阶段中，企业用货币资金购进商品，资金从货币形态转化为商品形态。在销售阶段中，企业通过商品销售取得营业收入，资金又从商品形态转化为货币形态。可见，商业从取得资金开始，经过资金的运用、耗费以及纯收入的形成与分配，构成了商业企业资金运动的全过程。

3. 资金的分配

资金的分配就是企业将取得的营业收入进行分配。营业收入要用来补偿成本和费用，以保证企业生产经营活动的进行，补偿成本和费用后的余额为企业纯收入。企业纯收入扣除税金及附加后为税前利润（或利润总额），税前利润按照国家规定调整为应纳税所得额，依法缴纳所得税后为净利润或税后利润。除国家另有规定外，将净利润按一定顺序进行分配，依次为：弥补被没收的财物损失，缴纳因违反税法规定而需要支付的滞纳金和罚款；弥补企业以前年度亏损；提取法定公积金；提取公益金；向投资者分配利润。

企业的资金的运动过程，可以用图 1-1 表示。

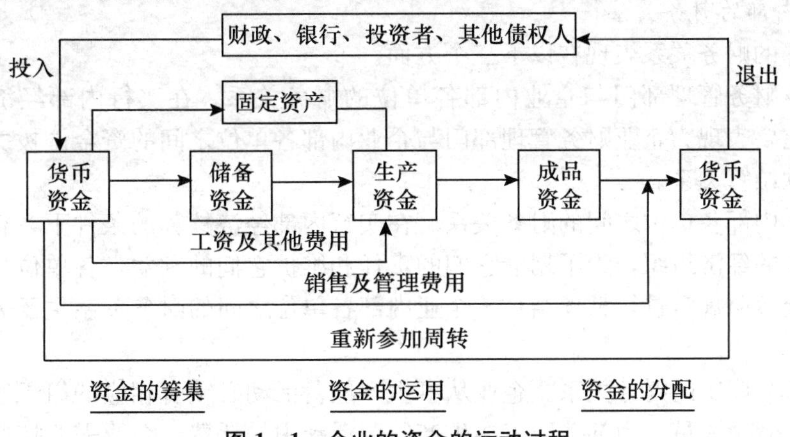

图 1-1　企业的资金的运动过程

（二）企业的财务关系

企业的生产经营活动是社会再生产活动的重要组成部分。在生产经营活动中，企业必然会与社会发生密切的外部经济联系。而在企业内部，职能部门之间、企业与职工之间也会发生各种内部经济联系。企业在生产经营活动中与各有关方面发生的经济联系称为企业的财务关系。企业的财务关系主要表现在以下几个方面。

1. 企业与企业所有者和被投资者的财务关系

按照《中华人民共和国公司法》（简称《公司法》）等有关法律和法规的规定，企业从事生产经营活动必须筹集企业资本金。企业资本金的投资者称为企业所有者（或称为主权投资者、权益所有者、股东）。企业所有者在进行投资以后，有权参与企业生产经营活动的管理，参加企业利润分配，在企业清算时有权按规定索偿企业剩余财产；同时，企业所有者应该对企业生产经营活动承担经济责任。在市场经济条件下，企业不仅需要接受企业所有者的投资，而且有权对被投资者进行投资并享受企业所有者的权益和承担经济责任。企业与企业所有者、企业与被投资者的财务关系都属于所有权关系，正确处理这种关系有利于维护企业所有者、被投资者和企业自身的合法权益。

2. 企业与债权人和债务人的财务关系

企业从事生产经营活动除了需要向企业所有者筹集资本金外，往往还需要向债权人筹集债务资金，如从银行和非银行金融机构取得借款、从企业债券的投资者处取得借入资金、从商品和劳务供应者处获得商业信用资金等。债权人向企业提供的资金是企业的债务资金，企业必须按规定还本付息。同样，企业有权购买债务人发行的债券或向商品、劳务求购者提供商业信用，并要求按规定收回本金和获取利息。企业与债权人和债务人之间的财务关系体现为债权与债务关系，正确处理这种关系同样有利于维护债权人、债务人和企业自身的合法权益。

3. 企业与国家税务部门的财务关系

国家是社会政权代表，企业是社会财富创造者。国家为了行使各项职能，需要向企业征收税款，包括流转税和所得税等。国家税务部门向企业征税是代表国家行使权力，企业向国家纳税是企业应尽的义务。正确处理企业与国家税务部门的财务关系有利于维护社会的共同利益，企业必须按照税法规定计税和纳税。

4. 企业内部的财务关系

企业内部的财务关系表现在以下三个方面。

（1）企业财务管理部门与企业内部各单位的财务关系。在实行内部经济核算的条件下，该关系主要表现为企业财务管理部门与企业内部各单位之间的资金调拨关系或借贷关系，以及货款结算关系。

（2）企业内部各单位之间的财务关系。在实行内部经济核算的条件下，企业内部各单位为相对独立的经济组织，为了划清它们的责任和维护它们的利益，各单位之间发生经济往来以后，应按照规定进行款项结算。企业内部各单位之间的财务关系主要表现为款项结算关系。

（3）企业与职工的财务关系。企业从事生产经营活动必须有相应的组织管理人员、技术人员和生产营销人员。为补偿职工在生产经营活动中的耗费，企业需要按职工提供劳动数量的多少和质量优劣支付职工工资、津贴和奖金。企业与职工之间的财务关系主要表现为按劳分配关系。

在现代企业制度下，财务关系是企业资本经营活动的一个方面，为了保证资本经营活动的正常进行，要正确处理企业与各方面的财务关系，只有这样，才能保证企业有一个良好的财务管理环境。在处理财务关系方面，企业一方面要严格遵守国家的法律和规章制度，另一方面要结合实际情况制定并执行企业内部财务管理制度。

三、企业的含义、分类及组织形式

（一）企业的含义

财务管理的主体是企业，它决定财务管理的目标。企业是指依法设立的、以营利为目的的、从事生产经营活动的、独立核算的经济组织。企业有如下特征：

（1）企业是一种社会经济组织。企业是经济活动中的基本单位，是经济活动的细胞。作为一个组织，它有自己的机构和工作程序要求。（2）企业以营利为目的。企业作为社会经济组织，从事生产经营活动，其最基本的目标是赚取利润。（3）企业实行独立核算。即企业要单独计算成本、费用，以收抵支，计算盈亏，对经济业务做出全面反映和进行控制。（4）企业需要依法设立。即企业是一种合法的组织，能得到国家法律的认可和保护。

（二）企业的分类

企业是社会经济生活中最具活力的细胞，形式多样，情况复杂。依据不同的标准，企业可划分为不同类型：

（1）按企业的经济性质，在我国，企业可分为国有企业、集体企业、私营企业等。采用这种划分方法除了可明确企业财产所有权的归属外，还方便国家对不同经济性质的企业采用不同的政策。在西方国家，也有国有企业与私营企业之分，其目的与我们大致一样。

（2）按企业经营的范围，企业可分为工业企业、农业企业、商业企业、交通运输企业、服务企业等。这种划分一方面有利于对经济的统计，为国家制定经济政策提供参数；另一方面也是出于国家管理的需要。

（3）按出资者的不同，企业可分为独资企业、合伙企业、公司制企业、内资企业、外资企业、中外合资企业、中外合作企业等。这种划分也符合国家统计、宏观决策等国家管理的需要。

（4）按企业的法律地位，企业可分为法人企业和非法人企业。这种划分能明确地反映出企业的法律地位及能力，不仅有利于国家管理，而且有利于企业间的经济交往。

由于各国情况不同，因此各国对企业的划分标准可能不同。在同一种划分标准下，具体划分的内容也可能不同。

（三）企业的组织形式

企业是市场经济活动的主体。企业的组织形式按投资主体主要分为三种：独资企业、合伙企业与公司制企业。

1. 独资企业

独资企业又称为个体企业，是指由单个人出资，并由出资者个人所有、个人经营和控制，企业主对企业的债务承担无限责任的企业。独资企业结构简单，投资少，开办容易，企业所得利润归企业主独享，生产经营的积极性高，决策灵活、迅速，能够适应消费者的各种分散的小量需求，企业主对企业经营具有绝对的控制权。另外，政府对独资企业的管制少。企业无须向社会公布财务报表，易于保密，只需要缴纳个人所得税而免缴公司所得税。

但是，独资企业的缺陷也显而易见，主要表现在以下几个方面：

（1）独资企业的资本来源单一，规模一般较小，很难取得大量资金，也很难承担大规模的经营项目。

（2）独资企业在法律上不具有法人资格，不能对外独立承担民事责任，其所有人对该企业的债务承担无限责任，当企业资产不足以偿还债务时，业主的个人资产将被追索。

（3）独资企业的寿命较短，往往随着创办人生重病、入狱、死亡等而终止。

基于上述原因，独资企业通常限于做小生意，但许多公司是以它为起点的。

2. 合伙企业

合伙企业指由两个或两个以上的自然人按照口头或书面协议共同出资经营、共同拥有的非法人组织。它同独资企业一样都是自然人企业。创办合伙企业可以通过非正式协议或者口头协议，确定合伙人之间的权利和义务关系。协议内容一般包括：

（1）分享利润与承担亏损的方式。

（2）每个合伙人的责任，包括投资的种类和数量、无限或有限责任及主要经营管理职责。

（3）合伙人变更机制，即原有合伙人死亡或退伙与接纳新合伙人的办法。

（4）合伙的期限及公司关闭后的财产分配方式等。

合伙企业的优点与独资企业类似，创立和营业成本很低，政府限制较小，税收较低。而且，由于合伙人共同偿还债务降低了企业风险，因此提高了其融资（又称筹资）能力。

合伙企业有两个主要缺点：（1）合伙人对企业债务负无限责任。（2）合伙企业是依据合伙人之间的合约或协议建立的，每当一个合伙人退出或死亡，或一个新的合伙人被接纳，都必须重新建立合伙企业，这就限制了它的发展能力。而且，由于重大决策都需要得到所有合伙人的同意，因此容易造成决策延误。此外，合伙企业寿命有限，转换所有权困难，难以获得大量投资。这是一种资合兼人合的经济组织。

3. 公司制企业

公司制企业（简称公司）是依照公司法组建并登记的以营利为目的的企业法人。公司的产权属于股东，股东有权分享公司的盈利，一般对公司债务承担有限责任。股东一般不能退股，只能转让其所持股份。因此，公司是一种资合组织，可以脱离其所有者而具有独立的生命。

公司最初的股东是公司的发起人。发起人以货币或其他资源（实物、知识产权、土地使用权等）投资入股。此外，公司可以通过募股取得资本。

公司的最高权力机关是股东大会。股东大会的例会一般每年举行一次。由于一年一度的股东大会无法适应及时做出经营决策的需要，因此公司通常选举出董事会，作为股东大会的常设机构，代表股东大会行使经营管理权，并聘请总经理。总经理是公司的行政首脑，是股东大会和董事会决议的执行者。

同合伙企业相比，公司的一个优点是股东一般只对企业债务承担有限责任，即只在其出资范围内对公司债务负责。一旦公司破产，债权人只能对公司的破产资产要求赔偿，而无权起诉股东或者要求股东以股本以外的财产来抵债。这样就使得公司成为筹集大量资本较佳的组织形式。公司的另一个优点是具有独立生命，除非破产或歇业，否则它的生命是"永远延续"的。公司一旦建立，其业务不会因股东死亡或股权转让而终止。同时，公司设立董事会和监事会，聘请总经理，可以实现专家管理，保证决策的及时性、连续性和科学性。因此，公司这种组织形式一出现就迅速发展起来。现在，它已成为社会经济生活中最重要的组织形式。

公司的主要缺点有：

(1) 公司的设立程序复杂，不像独资企业那样可以随时建立和歇业，也不像合伙企业那样仅由合伙人的协议决定，公司在成立条件、设立程序等方面有严格要求。因而，公司的组建不像以上两种企业组织形式那样方便灵活。

(2) 由于所有权与经营权相分离，公司的经营者往往不是公司的所有者，二者的目标并不一致，因此产生了委托人（出资者）和代理人（经营者）之间复杂的委托-代理关系。

(3) 作为法人，公司必须缴纳企业所得税，而股东也要为股利缴纳个人所得税，因此有双重税负。

公司有两种基本形式：(1) 有限责任公司。(2) 股份有限公司。二者的主要区别是：有限责任公司的资本不必分成等额股份，股东人数较少，不能公开募集股份，股东出资不能随意转让，不必公开财务状况。股份有限公司的资本必须划分为等额股份，股东人数只有下限而无上限，可以通过公开发行股票筹集资本，股票可以自由转让，必须公开披露财务状况等信息。

（四）公司的组织形式

建立现代企业制度是我国国有企业改革的一项重要措施。现代企业制度的特点是产权明晰、权责明确、政企分开、管理科学。建立现代企业制度就是建立公司制企业。我国公司的组织形式有三种，即有限责任公司、股份有限公司和国有独资公司。

1. 有限责任公司

有限责任公司是指股东以其出资额为限对公司承担责任，公司以其全部资产对公司债务承担法律责任的一种企业组织形式。有限责任公司不通过公开募股，而是由为数不多的股东集资组成。

有限责任公司的基本特征是：

(1) 有限责任公司的股东人数较少，一般对股东人数规定有最高限额，我国《公司法》规定的上限是50人。

(2) 有限责任公司的资本无须划分为等额股份，也不公开发行股票。股东确定投入资本额并交付公司资本后，公司出具《出资证明书》，《出资证明书》只是表明股东投资入股享有权益的凭证，不能被自由买卖。股东出让自己的出资时，受到一定的限制，一般应经公司批准，并在公司登记，而且老股东具有优先购买权。

(3) 在有限责任公司中，往往是大股东亲自经营企业，所有权与控制权分离程度不高的现象较多。

（4）有限责任公司的成立、停业、解散的程序比较简单，管理机构也比较简单，而且公司账目也不需要向公众公开。

鉴于有限责任公司的以上特点，这种企业组织形式比较适用于中、小规模的企业。这使企业既可以享受政府对法人组织给予的税收等优惠和法人制度带来的其他好处，又能够保证少数出资人的封闭式经营。

2. 股份有限公司

股份有限公司是指其全部资本由等额股份构成，股份以股票形式向社会公开发行，股东以其所认购的股份为限对公司负责，公司以全部资产对公司的负债承担法律责任的一种企业组织形式。股份有限公司将全部资本划分为等额股份，发行代表股份并且可以自由转让的有价证券——股票。

股份有限公司的基本特征是：

（1）股份有限公司的股东必须达到法定人数。我国《公司法》规定，股份有限公司发起人是2～200人。

（2）股份有限公司的总资本由若干等额股份组成，这是股份有限公司区别于其他公司形式或商业团体的一个重要标志。股份有限公司可以通过向社会发行股票而筹集资本，人们可以通过认购股票而取得相应的股权。股东不能要求退股，但可以通过买卖股票而随时转让股份。

（3）股份有限公司必须向公众公开披露财务状况。为了保护投资者的利益，《公司法》规定，股份有限公司必须在每个财务年度结束时公布公司的年度报告，其中包括董事会的年度报告、公司利润表和资产负债表等。

股份有限公司与其他企业组织形式相比有其独特之处，主要表现在以下几个方面：

（1）股份有限公司可以有效地为公司筹集大规模的资本，为需要巨额资本的公司提供筹资渠道，并为广大投资者提供简便、灵活的投资对象。

（2）股份有限公司对社会发行股票有利于分散投资的风险，特别是对于规模较大、风险也较大的企业投资者而言，可以使每个投资者相对承担较小的风险。

（3）股份有限公司有利于资本产权的社会化和公众化，把大企业的经营置于社会的监督之下。

当然，股份有限公司较其他企业组织形式，也有其不可避免的缺点，主要表现在以下几个方面：

（1）作为公众公司，发起和停业的法定程序较复杂。

（2）股份有限公司的所有权与控制权分离程度较高，从而造成股东与经营管理者之间复杂的委托-代理关系，这往往伴随着较高的代理成本。

（3）法律规定公司的经营情况必须定期向社会披露，这可能造成商业机密的泄露。

股份有限公司具有自身的优点和缺点，但它仍是一种最具活力的现代企业组织形式。

3. 国有独资公司

国有独资公司是指国家授权投资的机构或者国家授权的部门单独投资设立的有限责任公司。其基本特征是：

（1）国有独资公司是一人公司，国有独资公司的投资人对其投资设立的公司的债务以其出资额承担有限责任。

（2）国有独资公司的投资人只能是国家授权投资的机构或者国家授权的部门，而不能是其他机构或者部门。

（3）国务院确定生产特殊产品的公司或者属于特定行业的公司应当采取国有独资公司的形式。

第二节　财务管理内容

一、财务管理内容

财务管理是以企业财务活动为对象，对企业资金实行的决策、计划和控制。财务管理的主要内容包括资金筹集管理、投资管理、营运资金管理、利润及其分配管理等。管理的基本点是在社会主义市场经济条件下，按照资金运动的客观规律，对企业的资金运动及其引起的财务关系进行有效的管理。

（一）资金筹集管理

企业的资金包括权益资金和债务资金。企业遵照国家法律和政策的要求，从不同渠道，用不同方式，按照经济核算的原则筹集资金，从数量上满足生产经营的需要；同时考虑降低资金成本，减少财务风险，提高筹资效益，以实现财务管理的目标。

资金筹集是企业财务管理中一项最基本的管理内容，而筹资决策又是资金筹集管理的核心，筹资预测为筹资决策服务，而筹资计划则是筹资决策的具体化表现。

筹资决策所要解决的是筹资渠道、筹资方式、筹资风险和筹资成本等问题，要求确定最佳的资本结构，选择最合适的筹资方式，并在风险和成本之间权衡得失。

（二）投资管理

企业投资包括固定资产投资、证券投资和对其他企业的直接投资。投资管理的基本要求是建立严密的投资管理程序，充分论证投资在技术上的可行性和经济上的合理性。在收益和风险同时存在的条件下，力求做好预测和决策，以减少风险，提高收益。

将企业筹集的资金投入生产经营中，用于购买固定资产和无形资产，便形成对内投资；用于购买其他企业的股票、债券，或直接投资，便形成对外投资。无论是对内投资还是对外投资，在做出投资决策时需要考虑的问题主要都是投资对象、投资时点、投资报酬和投资风险，力求选择收益大、风险小的投资方案。

（三）营运资金管理

营运资金是指企业对全部流动资产的投资，净营运资金（或净营运资本）是指流动资产减去流动负债后的余额，因此营运资金管理既包括对流动资产的管理，又包括对流动负债的管理。营运资金在企业资金中的比重很大，其特点是周转快、容易变现，因此是企业短期资金管理的重点。企业现金流量的短期管理与净营运资金有关，财务部门必须致力于管理短期现金流量的缺口。

（四）利润及其分配管理

利润及其分配管理包括企业销售收入管理、利润管理和利润分配管理。其基本管理要求是认真做好销售预测和销售决策，开拓市场，扩大销售，确保资金回笼；认真做好利润预测和利润计划，确保利润目标的实现；合理分配利润，确保各方面的利益。

企业利润的分配影响到企业的长远利益和股东的收益。一方面，企业应通过降低成本、减少风险，扩大企业内部的积累，保留更多的盈余进行各种新的投资。另一方面，企业也要考虑股东的近期利益，发放一定的股利，以调动股东的积极性。

财务管理中的筹资决策、投资决策和利润分配决策三个内容互为因果，相互联系。其中，筹资决策是投资决策和利润分配决策的基础。有了较好的筹资决策，就会有较多的投资机会和较低的投资成本，以及较多的收益提供分配；有了较好的投资决策，就会实现较多的利润，提供较多的资金；有了较好的利润分配决策，就能调动投资各方的积极性，创造更多的筹资途径和投资机会。所以，在进行财务管理时，必须把这些内容联系起来加以统筹安排。

二、财务管理内容的历史演变

上述内容阐述了财务管理的基本内容。但财务管理的内容在不同的时期，其内容重点也不相同。我们可以通过 20 世纪西方财务管理的变化阶段①以及 21 世纪初新的财务管理阶段，来进一步认识财务管理内容的变化。

（一）筹资管理理财阶段

筹资管理理财阶段又可称为传统财务管理阶段，财务管理的主要职能是预测公司资金的需求量和筹集公司所需要的资金。20 世纪初，由于西方国家经济的持续繁荣和股份有限公司的迅速发展，各类企业都面临着如何筹集扩大生产经营所需资金的问题。当时，市场竞争不是十分激烈，各国经济迅速发展，只要筹集到足够的资金，一般都能取得较好的效益。然而，当时的资金市场还不甚成熟，金融机构也不是十分发达，因而，如何筹集资金便成为财务管理的最主要问题。在这一阶段，筹资理论和方法得到迅速发展，为现代财务理论的产生和完善奠定了基础。

（二）资产管理理财阶段

资产管理理财阶段又可称为内部控制财务管理阶段。筹资管理理财阶段的财务管理只着重研究资本筹集，却忽视了企业日常的资金周转和内部控制。第二次世界大战以后，随着科学技术的迅速发展以及市场竞争的日益激烈，西方财务管理人员逐渐认识到，在残酷的竞争中要维持企业的生存和发展，财务管理的主要问题不仅在于筹集资金，而且在于有效的内部控制，以及管理并利用好资金。在此阶段，资产负债表中的资产科目，如现金、应收账款、存货、固定资产等引起了财务管理人员的高度重视。在这一时期，公司内部的财务决策被认为是财务管理的最主要问题，而与资金筹集有关的事项已退居第二位。各种计量模型逐渐被应用于存货、应收账款、固定资产等项目，财务分析、财务计划、财务控制等得到广泛应用。

（三）投资管理理财阶段

20 世纪 60 年代中期以后，随着企业经营的不断变化和发展，资金运用日趋复杂，市

---

① 王化成. 20 世纪西方财务管理的五次浪潮. 中国财经报，1997-11-08.

场竞争更加激烈，投资风险不断加大，投资管理受到空前重视。主要表现在：

（1）确定了比较合理的投资决策程序。

（2）建立了科学的投资决策指标。

（3）建立了科学的投资决策方法。

（4）创立了投资组合理论和资本资产定价理论。

对投资管理理论做出重要贡献的学者有迪安（Dean）、马科维茨（Markowitz）和夏普（Sharpe）等。迪安在其所著的《资本预算》一书中，主要研究应用贴现现金流量法来确定最优投资决策问题。马科维茨致力于投资组合的研究，提出了投资组合理论。夏普提出了资本资产定价模型，揭示了风险与报酬的关系。

（四）通货膨胀理财阶段

20世纪70年代末和20世纪80年代初，伴随着石油价格的上涨，西方国家出现了严重的通货膨胀，持续的通货膨胀给财务管理带来了许多问题，在通货膨胀条件下如何有效地进行财务管理便成为主要矛盾。大规模的通货膨胀使企业资金需求不断膨胀，货币资金不断贬值，资金成本不断升高，成本虚降，利润虚增，资金周转困难。为此，西方财务管理提出了许多对付通货膨胀的方法。企业在筹资决策、投资决策、资金日常调度决策、股利分配决策等方面，都根据通货膨胀的状况进行了相应的调整。

（五）国际经营理财阶段

20世纪80年代中后期，由于运输和通信技术的发展，以及市场竞争的加剧，企业跨国经营发展很快，国际企业财务管理越来越重要。当然，一国财务管理的基本原理对国际企业也是适用的，但是，由于国际企业涉及多个国家，要在不同制度、不同环境下做出决策，就会有一些特殊问题要解决，如外汇风险问题、多国融资问题、跨国资本预算问题、国际投资环境的评价问题、内部转移价格问题等，都和一国财务管理不同。20世纪80年代中期以后，国际财务管理的理论和方法得到迅速发展，并在财务管理实务中得到广泛应用，成为财务管理发展过程中的又一个高潮。

（六）复杂环境下的财务管理阶段

进入21世纪后，企业所面临的经营环境和金融环境出现了一些新的特征和变化，这给企业财务管理的理论和实务工作带来了新的挑战，因此，理论学者和实务工作者需要因地制宜、付出更多的思考以解决不断出现的新问题。在经营环境方面，企业产品和服务的供给市场竞争加剧，企业竞争力的提升更多源自其自身的创新能力，互联网和信息技术深层次影响着企业的产、供、销模式，企业的盈利能力受国际市场环境的影响更加明显。在金融环境方面，企业融资渠道更加多样化和国际化，金融产品更加丰富，企业面临的投资风险和财务风险突发性强且不可预测性增加，互联网和信息技术发展使得企业支付和结算方式更加便捷，企业面临着更透明和更全面的金融监管。因此，复杂环境下的财务管理应更多注重企业日常经营、融资和投资中的隐蔽性风险及其对策。

三、财务管理的特点及其在企业管理中的地位

在市场经济条件下，企业是市场的主体，是国民经济的细胞。它的基本业务活动是从事商品的生产经营活动，即根据市场需求组织商品生产和流通，创造财富，增加积累，满

足社会日益增长的美好生活需要。因此，企业必须加强管理，以使各部门、各单位和广大职工有秩序、有成效地进行生产经营活动。企业生产经营活动的复杂性决定了企业管理必须包括多方面的内容，如生产管理、技术管理、人力资源管理、设备管理、质量管理、信息管理、财务管理等，从而形成了一个复杂的管理体系。在整个管理体系中，各项管理工作是互相联系、紧密配合的一个系统；同时，它们又有科学的分工，各有自己的特点。财务管理具有以下几个特点。

（一）广泛性

财务管理是对企业财务活动和财务关系所进行的管理，即对企业的资金活动及其与各有关方面所发生的财务关系进行组织、指挥、协调和监督。在企业中，一切涉及资金的收支活动都与财务管理有关。事实上，企业内部各部门与资金不发生联系的情况很少见，因此，财务管理的触角常常伸向企业经营的各个角落。每个部门也都要在合理使用资金、节约资金支出等方面接受财务部门的指导，受到财务制度的约束，以保证企业经济效益的提高。因此，企业财务管理涉及的范围很广泛。对于这样一项十分复杂而重要的管理工作，企业必须精心组织，以保证企业生产经营活动的健康发展。

（二）综合性

在企业生产经营管理体系中，各项管理的综合程度不同。有的属于单项管理，它们只能控制某一领域的生产经营活动，不能控制别的领域，如设备管理、人力资源管理等。有的虽是综合性管理，但它只能从使用价值的角度促进企业全面改善生产经营管理，如质量管理。而财务管理主要是运用价值形式对企业生产经营活动实施管理。通过价值形式，财务管理对企业的一切物质条件、经营过程和经营结果都进行合理的规划和控制，以达到企业效益不断提高，财富不断增加的目的。另外，财务管理所运用的资金占用、成本与费用、营业收入、营业利润等价值指标，是企业生产经营活动过程及其成果的综合反映，也是企业各项工作质量和数量的反映。这是企业管理体系中其他各项管理所不能及的。因此，财务管理在企业经营管理过程中扮演着越来越重要的角色，发挥着越来越重要的作用。因此，财务管理既是企业管理的一个独立方面，又是一项综合性的管理工作。

（三）信息反馈灵敏性

在企业的生产经营活动中，经营决策是否得当、经营是否合理、技术是否先进、产销是否顺畅，都可以迅速地在各项财务指标上反映出来。例如，如果商品适销对路且质量可靠，那么企业的营业收入就会增加。如果技术先进、劳动效率提高，那么成本费用就会降低。如果决策正确、经营有方，那么营运资金周转就会加快。可见，企业各项工作的质量和效果都能在财务指标上灵敏地反映出来，这为企业经营管理和决策人员提供和反馈了及时的信息，以便预测企业经济前景、确定经营规模、调整商品价格、制定经营方针等。

企业管理是企业为实现一定目标而合理地组织人与物的因素，有计划地指挥、调节和监督其经济活动的各种职能的总称。一般来说，企业管理包括生产管理、技术管理、人力资源管理、设备管理、销售管理和财务管理等。财务管理的特点决定了其在企业管理中的地位：第一，财务管理是企业管理的重要组成部分，企业管理总体效果的好坏受到财务管理的制约。第二，其他管理着重于实物管理，而财务管理是一种价值管理。企业管理中的一切管理均与财务管理有关，并通过财务管理予以反映。

第三节　财务管理的目标与原则

一、财务管理的目标

财务管理的目标是指企业财务管理要达到的目的。作为独立经济实体的企业，财务管理是企业管理的中心环节，财务管理的目标应与企业经营管理的目标相一致，并受经营管理目标的制约。在财务管理理论研究中，对于财务管理目标的确定，一直是一个具有争议性的问题。其中最有代表性的财务管理目标是：企业利润最大化、企业每股收益最大化和企业价值最大化。

（一）企业利润最大化

这种观点认为，利润是衡量企业经营和财务管理水平的标志。企业利润越大，就越能满足投资人对投资回报的要求，因此，企业利润最大化就是财务管理的目标。将企业利润最大化作为财务管理的目标有以下几点理由：

（1）利润是企业新创造的价值，是企业已实现销售并被社会承认的价值。

（2）利润是企业最综合的指标，能够说明企业整体经营管理和财务管理水平的高低。

（3）真实的利润就是社会财富的积累。

（4）利润是一个最容易被社会各界广泛接受的财务概念。

但是，将利润最大化作为企业财务管理的目标有其不可克服的缺点，主要表现在以下几个方面：

（1）没有考虑利润实现的时间因素，即没有运用货币时间价值这一重要的财务概念。

（2）没有充分考虑利润实现的风险因素，这可能造成财务管理人员不切实际地盲目追求利润最大化，使企业承受很大甚至不必要的风险。

（3）利润是一个绝对数指标，不能反映企业在一定时期内的投资收益率水平，因而无法表现一定时期内的投入和产出关系，更无法在不同企业之间进行财务状况的比较。

（4）利润最大化没有考虑一定时期内的现金流量状况，因为利润最大并不意味着企业的现金流量状况良好。

（5）追求利润最大化可能会造成企业经营者和财务决策者的短期行为，使得他们只顾实现当前的或局部的最大利润，而不顾长远和整体的发展，甚至伤害了长远发展的财务实力。

（二）企业每股收益最大化

每股收益是指公司在一定时期内的净利润与发行在外的普通股股数的比值，它反映了投资者每股股本的盈利能力，主要用于上市公司。对于非上市公司来说，则主要采用权益资本净利率（returns on earnings，ROE）。它是公司在一定时期内的净利润与其权益资本总额的比值，反映了权益资本的盈利能力。这两个指标在本质上相同，将公司的普通股股数乘以每股净资产，便可以得到权益资本总额。由于这两个指标都以净利润为基础，因此，其优点与利润最大化基本相同，而其更大的好处是该指标采用相对数来反映公司的盈利能力，从而可以更清楚地揭示出投资与收益的报酬率水平，更便于财务分析、财务预测，以及不同资本规模的公司或公司在不同时期的比较。

但每股收益或权益资本净利率仍然以利润为基础进行计算，所以，同样存在与利润指标相似的缺陷，主要表现在以下几个方面：

(1) 仍然没有考虑风险因素。要提高每股收益或权益资本净利率，最简单的方法是扩大负债比例，减少权益资本，同时最大程度地表现利润，承担最大的税收成本。这样就会大大加剧公司的财务风险，进一步削弱公司的偿债能力。因此，很多人认为，每股收益最大的时候，也可能就是财务风险最大的时候。如果公司不惜冒更大的风险去追求每股收益最大，就必然会对其长远发展能力造成伤害。

(2) 仍然没有考虑货币的时间价值，即没有考虑股本或公司权益资本获取利润的时间差异和持续特征。

(3) 仍然没有考虑现金流量因素，同样无法克服经营者因为追求最大收益而造成的短期行为。

(三) 企业价值最大化

建立企业的重要目的，在于创造尽可能多的财富。企业价值最大化，是指企业通过生产经营在激烈的市场竞争中不断开拓创新产品、优化业务服务、增加企业财富，使企业价值最大化。对企业进行评价时，不仅要看企业已经获得的利润水平，还要评价企业潜在的获利能力。因此，企业价值不是账面资产的总价值，而是企业全部财产的市场价值，它反映了企业潜在或预期的获利能力和未来收入预期。该思路考虑了资金的时间价值和风险问题。企业的收益越多，其整体价值或股东财富就越大，如衡量股东财富增加的指标可表示为：

权益市场增加值＝股东权益的市场价值－股东投资资本

将企业价值最大化作为财务管理的目标，其优点表现在：

(1) 考虑了资金的时间价值和投资的风险价值，有利于选择投资方案。

(2) 反映了对企业资产保值增值的要求，股东财富越多，企业价值就越大，追求企业价值最大化可促使企业资产保值或增值。

(3) 有利于克服管理的片面性和短期行为。

(4) 有利于社会资源合理配置，实现社会效益最大化。

将企业价值最大化作为财务管理的目标也存在一些不足之处，具体表现在：

(1) 对于上市企业而言，虽可通过股票价格的变动揭示企业价值，但股票价格受多种因素的影响，不一定能够揭示企业的获利能力。

(2) 现代企业不少采用环形持股即相互持股的方式，而对企业价值最大化目标没有足够兴趣。

(3) 对于非上市企业，只有对企业进行专业评估才能真正确定其价值，但这种评估不易做到客观和准确，从而导致很难确定企业的价值。

应当指出，企业不但要为其所有者提供收益，而且要合理承担相应的社会责任，如保护生态平衡，防治环境污染和支持社区文化教育、福利事业等。我国上市公司从 2009 年开始披露社会责任报告，每股社会贡献值较好地体现了企业所承担的社会责任，公式如下所示：

$$每股社会贡献值=\frac{每股收益+纳税额+职工费用+利息支出+公益投入总额}{期末总股本}$$

企业价值最大化有利于体现企业管理的目标，更能揭示市场所认可的企业价值，并且考虑了资金的时间价值和风险价值，因此，通常认为企业价值最大化是一个较为合理的财务管理目标。

二、财务管理的原则

财务管理的原则是企业组织财务活动、处理财务关系所必须遵循的基本准则，它反映了财务管理活动的内在要求。根据财务管理的原则组织财务管理活动，可以促进财务管理目标的实现。

人们从财务管理理论研究和实践活动中总结了许多财务管理原则，但认识角度不同，内容也不尽一致。总体上来说，财务管理的原则主要有以下几个。

（一）企业价值最大化原则

现代财务管理的主要目标是企业价值最大化，它同时是日常财务管理活动所应该遵循的基本原则。公司应该切实地将企业价值最大化原则内在化，使该原则能自觉地指导日常的财务管理活动，使一切管理活动都按照企业价值最大化原则进行。

现代企业制度下的公司产权关系明确，在此条件下，理财的目的就是合理运作资金，使资金的利用效益最好。现代财务管理活动在某种意义上是对资金运作的专业化管理，它遵循资金运动的基本要求和规律，运用价值管理的一系列方法，综合地对整体资金运动进行科学的统筹安排。公司在进行购置、生产、销售及投资等资金活动时，都要努力提高交易效率，最大限度地降低交易费用，从而达到“事半功倍”的效果。在整个经营过程中，公司要严格控制各项投入和产出、耗费和收入，以及盈利和亏损，尽量使资金在系统价值观念的指导下最高效地运行。

财务管理应该将价值最大化的基本理念贯穿于财务预测与决策、编制财务计划、进行财务控制和开展财务考核与分析等各项财务管理方法中，自觉运用价值管理的有效手段，促使其在整个经营与投资等资金运作过程中保持稳定和高效，从而确保企业价值最大化目标的实现。

（二）资金合理配置原则

财务管理是对资金活动的管理，而资金运用的结果则形成企业各种各样的可用资源，各种可用资源总存在一定的比例关系。资金合理配置，就是通过资金活动的组织和调节来保证各项可用资源具有最优化的比例关系。

企业可用资源的配置情况是资金运用的结果，同时它是通过资金结构表现出来的。从一定时点来看，企业有各种各样的资金结构。在资金运用方面，有固定资产和流动资产的构成比例，有内部投资和对外投资的构成比例，有有形资产和无形资产的构成比例，有货币资金和非货币资金的构成比例等。在资金来源方面，有权益资金和债务资金的构成比例，有长期资金和短期资金的构成比例等。企业须将资金按合理的比例配置在生产经营的各个阶段上，才能保证企业生产经营活动的顺利运行。企业只有合理安排了资金结构，才能在充分发挥财务杠杆作用、增加企业收益的同时，不危及企业的财务安全。

（三）风险与报酬均衡原则

企业的生产经营活动具有不确定性，生产经营的不确定性必然影响企业的财务活动，给企业在资金筹集、资金运用、资金分配等方面带来一定的风险。企业要想获得收益，就不能回避风险。可以说风险中包含收益，挑战中存在机遇。风险与报酬均衡，就是指在财务管理工作中要意识到风险的存在，在财务管理过程的各个方面、各个环节，既要追求较高的报酬，又要避免太大的风险，不能只顾追求利益，不考虑发生损失的可能。因此，一般来说，在财务管理活动中，既不能片面冒进地追求最大报酬，忽视风险的存在，也不能片面强调风险概率，丧失获得最大报酬的机会。

（四）利益关系协调原则

企业的财务管理活动同各方面的经济利益有着非常密切的联系。利益关系协调原则主要体现在分配企业的收入及财务成果方面：既要协调企业与国家、投资者、债权人、经营者、职工之间的利益关系，维护有关各方的合法权益，又要协调企业内部各部门、各单位之间的利益关系，以调动它们的积极性。处理各种经济利益关系，要遵守国家法律，认真执行政策，保障有关各方应得的利益，切实做好企业的收入及财务成果的分配工作。

（五）成本-效益原则

在企业筹资活动中有资金成本，在投资活动中有投资成本，在日常经营活动中有营业成本、三大期间费用（销售费用、管理费用和财务费用）等，企业的一切成本、费用的发生，都是为了取得一定的收益。成本-效益原则就是要对经济活动中的所费与所得进行分析比较，对经济行为的得失进行衡量，从经济上考虑成本与效益的关系，使成本与效益得到最优的结合，并坚持以效益大于成本作为财务决策的价值判断的出发点。

（六）分级分权管理原则

在规模较大的企业中，财务活动必须在统一领导的前提下实行分级分权管理。在财务管理上实行统一领导、分级分权管理，就是按照管理物资同管理资金相结合、使用资金同管理资金相结合、管理责任同管理权限相结合的要求，合理安排企业内部各单位在资金、成本、收入等管理上的权责关系。根据分级分权管理原则，确定集权、分权模式，科学组织财务管理活动。

第四节　财务管理方法体系

财务管理方法是反映财务管理内容，完成管理任务的手段。它主要包括财务预测、财务决策、财务计划、财务控制和财务分析等一系列方法。这些方法相互联系，相互配合，构成了完整的财务管理方法体系。

一、财务预测

财务预测是通过调查研究所掌握的资料，考虑现实的要求和条件，运用科学的方法，对企业未来的财务收支发展趋势和财务成果的可能性做出估计和预测。它是现代财务管理的客观要求，也是财务管理现代化的标志。财务预测既为企业财务决策提供依据，又为编制财务计划提供信息。

财务预测的主要功能表现为：

（1）通过财务预测获取有关信息，为企业寻找新的发展机会，为向高效益的经营方向转变打下基础。

（2）通过财务预测，使企业明确自己的潜在威胁，进一步加强内部经营管理。

（3）通过财务预测，可促使企业合理地分配和使用现有资金，获取最优效益。

（4）财务预测可以为企业发展提供多种备选方案。

财务预测的一般步骤可以概括为以下几个方面：

（1）明确预测目标。财务预测的目标也就是财务预测的对象和目的。由于预测目标不同，因此，对预测资料、预测模型、预测方法的选用等也不同。所以，必须明确预测的具体对象和目的，以规范预测的范围。

（2）收集相关资料。企业要根据预测的对象和目的广泛收集与预测目标相关的各种资料信息，并对这些信息资料进行可靠性、完整性、典型代表性的检查，并进行归类、汇总、调整等加工处理，使资料符合预测的需要。

（3）建立预测模型。企业应根据影响预测对象的各个因素之间的相互关系建立相应的财务预测模型。一般的财务预测模型有因果关系、时间序列和回归分析等预测模型。

（4）实施财务预测。企业应将经过加工整理后的资料代入财务预测模型，选用适当的预测方法，进行定性、定量分析，得出预测结果。

财务预测的具体步骤如图 1－2 所示。

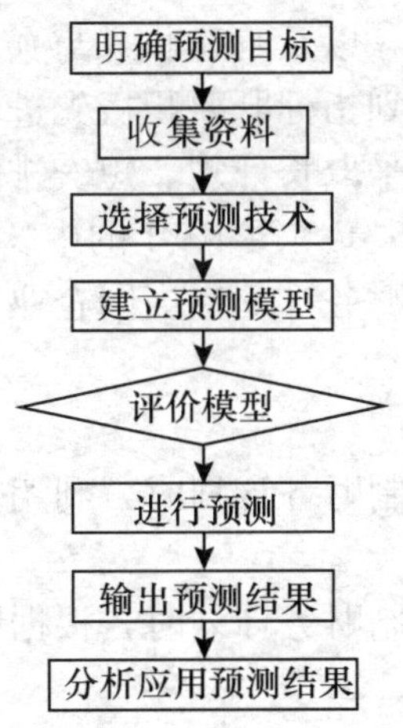

图 1－2　财务预测的具体步骤

财务预测的方法多种多样，大体上可以分为非数量方法（定性方法）和数学统计方法（定量方法）两大类。

非数量方法主要是依靠业务较熟的内行人员和专家，凭借他们的经验和判断能力，对企业财务活动的未来发展趋势做出预计和推测。非数量方法在实际工作中又可分为经验判断预测法和调查研究预测法两种。非数量方法比较灵活，且简便易行。其缺点是侧重于人的经验和判断分析能力，容易受主观因素影响。

数学统计方法是在已掌握了比较完备的历史资料的基础上，运用一定的数学方法（或模型）来预计和推测未来财务活动的变化情况。常用的方法如经验估算法、指标估算法、加权平均法、趋势预测法、量本利分析法等。

二、财务决策

财务决策是指财务人员在财务目标的总体要求下，通过专门方法从各种备选方案中筛选出最佳方案。财务决策能够实现的程度高低，关系到企业的兴衰成败，必须认真对待。财务决策的一般步骤如下：

（1）确定决策目标。企业应先确定决策目标，以便根据决策目标有针对性地做好各个阶段的决策分析工作。

（2）提出备选方案。企业应根据决策目标选用适当的方法，对所收集的资料做进一步的加工和整理，提出实现决策目标的各种备选方案。

（3）选择最优方案。在提出备选方案后，企业应根据决策目标采用一定的方法，分析和评价各种方案的经济效益和社会效益，进行权衡后从中选出最优方案。

三、财务计划

财务计划是运用科学的技术手段确定财务各项指标的奋斗目标。它是在财务预测基础上进行的目标系统化、具体化工作，也是控制财务收支活动、分析和检查生产经营成果的依据。

财务活动实行计划管理必须是全过程的，它包括各项资金的收入和使用、财务物资的增减变化、各项费用的开支和补偿，以及营业收入与企业盈利的形式和分析。编制财务计划应当注意以下几点：（1）财务计划指标既要积极先进，又要切实可行，留有余地，以能努力达到为准。（2）财务计划应当采取长计划、短安排的方针。既要编制年度、季度、月度的短期计划，还应该制定3年～5年乃至10年的中长期计划，以保证计划的连续性和稳定性，避免企业的短期行为。（3）财务计划应当同企业整个生产经营计划衔接平衡，相互促进。

编制财务计划的方法主要有：

（1）平衡法。该方法是指在编制财务计划时，利用有关指标客观存在的内在的平衡关系计算和确定计划指标的方法。

（2）因素法。该方法是指在编制财务计划时，根据影响某项指标的各种因素来推算计划指标的方法。

（3）比例法。该方法是指在编制财务计划时，根据企业历史已经形成而又比较稳定的各项指标之间的比例关系来计算计划指标的方法。

（4）定额法。该方法又称预算包干法，是指在编制财务计划时，以定额作为计划指标的一种方法。

四、财务控制

财务控制就是在平时对企业生产经营中实际发生的各项经济活动，按照财务制度和财务计划的要求进行严格监督的工作。财务控制将生产经营活动限制在制度和计划的规定范围之内，发现偏差，及时进行纠正，不断推广先进经验，吸取教训，克服缺点，保证财务目标的实现。

财务控制是保证财务政策和财务计划实施的重要环节。财务控制的方法是多种多样的，按控制标准可分为如下几种方法：

（1）制度法。即根据国家的政策和法令制度，控制企业的生产经营活动。如按国家法规合理筹措资金，按国家规定的成本开支范围计算成本。

（2）计划法。即按照计划从事企业的生产经营活动，使企业的资金收支符合计划的要求。

（3）定额法。即以定额为依据，测量实际与目标之间的差异，分析造成差异的原因，并加以纠正。

（4）目标法。即以目标为依据，确定实际与目标之间的差异，分析产生差异的原因，并及时矫正。

（5）责任法。即以责任会计制度确定的责任中心为对象主体，以各责任中心的业绩考核指标为依据，对企业资金运动进行考核、评价和调节。

五、财务分析

财务分析作为企业财务管理的手段之一，就是分析企业的财务状况，做出财务评价，定期向投资者、债权人、国家有关政府部门，以及其他与企业有关的单位提供财务报告。其中，我国已经上市的股份有限公司还应向证券交易所和中国证券监督管理委员会（简称中国证监会）提供企业财务报告。因此，企业应根据规定按月、按季、按半年，报送资产负债表、利润表、现金流量表和所有者权益情况变动表，以及其他附表和财务情况说明书，这些都是企业财务分析的重要依据。

企业进行财务分析时，必须收集内容真实、数字准确的资料。要分析所需的资料，还应收集与财务决策和股票发行等有关的会议记录、决议、纪要、报告、备查簿、备忘录等文字资料。财务分析主要通过对会计、统计、业务核算与计划资料，以及大量非计量因素的资料的分析，来提供全面、系统、准确、及时的经济信息。

财务分析的一般程序是：

（1）确定对象，明确目标。

（2）收集资料，掌握情况。

（3）运用方法，揭示问题。

（4）提出措施，解决问题。

财务分析的方法既有常规的绝对额分析法、比率分析法以及因素分析法，也有计量经济法、线性规划法、数理统计的回归分析法等。

第五节 财务管理环境

一、财务管理环境概述

（一）财务管理环境的含义

财务管理环境又称理财环境，是指理财过程中所涉及的影响企业财务活动的各种条件。从系统论的观点来看，环境就是存在于研究系统之外的，对研究系统有影响作用的一切系统的总和。在客观世界中，某一个系统的存在往往成为其他系统的环境。如果把财务管理看作一个系统，那么财务管理以外的对财务管理系统有影响的一切系统的总和便构成了财务管理环境。

财务管理环境是企业财务管理赖以生存的土壤，是企业开展财务活动的舞台。企业财务管理活动受到环境的制约。一般来说，财务管理环境包括金融市场环境和宏观经济政策环境等。宏观经济政策包含财政政策、货币政策、经济发展与产业政策等。企业财务活动的全过程均与这些环境因素有关。例如，财政政策的变化会引起企业财务分配的变化；货币政策直接影响企业的筹资决策等。但是，如果财务管理人员善于研究财务管理环境，能够科学预测其变化，从而采取有效措施，那么就会对财务管理环境产生积极的影响。

财务管理环境对于每个企业来说都相同。在相同环境下，每个企业的财务活动运行和效果却不同。如何在客观财务管理环境下有效地组织企业财务管理活动，实现财务管理目标，是财务管理理论和实际工作者所要研究的重要课题。

财务管理环境作为企业财务管理的外部条件，是财务管理中应充分考虑的变量。但就财务管理环境本身来说，有的因素是相对不变的，有的因素则处于变动之中，只有注意分析财务管理环境中的可变因素，把握和预测其规律性，才能使财务管理工作更具科学性。

（二）财务管理环境与财务管理活动

过去在高度集中的计划经济体制下，企业的理财环境基本处于封闭状态。比如，资金来源渠道单一，筹资方式单一，资金无偿占用，银行利率很少变化，企业收支直接在国家统一管理之下等，企业本身成为国家行政附属物，财务管理环境与财务管理活动没有明确界限。改革开放以后，随着企业独立自主权的扩大，企业成为市场经济中的独立实体，财务管理活动越来越显示出其重要性。同时，企业的财务管理环境开始向开放、活跃的环境转变，特别是宏观经济体制改革使各类经济杠杆如价格、利率、税收、信贷等得以充分应用，财务管理环境成为独立于企业并对财务管理工作造成重要影响的重要变量，因此，加强财务管理环境的研究变得尤为重要。

从财务管理环境的角度认识财务管理活动，可以明确财务管理活动是置于财务管理环境影响和制约下的独立的管理活动，因此，它具有如下特征：

（1）财务管理活动的主体是企业。只有加强企业财务管理，才能提高企业的经济效益。国家对企业财务管理活动的控制是通过财务管理环境进行的，而不是直接参与企业财务管理活动。

（2）财务管理活动应具有主动性、灵活性。只有明确了企业是财务管理活动的主体，才能使企业财务管理具有主动性和灵活性。其具体表现为企业能够根据宏观经济政策、金融市场等财务管理环境的变化采取相应的措施，独立地实现财务管理目标。例如，在实行货币紧缩政策的环境下，企业能够运用各种有效的融资手段，选择恰当的资金来源和筹资方式，来保证企业经营活动所需的资金。在财务管理环境与财务管理活动界限不清晰的情况下，国家宏观政策的变化会直接导致各个企业财务管理活动趋同化的结果。

(3) 财务管理活动具有相对稳定性。财务管理活动是在已认识和把握财务管理环境的基础上进行的，不会因财务管理环境的变化而发生重大变化。财务管理活动具有相对稳定性，自觉适应财务管理环境的变化，是财务管理活动正常化、科学化的标志。

对于财务管理活动而言，财务管理环境是客观且不可控制的，企业不能够改变它。但是，只要加强对财务管理环境的研究，并因势利导，就一定能够做好财务管理工作。

二、金融市场

金融市场是指资金融通的场所。企业的融资和投资活动都与金融市场密不可分，金融市场发挥着金融中介、调节资金供给和需求的功能。熟悉金融市场的各种类型以及管理规则，可以使企业财务人员有效地进行融资和投资活动，金融市场基本构成如图 1-3 所示。

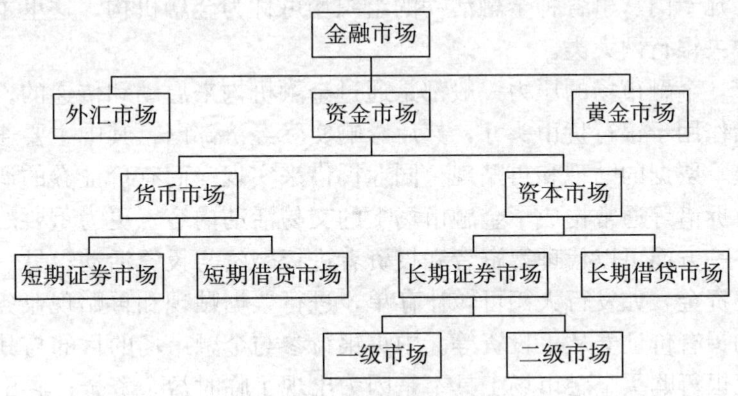

图 1-3　金融市场基本构成

构成金融市场的基本要素有三个方面：一是资金供应者和资金需求者。企业是重要的资金需求者，为其提供资金的有政府、金融机构、企业、事业单位、居民、外商等。此外，金融机构也是参与资金交易活动的经济单位。二是信用工具，包括各种股票、债券、票据、可转让存单、借款合同、抵押契约等。三是调节融资活动的市场机制。资金这种特殊商品的价格通常表现为利率。供求影响价格，而价格调节供求。当资金供大于求时，价格就会下降。如果资金的价格长期低于社会平均资金利润率，那么就会刺激需求，抑制供给。通过这种市场机制的调节作用，社会资金可以实现合理配置。

（一）金融市场主体

金融市场主体即金融市场的交易者，他们既可以是自然人，也可以是法人，一般包括企业、政府、金融机构、机构投资者和家庭五个部门，在开放的金融市场上还应包括国外投资者。

1. 企业

在生产经营过程中，由于产、供、销渠道的差异，以及周期性和季节性的影响，因此一些企业会出现暂时性的资金盈余，而另外一些企业会出现暂时性的资金短缺。这两类企业除通过银行等金融机构进行资金余缺的融通之外，资金短缺的企业可以在金融市场上发行相应的金融工具得到所需资金，而资金盈余的企业可以通过在金融市场上购买金融工具，将其暂时盈余的资金投资于生息资产。企业在创建或扩大生产经营规模时，可通过资本市场发行股票、债券等方式筹措所需资金。在金融市场运行中，企业无论是作为资金需求者还是资金供给者，均处于非常突出的地位。

2. 政府

政府在金融市场运行中，作为交易者充当双重角色。其一是作为筹资者，其二是作为调节者和监管者。作为筹资者，政府为弥补财政赤字，或为举办公共工程等，在金融市场上发行国债筹措所需资金。作为调节者，政府发行的公债，特别是国库券，是中央银行公开市场操作的主要对象。中央银行在公开金融市场上通过买卖国库券来调节金融市场上的货币供应量以达到调控经济的目的。此外，政府还是金融市场的监管者。

3. 金融机构

一般来说，凡专门从事各种金融活动的组织均可称为金融机构。这里主要指商业银行等金融企业和中央银行两大类。

在发达国家，金融市场的压力一般都是通过金融机构来启动和传递的。中央银行实施货币政策，开始作用于银行货币头寸，然后影响实际经济部门，其中主要通过商业银行的有价证券的调整、票据的贴现和再贴现、同业拆借来实现。而有价证券的调整、票据贴现和再贴现、同业拆借等通常构成了金融市场上的交易活动内容。更为重要的是，金融企业作为中介机构，一方面可以代理筹资者和投资者进行融资与投资活动；另一方面本身也可以发行证券筹集资金，如发行大额可转让存单，进行票据贴现和再贴现业务，向同业拆出或拆入资金，购买有价证券从事投资等。中央银行参与金融市场的目的与其他金融机构有本质不同。中央银行购买金融市场工具不是因为出现了临时盈余资金，它出售金融市场工具也不是为了筹措资金以弥补自己资金的不足。中央银行参与金融市场活动是以实现国家货币政策、调节经济、稳定货币为目的。中央银行通过买卖金融市场工具，投放或回笼货币，从而控制和调整货币供应量。总之，金融机构既是金融市场的参与者，又是金融市场的创造者，在金融市场中起着关键作用。

4. 机构投资者

机构投资者是指在金融市场从事交易的机构，如保险公司、信托公司以及各种基金。无论是人寿保险公司还是财产与灾害保险公司，其业务主要都是出售承保各种险别的证券——保险单，投资不同类型的有价证券，追求收入最大化以备偿付赔款。信托公司也是主要的投资者，这类金融机构一般向投资者（主要是小额投资者）出售自己的股份或发行债券，以所得资金买入多种证券。对小额投资者来说，最大的困难是不能购得多样化的证券以减少投资风险，因此，通过购买信托公司股份或债权，将资金集中起来由信托公司代为投资，这样就实现了证券投资多样化，从而分散了风险。基金主要指养老基金、证券投资基金等。它吸收个人为特定目的（如养老、投资等）所积攒的现期货币收入，在合同规定的支付期到来之前将这笔资金用于金融投资，购买一些期限长、收益高的金融市场工具。其特点在于使小额资金供给者进入市场，把零散的资金汇总成额度大、期限长的资金来源，用于满足大规模的资金需求。

5. 家庭

从家庭的货币收入中去除必要的消费后，一般会出现剩余。家庭通常将这部分剩余存入银行以购买股票、债券等，从而成为金融市场上的重要资金供给者和金融工具购买者。家庭作为金融工具的卖方，其动机较为复杂。有时是为了筹措资金来购买其他金融工具以转变资金投向；有时是为了未来的收入从而增加现期消费，即追求消费最大化，如借入住房抵押贷款等；有时是为了避免风险或进行投机。

（二）金融市场工具

金融市场工具简称金融工具。它是资金短缺部门、单位，或借入资金的部门、单位，或筹资者，向资金盈余部门、单位，或借出资金的部门、单位，或投资者，融入资金所出具的契约或凭证。从表面上看，金融工具是金融市场交易的对象。实际上金融市场交易的是资金本身。

金融市场上的金融工具种类繁多，主要有票据、债券、股票、外汇等。此外，在金融市场上还存在着直接的融资关系，但并不一定要具有一定形式的工具，如同业拆借资金。

1. 票据

票据是出票人自己承诺或委托付款人，在指定时期或见票时无条件支付一定金额，并可流通转让的有价证券。按照不同的分类标准，票据可以分为不同种类。按照信用关系的不同，可以分为汇票、本票和支票。按照到期时间的不同，可分为即期票据和定期票据。

2. 债券

债券是债务人在筹集资金时，依照法律手续发行，向债权人承诺按特定利率和日期支付利息，并在特定日期偿还本金，从而明确债权和债务关系的有价证券。债券的种类繁多，形式各异，往往有多种分类方法。债券按发行主体的不同，可分为政府债券、公司债券和金融债券；按利息支付方式的不同，分为定息债券和贴现债券；按有无担保，可分为信用债券和担保债券；按本金偿还方式的不同，可分为偿债基金债券、分期偿还债券、通知偿还债券、延期偿还债券、永久债券和可转换债券；按投资人的收益的不同，可分为固定利率债券、分红公司债券、参与公司债券、免税债券、收益债券和附新股认购权债券等。

3. 股票

股票是股份有限公司发给股东的投资入股和分红的凭证。股票有多种类型，一般分为普通股和优先股、记名股票和无记名股票、有面额股票和无面额股票等。

4. 外汇

外汇是指外国货币（简称外币）以及用外币表示的用于国际结算的支付手段。它包括外国货币（如美元、日元等）、外国有价证券、外币支付凭证和其他外汇资金。

5. 同业拆借资金

同业拆借资金既指在同业拆借市场上交易的资金，也指同业拆借市场的交易工具。有人称同业拆借市场的金融工具就是头寸，即款项或资金额度。也有人认为，同业拆借市场是金融机构间借贷资金的市场，进入资金市场的人必须符合要求，并按事先确定好的协议直接借贷，因此，同业拆借市场的金融工具就是同业拆借资金本身。这与外汇市场金融工具就是外汇一样。实际上交易头寸与同业拆借资金在本质上并无多大差别，在同业拆借市场中直接借贷的就是货币资金本身。

（三）金融市场的利率

金融市场是联结资金供给者和需求者的纽带。金融市场借助于利率机制，能达到资金供给和需求的平衡。在金融市场上，利率分为实际利率和名义利率。前者是指在不存在通货膨胀的前提下使用资金的代价，而后者是包含了通货膨胀因素在内的资金使用代价。由于通货膨胀的存在是客观现实，因而，名义利率就是市场利率。在市场经济条件下，市场利率或名义利率（K）的确定方法如下：

$$K=K^{*}+\mathrm{IP}+\mathrm{DP}+\mathrm{LP}+\mathrm{MP}$$

式中，K^{*}——纯粹利率；

IP——通货膨胀溢价；

DP——违约风险溢价；

LP——流动性溢价；

MP——到期日风险溢价。

1. 纯粹利率

纯粹利率是在无风险、无通货膨胀条件下的利率。一般认为，它等同于无通货膨胀时短期国库券的利率。但值得说明的是，纯粹利率不是固定不变的，它取决于国民经济的状况，具体而言取决于：

（1）社会的平均利润率，即各行业和各公司的经营活动所能赚取的平均利润率。

（2）资金的市场供求状况。理论上，纯粹利率的最高限为平均利润率，最低限为零。其实际水平的高低由市场供求状况决定。供过于求，利率下降；供小于求，利率上升。

（3）国家的货币政策。国家常常通过采用不同的货币政策直接对利率施加影响，以达到对国民经济进行调整的目的。

2. 通货膨胀溢价

由于通货膨胀会削弱货币的购买力，并降低投资者的实际报酬率，因而确定市场利率时，通常将通货膨胀率（通货膨胀溢价）计入利率，以补偿通货膨胀可能造成的损失。理论上，通货膨胀溢价应为预期的通货膨胀率，但由于人们的预期受过去通货膨胀率的影响，因而，过去和目前的通货膨胀率将影响通货膨胀溢价。

纯粹利率与通货膨胀溢价之和为无风险报酬率，也称为无风险利率。理论上，无风险报酬率应为所有无风险投资报酬率的平均值，为简便起见，通常以通货膨胀时的国库券利率来表示。

3. 违约风险溢价

违约风险是借款人在债务到期时不能偿付本金和利息的风险。现实中，除国库券不存在违约风险外，其他证券和借款等都存在程度不等的违约风险。违约风险越大，投资者要求的利率则越高。在其他条件不变的前提下，投资者为补偿违约风险所额外要求的利率就是违约风险溢价。违约风险溢价并非固定不变，它会随时间的推移而变化。

4. 流动性溢价

流动性反映了一项资产以合理价格进行转让或变现的难易程度，而转让或变现的难易程度取决于是否存在该资产的交易市场及其活跃程度。流动性较低（即风险较大）意味着资产通常只能以较低的价格进行交易。一般而言，国库券和上市公司的股票易于被人们接受，其流动性较高。在其他条件不变的前提下，投资者为补偿流动性风险所额外要求的利率为流动性溢价。现实中，流动性溢价通常介于2%～4%。

5. 到期日风险溢价

随着时间的推移，利率发生变动的可能性增大。当未来的利率大幅升高时，投资者会抛售目前所持证券而购买利率高的新发行证券，这会使证券的价格大幅降低。由于利率变动可能给投资者带来损失，因此这一风险被称为利率风险。一般而言，到期日越长，利率风险越大。为了弥补到期日不同时利率风险可能造成的损失，在其他条件不变的前提下，投资者所额外要求的利率为到期日风险溢价。例如，在同一时期发行但期限不同的国库券的利率差别就是到期日风险溢价。值得说明的是，由于到期日风险溢价的存在，长期利率一般会高于短期利率，但有时存在相反的情况（我国尚未发生过短期利率高于长期利率的情况）。理论上，长期利率是否高于短期利率主要取决于长、短期资金各自的供求状况，以及预期通货膨胀率的变化等因素。若长期资金供过于求，或市场认为长期通货膨胀率将低于短期通货膨胀率时，长期利率就很可能低于短期利率。

在我国，名义利率的确定方法有两种：一是由官方决定，即由国务院确定，中央银行负责管理。二是由市场决定，即由金融市场供求关系决定，但不得高于官方所定利率的40%。

（四）金融市场的类型

金融市场的种类有很多，可以按照不同的标准进行分类。

1. 按融通资金期限划分

按融通资金期限划分，金融市场可分为短期资金市场和长期资金市场。

（1）短期资金市场指经营一年期及一年期以下短期资金交易的市场。参与短期资金市场的目的在于取得现实支付手段，即无论是债务人还是债权人，盈利都不是其第一目标。在债务人看来，将持有的票据、债券、存单转换成现金，是为了获得即时支付能力。在债权人看来，将现有的即时支付能力转换为持有票据、债券、存单等变现能力强的资金，同样是为了能将这些资金及时变现。由于这些资金融通主要用于短期周转，偿还期短，流动性强，风险小，与货币相似，因而短期资金市场通常也被称为货币市场。

短期资金市场（货币市场）中的信用流通工具主要有：中央政府发行的短期国库券和其他短期债券、地方政府发行的短期债券、银行承兑汇票、银行发行的可转让定期存单、商业本票、商业承兑汇票、企业发行的短期融资券等。

（2）长期资金市场指经营一年期以上长期资金交易的市场。在这个市场上，企业可以用发行债券或股票的方法筹集资金，或者直接从金融机构获得长期贷款。企业从长期资金市场上取得的是可以长期使用的资金，因此，长期资金市场又被称为资本市场。

长期资金市场（资本市场）上的信用流通工具主要有：国家长期公债和中长期国库

券、企业股票、企业债券、地方市政建设公债、银行可转让定期存单等。

2. 按市场的交易对象划分

按市场的交易对象划分，金融市场可分为以下几种类型：（1）企业股票、债券市场；（2）金融债券市场；（3）政府债券市场；（4）商业票据贴现市场；（5）短期债券市场。

3. 按市场的交易过程划分

按市场的交易过程划分，金融市场可分为一级市场和二级市场。

（1）一级市场是股票、债券等有价证券的发行市场，又被称为初级市场。在一级市场上，企业通过发行股票、债券等信用工具向资金供应者取得资金。企业可以自己发行股票和债券，但通常是委托银行和信托机构作为证券经纪人代理发行。

（2）二级市场是各种有价证券的流通市场，也被称为次级市场。二级市场是证券买卖转让的地方，是证券所有权转移的场所。

一级市场和二级市场有着互相促进、相辅相成的关系。没有一级市场的发行认购，就不会有二级市场的买卖转手。没有二级市场，一级市场的活动就要受到限制，金融市场就难以发展。

4. 按市场融通资金范围划分

按市场融通资金范围划分，金融市场可分为区域性资金市场和国际性资金市场。

（1）区域性资金市场是指资金融通仅限于国内各经济组织、经济实体的本国货币和有价证券。

（2）国际性资金市场是指国际范围内的不同货币的资金融通活动，如吸引外资、外汇调剂等都属于国际性资金市场的范围。

（五）金融市场与企业的关系

发达商品经济和信用形式多样化的形成会促进企业生产的进一步发展和信用形式的进一步完善。随着现代企业制度的建立及企业经营机制的形成和完善，企业作为独立的经济实体，要面对市场环境进行决策。金融市场作为资金融通的场所，是企业向社会筹集资金必不可少的条件。我们应该熟悉金融市场的各种类型和管理规则，有效地利用金融市场来组织资金供应，同时遵守国家金融主管机关对金融市场的宏观调控和指导，发挥金融市场的积极作用，并限制其消极作用。

企业利用金融市场筹集资金，形成企业所需资金。企业与金融市场的关系主要表现在资金的借贷和融通上。企业资金融通的方式有两种，即直接融资和间接融资。

直接融资是指企业与企业、企业与个人通过金融市场，如股票、债券的买卖和商业信用票据的转让来直接融通资金。其主要特点是不需要金融机构作中介，资金供求双方可直接融资，因而筹资程序较简单，手续较简便，筹资速度快。现代财务管理应该具有筹资自主权，企业应该成为筹资主体，自己从金融市场上直接筹集资金，以保证企业生产经营活动正常的资金需要。

间接融资是企业以金融机构为媒介而实现的资金筹集。资金供应者先把资金提供给金融机构，再由金融机构向资金使用者提供资金。如银行通过吸收存款、出售金融债券等方式从资金有盈余的企业取得资金，然后用获得的资金进行贷放业务，向资金不足的单位供应资金。借入、贷出的两头都与企业直接发生联系，这里的金融机构是间接融资的场所，是金融市场的主体。企业与银行之间最频繁、最广泛的货币资金的借贷关系构成了金融市场活动的基础。

三、宏观经济政策

宏观经济包括财政政策、货币政策、经济发展与产业政策等，是财务管理环境的重要组成部分。这些政策的实施和变动直接影响着企业财务管理活动。

（一）财政政策

1. 财政政策及其特点

财政政策通常指政府根据宏观经济规律的要求，为达到一定目标而制定的指导财政工作的基本方针、准则和措施。财政政策是经济政策的重要组成部分。经济政策涉及的范围十分广泛。随着经济的发展变化和经济理论研究的深化，特别是在1929—1933年的资本主义经济危机以后，国家对经济的干预显得日益重要，财政和金融手段成为重要的宏观调控手段，具有现代意义的财政政策和货币政策开始被人们所认识，并成为经济政策体系中的重要组成部分。

财政政策一般由财政政策目标、财政政策主体和财政政策工具三个要素构成。

财政政策目标是通过财政政策的实施所要达到的目的或产生的效果。它构成了财政政策的核心内容，如经济增长、价格稳定、充分就业、公平分配等。财政政策目标是随着经济发展和社会政治状况的改变而不断进行选择和确定的。在现代社会，财政政策目标具有多元性，在不同的国家、不同的时期、不同的发展阶段，财政政策目标的选择也不相同。

财政政策主体是财政政策的制定者和执行者。财政政策主体的行为规范与否，对财政政策的制定和执行具有决定性作用，并直接影响财政政策效应的好坏和大小。

财政政策工具是财政政策主体所选择的用以达到财政政策目标的手段和方法。财政政策工具主要包括税收、公债、经常支出、资本支出、转移支付、贴息等。

财政政策的基本特征表现在：

（1）稳定性与变动性相统一。财政政策的内容随着社会经济发展的条件和环境的变化而变化。这种变化有时是根本性的，有时是局部的调整、补充和完善。但在每次变动之后，在一个时期或一个阶段又会保持一定的稳定性。财政政策的时代特征，就是其稳定性的标志。在具体实施财政政策时，既要保持政策的稳定性，又要保持必要的灵活性。一项政策从制定、实施到产生效应，需要一个过程，朝令夕改会使人无所适从，使既定的政策目标难以实现。在实施一项政策的过程中，鉴于调节对象和运行环境的复杂性，保持一定的灵活性是必要的，这是保证该项政策基本执行到位、基本发挥效应的策略安排。通常所说的不能"一刀切"，就是对政策灵活性的形象表述。

（2）集经济、法律等手段于一体。管理经济的手段通常分为经济手段、法律手段和必要的行政手段三种。财政政策既是一种经济手段，又具有法律和行政手段的特性。财政政策的制定需要经过必要的立法程序，财政政策的实施由财政部门组织，为了保证政策的顺利实行，有时也对其进行一定的行政干预。

（3）间接性与直接性相结合。财政政策主要是发挥间接调节作用，但有些政策的实施也具有直接性，如在政府投资中，从项目选择到资金拨付都是由财政政策主体直接操作。

2. 财政政策的类型

财政政策可以依照不同标准进行分类。

（1）根据调节经济周期的作用来划分，财政政策可分为自动稳定的财政政策和相机抉择的财政政策。

自动稳定的财政政策是指某些能够根据经济波动情况自动发挥稳定作用的政策，它无须借助外力就可产生调控效果。这种自动稳定性主要表现在两个方面：一是税收的自动稳定性。税收体系，特别是公司所得税和累进的个人所得税，对经济活动和收入水平变化的反应相当敏锐。如果当初预算是平衡的，税率没有变动，而经济活动出现不景气，那么国民生产就要减少，税收收入就会自动下降。如果政府预算支出保持不变，同时由于税收收入的减少而使预算发生赤字，那么这种赤字会"自动"产生一种力量来抑制国民生产的继续下降。二是财政支出的自动稳定性。如果国民经济出现衰退，那么会有一大批居民具备申请失业救济金的资格，政府必须对失业者支付救济金，以使他们能够支付必要的生活开支，使国民经济中的总需求不致下降过多。如果经济繁荣来临，那么失业者可重新获得工作机会，在总需求接近充分就业水平时，政府就可以停止这种救济性支出，使总需求不过于旺盛。

相机抉择的财政政策是指某些财政政策本身没有自动稳定的作用，需要借助外力才能对经济产生调节作用。一般来说，这种政策是政府根据当时的经济形势，相机采取的财政措施，以消除通货膨胀或通货紧缩，是政府利用国家财力有意识地干预经济运行的行为。

（2）根据财政政策在调节国民经济总量方面的不同功能，财政政策可分为扩张性财政政策、紧缩性财政政策和中性财政政策。

扩张性财政政策是指通过财政分配活动来增加和刺激社会总需求。在总需求不足时，扩张性财政政策能使总需求与总供给的差额缩小以达到平衡。扩张性财政政策主要通过减税、增加支出进而扩大赤字的方式实现。

紧缩性财政政策是指通过财政分配活动来减少和抑制总需求。在总需求大于总供给时，实行紧缩性财政政策有助于抑制和消除通货膨胀，以达到供求平衡。紧缩性财政政策主要通过增税、减少支出进而压缩赤字或增加盈余的方式实现。

中性财政政策是指财政的分配活动对社会总需求的影响保持中性，财政的收支活动既不会产生扩张效应，也不会产生紧缩效应，在实践中这种情况很少存在。有人认为实现财政收支平衡的财政政策就是一种中性财政政策，这是一种简单化、片面化的理解。因为财政的收和支的乘数是不同的，因此各自产生的效应不能完全抵消。

3. 财政政策工具

财政政策工具主要包括税收、购买性支出、转移性支出、国债和预算。

（1）税收。

税收既是政府组织收入的基本手段，又是调节经济的重要杠杆。税收作为一种财政收入形式，将民间的一部分资源转移到政府部门，由政府进行重新配置，以弥补市场机制的缺陷。税收作为一种调节手段，一方面可以有力地调节社会总需求和总供给；另一方面通过所得税和财产税调节个人收入和财富，实现公平分配。

税收调节总供求的关系，主要通过自动稳定和相机抉择的机制发挥作用。在经济繁荣时，国民收入增加，以国民收入为源泉的税收收入也随之自动增加，相应减少了个人可支配的收入，在一定程度上减轻了需求过大的压力。此时，如果总需求仍然大于总供给，那么政府可采取相机抉择的税收政策，或扩大税基，或提高税率，或减少税收优惠等。相反，在经济萧条时，税收收入会自动减少，相应地增加个人可支配收入，在一定程度上缓解有效需求不足的矛盾，从而有利于经济恢复。此时，如果经济仍然不景气，那么政府可进一步采取缩小税基、降低税率或增加税收优惠等措施。

税收收入的变化对经济的影响具有乘数效应。所谓税收乘数，就是税收的增加或减少会引起国民收入更大幅度的变化，这种变化可用国民收入变动量与引起这种变化的税收变动量之间的比值来反映。

税收调节收入分配，主要通过累进所得税和财产税制来实现。

(2) 购买性支出。

购买性支出是政府利用国家资金购买商品和劳务的支出。这种支出对国民收入的形成和增加具有重要影响。增加购买性支出将直接增加个人收入，而个人收入增加的一部分将被用于消费，使消费总量增加，消费总量的增加又引起国民收入的增加；反之亦然。也就是说，政府购买性支出的增减，将引起国民收入倍数的增减，这个倍数就是支出乘数。支出乘数的大小由边际消费倾向决定。边际消费倾向越大，支出乘数就越大；边际消费倾向越小，支出乘数就越小。

调节购买性支出是进行需求管理的有效办法。当社会总需求明显超过总供给，通货膨胀压力加大时，政府削减购买性支出，可直接减少需求。当社会总供给大于总需求，资源不能被充分利用时，政府扩大购买性支出，进行大规模采购，便可直接增加需求。

从最终用途上看，政府的购买性支出可分为政府消费和政府投资两大部分。政府消费是为了保证政府履行管理职能花费的开支，如用于国防、外交、治安、行政管理、文化、科学、教育、卫生等社会事业的财政支出。政府投资是由政府利用来源于税收或国债的资金对市场机制难以有效进行资源配置的基础设施建设和事关国计民生的一些投资项目进行的投资。

(3) 转移性支出。

转移性支出又称转移支付，是指政府不直接到市场上进行购买，而是把财政资金转移到社会保障支付和财政补贴上，接受转移资金的企业和个人去市场上购买商品和劳务。

社会保障支付是将高收入阶层的一部分收入转移给低收入阶层。在发达国家的预算中，社会保障预算是一个非常重要的组成部分，发挥着社会“安全阀”和“减震器”的作用。在经济萧条时，失业人口增加，政府相应增加社会保障支出，从而增加他们的收入，即增加社会购买力，恢复供求平衡。在经济繁荣时，失业减少，政府相应减少社会保障支出，以免需求过大。这种转移性支出成为实现收入公平分配、反经济周期的主要政策工具。

财政补贴也是一种转移性支出。它分为两大类，一类是消费性补贴，一类是生产性补贴。这两种补贴的政策效应各不相同。消费性补贴主要是对人民日常生活用品的价格补贴，可直接增加消费者可支配的收入，鼓励消费者增加消费需求。生产性补贴主要是对生产者的特定生产投资活动的补贴，如生产资料价格补贴、投资补贴、利息补贴等，等同于对生产者减税，直接增加生产者的收入，从而提高生产者的投资和供给能力。

（4）国债。

国债作为国家利用信用方式筹集财政收入的一种形式，对经济的影响主要体现为两种效应，即流动性效应和利息率效应。国债的流动性效应是指通过调整国债期限结构和发行对象来改变国债的流动性程度，进而影响整个社会资金流动总量。一般来说，长期国债流动性低，短期国债流动性高。国债由金融机构认购，会通过扩大信贷规模而增加货币供应量。国债由非金融机构认购，只会引起资金使用权的转移，不会引起货币供应量的增加。因此，在经济萧条时，政府发行短期国债或针对金融机构发行国债可扩大资金流通量，刺激投资和消费需求。在经济繁荣时，发行长期国债或针对社会公众发行国债，可减少资金流通量，减轻通货膨胀的压力。

国债的利息率效应是指通过调整国债的利率水平和供求状况来影响金融市场利率的变化，从而对经济产生扩张或抑制作用。国债的利率水平是资金市场的基准利率。在经济繁荣时，政府或直接调高国债利率，或抛售国债，使国债价格下跌，从而使利率水平上升，产生紧缩性效应。在经济萧条时，政府或直接调低国债利率，或大量买进国债，使国债价格上升，从而使利率水平降低，产生扩张性效应。

（5）预算。

预算是国家财政收入与支出的年度计划，它包括中央预算和地方预算。预算作为一种政策工具，主要指中央预算。预算是通过年度财政收支计划的制订和在执行中的调整来实现调节功能，预算的调节功能主要体现在财政收支的规模和差额上。从规模上讲，既定的财政收支规模可以决定民间部门可支配的收入规模，以及政府的生产性投资规模和消费总额，并且可以影响经济运行中的货币流通量，从而对整个社会的总需求和总供给产生重大影响。从差额上看，预算有三种形态，即赤字预算、盈余预算和平衡预算，它们各自具有不同的调节功能。赤字预算是一种扩张性财政政策，盈余预算是一种紧缩性财政政策，平衡预算通常是一种中性财政政策。在有效需求不足时，赤字预算可以对总需求的增长起到巨大的刺激作用；在总需求膨胀时，盈余预算可以对总需求的膨胀起到抑制作用；在总需求与总供给相适应时，平衡预算可以维持这种状态。预算对实现充分就业、稳定物价、促进经济增长等政策目标有重要作用。

（二）货币政策

货币政策是指国家为实现一定的宏观经济目标所制定和实施的有关货币供应和流通方面的方针、措施的总和。在市场经济体制下，货币政策和财政政策共同构成调节国民经济运行的两大杠杆。

货币政策作为国家经济政策的重要组成部分，同财政政策一样，其最终目标与宏观经济政策目标是一致的。

货币政策的目标是通过运用货币政策工具来实现的。成熟的市场经济国家主要运用法定存款准备金率、公开市场业务和再贴现率三大政策工具。

商业银行在吸收存款后，必须按法定比例保留准备金并存入中央银行，该法定比例被称为法定存款准备金率。这是鉴于商业银行具有创造派生存款的功能而定的。商业银行在吸收存款后，将存款贷出。这些贷款由借款人进行支付、购买，转到出售者手中后再由出售者存入银行，这就形成了和贷款额大体相等的存款，即派生存款。如此循环往复，形成的二、三级派生存款使得派生存款总量数倍于初始存款。为了避免商业银行因放贷过多而造成支付危机，中央银行利用法定存款准备金率有效控制派生存款的数量，从而控制货币供应总量。一般原理是，派生存款总量与法定存款准备金率成反比，即在法定存款准备金率较高时，银行派生存款总量较少。在法定存款准备金率较低时，银行派生存款总量较多，而且法定存款准备金率的微小变动都会带来派生存款总量和货币供应量的较大变动。经验表明，法定存款准备金率每降低 1 个百分点，派生存款总量增加 7%～8%。因此，中央银行就可以通过变更法定存款准备金率来影响货币供应量和利息率。

公开市场业务是指中央银行在金融市场上买进或卖出政府债券，从而调节货币供应量的一种做法。在经济衰退时，中央银行在金融市场上买进政府债券，这可以产生两种效应：一是个人和团体卖出债券后，将资金存入商业银行，并通过派生存款的作用增加货币供应量。二是中央银行买进政府债券时，会推动债券价格上升，银行利率相对下降，从而带来投资预期收益增加，投资规模扩大。在经济高涨时，中央银行在金融市场上卖出政府债券，会产生相反的效果，从而达到抑制投资需求乃至社会总需求的目的。

再贴现率是指商业银行向中央银行借款时所支付的利息率。中央银行通过变动再贴现率以调节货币供应量与利息率。在经济衰退时，中央银行降低再贴现率（包括放宽再贷款条件），商业银行由于借款的利息率下降，一般会增加向中央银行的借款。商业银行的借款增加，不仅可以直接增加贷款数量，而且可以通过银行派生存款的作用进一步增加市场上的货币供应量。与此同时，利息率的降低也会增加投资预期收益，促进投资增长，扩大社会需求。

过去我国货币政策工具以信贷规模控制为主，同时采用法定存款准备金率、利率等工具，并进行公开市场业务试点。1997 年 12 月，我国取消了长期使用的信贷规模控制，主要运用三大政策工具，这标志着金融调控由直接管理向间接管理的重大变革。

货币政策的核心是通过变动货币供应量，使货币供应与货币需求之间保持一定的对应关系，进而调节社会总需求和总供给。从影响货币总量的角度，货币政策也可分为扩张性货币政策、紧缩性货币政策和中性货币政策三种类型。扩张性货币政策主要是通过增加货币供应量，刺激社会总需求的增长。紧缩性货币政策主要是通过减少货币供应量，抑制社会总需求的增长。中性货币政策是使市场上的货币供应量与需求量大体相当。至于具体选择何种类型的货币政策，采用什么样的货币政策手段，则应根据社会总供求状况而定。

货币政策对于企业财务管理活动，特别是企业筹资活动影响甚大。企业筹资从其来源性质可以分为权益资金和债务资金，企业的债务资金主要来源于银行借款。自 20 世纪 90 年代以来，国有企业负债总额急剧上升，资产负债率高达 80%左右。因此，一旦货币政策实施紧缩，就会直接影响企业的资金需求。同时，由于借款比例较高，相应利息支出增大，利息支出过大已成为企业的重大负担。

货币政策有其自身的实现目标，尽管企业不能改变货币政策，但在货币政策面前并非无能为力。例如，通过改善企业资金结构，增加权益资金比重，摆脱对银行资金的依赖，就可以在实行紧缩性货币政策时处于有利地位。资金短缺基本上是每个企业都面临的共同问题。企业通过科学有效地组织财务管理活动，加速资金周转，提高资金效益，不仅可以节约资金使用，而且可以提高对高资金成本率的化解能力，增强筹资能力。

（三）经济发展与产业政策

国民经济发展规划、国家的产业政策、经济体制的改革等对企业的生产经营和财务活动都有着极为重要的影响，企业需要根据不同时期的宏观经济政策环境做出相应的财务决策。在经济繁荣时期，企业主要是进行扩张性筹资和扩张性投资。在经济紧缩时期，大多数企业要考虑如何维持现有经营规模的效益，在稳定中求得发展。

在不同的发展时期，国民经济发展规划、国家产业政策有所不同，企业所属行业会受到鼓励或制约发展的影响，这就要求企业自觉适应国民经济发展规划和国家产业政策的变化，及时调整经营战略，改变产品品种结构，变被动为主动，在经济发展与产业政策变动中立于不败之地。

复习思考题

1. 什么是财务管理？财务管理的特点有哪些？
2. 什么是企业的资金运动？它包含哪些基本内容？
3. 什么是企业的财务关系？它包含哪些基本内容？
4. 财务管理的目标有哪些？哪种观点最合理？为什么？
5. 什么是财务管理的原则？
6. 什么是财务管理环境？
7. 什么是金融市场？
8. 如何认识金融市场与企业的关系？
9. 如何认识宏观经济政策对财务管理活动的影响？

第二章 价值衡量

第一节 货币时间价值

财务管理的价值观念包括时间价值观念和风险价值观念。现代企业财务管理的目标是实现企业价值最大化，因此，要实现企业价值最大化，必须首先准确把握企业价值的内涵，树立正确的价值观念，并正确地度量价值。所以，时间价值观念和风险价值观念是现代财务管理的基础理念。

一、货币时间价值概述

（一）货币时间价值的概念

货币时间价值（time value of money）是我国在翻译中引入的一个西方财务管理概念。在西方财务管理教科书中，它通常是指货币随着时间的推移而产生的货币增值。

货币时间价值并不是一个新的理论。悉尼·霍默（Sidney Homer）在《利率史》一书中举例说，假如将1 000美元按8%的年利率投资，400年后，这笔钱将变成2.34×10^{16}美元。这个简单的例子直观地显示了货币在400年后惊人地数倍增值了。

对于货币产生增值的原因，西方经济学者的解释多种多样。最流行的说法是：货币之所以会产生增值，是因为货币所有者推迟了消费而应得到价值补偿。这种说法重在解释货币所有者获得增值的合理性，但并未说清货币产生增值的过程或根源。而马克思回答了这个问题，他在《资本论》中分析了借贷资本家与产业资本家之间的商业交往、如何瓜分剩余价值，以及社会平均资金利润率的形成。借贷资本家作为货币所有者，放弃了对其所拥有货币的当前消费，将其货币在一定时期内的支配和使用权让渡给产业资本家，产业资本家利用货币进行生产经营并获得一定的收益。产业资本家在到期偿还货币时，不仅要向借贷资本家偿还货币本金，还要向借贷资本家支付一笔利息即货币增值。借贷资本家由于推迟了当前货币消费而得到了一定的补偿。但从整个社会经济过程来看，借贷资本家之所以获得了货币增值，是因为他把货币借给了产业资本家并最终投入生产经营过程中，而他所得到的货币增值只是在生产经营过程中工人新创造价值的一部分。总而言之，货币的时间价值来源于生产经营。货币若不投入生产经营，只是处于闲置状态，推迟消费的时间再长也不会产生增值。因此，只有处于生产经营领域里的货币才具有时间价值。正是因为这一原因，我们在引入时间价值概念时，一般称资金时间价值而不称货币时间价值。资金专指处于生产经营领域中的货币。

货币时间价值可用相对数指标和绝对数指标来表示，而人们通常使用相对数指标——利率。利率也被称为时间价值率。从理论上讲，时间价值率是在无风险情况下的社会平均资金利润率。货币时间价值源于在生产经营过程中新创造的价值。借贷资本家从产业资本家手中分得新创造价值的一部分。那么，借贷资本家和产业资本家各应分得多少呢？在实践中，借贷资本家分得的份额肯定有多有少、参差不齐；而且，各项产业的收益水平也参差不齐。但在市场竞争的情况下，借贷资本家和产业资本家以及各行各业的资金利润率理论上会趋于均衡。因此，理论上的时间价值率就是在无风险情况下的社会平均资金利润率。但社会平均资金利润率很难被计算出来。在实际应用中，我们一般将短期国债的利率作为时间价值率的代表，因为短期国债的利率是接近于无风险的资金利润率。在实际的贴现过程中，往往还需要考虑附加的风险，以适当调高贴现率。

综上所述，货币时间价值是指货币被投入生产经营领域中随着时间的推移而产生的增值。

（二）货币时间价值在企业财务管理中的作用

1. 货币时间价值是进行投资决策的重要依据

在长期投资决策中，考虑货币时间价值的动态分析方法已经处于主要地位。理论上，货币时间价值是投资项目期望报酬率的最低标准；实践中，不论是分析投资项目在经济上是否可行，还是比较投资项目在经济上的优劣，都需要将投资项目的现金流出量和现金流入量按时间价值率（及附加的风险率）换算成现值，才能做出进一步的经济评价。

货币时间价值是衡量机会成本的基本标准之一。在短期投资决策中，由于时间较短，一般不涉及贴现过程，比如现金的持有量决策、存货的储备决策、应收账款的投资决策等，在上述决策中都存在着一个机会成本的计算问题。只有考虑货币时间价值，正确地计算机会成本，才能正确地进行短期投资决策。

2. 货币时间价值是进行筹资决策的重要依据

在进行长期筹资决策时，一般都要计算资金成本。资金成本与货币时间价值之间有着密切的联系。首先，资金成本在筹资一方来看是筹资所付出的代价，但从投资一方来看是投资应得的报酬。筹资一方应付多少代价，投资一方应得多少报酬，主要取决于货币时间价值。当然，实际的资金成本还取决于风险价值等其他因素。其次，货币时间价值是在筹资决策中确定贴现率所必须考虑的重要因素。在长期筹资决策中，需要将各期现金流出量按时间价值率换算成现值形式进行比较；在短期筹资决策中，短期借款筹资方式的选择、应付账款筹资方式以及票据贴现筹资方式的利用等都涉及货币时间价值的计算。

综上所述，货币时间价值的作用贯穿于企业的整个财务管理过程，是企业进行投资决策和筹资决策的重要依据。

二、货币时间价值的计算

货币时间价值的相对数指标即利率有单利和复利之分。因此，货币时间价值的计算也有单利和复利两种计算方法。货币时间价值的绝对数指标即货币增值额是货币终值与现值的差额。

（一）两种不同的货币时间价值的计算方法

1. 单利计算方法

单利是指只用本金计算利息的方法。按照这种方法，不管计息期有多长，都不将利息加入本金中再计利息，即本金始终不变。其计算公式如下：

$$FV=PV(1+ni)$$

$$PV=FV\times\frac{1}{1+ni}$$

式中，FV——投资期末的本利和，又称为终值、将来值；

PV——投资期初的本金，期初投资额，又称为现值；

n——计息期；

i——利率。

【例 2-1】 某企业将货币资金 10 000 元存入银行定期存款户，存期为 5 年，年利率为 6%，5 年后企业可得到的本利和为：

$$FV=10\,000\times(1+5\times6\%)=13\,000(\text{元})$$

2. 复利计算方法

复利是指利息再生利息。也就是说，不仅本金要计入利息，而且已生出的利息也要定期转加到本金上去再计算利息。人们俗称复利为“驴打滚”或“利滚利”。其计算公式如下：

$$FV=PV\times(1+i)^n=PV\times(F/P,i,n)$$

$$PV=FV\times\frac{1}{(1+i)^n}=FV\times(P/F,i,n)$$

上式中，字母含义与单利计算公式字母含义相同。$(1+i)^n$ 为复利终值系数，可表示为（F/P，i，n）。$\frac{1}{(1+i)^n}$为复利现值系数（PVIF），可表示为（P/F，i，n）。为简化计算过程，可以直接查询复利系数表。

【例 2-2】 本金为 10 000 元，利率为 10%，每年复利一次，则 5 年后的本利和为：

$$FV=10\,000\times(1+10\%)^5=16\,105.1(\text{元})$$

从单利计算方法与复利计算方法的对比来看，在相同的时间内，采用复利计算方法的货币增值速度快、增值额大。如何评价这两种方法呢？在货币不断资本化的情况下，复利就是合理的。在当今市场经济条件下，市场竞争不断加剧，人们的商品意识、竞争意识、储蓄意识、投资意识不断增强，货币的流通速度不断加快，利用效率不断提高，为复利计算方法的应用奠定了坚实的基础。也就是说，在目前情况下，货币时间价值的计算应采用复利计算方法。至于多长时间复利一次，从理论上讲，它取决于货币不断资本化的速度。在实际工作中，一般以一年为期。

（二）年金

年金（annuities）是指在一定时期内，每间隔相同时间所收付的相等款项，即定时等额系列收付款项。年金按收付时间的不同和延续时间的长短可分为普通年金、即付年金、递延年金和永续年金。在进行货币时间价值的计算时，往往会遇到收益或成本采用年金形式进行收付，如折旧、利息、租金、保险金、优先股股息等。

1. 普通年金

普通年金是收付时间均发生在每个间隔期期末的年金，又称后付年金。

（1）普通年金终值。普通年金终值是各期普通年金的复利终值之和。其计算如图 2-1 所示。

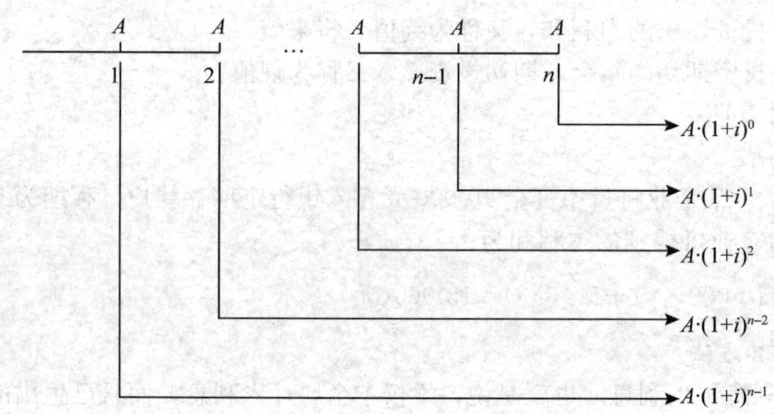

图 2-1　普通年金终值计算示意图

计算过程如下：

$$
\begin{aligned}
\mathrm{FVA}_n &= A + A(1+i) + A(1+i)^2 + \cdots + A(1+i)^{n-2} + A(1+i)^{n-1} \\
&= A[1 + (1+i) + (1+i)^2 + \cdots + (1+i)^{n-2} + (1+i)^{n-1}]
\end{aligned}
$$

式中，FVA_n——n 期普通年金终值；

A——年金。

根据等比数列求和公式可得：

$$
1 + (1+i) + (1+i)^2 + \cdots + (1+i)^{n-2} + (1+i)^{n-1} = \frac{(1+i)^n - 1}{i}
$$

所以，

$$
\begin{aligned}
\mathrm{FVA}_n &= A\times\frac{(1+i)^n-1}{i}\\
&= A\times(F/A,\ i,\ n)
\end{aligned}
$$

式中，$\frac{(1+i)^n-1}{i}$为普通年金终值系数，可表示为（F/A，i，n）。为简化计算过程，可直接查询复利系数表。

【例 2-3】 每年年末存入银行 50 元，每年年末提息转存为本金，年利率为 4%，那么 10 年期的普通年金终值为：

$$
\mathrm{FVA}_n=50\times\frac{(1+4\%)^{10}-1}{4\%}=50\times12.006\,1=600.31(\text{元})
$$

（2）普通年金终值的逆运算——年偿债基金额。普通年金终值的计算是已知年金求终值。而计算年偿债基金额是已知终值求年金，即已知未来某时点将偿还一笔债务，求现在每年应该积攒多少资金才能满足未来偿债的需要。

$$
\begin{aligned}
\text{年偿债基金额}(A) &= \frac{\mathrm{FVA}_n}{\text{普通年金终值系数}}\\
&= \mathrm{FVA}_n\times\frac{1}{\text{普通年金终值系数}}\\
&= \mathrm{FVA}_n\times\text{年偿债基金系数}
\end{aligned}
$$

式中，年偿债基金系数是普通年金终值系数的倒数。

【例 2-4】 拟在 5 年后还清 10 000 元债务，从现在起每年等额存入银行一笔款项，并每年办理一次提息转存。假设银行存款利率为 10%，每年需要存入多少元？

$$
\begin{aligned}
A &= \mathrm{FVA}_n\times\frac{1}{\text{普通年金终值系数}}\\
&= 10\,000\times(1\div6.105\,1)\\
&= 1\,637.97(\text{元})
\end{aligned}
$$

（3）普通年金现值。普通年金现值是各期普通年金的贴现值之和。普通年金现值是各期年金在第一期期初点上的价值之和。其具体计算过程略。现根据普通年金终值的计算公式来推算普通年金现值。普通年金现值是普通年金终值的贴现值，即将普通年金终值乘以一个期数为 n 的复利现值系数。所以，

$$
\begin{aligned}
\mathrm{PVA}_n &= \frac{A[(1+i)^n-1]}{i}\times\frac{1}{(1+i)^n}\\
&= \frac{A[(1+i)^n-1]}{i(1+i)^n}\\
&= A\times(P/A,\ i,\ n)
\end{aligned}
$$

式中，$\frac{(1+i)^n-1}{i\ (1+i)^n}$为普通年金现值系数（PVIFA），可表示为（$P/A$，$i$，$n$）。为简化计

算过程，可直接查询复利系数表。

【例 2-5】 每年年末存入银行 50 元，每年年末提息转存为本金，年利率为 4%，那么，10 年期的普通年金现值为：

$$
\begin{aligned}
PVA_n &= \frac{50\times[(1+4\%)^{10}-1]}{4\%\times(1+4\%)^{10}} \\
&= 50\times(P/A,\ 4\%,\ 10) \\
&= 50\times 8.110\ 9 \\
&= 405.55(\text{元})
\end{aligned}
$$

(4) 普通年金现值的逆运算——年投资回收额。普通年金现值的计算是已知年金求现值。计算年投资回收额是已知现值求年金，即已知现在投入了多少资金，求未来每年至少应该取得多少收益即收回多少资金才能说明最初的投资是值得的。

$$
\begin{aligned}
\text{年投资回收额}(A) &= \frac{PVA_n}{\text{普通年金现值系数}} \\
&= PVA_n\times\frac{1}{(P/A,\ i,\ n)} \\
&= PVA_n\times\text{年投资回收系数}
\end{aligned}
$$

式中，年投资回收系数是普通年金现值系数的倒数。

【例 2-6】 假设以 10%的利率借款 20 000 元，投资于某个寿命为 10 年的项目，每年至少要收回多少现金才是有利的?

$$
\begin{aligned}
A &= PVA_n\times\frac{1}{(P/A,\ 10\%,\ 10)} \\
&= 20\ 000\times(1\div 6.144\ 6) \\
&= 3\ 254.89(\text{元})
\end{aligned}
$$

2. 即付年金

即付年金是收付时间均发生在每个间隔期期初的年金，又称先付年金或预付年金。用数轴表示如图 2-2 所示。

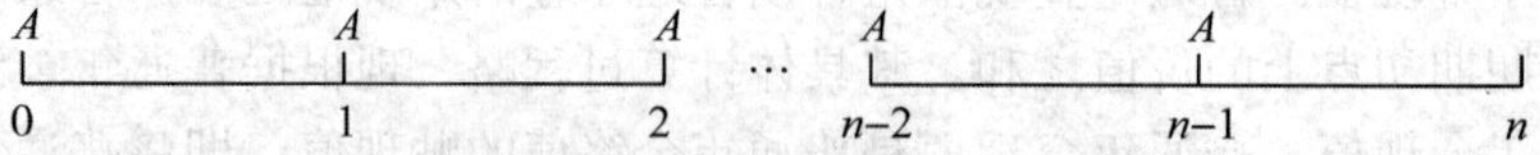

A A A … A A
0 1 2 n−2 n−1 n

图 2-2 即付年金数轴示意图

(1) 即付年金终值。即付年金终值是各期即付年金的复利终值之和，是各期年金在 n 期期末点上的价值之和。

即付年金终值的计算公式可由普通年金终值的计算公式推导出来。

思路一：我们将即付年金数轴向前延长一期，则得到一个 $(n+1)$ 期的数轴。我们将此数轴看作两部分：前面一部分为 n 期普通年金数轴，后面一部分即数轴的最后一期没有发生年金，如图 2-3 所示。计算即付年金终值时，先计算前面的 n 期普通年金终值，再将此终值进一步折算为最后一期期末点的价值，即再乘以一个期数为 1 的复利终值系数 $(1+i)$。

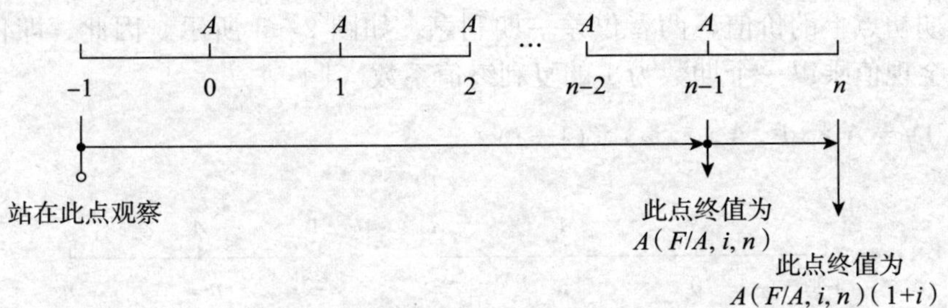

图 2-3　即付年金终值计算思路一

$$FVD_n = A \times (F/A, i, n) \times (1+i)$$

思路二：我们将即付年金数轴向前延长一期之后，也可以将此数轴看作一个（$n+1$）期但第（$n+1$）期期末少一期年金的普通年金数轴，如图 2-4 所示。

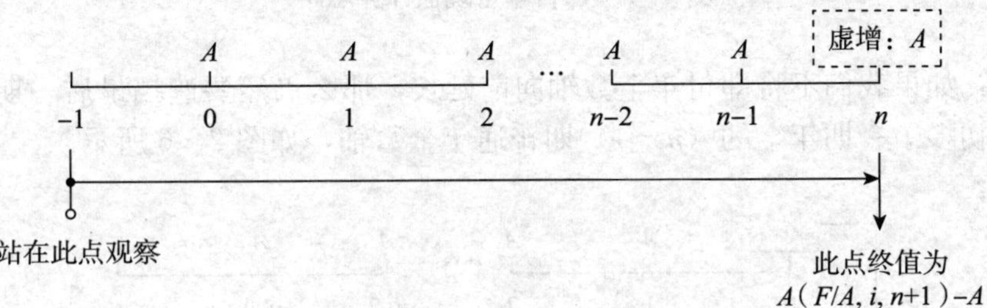

图 2-4　即付年金终值计算思路二

$$FVD_n = A \times (F/A, i, n+1) - A = A \times [(F/A, i, n+1) - 1]$$

式中，FVD_n为即付年金终值，$[(F/A, i, n+1)-1]$ 为即付年金终值系数，也可通过直接查询复利系数表得到该值。

即付年金终值系数与普通年金终值系数的关系是：普通年金终值系数通过“期数加 1，而系数减 1”可得即付年金终值系数。

【例 2-7】　每年年初存入银行 100 元，每年年末提息转存，年利率为 4%，共存 10 年，即付年金终值为：

思路一：

$$\begin{aligned} FVD_n &= 100 \times (F/A, 4\%, 10) \times (1+4\%) \\ &= 100 \times 12.006\,1 \times 1.04 = 1\,248.63(\text{元}) \end{aligned}$$

思路二：

$$\begin{aligned} FVD_n &= 100 \times [(F/A, 4\%, 11) - 1] \\ &= 100 \times [13.486\,3 - 1] = 1\,248.63(\text{元}) \end{aligned}$$

（2）即付年金现值。

思路一：我们将即付年金数轴向前延长一期，并将最后一期遮挡起来，便可得到一个 n 期普通年金数轴。普通年金现值是即付年金延长期期初点上的价值，而即付年金现值是原来第一期期初点上的价值，两者仅差一期利息，如图 2-5 所示。因此，即付年金现值是将普通年金现值乘以一个期数为 1 的复利终值系数（$1+i$）。

$$PVD_n = A\times(P/A,\ i,\ n)\times(1+i)$$

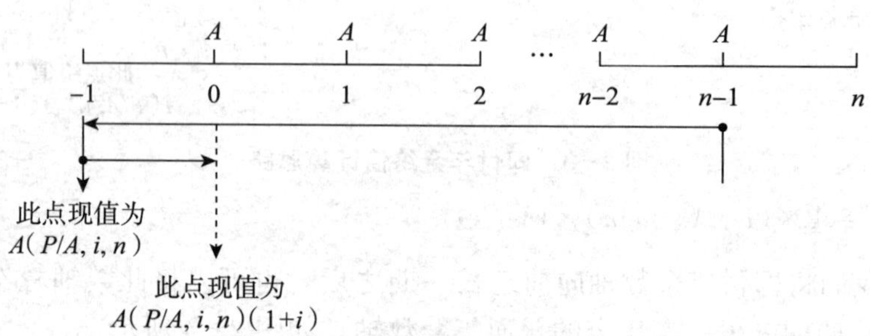

图 2-5　即付年金现值计算思路一

思路二：如果我们不将即付年金数轴向前延长，那么仍然要遮挡最后一期，即得到一个第一期期初多了一期年金的（$n-1$）期普通年金数轴，如图 2-6 所示。

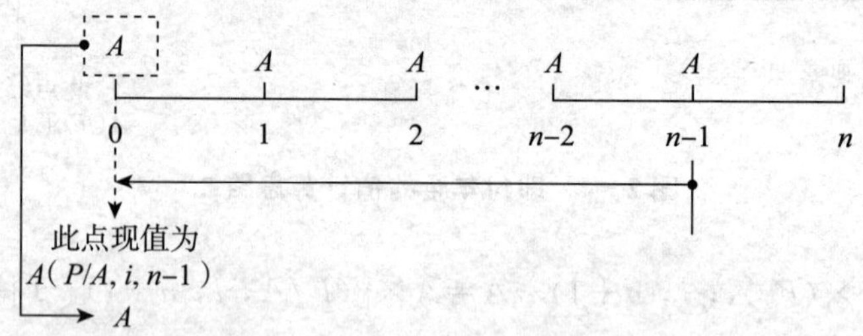

图 2-6　即付年金现值计算思路二

$$PVD_n = A\times(P/A,\ i,\ n-1)+A = A\times[(P/A,\ i,\ n-1)+1]$$

式中，PVD_n 为即付年金现值，$[(P/A,\ i,\ n-1)+1]$ 为即付年金现值系数。为简化计算过程，可直接查询复利系数表。

即付年金现值系数与普通年金现值系数的关系是：将普通年金现值系数“期数减 1，而系数加 1”即可得到即付年金现值系数。

【例 2-8】　每年年初存入银行 100 元，每年年末提息转存，年利率为 4%，共存 10 年，即付年金现值为：

思路一：

$$\begin{aligned}PVD_n &= A\times(P/A,\ 4\%,\ 10)\times(1+4\%)\\ &= 100\times 8.1109\times 1.04\\ &= 843.53(\text{元})\end{aligned}$$

思路二：

$$PVD_n = A\times[(P/A,\ 4\%,\ 9)+1]$$

$=100\times(7.4353+1)$

$=843.53$(元)

3. 递延年金

递延年金又称延期年金，是指最初几年没有收付款项，后期若干期有等额收付款项。递延年金如图 2-7 所示。

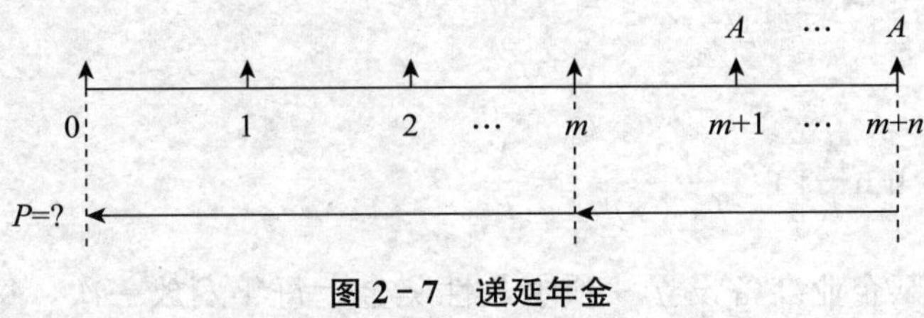

图 2-7 递延年金

递延年金终值按普通年金终值公式计算为：

$$FV=A(F/A, i, n)$$

可将递延年金现值看作两个现值之差，即将按递延期和年金发生期（$m+n$）计算的普通年金现值减去按递延期（m）计算的普通年金现值。其计算公式为：

$$PV=A\times(P/A, i, m+n)-A\times(P/A, i, m)$$

式中，PV——递延年金现值；

m——递延期。

另外，递延年金现值也可先按年金发生期计算现值，再按递延期将其贴现，其计算公式为：

$$PV=A\times(P/A, i, n)\times(P/F, i, m)$$

【例 2-9】 某企业的一项投资在第 3 年后发挥效益，每年年末收入 1 000 元，共收入 5 年，年利率为 4%。

其递延年金的现值按第一种方法计算为：

$$\begin{aligned}PV&=1\,000\times(P/A, 4\%, 3+5)-1\,000\times(P/A, 4\%, 3)\\&=1\,000\times6.7327-1\,000\times2.7751\\&=1\,000\times(6.7327-2.7751)\\&=1\,000\times3.9576\\&=3\,957.60\text{(元)}\end{aligned}$$

按第二种方法计算为：

$$\begin{aligned}PV&=1\,000\times(P/A, 4\%, 5)\times(P/F, 4\%, 3)\\&=1\,000\times4.4518\times0.889\\&=3\,957.65\text{(元)}\end{aligned}$$

4. 永续年金

永续年金是指无限期收付的年金，又称永久年金或终身年金。从数学角度看，永续年金的终值是发散的，当期数 n 趋于无穷大时，其终值也趋于无穷大。永续年金现值是收敛的，当期数 n 趋于无穷大时，其现值趋于 A/i。其推导公式如下：

$$\mathrm{PVA}=\frac{A[(1+i)^n-1]}{i(1+i)^n}=\frac{A}{i}\left[1-\frac{1}{(1+i)^n}\right]$$

则有：

$$\lim_{n\to\infty}\mathrm{PVA}=\lim_{n\to\infty}\frac{A}{i}\left[1-\frac{1}{(1+i)^n}\right]=\frac{A}{i}$$

【例 2-10】 某企业准备设立一项永久性奖金，每年发放一次，每次发放 2 000 元，年利率为 5%，那么，该奖金存款数为：

$$\mathrm{PVA}=2\,000/5\%=40\,000(\text{元})$$

（三）短期复利的计算

前文中所讲的复利计算都是按年度计息的，但实际计息时间并非完全如此。它可以按半年计息，也可以按季度计息，还可以按月计息，甚至有时按天计息。但无论计息期间如何调整，计息的方式都是相同的。假设一项 3 年期的投资，年收益率为 12%，每半年计息一次，则相当于投资 6 个半年期，每期的收益率为 6%。如果按季度计息，则相当于投资了 12 个季期，每期的收益率为 3%。如果按月度计息，则相当于投资了 36 个月期，每期的收益率为 1%。计息期短于 1 年的复利计算公式如下：

$$\text{实际利率}(r)=\frac{i}{m}$$

$$\text{实际计息期数}(t)=mn$$

$$\mathrm{FV}_n=\mathrm{PV}\left(1+\frac{i}{m}\right)^{mn}$$

式中，FV_n——投资 n 年后的终值；

PV——投资现值；

i——年利率，又称名义利率；

n——投资年限；

m——1 年内复利计息的次数。

【例 2-11】 将 10 000 元存入银行，年利率为 8%，按季度计息并按季度进行提息转存，10 年后将增值为：

$$\mathrm{FV}_n=10\,000\times\left(1+\frac{8\%}{4}\right)^{4\times10}=10\,000\times2.208=22\,080(\text{元})$$

（四）连续复利的计算

当 1 年内复利计息的次数 m 趋于无穷大，即将利息的支付当作全年等额连续进行时，利率就是连续复利利率，则有：

$$FV_n = PV \lim_{m\to\infty}\left(1+\frac{i}{m}\right)^{mn} = PV \lim_{m\to\infty}\left[\left(1+\frac{i}{m}\right)^{\frac{m}{i}}\right]^{ni} = PV\times e^{ni}$$

$$PV = FV_n \times e^{-(ni)}$$

式中，FV_n——投资 n 年后的终值；

PV——投资现值；

i——年利率，又称名义利率；

n——投资年限；

m——1 年内复利计息的次数；

e——自然常数，约等于 2.718。

【例 2-12】 假设出资 100 元，以 11%的利率连续复利投资 2 年，则该投资的终值为：

$$FV = 100\times e^{2\times 0.11} = 100\times 1.246 = 124.6(\text{元})$$

【例 2-13】 假设以 11%的利率连续复利投资 2 年可获得 200 元，则当初应该投资的数值为：

$$PV = 200\times e^{-(2\times 0.11)} = 160.51(\text{元})$$

第二节 报酬与风险

货币时间价值说明了企业在无风险情况下应得到的投资报酬。但企业投资往往是在有风险的情况下进行的。人们冒的风险越大，期望得到的报酬就会越高。报酬与风险之间是相辅相成的。企业应准确理解报酬和风险的内涵，弄清风险的种类，掌握度量风险的方法，并把握好报酬与风险之间的关系。只有这样，才能准确评价投资项目的优劣，尽可能地减少风险或回避风险，最大限度地增加企业财富或提升企业价值。

一、报酬和风险的含义

(一) 报酬

报酬也称收益，是企业投资或经营所得到的超过投资成本价值的超额收益。它不同于会计上的利润概念。利润是按权责发生制原则确认的，不考虑货币时间价值。报酬按收付实现制原则确认，考虑货币时间价值，有时还要考虑风险价值。报酬的衡量，有绝对数指标和相对数指标。报酬的绝对数指标即报酬额指标，包括年金收益、净现值（NPV）等。报酬的相对数指标即报酬率指标，包括投资前测算的期望报酬率（又称期望收益率）、应达到的必要报酬率（又称必要收益率）、投资后已获得的实际报酬率（又称实际收益率）等。

1. 期望报酬率

当我们选择投资项目时，由于风险的存在，我们所关心的未来报酬率是不确定的。在这种情况下，我们要分析计算该投资项目的期望报酬率。一项投资的期望报酬率，就是它在未来的所有可能报酬率的均值。均值代表了在试验重复多次以后得到的平均结果。当然，使用均值是有缺陷的。因为进行一项投资只会带来一个实际报酬率。这一实际报酬率可能为正，也可能为零，还可能为负，我们只能得到众多可能结果中的一个。更重要的是，它可能会与均值相差甚远。虽然存在着这种缺陷，但是投资决策必须在知道实际报酬率以前做出。根据大数定律，当投资项目足够多时，好结果和坏结果会相互抵消，众多结果值的平均数会趋近于总体的均值。因此，当投资项目足够多时，均值可以很好地衡量期望报酬率。

2. 必要报酬率

必要报酬率是投资者要求得到的最低报酬率。只有当一个投资项目的期望报酬率高于必要报酬率时，才是有吸引力的。必要报酬率的确定有以下几个思路。

（1）将资本成本率作为必要报酬率。投资所使用的资本具有资本成本，特别是当所使用的资本是借入或通过发行优先股筹集时，资本成本的高低是比较容易确定的。这时，我们可将资本成本率作为必要报酬率。也就是说，投资项目的报酬必须首先能够弥补资本成本，否则不可行。

（2）将机会成本率作为必要报酬率。选定一个投资项目，就意味着必须放弃将该资本投资于其他项目。被放弃的投资项目所能获得的报酬率就是被选定项目的机会成本率。机会成本不是企业实际的损失，它是企业能够获得但放弃了的收益。机会成本率有时比资本成本率容易确定。比如，当投资所使用的资本是通过普通股筹集或内部积累方式取得时，资本成本率的高低则很难确定。

（3）将无风险报酬率与风险报酬率的和作为必要报酬率。无风险报酬率（用R_F表示）即货币时间价值率，是无风险情况下所要求得到的报酬率。通常将短期国债的利率作为无风险报酬率。风险报酬率（用R_R表示）又称风险收益率或风险补偿率，是投资者因为冒风险而期望得到的超过货币时间价值率的额外报酬率。人们冒的风险越大，期望得到的风险报酬率则越高。否则，投资者何必冒更大的风险进行投资呢？无风险报酬率与风险报酬率的和实际上仍然是一个机会成本率，它是与拟投资项目具有相同风险的其他投资项目的报酬率。

$$必要报酬率=无风险报酬率(R_F)+风险报酬率(R_R)$$

3. 实际报酬率

实际报酬率是在投资项目结束后或在项目过程中已经实际赚得的报酬率。实际报酬率由于已成为事实，因此是不可改变的，只能作为新的决策的依据。我们当然希望实际报酬率越高越好，但若情况相反，我们也无计可施。这正是由风险造成的。由于风险的存在，实际报酬率与期望报酬率、必要报酬率之间没有必然的联系。实际报酬率的高低取决于实际报酬额、投资额和收益期。实际报酬额是指一定期间的实际所得超过投资额的部分。实际报酬率是实际报酬额与投资额的百分比。

$$\text{实际报酬率}=\frac{\text{实际报酬额}}{\text{投资额}}$$

在实际报酬额一定的情况下，由不同的投资额所取得的实际报酬率显然不同。但实际报酬率还与收益期有关。在实际报酬额与投资额都相等的情况下，用一年取得的报酬与用半年取得的报酬的实际年度百分比报酬率会相差很大。

$$\text{实际年度百分比报酬率}=\frac{\text{实际报酬额}}{\text{投资额}}\times\frac{\text{全年天数}}{\text{收益期天数}}$$

当收益期超过一年时，还必须考虑前期收益的再投资收益，即复利问题。根据货币时间价值理论则有：

$$\begin{aligned}\text{实际报酬率}&=(1+\text{第 1 年实际报酬率})\times(1+\text{第 2 年实际报酬率})\times\cdots\\&\quad\times(1+\text{第 }n\text{ 年实际报酬率})-1\\&=(1+\text{平均实际年度百分比报酬率})^{n}-1\end{aligned}$$

（二）风险及其类别

从投资者角度看，风险是指投资者拟决策实施的经济事件的实施后果可能好也可能坏的不可确知性。历史事件不存在风险，只有未来事件才存在风险问题。如果一个经济事件的后果只存在着一种可能性，没有其他可能的结果，就不存在风险。比如，在购买国库券时，事先可以确知什么时候到期还本，到期时能够得到多少利息收益，因此可以认为不存在风险。但是，投资者所面临的经济事件大多是有风险的。当然，存在风险的经济事件在风险程度等方面有着不同的状况。有时我们能够事先确知某个经济事件存在着几种可能的结果，并知道每一种可能结果的发生概率。有时我们不能够事先确知某个经济事件存在着几种可能的结果，或者即使知道存在着几种可能的结果，也不知道每一种可能结果的发生概率。前一种状况一般称为风险性决策问题，后一种状况一般称为不确定性决策问题。在财务管理中，要求对风险进行补偿的决策问题一般指风险性决策问题。即使不知道存在着几种可能的结果，或不知道每一种可能结果的发生概率，也不能成为我们拒绝实施财务管理的理由。我们要通过主观判断去确定，要变不确定性决策问题为风险性决策问题。因此，在财务管理中，对不确定性和风险不做严格区分。风险就是不确定性。

风险作为不确定性，可能给投资者带来超出预期的收益（好的结果），也可能带来超出预期的亏损（负收益，即坏的结果）。然而，投资者对坏的结果的关切要比对好的结果的关切强烈得多。因此，投资者研究风险主要侧重于减少亏损，即主要从坏的结果的可能性方面来研究风险。从这个意义上讲，风险是指发生坏的结果的可能性。我们所说的坏的结果是指确实令人不满意的结果。没中奖不是一个好的结果，但也不能算是一个很坏的结果，所以很多人不会把买彩票看成风险投资。

综上所述，风险是指未来投资收益的不确定性，尤其是发生负收益（即坏的结果）的可能性。

投资者所面临的风险是多种多样的。本书从不同的侧面和层次对风险进行以下分类。

1. 按投资的全部风险是否可分散来划分

按投资的全部风险是否可分散，可将风险划分为不可分散风险和可分散风险两部分。用公式表示为：

全部风险＝不可分散风险＋可分散风险

(1) 不可分散风险，又称系统风险或市场风险，是指由影响整个市场的事件引起的，且不可能通过投资分散化消除的风险。如战争、经济兴衰、利率变动等。这类事件会影响到所有被投资对象，投资所引起的风险不可能通过多元化投资予以分散。

(2) 可分散风险，又称非系统风险或公司特有风险，是指由只影响个别投资对象的事件引起的，且可以通过投资分散化予以消除的风险。如罢工、新产品开发的成功与失败、重要合同谈判的成功与失败、法律纠纷等。这类事件只与个别公司即个别投资对象有关。事件的发生对于各公司来讲基本上是随机的。由于它只影响个别公司，因此可通过多元化投资予以分散，即某个被投资公司的好事件可以抵消另一被投资公司的坏事件。

市场对投资者承担的不可分散风险会给予补偿，但对投资者承担的可分散风险不会给予任何补偿，因为可分散风险可以通过技术方式（如投资组合）消除。承担了容易消除而没有消除的风险不能得到补偿，因此，投资者因承担了不可分散风险而得到的风险补偿才是构成必要报酬率的风险报酬率。

2. 按投资者（股东）所承担的不可分散风险来划分

投资者（股东）所承担的不可分散风险主要由两部分组成：经营风险和财务风险。股东投资于股票，可通过多元化投资消除可分散风险，但不能消除被投资公司的经营风险和财务风险。用公式表示为：

不可分散风险＝经营风险＋财务风险

(1) 经营风险，又称营业风险或商业风险，是指企业资产经营收益（息税前利润）的不确定性。经营风险由企业的投资决策引起，即企业的资产结构决定了它所面临的经营风险的大小。企业各单项资产经营项目的经营风险是不同的。企业各单项资产经营项目的经营风险共同决定着企业整体的经营风险。

经营风险的主要影响因素有：

1) 宏观经济环境对企业产品需求的影响。应考虑国民生产总值及国民收入的变动是否会引起企业产品需求的变动或更大变动。

2) 市场竞争程度。市场竞争越激烈，经营风险就会越大。应将企业的市场竞争力及市场占有率与竞争对手进行对比。

3) 产品种类的多少。应考虑企业产品种类是单品种还是多品种，企业收入是集中在单一产品上还是全面开花结果。

4) 经营杠杆的高低。只要企业存在固定经营成本，就存在经营杠杆。企业的固定经营成本越高，经营杠杆就会越高。企业的经营杠杆越高，经营收入不足以支付固定经营成本的风险就越大。

5) 发展前景的好坏。应考虑企业的产品市场是萎缩还是扩张，它对企业的预期收益有什么样的影响。

6）资产规模的大小。应考虑企业的市场竞争劣势及融资困难是否与企业的资产规模小有关。

（2）财务风险，是指普通股股东收益（净利润减优先股股利）的不确定性。当普通股股东收益为负时，企业往往不能按期偿还债务本息并导致企业破产。因此，财务风险又指企业不能按期偿还债务本息的风险。由此可见，财务风险由企业筹资决策引起。如果企业不借债，完全通过权益方式筹资，那么企业就不会存在财务风险，只有经营风险。

财务风险与经营风险的一个不同点是：财务风险是由企业整体决定的，而不是由企业的单项资产决定的。另外一个不同点是：财务风险可以控制，而经营风险不容易控制。财务风险可以通过调整资本结构少借债或不借债，以及对债务到期日的选择等进行控制。

财务风险的主要影响因素有：

1）财务杠杆即债务额度及其在总资本中的比重（资本结构）。债务额度越大，在总资本中的比重越高，财务风险就越大。债务额度为零，财务风险也为零。只要存在债务筹资，就会有固定的利息成本。只要有固定的利息成本，就会有财务杠杆。利息成本越高，财务杠杆越大，其息税前利润不足以支付利息成本的风险就越大。

2）债务利率（甚至还有优先股股利）的高低。利率越高，利息越多，支付利息的困难越大，财务风险就越大。

3）债务到期日的长短。债务到期日越短，还本付息的压力越大，财务风险就越大。

4）经营风险及息税前利润的高低。经营风险越大，息税前利润的不确定性程度越高，亏损的可能性越大，不能按期还本付息的可能性越大，财务风险就越大。

5）资产的流动性强弱。即使息税前利润较高，但若资产的流动性较弱，也将难以按期还本付息。因此，资产的流动性越弱，财务风险就越大。

6）临时筹资能力。当企业由于资金周转的原因发生暂时的还本付息困难时，若其具有较强的临时筹资能力，就可以及时筹得所需资金并化险为夷。

二、对风险的衡量

前文中讨论了报酬和风险的含义，我们现在对风险进行衡量。假设我们正面对一个随机事件，并且知道这个随机事件存在着几种可能的结果，以及每一种可能结果的发生概率。随机事件的可能结果即预计报酬率是一个随机变量。随机变量的值是不确定的，可用概率来表示每一个随机变量的值出现的相对可能性。概率必须满足两个条件：一是概率不能为负，二是所有可能结果的概率之和为1。根据预计报酬率及其概率可以计算出这个随机事件的期望报酬率。风险就是实际报酬率偏离期望报酬率的可能性。而衡量风险就是要衡量实际报酬率相对期望报酬率的偏离程度，一般采用标准离差及标准离差率指标来确定风险报酬率。

接下来举例说明对风险的衡量过程。

（一）确定概率分布

【例2-14】 某公司有两个投资项目可供选择，A投资项目和B投资项目。假设A投资项目和B投资项目的报酬率都只受未来经济状况的影响，而未来经济状况有繁荣、一般、衰退三种可能性。A投资项目和B投资项目预计报酬率的概率分布如表2-1所示。

表 2-1　　A 投资项目和 B 投资项目预计报酬率的概率分布

未来经济状况	发生概率 P_i	预计报酬率 K_i（%）	
		A 投资项目	B 投资项目
繁荣	0.20	40	50
一般	0.60	20	20
衰退	0.20	0	−10

（二）计算期望值

期望值又称均值，它是随机变量的各可能取值以概率为权数的加权平均值。通常用在字母上画一条短横线来表示，如 $\overline{K}$ 是 K 的期望值。

$$\overline{K}=\sum_{i=1}^{n}P_iK_i$$

式中，$\overline{K}$——期望报酬率；

K_i——第 i 种可能结果的报酬率（预计报酬率）；

P_i——第 i 种可能结果的概率；

n——可能结果的个数。

根据上述期望报酬率的计算公式，可分别计算出 A 投资项目和 B 投资项目的期望报酬率。

$$\begin{aligned}\text{A 投资项目的期望报酬率}&=P_1K_1+P_2K_2+P_3K_3\\&=40\%\times0.20+20\%\times0.60+0\%\times0.20\\&=20\%\end{aligned}$$

$$\begin{aligned}\text{B 投资项目的期望报酬率}&=P_1K_1+P_2K_2+P_3K_3\\&=50\%\times0.20+20\%\times0.60+(-10\%)\times0.20\\&=20\%\end{aligned}$$

A、B 两个投资项目的期望报酬率都是 20%，但 A 投资项目在各种经济状况下的预计报酬率比较集中，而 B 投资项目的预计报酬率比较分散。因此，A 投资项目的风险相对较小，如图 2-8 所示。

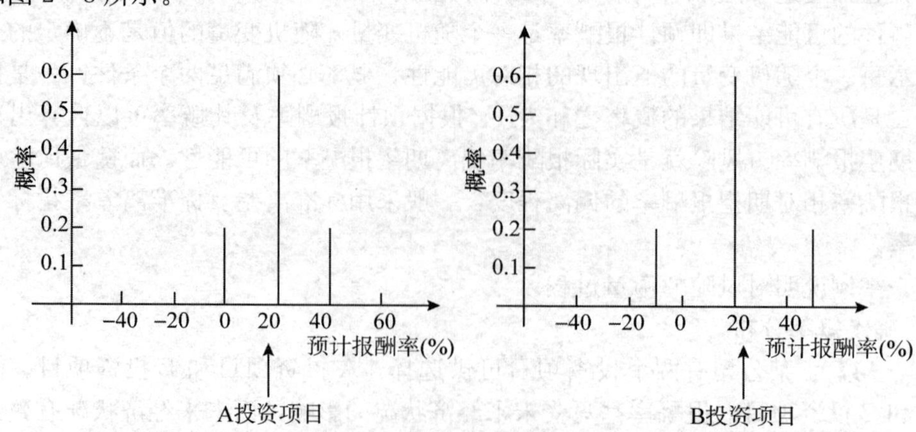

图 2-8　A 投资项目和 B 投资项目预计报酬率的概率分布图（离散）

图 2－8 反映的是未来经济状况在繁荣、一般、衰退三种情况下的概率分布。预计报酬率作为一个随机变量，只取有限的三个数值，因此该随机变量服从离散型分布。

实际上，未来经济状况可以在极度繁荣和极度衰退之间发生无数种可能的结果。如果对 A 投资项目和 B 投资项目每一种可能的结果都测定出一个预计报酬率，并赋予相应的概率，便可得到连续型的概率分布。如图 2－9 所示，A 投资项目和 B 投资项目均为呈正态分布的钟形曲线。

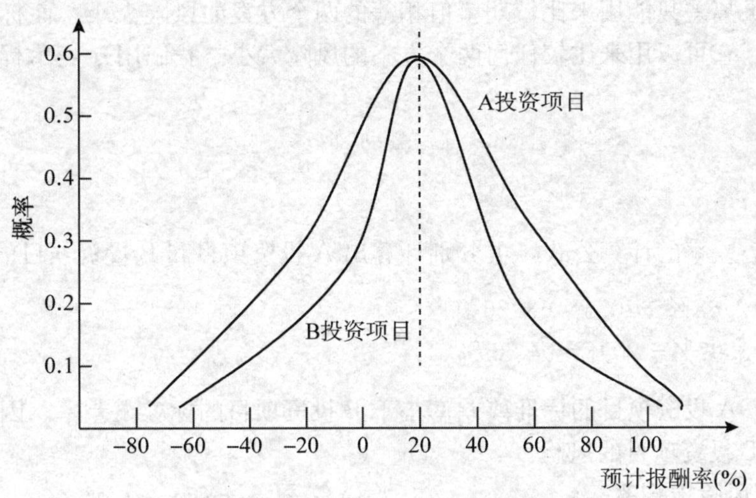

图 2－9　A 投资项目和 B 投资项目预计报酬率的概率分布图（连续）

（三）计算标准离差

我们已经知道，一个随机事件的实际结果可能会偏离或严重偏离其期望值。而标准离差就是各个可能的结果对期望值偏离程度的一种量度。标准离差简称标准差，一般用希腊字母 δ 表示，有时带一个起识别作用的下标。标准差的平方称方差。

$$\delta=\sqrt{\sum_{i=1}^{n}P_i(K_i-\overline{K})^2}$$

式中，δ——标准离差；

$\overline{K}$——期望值（期望报酬率）；

K_i——第 i 种可能的结果（预计报酬率）；

P_i——第 i 种可能的结果的概率；

n——可能的结果的个数。

根据标准离差的计算公式，可分别计算出 A 投资项目和 B 投资项目的标准离差：

$$\delta_A^2=(40\%-20\%)^2\times0.2+(20\%-20\%)^2\times0.6+(0\%-20\%)^2\times0.2=0.016$$

$$\delta_A=12.65\%$$

$$\delta_B^2=(50\%-20\%)^2\times0.2+(20\%-20\%)^2\times0.6+(-10\%-20\%)^2\times0.2=0.036$$

$$\delta_B=18.97\%$$

通过计算，A 投资项目的标准离差小于 B 投资项目的标准离差。标准离差越小，说明实际报酬率偏离期望报酬率的可能性越小，因此风险也就越小。所以，A 投资项目的风险小于 B 投资项目的风险。但这一结论是在 A 投资项目与 B 投资项目的期望报酬率相等的情况下得出的，如果 A 投资项目与 B 投资项目的期望报酬率不相等，前文中得出的结论就可能是错误的。这时应计算标准离差率，通过比较标准离差率的大小，来判断风险的大小。

（四）计算标准离差率

标准离差率是标准离差与期望值的比值，它是一个相对数指标，而标准离差是一个绝对数指标。标准离差只能用来比较期望值相等的两个方案的风险大小，而标准离差率不受这一条件限制，它可以用来比较任何两个方案的风险大小。我们用 q 表示标准离差率，其计算公式如下：

$$q=\frac{\delta}{K}$$

根据标准离差率的计算公式，可分别计算出 A 投资项目和 B 投资项目的标准离差率：

$$q_A=12.65\%\div 20\%=63.25\%$$

$$q_B=18.97\%\div 20\%=94.85\%$$

通过计算，A 投资项目的标准离差率小于 B 投资项目的标准离差率。因此，A 投资项目的风险小于 B 投资项目的风险。

（五）计算风险报酬率

标准离差率只能用来判断、比较风险的大小，而衡量风险的目的是确定风险补偿率，即风险报酬率。

标准离差率越小，风险越小，要求得到的风险补偿率或风险报酬率就越小；标准离差率越大，风险越大，要求得到的风险补偿率或风险报酬率就越大。假设风险程度［用标准离差（δ）或标准离差率（q）衡量］与风险报酬率（R_R）之间呈线性关系，那么风险报酬率会随着标准离差或标准离差率的不断上升而呈直线上升。这条直线的斜率称为风险报酬斜率或风险报酬系数，用字母 b 表示，如图 2－10 所示。

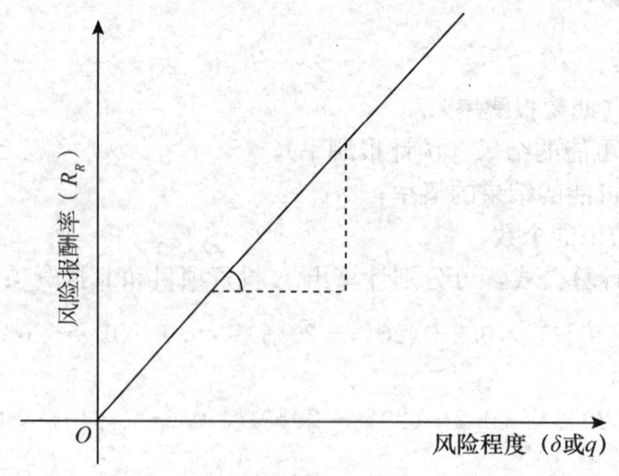

图 2－10　风险与报酬的关系简图

如图 2-10 所示，风险报酬斜率是风险报酬率与标准离差或标准离差率的比值，它反映了这条直线的倾斜程度。风险报酬率是标准离差或标准离差率与风险报酬斜率的乘积。用公式表示为：

$$b=\frac{R_R}{q}\text{或}b=\frac{R_R}{\delta}$$

$$R_R=bq\text{ 或 }R_R=b\delta$$

在已知标准离差（δ）或标准离差率（q）的情况下，要想求得风险报酬率（R_R），必须先确定风险报酬斜率（b）。风险报酬斜率的大小会影响风险报酬率的高低。风险报酬斜率越小，风险报酬率就越低，即要求得到的风险补偿越低。风险报酬斜率越大，风险报酬率就越高，即要求得到的风险补偿越高。

假设 A 投资项目的风险报酬斜率为 6%，B 投资项目的风险报酬斜率为 8%，根据风险报酬率的计算公式（$R_R=bq$）分别计算 A 投资项目和 B 投资项目的风险报酬率为：

$$R_R(\text{A})=6\%\times 63.25\%=3.80\%$$

$$R_R(\text{B})=8\%\times 94.85\%=7.59\%$$

根据计算结果，A 投资项目的风险报酬率低于 B 投资项目的风险报酬率。这是因为 A 投资项目的风险小于 B 投资项目的风险。毫无疑问，风险小的 A 投资项目要求得到的风险补偿，低于风险大的 B 投资项目要求得到的风险补偿。当然，风险报酬率的高低还取决于风险报酬斜率的大小。风险报酬斜率的确定方法有以下两种。

1. 根据同等风险投资项目的有关历史数据确定

我们要先弄清楚应掌握哪些数据。假设必要报酬率用 K 表示，它是无风险报酬率（R_F）与风险报酬率（R_R）的和：

$$K=R_F+R_R$$

由于 $R_R=bq$ 或 $R_R=b\delta$

则有 $K=R_F+bq$ 或 $K=R_F+b\delta$

所以 $b=\frac{K-R_F}{q}$ 或 $b=\frac{K-R_F}{\delta}$

在这里，我们将必要报酬率理解为机会成本率，它是同等风险投资项目的报酬率。因此，只要能够找到一个同等风险的投资项目，并掌握它的必要报酬率、无风险报酬率、标准离差或标准离差率等有关数据，就可以推断出拟投资项目的风险报酬斜率。比如，有一个同等风险的投资项目，其必要报酬率为 12%，标准离差率为 60%，无风险报酬率为 6%，则拟投资项目的风险报酬斜率为：

$$b=\frac{K-R_F}{q}=\frac{12\%-6\%}{60\%}=10\%$$

2. 决策者根据主观经验确定

在没有同等风险的投资项目可供参照的情况下，可由决策者根据以往的主观经验来确定风险报酬斜率。这时，风险报酬斜率的确定在很大程度上会受到决策者个性特点及其对待风险的态度的影响。一般来讲，敢于冒险的决策者会把风险报酬斜率确定得低一些，因而要求得到的风险补偿少一些，有利于高风险投资项目被选取。反之，比较保守的决策者会把风险报酬斜率确定得高一些，因而要求得到的风险补偿多一些，有利于高风险投资项目被否决。

三、风险与报酬之间的关系

前文中已讨论了报酬和风险，以及报酬与风险之间的关系。这里对报酬与风险之间的关系进行一下总结。

（一）风险态度

人们在进行投资谋取报酬时，一般都对风险有一定的反感。因为它会使投资者不仅有可能得不到报酬，而且有可能遭受一定的损失。在报酬相等的情况下，投资者肯定会选择没有风险的投资项目。但没有风险的投资项目极其少见，大多数投资项目都或多或少带有一定的风险。因此，投资者不得不面对风险。在报酬相等的情况下，投资者肯定会选择风险相对较小的投资项目。在风险相等的情况下，投资者肯定会选择报酬相对较大的投资项目。在报酬不等、风险也不等的情况下，投资者会盘算高风险的投资项目是否值得去冒险。这是投资者的正常心态。当然，每个人的个性特点是有区别的，有的人宁可少得报酬也不愿去冒险，而有的人为得到较高的报酬情愿去冒险。

在对待风险的态度上，股东与经营者不同。冒风险有可能带来意外的报酬，也有可能带来意外的损失。无论是意外的报酬还是意外的损失，最终基本上都由股东承担。如果冒风险的决策由股东自己做出，那么由股东来承担报酬或损失则理所当然。但如果冒险的决策由经营者做出，若取得意外的报酬，股东当然会很高兴；若遭受意外的损失，股东去承担岂不是很恼火？股东在高兴的时候，可能会想到去奖励一下经营者，但若忘记了呢？或是奖励得不够呢？股东在恼火的时候肯定会迁怒于经营者。那么，经营者做出冒风险的决策又能得到什么呢？有意外报酬的时候，意外报酬基本上都被股东所获得；而有意外损失的时候，直接的损失虽然主要由股东承担，但经营者将会面临被辞退的危险，其职业声誉也会受到很大的消极影响。所以，一般来说，经营者对风险比股东更反感。

（二）风险与报酬之间的关系

根据前文中所讲的风险态度可知，风险不可避免，问题是：是否值得去冒风险？也就是说，冒风险是否能够得到足够的额外报酬，即是否能够得到足够的超过货币时间价值的风险补偿或风险报酬（又称风险收益）。或者说，若要冒风险，则必须能够得到一个必要报酬率。

$$必要报酬率(K)=无风险报酬率(R_F)+风险报酬率(R_R)$$

根据风险报酬率的计算公式，

$$R_R=bq \text{ 或 } R_R=b\delta$$

$$必要报酬率(K)=无风险报酬率(R_F)+风险报酬斜率(b)\times风险程度(q \text{ 或 } \delta)$$

上式中各因素之间的关系如图 2-11 所示。

投资者从思想上要求得到一个必要报酬率，那么，实际情况怎么样呢？市场上各个投

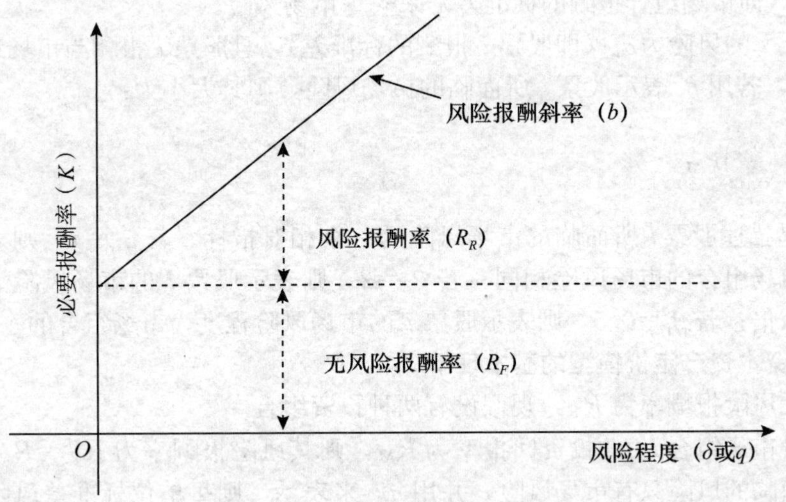

图 2-11　风险与报酬的关系图

资项目的风险不相同。人们都尽量选择风险小的投资项目，竞争的加剧会使其期望报酬率很低。一方面，竞争的加剧会使风险加大，迫使一部分投资者退出，从而使期望报酬率有所上升。对于风险较高的投资项目，由于人们对风险有反感，投资者较少，因此会使其期望报酬率较高。另一方面，竞争的弱化会使风险有所下降，较高的期望报酬率会诱使一部分投资者进入，从而使期望报酬率有所降低。总而言之，市场竞争的结果使风险较小的投资项目期望报酬率较低，使风险较大的投资项目期望报酬率较高。这样便形成了思想与实际的统一。投资者冒风险想要得到适当的风险补偿，而风险较高的投资项目恰恰有着较高的期望报酬率，能够给投资者提供适当的风险补偿。

根据西方财务理论，在一个完全有效的资本市场体系中，每一个投资者都能够得到必要报酬率，而投资项目的必要报酬率正好与其期望报酬率相等。

$$必要报酬率(K)=期望报酬率(\overline{K})$$

然而，目前完全有效的资本市场体系还只是一个假说。在现实中，许多投资者由于冒风险而蒙受了损失。在风险不可避免的情况下，投资者该如何去做呢？有限责任制、筹集社会资本，以及实施投资组合是比较有效的选择。当投资者蒙受损失时，有限责任制可使其所蒙受的损失不至于超过其所投入的资本；筹集社会资本则增加了一些承担损失的人，减少了自己承担损失的额度；投资组合分散了风险，不至于全盘皆输。

四、资本资产定价模型

（一）贝塔（β）系数的含义及其量化

在股票投资中，任意一只股票所包含的特有风险或可分散风险可通过构建一个适当投资组合而被消除。即当投资组合中股票数量足够多时，任意单只股票的特有风险能够被消除，但是市场风险或者说系统风险不能够被消除。因此，如果一个投资组合囊括了资本市场上所有股票，那么该投资组合成为市场组合（M）。而市场组合面临的风险只有市场风险，可用σ_M（即市场组合报酬的标准差）来表示市场风险。

假设股票 i 的风险为σ_i（即股票 i 报酬的标准差），且股票 i 报酬与市场组合报酬的相关系数为r_{iM}，若用β_i 表示股票i 所面临的市场风险，则其大小为：

$$\beta_i = \left(\frac{\sigma_i}{\sigma_M}\right) r_{iM}$$

上式中，β_i 是描述股票i 所面临的市场风险的一个相对指标。若 $\beta_i=1$，则表示股票 i 的市场风险与市场组合的市场风险相同；若 $\beta_i=2$，则表示股票 i 的市场风险为市场组合的市场风险的 2 倍；若 $\beta_i=0.5$，则表示股票 i 的市场风险程度为市场组合的一半。

（二）对资本资产定价模型的基本理解

若市场无风险报酬率为 R_F，现假设有两种投资组合。

（1）假设市场组合 M 的投资回报率为 R_M，则其风险报酬率为 $R_R^M = R_M - R_F$，且该市场组合所面临的风险只有市场风险，并用σ_M 来表示，则每单位标准差风险所获得的风险报酬为$\dfrac{R_M - R_F}{\sigma_M}$。

（2）假设投资某股票 i，其面临的风险为σ_i，则在投资该股票时，由于承担风险σ_i 而获得的风险报酬 R_R^i 为：

$$R_R^i = r_{iM}\sigma_i\left(\frac{R_M - R_F}{\sigma_M}\right) = \left(r_{iM}\frac{\sigma_i}{\sigma_M}\right)(R_M - R_F) = \beta_i(R_M - R_F)$$

该股票 i 的必要报酬率为：

$$R_i = R_F + R_R^i = R_F + \beta_i(R_M - R_F)$$

上式为资本资产定价模型（capital asset pricing model，CAPM）的一般形式，既适用于单项资产，也适用于投资组合，在上式中：

R_i 表示股票i 或投资组合i 的必要报酬率；

R_F 表示无风险报酬率（无风险利率）；

β_i 表示股票i 或投资组合i 的市场风险或贝塔（β）系数；

R_M 表示市场组合或市场上所有股票的平均报酬率；

（$R_M - R_F$）表示市场组合或持有市场上所有股票的风险报酬率；

$\beta_i(R_M - R_F)$ 表示股票 i 或投资组合 i 的风险报酬率。

可见，资本资产定价模型的重要贡献为根据已量化的风险确定了风险报酬率的大小，对所投股票 i 或投资组合 i 的风险及其风险报酬率进行了量化。

资本资产定价模型所确定的是资产或投资组合的必要收益率，是投资者进行投资决策的一个重要标准，只有当资产或投资组合的预期收益率大于必要收益率时，该资产或投资组合方案才可行。

【例 2-15】 某公司股票的 β_i 系数为 2，无风险利率为 6%，市场上所有股票的平均报酬率为 10%，则投资该股票的必要报酬率应为：

$$R_i = R_F + \beta_i(R_M - R_F) = 6\% + 2\times(10\% - 6\%) = 14\%$$

【例 2－16】　某公司股票的 β_i 系数为 2，无风险利率为 6%，市场组合风险报酬率为 10%，则投资该股票的必要报酬率应为：

$$R_i=R_F+\beta_i(R_M-R_F)=6\%+2\times10\%=26\%$$

【例 2－17】　某公司股票的 β_i 系数为 2，无风险利率为 6%，该股票的风险报酬率为 10%，则投资该股票的必要报酬率应为：

$$R_i=R_F+\beta_i(R_M-R_F)=6\%+10\%=16\%$$

资本资产定价模型也可用图形来表示，被称为证券市场线，表明了证券必要报酬率与不可分散风险之间的关系，如图 2－12 所示。

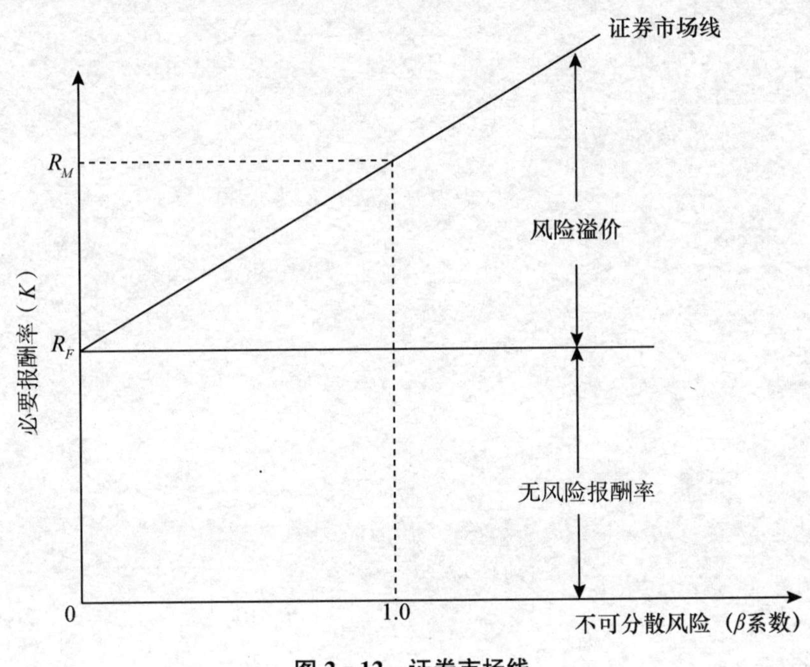

图 2－12　证券市场线

证券市场线的斜率为市场组合风险报酬率，其反映了投资者规避风险的程度。直线越陡峭，表明投资者越规避风险，即在同样的风险水平上，要求的报酬率更高；或在同样的报酬率水平上，投资者要求的风险更小。

由于无风险报酬率包含通货膨胀率，因此当通货膨胀率上升时，证券市场线会发生向上平移。当市场组合风险报酬率增大（即风险规避增加）时，证券市场线会发生逆时针旋转。

复习思考题

1. 什么是货币时间价值？如何计算货币时间价值？

2. 货币时间价值在企业财务管理中有哪些作用？
3. 什么是风险？如何衡量？
4. 风险的种类有哪些？
5. 请推导资本资产定价模型。
6. 什么是证券市场线？

第三章
资本结构决策

第一节　资本成本测算

一、资本成本的概念与意义

（一）资本成本的概念

在市场经济条件下，没有免费使用的资金。企业的资金无论来源于哪种渠道，采用哪种形式，都要付出代价，这种代价就是资本成本。资本成本是指企业为筹集和使用资金而付出的各种费用。严格地讲，资本成本有广义和狭义之分。从广义的角度讲，资本成本是企业为筹集和使用全部资金（包括短期资金和长期资金）而付出的各种费用；从狭义的角度讲，资本成本是企业为筹集和使用长期资金（包括权益资金和长期债务资金）而付出的各种费用。本节所讨论的资本成本是狭义的资本成本。

资本成本包括资金筹集费和资金占用费两部分。资金筹集费是企业在筹集资金过程中支付的各种费用，主要包括银行借款手续费、股票和债券的发行费用等。资金占用费是企业在生产经营过程中因占用和使用资金而支付的各种费用，如股票融资付出的股利、借款和债券融资付出的利息等。相比之下，资金占用费经常发生，并需要定期支付；而资金筹集费通常在筹集资金过程中一次性支付，实际上是资金筹集总额的减少，因此，在计算资本成本时通常把资金筹集费作为筹集资金总额的一项扣除。

在实务中，为了便于计算和比较，资本成本通常用相对数表示。用相对数表示的资本成本就是资金占用费与实际筹得资金数额的比率。用公式表示如下：

$$资本成本=\frac{资金占用费}{筹资金额-资金筹集费}$$

$$=\frac{资金占用费}{筹资金额\times(1-筹资费率)}$$

该公式是资本成本计算中确定的理论公式，不同融资方式的资本成本是在此理论公式的基础上，根据各自的特点加以调整而计算确定的。

（二）资本成本的意义

资本成本是企业财务管理中的重要概念，确定资本成本对企业财务管理具有重要的意义。

1. 从融资角度讲，资本成本是选择融资方式，进行资本结构决策的重要依据

企业融资方式多种多样，不同的融资方式，其资本成本也各不相同，企业一般通过计算和比较不同融资方式的资本成本，以选择资本成本最低的融资方式。资本结构是由债务资金和权益资金组合而成的，这种组合又有多个融资方案可供选择，企业一般通过计算不同融资方案的综合资本成本，选择综合资本成本最低的融资方案，以使资本结构最优。

2. 从投资角度讲，资本成本是评价投资项目，决定投资项目是否可行的重要标准

任何投资项目，只有在其投资预期报酬率超过其资本成本时，企业才有利可图，投资项目才可接受；否则企业将无利可图，投资也就失去了实际意义。可见，资本成本实际上是企业投资项目必须达到的最低报酬率，是企业投资决策的重要经济标准。国际上通常将资本成本视为是否采用投资项目的“取舍率”。

3. 从经营管理角度讲，资本成本是衡量企业经营业绩的重要标准

资本成本是企业运用资产经营必须取得的最低收益水平。企业可以将资产息税前利润率与综合资本成本相比，只有企业的资产息税前利润率超过其综合资本成本时，才可认为企业经营有利；反之，企业经营不利，业绩不佳，企业需要改善经营管理，提高资产息税前利润率。

二、不同融资方式的资本成本

对股份有限公司来讲，长期资金的融资方式主要包括长期借款、发行债券、发行股票和留存收益，因此，其资本成本主要包括长期借款成本、债券成本、优先股成本、普通股成本、留存收益成本。其中，前两者被称为长期债务成本，后三者被称为权益成本。

长期债务成本与权益成本不同。按照国际惯例和各国税法的规定，长期债务成本的利息一般允许在企业所得税前支付，具有抵税作用。这样融资企业实际上可以少缴一部分所得税，从而降低其资本成本。此时，融资企业实际负担的债务利息为：利息×（1－所得税税率）。而权益成本不同，融资企业向股东支付的股利需要在所得税后支付，不可享受免税收益，支付多少就实际负担多少。因此，权益成本一般高于长期债务成本。

（一）长期借款成本

长期借款成本包括借款利息和筹资费用。分期付息，到期一次还本的长期借款成本，其计算公式为：

$$K_L=\frac{I_L\times(1-T)}{L\times(1-F_L)}$$

式中，K_L——长期借款成本；

I_L——长期借款年利息；

T——所得税税率；

L——长期借款金额，即借款本金；

F_L——长期借款筹资费率。

上述公式也可以写成下列形式：

$$K_L=\frac{R_L\times(1-T)}{1-F_L}$$

式中，R_L——长期借款年利率。

长期借款的筹资费用主要是手续费，一般数额很小，有时可以忽略不计。这时，长期借款成本可以按下列公式计算：

$$K_L=R_L\times(1-T)$$

【例 3-1】 某公司向银行借入期限为 3 年的长期借款 500 万元，年利率为 10%，每年付息一次，到期一次还本，手续费率为 0.2%，企业所得税税率为 25%。该笔长期借款成本为：

$$K_L=\frac{500\times10\%\times(1-25\%)}{500\times(1-0.2\%)}=7.52\%$$

若上例中的手续费率忽略不计，则长期借款成本为：

$$K_L=10\%\times(1-25\%)=7.5\%$$

上述长期借款成本的计算方法比较简单，但这一方法有一个最大的缺陷，就是没有考虑资金时间价值。在实务中，还可根据贴现现金流量法来考虑资金时间价值，并计算长期借款成本。这种方法的基本原理是：长期借款的税前成本（即税前长期借款成本）是使企业因借款而发生的未来现金流出的现值之和等于借款的现金流入的贴现率，即使借款融资的净现值等于零的贴现率。其计算公式为：

$$L\times(1-F_L)=\sum_{t=1}^{n}\frac{I_t}{(1+K)^t}+\frac{P}{(1+K)^n}$$

$$K_L=K(1-T)$$

式中，P——第 N 年末应偿还的本金；

K——税前长期借款成本；

I_t——长期借款第 t 年年利息；

K_L——税后长期借款成本。

由上式可以看出，运用贴现现金流量法计算长期借款成本可分为两步：第一步先用插值法计算税前长期借款成本 K；第二步将税前长期借款成本调整为税后长期借款成本 K_L。

【例 3-2】 沿用例 3-1 的资料，若考虑资金时间价值，该项长期借款成本计算如下：

第一步，先计算税前长期借款成本：

当 $K=10\%$时，

$$
\begin{aligned}
借款的净现值 &= 500\times10\%\times PVIFA_{10\%,3}+500\times PVIF_{10\%,3}-500\times(1-0.2\%)\\
&=50\times2.487+500\times0.751-499\\
&=0.85(万元)>0
\end{aligned}
$$

当 $K=12\%$时，

$$
\begin{aligned}
借款的净现值 &= 500\times10\%\times PVIFA_{12\%,3}+500\times PVIF_{12\%,3}-500\times(1-0.2\%)\\
&=50\times2.402+500\times0.712-499\\
&=-22.9(万元)<0
\end{aligned}
$$

然后用插值法计算的税前长期借款成本为：

$$K=10\%+(12\%-10\%)\times\frac{0.85}{0.85+22.9}=10.07\%$$

第二步，将税前长期借款成本调整为税后长期借款成本：

$$K_L=10.07\%\times(1-25\%)=7.55\%$$

（二）债券成本

债券成本包括债券利息和筹资费用。债券的筹资费用一般要比长期借款的筹资费用高，主要是发行费用高，包括申请发行债券的手续费、债券印刷费、推销费等，一般不可忽略不计。

从发行价格看，债券有平价、溢价和折价三种。这体现了债券的票面利率和市场利率之间的关系。为了更准确地计算债券成本，债券实际筹得资金数额应按发行价格计算。分期付息，到期一次还本的债券成本计算公式为：

$$K_b=\frac{I_b\times(1-T)}{B\times(1-F_b)}$$

式中，K_b——债券成本；

I_b——债券年利息；

T——所得税税率；

B——债券实际筹得资金数额；

F_b——债券筹资费率。

【例 3-3】 某公司发行面值 200 万元的 5 年期债券，其发行价格为 300 万元，票面利率为 10%，每年付息一次，到期一次还本，发行费用占发行价格的 4%，公司的所得税税率为 25%。该债券成本为：

$$K_b=\frac{200\times10\%\times(1-25\%)}{300\times(1-4\%)}=5.21\%$$

若上述债券的发行价格为 200 万元，则债券成本为：

$$K_b=\frac{200\times10\%\times(1-25\%)}{200\times(1-4\%)}=7.81\%$$

若上述债券的发行价格为100万元，则债券成本为：

$$K_b=\frac{200\times10\%\times(1-25\%)}{100\times(1-4\%)}=15.63\%$$

上述债券成本的计算，也没有考虑资金时间价值。在实务中，还可根据贴现现金流量法（即考虑资金时间价值）计算债券成本。其计算方法可分为两步：第一步先用插值法计算债券的税前成本：债券的税前成本应是使企业因发行债券而发生的未来现金流出（包括各期应付利息和到期归还本金）的现值之和等于发行债券的现金流入的贴现率，即使债券融资的净现值等于零的贴现率；第二步将债券的税前成本调整为税后成本。

（三）优先股成本

优先股成本包括优先股股利和筹资费用。优先股股利一般是固定的。优先股成本的计算公式为：

$$K_p=\frac{D_p}{P_p\times(1-F_p)}$$

式中，K_p——优先股成本；

D_p——优先股预定年股利；

P_p——优先股实际筹得资金数额；

F_p——优先股筹资费率。

【例3-4】 某公司发行面值为200万元的优先股股票，其实际发行价格为250万元，筹资费用为发行价格的5%，预定年股利率为14%。该优先股成本为：

$$K_P=\frac{200\times14\%}{250\times(1-5\%)}=11.79\%$$

（四）普通股成本

普通股成本的计算与优先股成本的计算基本相同。但与优先股相比，普通股股东的股利是不固定的，它随着企业经营状况和股利分配政策等因素的改变而改变。又由于公司终止清算时，普通股股东的求偿权位于优先股股东之后，承担的风险要高于债权人和优先股股东，所以要求较高的报酬率。因此，普通股成本的计算较为困难，需要进行一些必要的假设和简化来估算。目前，估算普通股成本的方法主要有以下三种：

1. 股利增长模型

股利增长模型是依照股票投资报酬率不断增长的思路来估算普通股成本。在正常的情况下，随着公司的不断发展，普通股股利应是逐年增长的。假设普通股股利以固定的年增长率递增，根据股利增长模型中的固定成长股票估价模型，普通股成本的计算公式为：

$$K_c=\frac{D_1}{P_c(1-F_c)}+G$$

式中，K_c——普通股成本；

D_1——普通股预期第一年股利额；

P_c——普通股实际筹得资金数额；

F_c——普通股筹资费率；

G——普通股股利年增长率。

【例 3-5】 某公司发行每股面值为 1 元的普通股 1 000 股，每股发行价格为 5 元，筹资费率为发行价格的 4%，预计第一年的每股股利额为 0.5 元，以后每年递增 5%。该普通股成本为：

$$K_c=\frac{1\ 000\times1\times0.5}{1\ 000\times5\times(1-4\%)}+5\%=15.42\%$$

2. 资本资产定价模型

根据资本资产定价模型来估算普通股成本，即通过直接估算公司普通股的预期报酬率来估算普通股成本。其计算公式为：

$$K_c=R_F+\beta(R_M-R_F)$$

式中，R_F——无风险报酬率；

β——股票的贝塔系数；

R_M——整个股票市场平均报酬率。

【例 3-6】 假设无风险报酬率为 5%，整个股票市场平均报酬率为 10%，某公司普通股股票的 β 值为 2，则普通股成本可计算如下：

$$K_c=5\%+2\times(10\%-5\%)=15\%$$

3. 风险溢价法（债务成本加风险报酬法）

根据风险与报酬均衡，即“投资风险越大，要求的报酬率越高”的基本原理，由于普通股股东对企业的投资风险要大于债权人，因此，普通股股东会在债权人要求的报酬率的基础上附加一定的风险溢价。依照这一理论，普通股成本的计算公式为：

$$K_c=K_b+\mathrm{RP}_c$$

式中，K_b——债务成本；

RP_c——股东比债权人承担更大风险所要求的风险溢价。

债务成本的计算比较容易，若公司发行债券，债务成本为债券成本；若公司不发行债券，则可用公司的平均负债成本。而风险溢价的确定比较困难，风险溢价没有直接的计算方法，可以凭借经验估计。根据西方国家的经验，公司普通股的风险溢价相对其发行的债券来说，绝大部分为 3%～5%。当市场利率达到历史性高点时，风险溢价通常较低；当市场利率处于历史性低点时，风险溢价则会较高；而通常情况下，采用 4%的平均风险溢价。这样，普通股成本的计算公式还可写为：

$$K_c=K_b+4\%$$

【例 3-7】 某公司已发行的债券的成本为 10%，现准备发行一批新股票，则该批股票的成本为：

$$K_c=10\%+4\%=14\%$$

(五) 留存收益成本

留存收益是企业税后利润扣除所分配的股利后形成的，包括盈余公积和未分配利润，其所有权属于普通股股东，是企业权益资金的一个重要来源。从表面上看，留存收益属于公司股东，公司使用这部分资金好像不需要付出任何代价，但事实上，股东将留存收益留在公司作为公司的权益资金来源，表现了一种委托-代理关系，即委托公司管理。只有当公司进行投资的预期报酬率超过股东对留存收益所要求的报酬率时，公司才应留存利润；否则，留存收益应以股利形式分派给股东，以使股东自己投资于更有利可图的机会。股东将留存收益留在公司用于投资，而不作为股利提出以投资别处，意味着股东期望获取更多的股利，所以留存收益也有成本，这种成本是股东放弃提出股利以投资别处应获取的潜在收益。也就是说，留存收益成本是一种机会成本。

留存收益成本的估算也是非常困难的，它的估算必须考虑诸如企业未来发展前景以及股东对预期的更大风险所要求的附加报酬率等因素。目前，留存收益成本的估算一般比照普通股成本的估算方法。但留存收益与普通股的不同之处是，其作为内部融资没有筹资费用，所以，在利用股利增长模型估算留存收益成本时，应在计算公式中扣除筹资费用这一因素，此时留存收益成本的计算公式为：

$$K_s=\frac{D_1}{P_s}+G$$

式中，K_s——留存收益成本；

D_1——普通股预期第一年股利额；

P_s——普通股市场价格；

G——普通股股利年增长率。

【例3-8】 某公司的普通股上年发放的每股股利为2元，预计公司的股利能以每年10%的增长率持续增长。如果该公司普通股股票市价为每股50元，留存收益成本可计算如下：

$$K_s=\frac{2\times(1+10\%)}{50}+10\%=14.4\%$$

三、综合资本成本

(一) 综合资本成本的计算

由于受多种因素的影响，企业不可能只采用一种融资方式筹集资金（又称资本），以求资本成本最低，往往需要通过多种融资方式融通资金。企业在采用多种融资方式融资时，就需要计算综合资本成本。

综合资本成本是指全部长期资金的总成本，通常以各种长期资金占全部资金的比重为权数，对其资本成本进行加权加以确定，为此，综合资本成本又称加权平均资本成本。其计算公式为：

$$K_w=\sum_{j=1}^{n}W_jK_j$$

其中，

$$\sum_{j=1}^{n} W_j = 1$$

式中，K_w——综合资本成本；

K_j——第 j 种融资方式的资本成本；

W_j——第 j 种长期资金占全部资金的比重，即资金权数。

从上述公式中可以看出，综合资本成本的计算由各种融资方式的资本成本和该种资金的权数两大因素确定。在各种融资方式的资本成本已确定的情况下，取得企业各种长期资金占全部资金的比重，即可计算企业的综合资本成本。

【例 3-9】 某公司拟筹集长期资金 2 500 万元，采用四种融资方式：(1) 举借长期借款 500 万元，年利率为 8%，手续费忽略不计；(2) 按面值发行债券 500 万元，票面利率为 10%，筹资费率为 2%；(3) 按面值发行优先股 500 万元，年股利率为 7%，筹资费率为 3%；(4) 按面值发行普通股 1 000 万元，预计第一年股利率为 10%，以后每年增长 4%，筹资费率为 4%。该公司的所得税税率为 25%，其综合资本成本计算如下：

第一步，计算各种长期资金占全部资金的比重：

$$长期借款的比重=\frac{500}{2\ 500}=20\%$$

$$债券的比重=\frac{500}{2\ 500}=20\%$$

$$优先股的比重=\frac{500}{2\ 500}=20\%$$

$$普通股的比重=\frac{1\ 000}{2\ 500}=40\%$$

第二步，计算各种长期资金的资本成本：

$$长期借款成本=8\%\times(1-25\%)=6\%$$

$$债券成本=\frac{10\%\times(1-25\%)}{1-2\%}=7.65\%$$

$$优先股成本=\frac{7\%}{1-3\%}=7.22\%$$

$$普通股成本=\frac{10\%}{1-4\%}+4\%=14.42\%$$

第三步，计算综合资本成本：

$$\begin{aligned}K_w&=20\%\times6\%+20\%\times7.65\%+20\%\times7.22\%+40\%\times14.42\%\\&=1.2\%+1.53\%+1.44\%+5.77\%\\&=9.94\%\end{aligned}$$

（二）综合资本成本计算中资金权数的选择

在综合资本成本计算中，资金权数的选择主要有三种：账面价值权数、市场价值权数和目标价值权数。

账面价值权数是指以账面价值为依据确定各种长期资金的权数。按账面价值确定资金权数，其资料直接从资产负债表上取得，数据真实。但当债券、股票等的市场价格与账面价值差别较大时，仍用账面价值确定的资金权数可能造成综合资本成本的误估，进而影响企业做出正确的融资决策。为了克服账面价值权数的缺陷，企业也可以按市场价值或目标价值来确定资金权数。

市场价值权数是指债券、股票及留存收益以现行的市场价格确定资金权数，以计算综合资本成本。这样计算的综合资本成本能反映企业目前的实际情况，有利于做出融资决策。但是，由于证券市场价格经常处于变动中，因而市场价值权数不易确定。

目标价值权数是指债券、股票等以未来预计的目标市场价格确定资金权数，以计算综合资本成本。这种权数能体现企业未来的目标资本结构，而不是像账面价值权数和市场价值权数那样只反映过去和现在的资本结构，所以按目标价值权数计算的综合资本成本更适用于企业未来融资决策的需要。但是，企业对于证券的目标价值更难客观合理地确定，所以仍有不少企业坚持用账面价值权数。

第二节　财务杠杆利益与风险

一、财务杠杆的概念

企业在生产经营过程中，当自有资金不足时，就要举借债务资金。在负债规模一定的条件下，企业的债务利息是固定的，并且必须按期支付，这与企业实现的息税前利润多少无关。因此，在负债规模一定的情况下，当企业的息税前利润增加时，单位息税前利润所负担的债务利息相应地减少，单位权益资本净利润或普通股每股收益相应增加，从而使权益净利率或普通股每股收益的增长率大于息税前利润的增长率，由此使企业获得财务杠杆利益。同样，当企业的息税前利润减少时，单位息税前利润所负担的债务利息相应增加，单位权益资本净利润或普通股每股收益相应减少，从而使权益净利率或普通股每股收益的下降率大于息税前利润的下降率，由此使企业承担相应的财务风险。如果企业无负债融资，那么权益净利率或普通股每股收益的变动率与息税前利润的变动率一致。这种由于负债经营存在固定利息费用而造成的权益净利率或普通股每股收益的变动率大于息税前利润的变动率的现象，被称为财务杠杆。

只有在企业息税前利润率高于同期的债务利率时，才能通过负债经营的财务杠杆作用增加所有者收益，并且对所有者收益的影响程度取决于负债比率的高低。当负债比率高时，财务杠杆利益则增加；当负债比率低时，财务杠杆利益则减少；如无负债经营，则不会产生财务杠杆利益。如果企业息税前利润率低于同期的负债利率，负债经营的财务杠杆作用将增加企业的财务风险。由此看来，财务杠杆作用也是一把双刃剑。企业既可以利用财务杠杆获得财务杠杆利益，又要承担相应的财务风险。企业在利用财务杠杆时，需要在财务杠杆利益和财务风险之间做出合理权衡。

此外，对股份有限公司而言，若在发行普通股的同时，也发行优先股，由于优先股的股利也具有固定性，并在税后支付，所以也具有财务杠杆作用。只有在权益净利率高于优先股股利率时，优先股融资才能通过优先股的财务杠杆作用增加普通股股东收益。如果权益净利率低于优先股股利率，优先股融资将会给普通股股东带来损失。

二、财务杠杆系数

财务杠杆作用程度的大小，通常用财务杠杆系数来衡量。财务杠杆系数是指普通股每股收益或权益净利率的变动率相当于息税前利润变动率的倍数。财务杠杆系数表示息税前利润变动1%所引起的普通股每股收益或权益净利率变动的百分比。以股份有限公司为例，财务杠杆系数的计算公式为：

$$财务杠杆系数=\frac{普通股每股收益变动的百分比}{息税前利润变动的百分比}$$

$$\mathrm{DFL}=\frac{\Delta \mathrm{EPS}/\mathrm{EPS}}{\Delta \mathrm{EBIT}/\mathrm{EBIT}}$$

式中，DFL——财务杠杆系数；

ΔEPS——普通股每股收益变动额；

EPS——变动前普通股每股收益；

ΔEBIT——息税前利润变动额；

EBIT——变动前息税前利润。

根据普通股每股收益和息税前利润的计算原理，上述公式可转化为：

$$\mathrm{DFL}=\frac{\mathrm{EBIT}}{\mathrm{EBIT}-I}$$

式中，I——债务利息。

在有优先股的条件下，上述公式可改写为：

$$\mathrm{DFL}=\frac{\mathrm{EBIT}}{\mathrm{EBIT}-I-\mathrm{PD}/(1-T)}$$

式中，PD——优先股股利；

T——所得税税率。

从上述公式可以看出，在公司资金总额、息税前利润一定的情况下，负债比率越大，财务杠杆系数越高，预期的每股收益也越高。

【例 3-10】 某公司原有资本 1 000 万元，均为普通股资本。为了扩大生产，需要追加融资 500 万元，有以下三种可能的融资方案：（1）全部发行普通股，每股售价 50 元，增发 10 万股；（2）发行普通股 5 万股，每股售价 50 元；举借长期债务 250 万元，债务年利率为 10%；（3）全部举借长期债务，债务年利率为 10%。假设该公司目前的息税前利润为 200 万元，扩大生产后将上升为每年 300 万元，则三种融资方案下财务杠杆系数为：

普通股融资方案：

$$\mathrm{DFL}=\frac{300}{300-0}=1$$

发行普通股并负债的融资方案：

$$DFL=\frac{300}{300-250\times10\%}=1.09$$

全部负债融资方案：

$$DFL=\frac{300}{300-500\times10\%}=1.2$$

计算结果表明，在公司不利用负债融资的情况下，财务杠杆不发挥作用。在息税前利润为300万元的水平上，息税前利润每增加1%，每股收益也增加1%。而在利用负债融资的情况下，财务杠杆则发挥作用，并且负债比率不同，财务杠杆作用也不同。负债比率越高，财务杠杆系数越大，其作用程度越大。在负债250万元时，财务杠杆系数为1.09，息税前利润变动1%将导致每股收益变动1.09%；在负债500万元时，财务杠杆系数为1.2，息税前利润变动1%将导致每股收益变动1.2%。

由此看来，财务杠杆原理为企业确定合理的负债比率或确定最佳资本结构和选择融资方案提供了分析工具。

第三节　资本结构决策分析

一、资本结构的含义及类型

（一）资本结构的含义

资本结构是指企业各种资金的构成和比例关系，通常是指企业各种长期资金的构成和比例关系。因为短期资金的需求量和筹集量是经常变化的，且在整个资金总量中所占的比重不稳定，因此，一般不将其列为资本结构管理范围，而是作为营运资本管理。

资本结构是由企业同时采用权益融资和负债融资引起的。在资本结构中，合理利用负债融资和安排负债比率对企业具有重要的影响。（1）利用负债融资，可以降低企业的综合资本成本；（2）负债融资具有财务杠杆作用，可以增加每股收益；（3）负债融资将会加大财务风险。

（二）资本结构的类型

资本结构的类型一般有以下两种。

1. 单一资本结构

单一资本结构是指企业的长期资金仅由单一性质的资金构成，一般是指企业的长期资金均由权益资金构成。这种资本结构的特点是：在无优先股的情况下，企业没有固定还本付息负担，可提高企业的资信和融资能力；但资本成本很高，且不能获得财务杠杆利益。

2. 混合资本结构

混合资本结构是指企业的长期资金由长期债务资金和权益资金构成。这种资本结构的特点是：由于债务成本一般低于权益成本，这种资本结构的综合资本成本较低，在企业息税前利润率高于长期债务成本率的情况下，企业可获得财务杠杆利益；但长期债务的固定利息支付和固定的偿还期限形成了企业的固定负担，财务风险较大。

二、最佳资本结构的确定

按照现代资本结构理论，最佳资本结构是企业的综合资本成本最低，同时企业价值最大的资本结构，其核心是确定最佳的负债比率。而在实际工作中，企业如何确定最佳资本结构是一个复杂和困难的问题，也没有一个公认的负债比率的数量化标准，可以认为最佳资本结构在不同国家、不同时期、不同企业是各不相同的。但是，最佳资本结构的确定仍然是企业融资决策的重要内容，为此企业可以以资本结构理论为指导，在研究内外部融资环境的基础上，从企业的所有者、债权人和经营者的不同利益和需要出发，采用不同的评价标准和方法加以确定。

目前，确定最佳资本结构常用的定量分析法包括每股收益分析法、比较资本成本法和比较公司价值法等。这些方法可以帮助企业的财务管理人员对资本结构的合理性进行评价，但不能将它们作为确定最佳资本结构的绝对标准，实践中还应考虑影响资本结构的其他因素，以及财务管理人员的经验来加以确定，力争使资本结构趋于最佳。下面以股份有限公司为例介绍这三种方法。

（一）每股收益分析法

每股收益分析法也称每股收益无差别点分析法，是财务管理中常用的分析资本结构和进行融资决策的方法。它通过分析负债融资与每股收益之间的关系，为确定最佳资本结构提供依据。对股份有限公司来讲，财务管理的目的就是要不断提高普通股每股收益。因此，资本结构合理性的评价也离不开对每股收益的测定。从这一点来看，资本结构是否合理要通过每股收益的变化来分析，考虑的是股东的利益和需要。在这种方法下，只要能提高每股收益，这样的资本结构就是合理的，反之就是不合理的。

每股收益分析法的核心是确定每股收益无差别点。每股收益无差别点是指每股收益不受任何融资方式影响的息税前利润水平。每股收益是指普通股的每股收益，按照某一息税前利润水平计算的每股收益的公式为：

$$\mathrm{EPS}=\frac{(\mathrm{EBIT}-I)(1-T)-\mathrm{PD}}{N}$$

式中，I——每年支付的债务利息；

T——所得税税率；

PD——每年支付的优先股股利；

N——流通在外的普通股股数。

在每股收益无差别点上，无论是采用债务融资还是采用普通股融资，或无论是采用优先股融资还是采用普通股融资，每股收益都是相等的。若以 EPS_1 表示债务融资方案，EPS_2 表示优先股融资方案，EPS_3 表示普通股融资方案，则有：

$$\mathrm{EPS}_1=\mathrm{EPS}_3$$

$$\frac{(\mathrm{EBIT}-I_1)(1-T)-\mathrm{PD}_1}{N_1}=\frac{(\mathrm{EBIT}-I_3)(1-T)-\mathrm{PD}_3}{N_3}$$

$$\mathrm{EPS}_2=\mathrm{EPS}_3$$

$$\frac{(\mathrm{EBIT}-I_2)(1-T)-\mathrm{PD}_2}{N_2}=\frac{(\mathrm{EBIT}-I_3)(1-T)-\mathrm{PD}_3}{N_3}$$

【例 3-11】 某公司原有资本 1 000 万元，均为普通股资本，流通在外的普通股为 20 万股。为了扩大生产，需要追加融资 500 万元，有以下三种可能的融资方案：(1) 全部发行普通股，售价每股 50 元，增发 10 万股；(2) 全部举借长期债务，债务年利率为 10%；(3) 全部发行优先股，年股利率为 12%。假设该公司所得税税率为 25%。

将上述数据代入公式，则普通股融资方案与债务融资方案的每股收益无差别点为：

$$\frac{(\mathrm{EBIT}-0)(1-25\%)-0}{20+10}=\frac{(\mathrm{EBIT}-50)(1-25\%)-0}{20}$$

EBIT＝150(万元)

普通股融资方案与优先股融资方案的每股收益无差别点为：

$$\frac{(\mathrm{EBIT}-0)(1-25\%)-0}{20+10}=\frac{(\mathrm{EBIT}-0)(1-25\%)-60}{20}$$

EBIT＝240(万元)

上述每股收益无差别点分析也可用图 3-1 来描述。

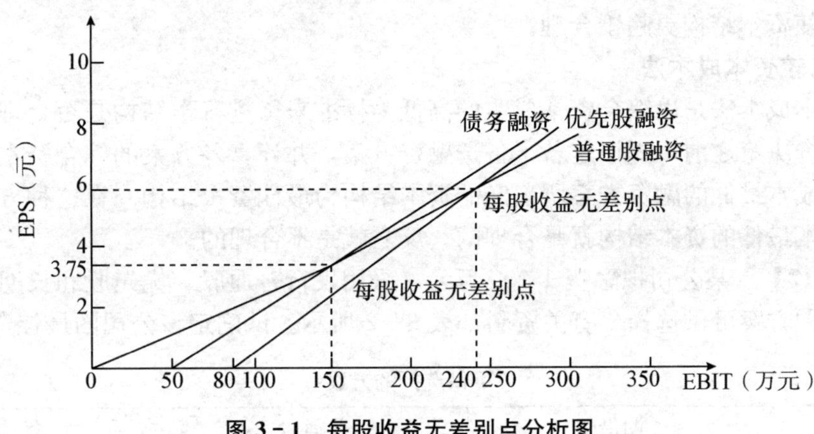

图 3-1　每股收益无差别点分析图

从图 3-1 可以看出，债务融资方案与普通股融资方案之间的每股收益无差别点为 150 万元的息税前利润。如果预计息税前利润高于这一点，利用债务融资则可获得更高的每股收益；如果低于这一点，利用普通股融资则可获得比利用债务融资更高的每股收益。优先股融资方案与普通股融资方案之间的每股收益无差别点为 240 万元的息税前利润。如果预计息税前利润高于这一点，利用优先股融资则可获得更高的每股收益；如果低于这一点，利用普通股融资则可获得更高的每股收益。而在债务融资方案与优先股融资方案之间并不存在无差别点，由于债务融资的固定利息具有抵减所得税的作用，所以在所有的息税前利润水平上，债务融资都比优先股融资产生更高的每股收益。也就是说，财务杠杆要发挥作用，就需要有较多的息税前利润来补偿固定的融资成本，而一旦达到平衡，普通股每股收益将随着息税前利润的增长较快地增长。假设该公司目前息税前利润水平为 250 万元，扩大生产后将上升为每年 400 万元，则三种融资方案下的每股收益如表 3－1 所示。

从表 3－1 可看出，由于该公司的息税前利润水平高于每股收益无差别点，因此债务融资方案下的每股收益是最高的，债务融资方案最优。债务融资方案比优先股融资方案高出 1.125 元的每股收益。

表 3－1　　三种融资方案下的每股收益

	普通股融资	债务融资	优先股融资
息税前利润（元）	4 000 000	4 000 000	4 000 000
利息（元）	—	500 000	—
税前利润（元）	4 000 000	3 500 000	4 000 000
所得税（元）	1 000 000	875 000	1 000 000
税后利润（元）	3 000 000	2 625 000	3 000 000
优先股股利（元）	—	—	600 000
流通在外的普通股股数（股）	300 000	200 000	200 000
每股收益（元）	10	13.125	12

从上述分析可知，当预期息税前利润水平超过每股收益无差别点时，选择债务融资对企业是有利的，可增加每股收益。同时可对企业现有的资本结构做出相应调整，适当提高负债比率，使资本结构更趋于合理。

（二）比较资本成本法

比较资本成本法是以综合资本成本的高低为标准来衡量资本结构是否合理的方法。企业在做出融资决策之前，先拟定若干备选融资方案，并计算各方案的综合资本成本，以其中综合资本成本最低的融资方案所确定的资本结构为最佳资本结构。在这种方法下，能使综合资本成本最低的资本结构就是合理的，反之就是不合理的。

【例 3－12】　某公司拟融资 1 000 万元，采用发行普通股、优先股和长期借款方式筹集，现有三种方案可供选择。有关资料如表 3－2 所示。试确定该公司的最佳资本结构。

表 3－2　　可供选择的方案

项目	长期借款		普通股		优先股	
	所占比例	资本成本	所占比例	资本成本	所占比例	资本成本
甲方案	50%	10%	40%	14%	10%	11%
乙方案	40%	8%	40%	14%	20%	12%
丙方案	30%	7%	50%	15%	20%	11%

根据上述资料，三个方案的综合资本成本分别计算如下：

甲方案：$K_w=50\%\times10\%+40\%\times14\%+10\%\times11\%=11.7\%$

乙方案：$K_w=40\%\times8\%+40\%\times14\%+20\%\times12\%=11.2\%$

丙方案：$K_w=30\%\times7\%+50\%\times15\%+20\%\times11\%=11.8\%$

通过比较计算结果，乙方案的综合资本成本最低，可认为乙方案为最佳融资方案，其所确定的资本结构为最佳资本结构。

（三）比较公司价值法

比较公司价值法是以综合资本成本最低和公司价值（又称企业价值）最大为标准来衡量资本结构是否合理的方法，即综合资本成本最低，同时公司价值最大的资本结构为最佳资本结构。其基本思路为：

1. 确定公司价值

公司价值 V 等于普通股市场价值 S 和债务市场价值 B 之和。为了简化计算，假设债务市场价值等于它的面值，则公司价值的计算公式为：

$$V=S+B$$

假设公司无优先股，公司的息税前利润预期不会增长（公司处于零成长），而且税后利润都以股利的形式支付给股东（股利增长率为零）。由此，普通股的股利表现为永续年金形式。普通股市场价值的计算公式为：

$$S=\frac{(\mathrm{EBIT}-I)(1-T)}{K_s}$$

式中，EBIT——息税前利润；

I——每年支付的债务利息；

T——所得税税率；

K_s——普通股资本成本或普通股所要求的报酬率。

K_s采用资本资产定价模型确定，则：

$$K_s=R_s=R_F+\beta(R_M-R_F)$$

2. 确定公司的综合资本成本

综合资本成本 K_w的计算公式为：

$$K_w=\left(\frac{B}{V}\right)K_b(1-T)+\left(\frac{S}{V}\right)K_s$$

式中，K_b——长期负债年利率。

由综合资本成本的计算公式可知：

$$V=\frac{BK_b(1-T)+SK_s}{K_w}$$

将普通股市场价值的计算公式代入上式，可得：

$$V=\frac{\mathrm{EBIT}(1-T)}{K_w}$$

上式反映了资本结构与资本成本和公司价值的关系，当公司的综合资本成本最低时，公司价值将达到最大。

3. 确定最佳资本结构

运用上述公司价值和综合资本成本的计算原理，并以公司价值最大和综合资本成本最低为标准，就可以比较并确定公司的最佳资本结构。下面举例说明比较公司价值法的运用。

【例 3－13】 某公司无负债，资本全部由普通股资本构成，其账面价值为 5 000 万元。该公司年息税前利润为 500 万元，税后利润全部以股利的形式支付给股东，公司所得税税率为 25%。无风险报酬率为 6%，股票市场平均投资报酬率为 14%。该公司认为目前的资本结构不合理，拟通过举借长期债务来增加公司价值。经测算，公司在不同债务水平下的债务利率和权益成本如表 3－3 所示。试测算公司的最佳资本结构。

表 3－3　　不同债务水平下的债务利率和权益成本

债务水平（万元）	债务利率（%）	股票 β 值	权益成本（%）
0		1.10	14.8
100	8	1.15	15.2
300	10	1.20	15.6
500	12	1.30	16.4
700	14	1.40	17.2
1 000	16	1.60	18.8

根据表 3－3 中的数据资料，运用公司价值、普通股市场价值、综合资本成本的计算公式，即可计算出不同债务水平下的公司价值和综合资本成本，如表 3－4 所示。

表 3－4　　不同债务水平下的公司价值和综合资本成本

债务水平（万元）	股票价值（万元）	公司价值（万元）	债务利率（%）	权益成本（%）	综合资本成本（%）	负债比率（%）
0	2 534	2 534		14.8	14.80	0
100	2 428	2 528	8	15.2	14.84	3.96
300	2 260	2 560	10	15.6	14.65	11.72
500	2 012	2 512	12	16.4	14.93	19.90
700	1 753	2 453	14	17.2	15.29	28.54
1 000	1 356	2 356	16	18.8	15.91	42.44

从表 3－4 中可以看出，在没有负债的情况下，公司价值就是原有股票的市场价值。而当公司举借债务时，随着债务水平的增加，公司价值上升，综合资本成本下降；当债务水平达到 300 万元时，公司价值最大，综合资本成本最低；当债务水平超过 300 万元后，随着债务水平的增加，公司价值下降，综合资本成本上升。因此当债务水平为 300 万元时，即负债比率为 11.72%时的资本结构为该公司的最佳资本结构。

第四节　资本结构理论

企业在确定资本结构时，利用债务融资，并确定其占全部资金的比例的重要原因就是债务融资可降低综合资本成本，并具有财务杠杆效应。资本结构理论就是通过研究财务杠杆、资本成本和企业价值（即公司价值）之间的关系，以阐述财务杠杆或债务融资对企业的综合资本成本和价值的影响。在财务管理理论中，关于企业能否通过资本结构的变化（或负债比率的变化）来影响企业的综合资本成本和价值存在许多争议，由此形成了若干资本结构理论。从时间顺序看，分为早期资本结构理论、现代资本结构理论等。

一、早期资本结构理论

早期资本结构理论是指在 1958 年以前形成的传统资本结构理论，主要包括净营业收益理论、净收益理论和传统理论三种。

（一）净营业收益理论

净营业收益理论认为，不论财务杠杆如何变化，企业的综合资本成本都是固定的，因而对企业的价值没有影响。该理论假设当企业利用财务杠杆时，债务成本固定不变，随着负债比率的增加，权益资本风险加大，普通股股东要求的收益率提高，权益成本上升，而负债带来的权益成本上升正好抵消了负债带来的利益，故综合资本成本不变，企业价值保持不变。用图形描述，如图 3－2 和图 3－3 所示。

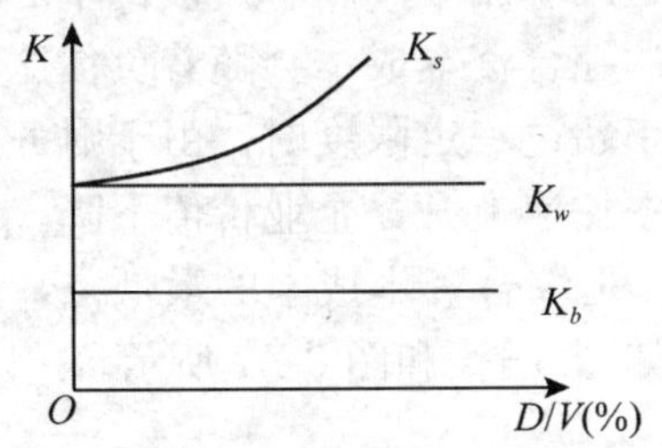

图 3－2　净营业收益理论中的企业的资本成本与财务杠杆

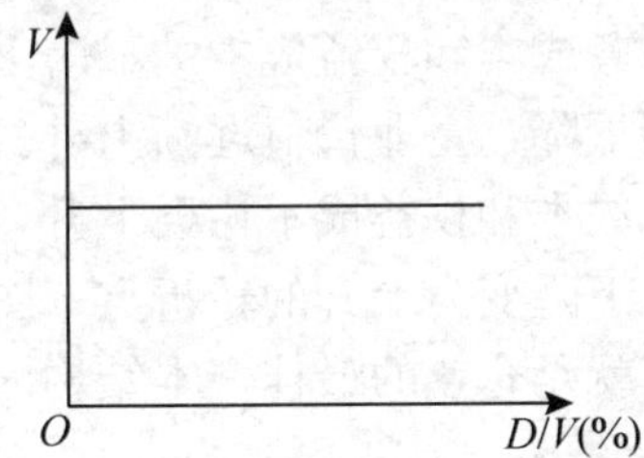

图 3－3　净营业收益理论中的企业价值与财务杠杆

其中，K_b 为债务成本；K_s 为权益成本；K_w 为综合资本成本；V 为企业价值；D/V 为负债比率。

由此可见，这种理论认为企业的综合资本成本与财务杠杆无关，即企业的资本结构变化不影响企业的综合资本成本和价值。按照这种理论推论，企业不存在最佳资本结构，融资决策也就无关紧要了。

（二）净收益理论

净收益理论同净营业收益理论相反，认为较高的财务杠杆或较高的负债比率可以降低企业的综合资本成本，从而对增加企业价值产生有利的影响。换句话说，债务融资可以降低企业的综合资本成本，负债比率越高，企业的综合资本成本越低，从而企业价值越大。该理论假设企业的债务成本和权益成本均固定不变，因此，由于债务成本低于权益成本，故负债越多，企业的综合资本成本就会越低，企业价值就越大。当负债比率为 100%时，企业的综合资本成本最低，企业价值将达到最大值。用图形描述，如图 3－4 和图 3－5 所示。

这种理论认为企业的综合资本成本与价值都受到财务杠杆的影响，即资本结构的变化影响企业的综合资本成本和价值。但是该理论过分强调财务杠杆的作用，而忽视了财务风险。按照这种理论推论，企业最佳资本结构应是百分之百负债，此时企业的综合资本成本最低，企业价值最大。

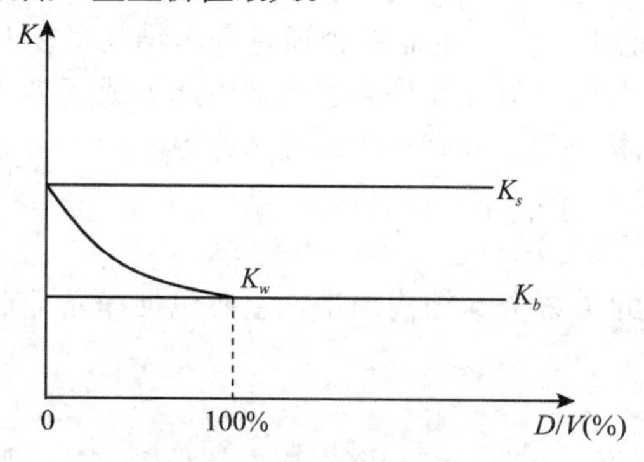

图 3-4　净收益理论中的企业的资本成本与财务杠杆

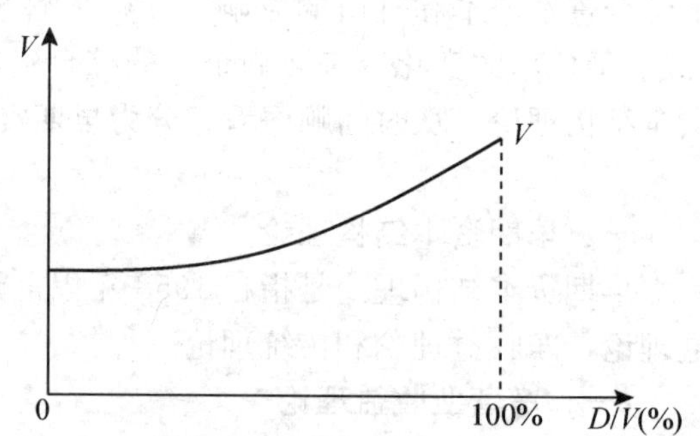

图 3-5　净收益理论中的企业价值与财务杠杆

（三）传统理论

传统理论是一种介于净营业收益理论和净收益理论两种极端情况之间的一种折中理论。该理论认为，当企业的负债比率在一定限度内被适度利用时，随着负债比率的增加不会导致债务成本和权益成本的显著上升，因此，企业的综合资本成本会随着负债比率的增加而逐渐下降，企业价值逐渐上升。但是，当负债比率超过一定限度时，由于财务风险加大，债务成本和权益成本均会上升，致使综合资本成本加速上升，企业价值下降。综合资本成本从下降变为上升的转折点（图 3-6 中的 A 点）是综合资本成本的最低点，这时的负债比率就是企业的最佳资本结构。用图形来描述，如图 3-6 和图 3-7 所示。

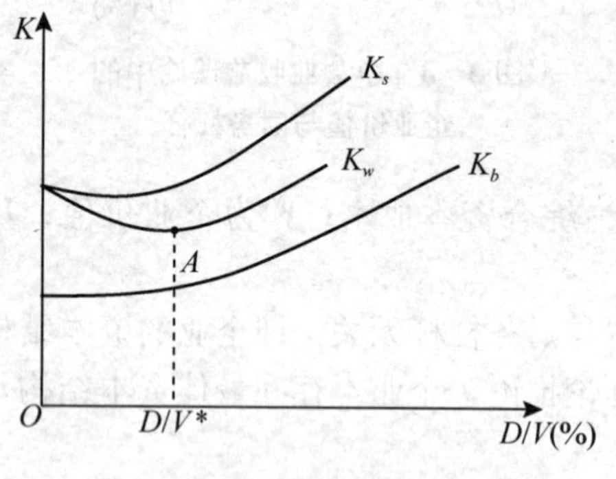

图 3-6　传统理论中的企业的资本成本与财务杠杆

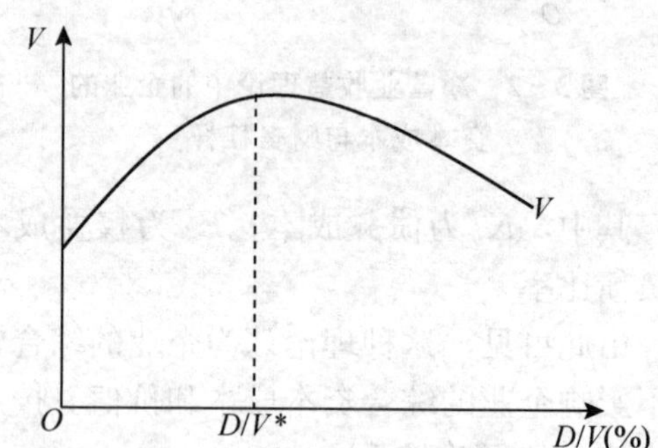

图 3-7　传统理论中的企业价值与财务杠杆

这种理论认为存在一个最佳资本结构。最佳资本结构就是使企业的加权平均资本成本最低并因而使企业价值最大的资本结构。

早期的资本结构理论都是建立在经验和判断的基础上的，缺乏严格的推理证明，虽然传统理论看起来比较符合实际，但也难以令人信服。

二、现代资本结构理论

现代资本结构理论的起点是 MM 理论，由美国学者莫迪利亚尼（Modigliani）和米勒（Miller）在一系列严格假设条件下，通过数学推导而创建。后来的资本结构的研究和深入大多是建立在MM理论的基础上。目前，该理论仍处于不断发展和完善之中。

MM理论的假设条件主要包括：（1）完全资本市场，股票和债券的交易无交易成本；投资者和企业可以以同等利率借款；（2）所有债务都无风险；（3）投资者对企业的未来收益和收益风险的预期是相同的；（4）企业的增长率为零，即息税前利润固定不变，财务杠杆收益全部支付给股东；（5）企业的经营风险可用息税前利润的方差衡量，有相同经营风险的企业处于同一风险等级；（6）所有现金流量都是固定年金，且持续到永远。这些假设条件在最初研究中提出，其中一些条件在后来的研究中又有所放宽。

最初的MM理论在对净营业收益理论研究的基础上，不考虑企业所得税因素的影响，得出结论：企业价值与资本结构无关。而企业所得税是实际存在的，所以该理论在后来的研究中加入了所得税因素，得出结论：由于债务利息在税前支付，具有减税作用，所以资本结构中负债比率越大，企业价值越大，当企业负债比率达到100%时，企业价值最大。但这与现实不完全相符。实际上企业为了生存和发展，必须保持一定的财务实力，一般均按照一定的负债比率举债，MM理论的假设在现实生活中不可能实现。因此，MM理论应用于实践时必须进行修正。为此，MM理论的创建者以及后来的研究者通过不断放宽MM理论的假设条件，使现代资本结构理论不断得到新发展，形成了许多新的资本结构理论。其中最重要的修正是考虑破产成本和代理成本所形成的权衡理论。

（1）破产成本。企业因过度负债而陷入财务拮据状态甚至破产的事件时常发生。企业的财务拮据状态一旦发生，无论破产与否，都会给企业带来额外的损失和费用，这些费用就是破产成本。破产成本包括企业破产清算时因所有者和债权人之间的意见不一致而延缓资产清偿造成的固定资产的破损、存货变质；破产清算还要支付律师费用、诉讼费用等。这些费用统称为直接破产成本。此外，企业的经理和职工因企业将要破产而不细心经营造成的机器带病运转、削价变卖重要资产等短期行为所带来的损失，以及原有客户和供应商因取消合同而造成的销售减少、成本增加等，均称为间接破产成本。

（2）代理成本。企业负债经营存在着两层代理关系：一是企业所有者与企业经营者之间的代理关系；二是债权人与企业经营者之间的代理关系。企业为了替所有者谋求利益，往往负债经营。当负债比率过高，使企业陷入财务拮据状态时，债权人为了维护自己的利益，往往在订立债务合同时规定许多保护性和限制性条款来约束企业的经营行为。而为了保证这些条款的执行，企业还需要支付监督费用。企业因执行保护性和限制性条款而造成的经营效率降低带来的损失和监督费用构成了代理成本。

破产成本和代理成本的存在，一方面降低了企业价值，另一方面增加了债务成本，为最佳资本结构理论提供了有利依据。考虑破产成本和代理成本因素后修正的MM理论被称为权衡理论。这一理论可用下述公式和图3-8表示。

$$\underset{(V_L)}{\text{有负债时的企业价值}} = \underset{(V_U)}{\text{无负债时的企业价值}} + \underset{(\text{TD})}{\text{利息减税的现值}} - \underset{(\text{FPV})}{\text{破产成本的现值}} - \underset{(\text{TPV})}{\text{代理成本的现值}}$$

图3-8中，V_L 为有负债时的企业价值；V_U为无负债时的企业价值；V'_L为同时存在利息减税、破产成本和代理成本的企业价值；TD为利息减税的现值；FPV为破产成本的现值；TPV为代理成本的现值。

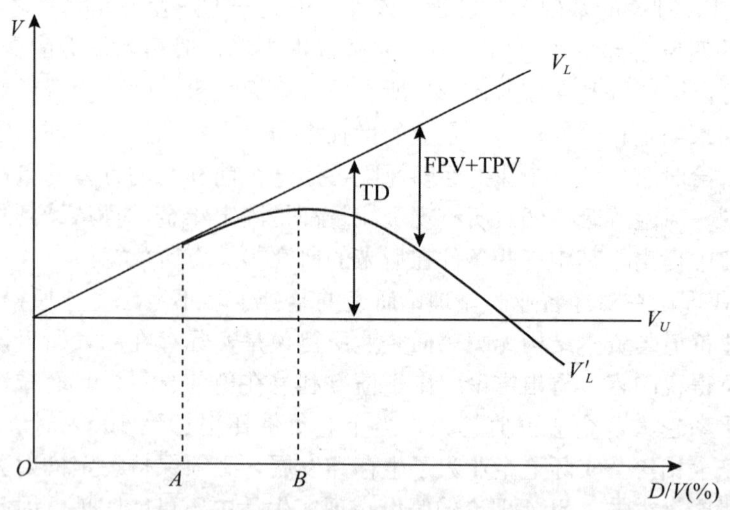

图 3-8　考虑利息减税、破产成本和代理成本的企业价值

从图 3-8 可以看出，在负债比率未超过 A 点时，破产成本和代理成本不明显，利息减税对增加企业价值起着明显的支配作用；当负债比率达到 A 点后，破产成本和代理成本逐渐增加，负债利息的减税利益开始被破产成本和代理成本所抵消；当负债比率达到 B 点时，边际负债利息减税利益恰好与边际破产成本和代理成本相等，负债总的净收益最大，企业价值最大，B 点为最佳资本结构点；在负债比率超过 B 点后，破产成本和代理成本的增加将超过负债利息的减税利益，导致企业价值开始下降。

权衡理论说明企业存在最佳资本结构，按照此资本结构筹资，企业价值最大，加权平均资本成本最低。但实际上很难用客观的方法精确测算出破产成本和代理成本的大小。

随着人们对资本结构理论研究的不断深入，产生了融资优序理论。融资优序理论认为，非对称信息的存在使得投资者从企业融资结构的选择来判断企业的市场价值。通常，经理在股票价格被低估时不愿意为投资项目筹措资本而发行股票，而仅在股票价格被高估时才发行股票。因而，股票融资会被投资者视为企业经营不良的信号，投资者不愿购买该企业的股票，从而低估企业的市场价值。为了避免股票定价过低的损失，企业的融资顺序应为：内部融资＞债务融资＞股票融资。

复习思考题

1. 什么是资本成本？资本成本的作用是什么？
2. 不同形式的资本成本如何计算？
3. 什么是资本结构？资本结构理论具有代表性的观点有哪些？
4. 什么是财务杠杆？什么是财务杠杆系数？如何衡量？
5. 如何确定最佳资本结构？

第四章

长期资金融资决策

长期资金融资决策是指企业通过借贷、发行有价证券、租赁等方式而使资金得以融通的活动。长期资金融资决策是企业财务管理的重要内容，其对于企业的设立、生存、发展乃至企业财务管理目标的实现都具有十分重要的作用。

第一节　企业融资额的预测

一、企业融资的动因

资金是保证企业生产经营活动正常进行的基本条件。无论是正在设立的企业，还是已经设立正在从事生产经营的企业，均需要依法融通资金。企业融资的具体情况不同，其动因也不尽相同。概括来说，主要有以下几个方面。

（一）依法筹集注册资本

注册资本是指企业在工商行政管理部门登记注册的资本总额。依法筹集注册资本是企业得以设立的基本条件。按照《中华人民共和国公司法》（简称《公司法》）的规定，有限责任公司的注册资本为在公司登记机关登记的全体股东认缴的出资额；股份有限公司采取发起设立方式设立的，注册资本为在公司登记机关登记的全体发起人认购的股本总额；股份有限公司采取募集方式设立的，注册资本为在公司登记机关登记的实收股本总额。企业在设立时必须按照国家法律规定筹集到注册资本最低限额，从而使企业在设立之初就有一个较为稳定的经济基础；否则企业不得设立。不同组织形式的企业的注册资本最低限额也不同。

（二）扩大生产规模

企业成立后，在其持续的生产经营过程中，除了维持简单再生产外，还必须进行扩大再生产，以促进企业的发展。在进行生产经营的过程中，企业无论是对内扩大生产经营规模，还是对外追加投资规模，都需要融资。例如，开发新产品、进行技术改造、与外单位合资举办新企业、为实现对某企业的控制而扩大股票投资等，往往需要融通一定数量的资金。因此，融资就成为企业扩大再生产和不断发展的重要条件。

（三）优化资本结构

在生产经营过程中，企业不仅为了生产经营而需要融资，即使资金充足，而为了优化资本结构也必须融资。资本结构是债务资金与权益资金的比例构成，其合理与否直接关系到经营者、所有者、债权人等各方面的利益。企业通过融资可以达到债务资金与权益资金的最佳组合。企业利用债务融资，可以降低资本成本，获取财务杠杆利益，增加所有者收益；但如果负债比率过高，则会增加财务风险，导致资本成本的提高，从而影响企业财务管理目标的实现，甚至会影响到企业的生存和发展。因此，企业在正常的生产经营过程中，应根据具体情况，通过提高或降低债务资金的比例，以优化资本结构。

（四）偿还债务

在市场经济条件下，负债经营是企业融资管理中普遍存在的现象。而按期偿还到期债务资金的本息是企业应尽的责任。企业偿还债务资金需要足额的现金，当企业债务到期而现金不足时，就必须预先融资，此时可以举借新债筹集现金以偿还旧债，维护企业的信誉。但企业这种由于偿债而造成的被迫举债，如果循环往复，则会使企业的财务状况恶化，危及企业的生存和发展。因此，企业的这种融资必须谨慎行事，避免出现财务危机。

二、企业融资的类型

企业融资的渠道和方式是多种多样的。不同的来源渠道、方式和期限，形成不同的融资类型。企业的融资可分为以下几种类型。

（一）权益资金和债务资金

企业的资金按照所融资金的权益性质不同，可分为权益资金和债务资金。

权益资金亦称自有资金，是指企业所有者提供的资金，包括资本金、资本公积、盈余公积和未分配利润。权益资金的所有权属于企业的所有者，但企业对其依法享有经营权，并可供企业长期使用，是企业的永久性资本。企业的权益资金通常通过采用发行股票或吸收直接投资和留存收益等融资方式而形成。

债务资金亦称借入资金，是指企业向债权人借入的资金，包括流动负债和长期负债。债务资金的所有权属于债权人，但企业对其在约定的期限内依法享有经营权。企业对其债务资金具有按期偿还本息的义务。企业的债务资金通常通过采用借款、发行债券、租赁、商业信用等融资方式而形成。

（二）长期资金和短期资金

企业的资金按照所融资金的期限不同，可分为长期资金和短期资金。

长期资金是指占用时间在一年以上的资金。企业一般在购置固定资产、取得无形资产、进行对外长期投资等时，需要筹集长期资金。企业的长期资金通常通过采用发行股票或吸收直接投资、发行债券、长期借款、融资租赁等融资方式而形成。

短期资金是指占用时间在一年及一年以内的资金。企业在生产经营过程中发生周转资金的暂时短缺时，往往需要筹集短期资金。企业的短期资金通常通过采用商业信用、短期借款、票据贴现等融资方式而形成。

（三）内部融资和外部融资

企业资金按照所融资金的来源渠道，可分为内部融资和外部融资。

内部融资是指企业内部通过计提折旧、留存收益等而增加的资金来源。折旧构成企业成本费用的内容，但并不需要用现金支付，因此会增加企业的现金收入，其数量的多少取决于企业固定资产的规模和折旧政策的选择。留存收益包括盈余公积和未分配利润，其数量取决于企业的利润水平和利润分配政策。企业内部融资不需要融资费用。

外部融资是指企业在内部融资不足时，向其外部融资而形成的资金来源。外部融资的渠道和方式是多种多样的，主要包括发行股票或吸收直接投资、借款、发行债券、商业信用、租赁等。外部融资一般都需要支付融资费用。

（四）直接融资和间接融资

企业所融资金按照是否通过金融机构，可分为直接融资和间接融资。

直接融资是指企业不通过金融机构融通资金，是企业直接与资金供应者协商以取得资金。在直接融资过程中，资金供求双方借助于融资方式直接实现资金的转移，而不需要金融机构作为媒介。直接融资的范围比较广，可采用的融资渠道和方式也比较多，主要包括发行股票或吸收直接投资、发行债券、商业信用等方式。

间接融资是指企业借助金融机构融通资金。在间接融资过程中，金融机构发挥中介作用，它先从资金供应者那里吸收资金，然后将其提供给融资企业。间接融资的范围比较窄，其融资渠道和方式也比较单一，主要包括借款和租赁等方式。

三、企业融资的要求

融资的目的是为了满足企业投资对资金的需求，它制约着企业的投资规模和投资效果，而投资效果关系到利润的形成及分配，利润分配又制约着再融资与再投资。所以，企业对融资的管理成为财务管理的重要内容。在融资过程中，为了能够筹集到满足投资需求，并且代价合理和风险适度的资金，企业必须遵循以下几个方面的要求：

（一）认真选择投资方向和项目

投资是融资的目的。企业是否需要融资以及融资数量的多少取决于投资项目的选择和投资所需资金数量。为此，在融资之前，企业应认真选择投资方向，并对投资项目进行经济、技术、财务等方面的可行性分析，选择最佳投资方案。一般情况下，只有明确了有利的投资方向，才能选择最有利和最合理的融资方式，才能避免不顾投资效果的盲目融资。

（二）合理确定融资数额和投放时间

进行投资时，企业资金不足会影响投资计划的顺利完成；资金过多又会影响资金的使用效果。为此，在融资之前，企业应运用科学的方法，根据实际需要，合理确定其在未来一定时期内的资金需求量，并以此为依据确定融资数额，从而保证所筹集的资金既能满足需要，又不会产生闲置。此外，在现实的经济生活中，企业投资在不同的时间点上对资金的需求量是不同的，为此，对所筹资金的投放不应一次性进行，而应结合实际情况合理安排资金的投放时间，以提高资金的投资效果。

（三）选择有利合理的融资方式

在确定了融资数额后，企业应选择有利的融资方式筹集所需资金。在实际生活中，企业可选择的融资方式是多种多样的，并且对于不同的融资方式，其取得的难易程度、资本成本、财务风险的程度也不相同。为此，在融资时，企业应比较可选择的融资方式的资本成本和其所带来的财务风险，寻求融资方式的最优组合，实现资本结构的最优化，降低资本成本和财务风险，增加所有者的收益。

（四）正确利用负债经营

企业资金的来源有两种，即自有资金和借入资金。企业自有资金是有限的，而投资对资金的需要又是无限的、不断变化的。当企业自有资金不足时，借入资金进行负债经营是现实经济生活中客观存在的正常现象，对企业的生产和发展意义重大。在资产息税前利润率大于债务利率时，企业利用负债经营，可以降低资本成本，提高权益资金利润率；但也不能因此而过度负债，否则企业将会承担较大的财务风险，重者可能会因偿债能力的丧失而面临破产。为此，企业利用负债经营时，要保证债务资金投资的息税前利润率高于债务利率，并使负债的多少与目前的资本结构和偿债能力相适应。

（五）依法融资，维护各方的合法权益

企业的融资行为，关系到投资者、债权人、经营者、职工、政府等各方面的经济利益。为了规范企业的融资行为，国家制定了一系列法律法规，如《公司法》、《中华人民共和国证券法》（简称《证券法》）、《上市公司证券发行管理办法》、《股票发行与交易管理暂行条例》、《证券发行与承销管理办法》、《公司债券发行试点办法》、《禁止证券欺诈行为暂行办法》、《国务院关于股份有限公司境外募集股份及上市的特别规定》、《国务院关于股份有限公司境内上市外资股的规定》及《企业财务通则》等。为此，企业进行融资时必须遵守国家的有关法律法规，自觉接受政府有关部门的审查和监督，以维护各方的合法权益。

四、企业融资额预测的一般方法

企业在融资之前，首先应采用科学的方法对本企业在未来一定时期内的融资额进行预测，这样才能使所筹到的资金既能满足需要，又不会产生不合理的闲置。预测企业融资额的方法有很多，一般可分为定性预测法和定量预测法两类。

（一）定性预测法

定性预测法是指在调查研究的基础上，根据已掌握的直观材料，依靠个人的经验和综合分析判断能力，对企业融资额进行预测的方法。定性预测法简便易行，但缺乏数据准确性，并存在主观随意性。定性预测法主要包括调查研究判断法和经验判断法。

（二）定量预测法

定量预测法是根据资金数量与各有关因素的依存关系，对企业融资额进行预测的方法。定量预测法科学、准确，但计算复杂。定量预测法主要包括销售百分比法和线性回归分析法，其中销售百分比法是最常用的方法。本节只介绍销售百分比法。

五、销售百分比法

（一）销售百分比法的基本假设条件

销售百分比法是根据各个资金项目与销售收入之间的依存关系，以及预测期销售收入

的增长情况来预测企业融资额的方法。这种方法的基本思路是：在生产经营过程中所需要的资金首先来自留存收益的增加，即依靠内部融资解决；在内部融资不能满足资金需要的情况下再进行外部融资。

销售百分比法需要建立两个基本假设条件：一是资产负债表中的资产与利润表中的销售收入为比例关系，同时资产负债表中的负债与利润表中的成本费用为比例关系。二是资产负债表中的负债占资产的比例，以及利润表中的成本费用占销售收入的比例为最优比例，企业在未来予以继续保持。

为此，运用销售百分比法，需要通过编制预计资产负债表和预计利润表完成。一是通过编制预计利润表来预测留存收益的增加额；二是通过编制预计资产负债表来预计需要追加的外部融资需求。

销售百分比法的优点是能为财务管理提供短期预计财务报表和外部筹资的数量，简便易行；但是若有关固定比例失实，预测结果则会发生较大的偏差。

（二）销售百分比法的基本步骤

1. 预测预测期的销售收入

在企业生产经营过程中，尽管影响融资额的因素有很多，但影响程度最大的是预测期的销售收入的增长情况。因此，对销售收入的预测就成为融资额预测的起点。预测销售收入的方法有很多，主要包括定性预测法和定量预测法，其中最常用的是定量预测法。定量预测法主要包括简单平均法、线性回归分析法和本量利分析法等。

2. 编制预计利润表，预测留存收益的增加额

一是通过分析基期年度利润表资料，计算利润表中成本费用项目与实际销售收入的百分比；二是根据利润表各成本费用项目的销售百分比和预计销售收入编制预计利润表；三是根据预计利润、所得税税率和留存收益比例计算预计留存收益的增加额。

3. 编制预计资产负债表，预测外部融资需求

一是通过分析基期年度资产负债表资料，确定敏感项目和不敏感项目，并计算敏感项目的销售百分比。敏感项目是指与销售收入存在固定比例关系的项目，包括敏感资产项目和敏感负债项目。敏感资产项目一般包括货币资金、应收账款、存货等项目。敏感负债项目一般包括应付账款、应付职工薪酬、应交税金等项目。不敏感项目是指与销售收入不存在固定比例关系的项目，一般包括实收资本、资本公积、留存收益等项目。实际上，不同企业的销售收入增长引起的资产、负债、所有者权益变化的项目是不同的，企业需要根据历史数据逐项研究加以确定。二是根据资产负债表各项目的销售百分比和预计销售收入编制预计资产负债表，并预测外部融资需求。

【例 4－1】 A 公司 2018 年利润表及其各项目占销售收入的百分比、2018 年资产负债表及其各项目占销售收入的百分比分别如表 4－1 和表 4－2 所示。经过预测，该公司 2019 年销售收入将增长 20%，达到 6 000 万元。经过对历史资料的研究，该公司资产负债表中的现金、应收账款、存货、应付账款为敏感项目。该公司的所得税税率为 25%，2018 年留存收益比例为 40%，拟在 2019 年予以保持。试预计 A 公司在 2019 年需要追加的外部融资需求。

表 4-1　　**2018 年利润表及其各项目占销售收入的百分比**

项　目	2018 年实际数（万元）	各项目占销售收入的百分比（%）	2019 年预计数（万元）
营业收入	5 000	100.0	6 000
减：营业成本	3 500	70.0	4 200
营业税金及附加	500	10.0	600
营业费用	70	1.4	84
管理费用	100	2.0	120
财务费用	30	0.6	36
营业利润	800	16.0	960
加：营业外收入	100	—	100
减：营业外支出	75	—	70
利润总额	825	16.5	990
减：所得税	206.3	—	247.5
税后利润	618.7	—	742.5

表 4-2　　**2018 年资产负债表及其各项目占销售收入的百分比**

项　目	2018 年实际数（万元）	各项目占销售收入的百分比（%）	2019 预计数（万元）
资产			
现金	100	2.0	120
应收账款	1 170	23.4	1 404
存货	1 430	28.6	1 716
固定资产	1 500	—	1 500
资产总额	4 200	—	4 740
负债及所有者权益			
短期借款	400	—	400
应付账款	1 000	20.0	1 200
应付职工薪酬	100	—	100
长期负债	600	—	600
负债合计	2 100	—	2 300
实收资本	1 100	—	1 100
留存收益	1 000	—	1 297
所有者权益合计	2 100	—	2 397
追加外部融资			
负债及所有者权益总额	4 200	—	4 740

根据上述资料，2019 年 A 公司需要追加的外部融资需求预测如下。

(1) 计算利润表各项目占销售收入的百分比，并编制 2019 年预计利润表，如表 4-1 所示。

(2) 根据 2018 年税后利润预计数和留存收益比例，计算 2019 年留存收益增加额。

留存收益增加额＝预计税后利润×留存收益比例＝742.5×40%＝297(万元)

(3) 计算资产负债表敏感项目占销售收入的百分比，并编制 2019 年预计资产负债表，如表 4-2 所示。

(4) 比较 (2) 和 (3)，即可计算出 2019 年需要追加的外部融资需求。

2019 年需要追加的外部融资需求＝预计资产总额－预计负债合计
－预计所有者权益合计
＝4 740－2 300－2 397＝43(万元)

这说明，2019 年 A 公司预计资产总额，即预计资金需求总量为 4 740 万元。其资金来源有两部分——负债和所有者权益，预计负债合计为 2 300 万元，预计所有者权益合计为 2 397 万元，两者共计 4 697 万元，与预计资产总额相差 43 万元，需要企业从外部融资。

根据上述销售百分比法的预测步骤和预测方法，可推导出预计需要追加的外部融资需求的简便计算公式：

预计需要追加的外部融资需求＝资产增加额－负债增加额－留存收益增加额
＝(资产占销售收入的百分比－负债占销售收入的百分比)
×销售收入增加额－留存收益增加额

根据上例，运用简便计算公式，可直接计算出 2019 年需要追加的外部融资需求。

2019 年需要追加的外部融资需求＝(54%－20%)×1 000－297＝43(万元)

这说明，2019 年 A 公司为满足销售收入增长 1 000 万元的需要，企业资产需要增加 540 万元，即需要追加资金 540 万元，而随着销售收入的增加，负债增加 200 万元，其余 340 万元要通过内部融资和外部融资解决。内部融资通过留存收益解决 297 万元，其余 43 万元只能靠外部融资解决。

第二节　股权融资

一、股票的类型

股票是公司发行的证明股东持有股份的凭证，是股份有限公司筹集股本的最基本形式。股份有限公司依据国家的有关法律和法规可以发行不同种类的股票。总的来说，股票可分为以下几种类型。

(一) 按股东权利和义务的不同划分，股票可分为普通股和优先股

普通股是公司发行的最基本的股票。持有普通股股票的股东为普通股股东。普通股在

权利和义务方面具有以下特点：第一，普通股股东的股利具有不确定性。普通股的股利多少主要取决于公司的盈利水平、现金流量状况和股利分配政策。第二，普通股股东享有公司经营管理权，有权参与和监督公司的经营管理，并按所持股份的大小行使其对公司的控制权、表决权和选举权。第三，普通股股东剩余财产的求偿权居后。当公司终止清算时，普通股股东对剩余财产的求偿权在优先股股东之后。

优先股是公司发行的优于普通股股东分配股利和剩余财产的股票。持有优先股股票的股东为优先股股东。优先股在权利和义务方面具有以下几个特点：第一，优先股股东享有固定股利，而且股利的支付在普通股股东之前。第二，当公司终止清算时，优先股股东分配公司剩余财产的权利优先于普通股股东。第三，优先股股东无权参与发行公司的经营管理，没有选举权，并且其表决权也受到限制。

（二）按股票是否记名划分，股票可分为记名股票和不记名股票

记名股票是在股票票面上记载股东姓名或名称的股票。该种股票除了股票上所记载的股东外，其他人不得行使其股权，并且股份的转让有严格的手续，需要办理过户。按照我国《公司法》的规定：公司向发起人、法人发行的股票应当为记名股票；记名股票由股东以背书方式或者法律、行政法规规定的其他方式转让；转让后由公司将受让人的姓名或者名称及住所记载于股东名册。

不记名股票是在股票票面上不记载股东姓名或名称的股票。该种股票的持有人具有股东资格，股票的转让也比较自由、方便，无须办理过户手续。按照我国《公司法》的规定：公司向社会公众发行的股票可以为记名股票，也可以为不记名股票；不记名股票的转让，由股东将该股票交付给受让人后即发生转让的效力。

（三）按股票是否标明金额划分，股票可分为有面值股票和无面值股票

有面值股票是在股票票面上标有一定金额的股票。持有这种股票的股东，依其所持有的股票票面金额占公司发行在外的股票总面值的比例，对公司享有权利和承担相应的义务。

无面值股票是不在股票票面上标出金额，只载明所占公司股本总额的比例或股份份数的股票。无面值股票的价值随着公司财产的增减变动而变动，而股东对公司享有的权利和承担的义务大小直接依据股票标明的比例而定。按照我国《公司法》的规定，股票一般采用纸面形式，应当载明股票的票面金额。

（四）按投资主体的不同划分，股票可分为国家股、法人股、个人股和外资股

国家股是有权代表国家投资的部门或机构以国有资产向公司投资而形成的股份。

法人股是企业法人依法以其可支配的财产向公司投资而形成的股份，或具有法人资格的事业单位和社会团体以国家允许用于经营的资产向公司投资而形成的股份。

个人股是社会个人或公司内部职工以其合法财产向公司投资而形成的股份。

外资股是外国投资者和我国的港、澳、台地区投资者向公司投资而形成的股份。

（五）按发行对象和上市地区的不同划分，股票可分为 A 股、B 股、H 股和 N 股

A 股是由中国境内公司发行，以人民币标明票面金额，供境内机构、组织或个人以人民币认购和交易的股票。B 股是以人民币标明票面金额，但以外币认购和买卖，在中国境内（上海、深圳）证券交易所上市交易的外资股。H 股指注册地在内地、上市地在香港的股票。N 股指在纽约证券交易所上市的外资股票。

二、股票融资的优缺点

公司利用股票融资，既可以发行普通股，也可以发行优先股。但是通常情况下，公司只通过发行普通股来融资。下面介绍普通股融资的优缺点。

（一）普通股融资的优点

1. 所融资金可供企业长期占有和使用

普通股所融资金将形成企业的实收资本或股本，其没有固定的到期日，企业对其依法享有经营权，可长期占用和使用，是企业的永久性资金。按照《企业财务通则》的规定，企业筹集的实收资本，在持续经营期间可以由投资者依照法律、行政法规以及企业章程的规定转让或者减少，投资者不得抽逃或者变相抽回出资。

2. 可提高企业的财务实力和信誉

普通股所融资金将形成企业的股本和资本公积金，构成权益资金的重要部分。企业的权益资金越多，其财务实力越强，对债权人权益的保障程度就越高，偿债能力越强，未来再融资的能力也就越强。

3. 企业基本没有固定负担

企业是否向普通股股东分配股利、分配多少股利，取决于企业的盈利水平和股利分配政策。也就是说，只有在企业有盈利时，才能支付普通股股利，有盈利但存在有利投资机会时，也可以不支付或少支付股利，而不像债务融资那样，无论是否有盈利都必须支付固定的利息费用。

（二）普通股融资的缺点

1. 资本成本比较高

普通股融资与债务融资相比，其资本成本比较高。这是因为：其一，普通股的风险高于债务资金，股东要求较高的报酬；其二，向股东支付的股利从税后利润中支付，不具有抵减所得税的作用；其三，普通股的发行费用较高。

2. 发行新股会分散企业的控制权

在企业生产经营过程中，为了追加资金而发行新股时，会增加新股东，进而分散企业的控制权。若在发行新股时，市盈率保持不变，还会引起每股收益的降低和股票价格的下跌。

三、发行股票的条件

股票发行是公司为了筹集股本，在一级市场按照法律规定的条件和程序向投资者发行股票的行为。按照我国《公司法》、《证券法》及《上市公司证券发行管理办法》等法律法规的规定，具有股票发行资格的应当是依法设立且合法存续的股份有限公司。

公司发行股票的目的主要有两点：一是在股份有限公司成立时筹资发行；二是公司在生产经营过程中因扩张而进行增资发行。通常我们将第一种发行称为首次公开发行(IPO)；将第二种发行称为新股发行，包括增发和配股。

公司发行股票必须具备法定的条件。无论是首次公开发行还是新股发行，股票发行都必须具备法定的发行条件。无论哪种股票发行，公司都必须遵循《公司法》规定的基本条件：

（1）股份的发行，实行公平、公正的原则，同种类的每一股份应当具有同等权利。

（2）同次发行的同种类股票，每股的发行条件和价格应当相同；对于任何单位或者个人所认购的股份，每股价格应当相同。

（3）股票发行价格可以等于票面金额，也可以超过票面金额，但不得低于票面金额。股票发行采取溢价发行的，其发行价格由发行人与承销的证券公司协商确定。

（一）首次公开发行股票的条件

首次公开发行股票，是指股份有限公司设立时首次向社会公众发行股票以筹集资金的一种股权融资方式。按照我国《首次公开发行股票并上市管理办法》和《首次公开发行股票并在创业板上市管理办法》的规定，在主板上首次公开发行股票的条件和在创业板上首次公开发行股票的条件存在差异。

1. 在主板上首次公开发行股票的条件

按照我国《首次公开发行股票并上市管理办法》的规定，公司在主板上首次公开发行股票应具备以下条件。

（1）发行人必须具备主体资格，包括以下情形。

1）发行人应当是依法设立且合法存续的股份有限公司；经国务院批准，有限责任公司在依法变更为股份有限公司时，可以采取募集设立方式公开发行股票。

2）发行人自股份有限公司成立后，持续经营时间应当在3年以上，但经国务院批准的除外；有限责任公司按原账面净资产值折股整体变更为股份有限公司的，持续经营时间可以从有限责任公司成立之日起计算。

3）发行人的注册资本已足额缴纳，发起人或者股东用作出资的资产的财产权转移手续已办理完毕，发行人的主要资产不存在重大权属纠纷。

4）发行人的生产经营符合法律、行政法规和公司章程的规定，符合国家产业政策。

5）发行人最近3年内主营业务和董事、高级管理人员没有发生重大变化，实际控制人没有发生变更。

6）发行人的股权清晰，控股股东和受控股股东、实际控制人支配的股东持有的发行人股份不存在重大权属纠纷。

（2）发行人应当具备独立性，包括：发行人应当具有完整的业务体系和直接面向市场独立经营的能力；发行人的资产完整；发行人的人员独立；发行人的财务独立；发行人的机构独立；发行人的业务独立；发行人在独立性方面不得有其他严重缺陷。

（3）发行人必须规范运行，包括：发行人已经依法建立健全股东大会、董事会、监事会、独立董事、董事会秘书制度，相关机构和人员能够依法履行职责；发行人的董事、监事和高级管理人员已经了解与股票发行上市有关的法律法规，知悉上市公司及其董事、监事和高级管理人员的法定义务和责任；发行人的董事、监事和高级管理人员符合法律、行政法规和规章规定的任职资格；发行人的内部控制制度健全且被有效执行，能够合理保证财务报告的可靠性、生产经营的合法性、营运的效率与效果；发行人的公司章程中已明确对外担保的审批权限和审议程序，不存在为控股股东、实际控制人及其控制的其他企业进行违规担保的情形；发行人有严格的资金管理制度，不得有资金被控股股东、实际控制人及其控制的其他企业以借款、代偿债务、代垫款项或者其他方式占用的情形。

(4) 发行人的财务与会计状况良好，包括以下情形。

1) 发行人资产质量良好，资产负债结构合理，盈利能力较强，现金流量正常。

2) 发行人的内部控制在所有重大方面是有效的，并由注册会计师出具了无保留结论的内部控制鉴证报告。

3) 发行人会计基础工作规范，财务报表的编制符合企业会计准则和相关会计制度的规定，在所有重大方面公允地反映了发行人的财务状况、经营成果和现金流量，并由注册会计师出具了无保留意见的审计报告。

4) 发行人编制财务报表应以实际发生的交易或者事项为依据，在进行会计确认、计量和报告时应当保持应有的谨慎，对相同或者相似的经济业务，应选用一致的会计政策，不得随意变更。

5) 发行人应完整披露关联方关系并按重要性原则恰当披露关联交易。关联交易价格公允，不存在通过关联交易操纵利润的情形。

6) 发行人应当符合下列条件：最近3个会计年度净利润均为正数且累计超过人民币3 000万元，净利润以扣除非经常性损益前后较低者为计算依据；最近3个会计年度经营活动产生的现金流量净额累计超过人民币5 000万元或者最近3个会计年度营业收入累计超过人民币3亿元；发行前股本总额不少于人民币3 000万元；最近一期期末无形资产(扣除土地使用权、水面养殖权和采矿权等后)占净资产的比例不高于20%；最近一期期末不存在未弥补亏损。

7) 发行人依法纳税，各项税收优惠符合相关法律法规的规定；发行人的经营成果对税收优惠不存在严重依赖。

8) 发行人不存在重大偿债风险，不存在影响持续经营的担保、诉讼以及仲裁等重大或有事项。

9) 发行人申报文件中不得有下列情形：故意遗漏或虚构交易、事项或者其他重要信息；滥用会计政策或者会计估计；操纵、伪造或篡改编制财务报表所依据的会计记录或者相关凭证。

10) 发行人不得有下列影响持续盈利能力的情形：发行人的经营模式、产品或服务的品种结构已经或者将发生重大变化，并对发行人的持续盈利能力构成重大不利影响；发行人的行业地位或发行人所处行业的经营环境已经或者将发生重大变化，并对发行人的持续盈利能力构成重大不利影响；发行人最近1个会计年度的营业收入或净利润对关联方或者存在重大不确定性的客户存在重大依赖；发行人最近1个会计年度的净利润主要来自合并财务报表范围以外的投资收益；发行人在商标、专利、专有技术以及特许经营权等重要资产或技术的取得或者使用方面存在重大不利变化的风险；其他可能对发行人持续盈利能力构成重大不利影响的情形。

2. 在创业板上首次公开发行股票的条件

按照我国《首次公开发行股票并在创业板上市管理办法》的规定，公司在创业板上首次公开发行股票应具备以下条件。

(1) 发行人必须具备主体资格，包括：发行人的注册资本已足额缴纳，发起人或者股东用作出资的资产的财产权转移手续已办理完毕；发行人的主要资产不存在重大权属纠纷；发行人应当主要经营一种业务，其生产经营活动符合法律、行政法规和公司章程的规定，符合国家产业政策及环境保护政策；发行人最近两年内主营业务和董事、高级管理人员均没有发生重大变化，实际控制人没有发生变更；发行人的股权清晰，控股股东和受控股股东、实际控制人支配的股东所持发行人的股份不存在重大权属纠纷。

（2）发行人应当具备独立性，包括：发行人资产完整，业务及人员、财务、机构独立，具有完整的业务体系和直接面向市场独立经营的能力；与控股股东、实际控制人及其控制的其他企业间不存在同业竞争，以及严重影响公司独立性或者显失公允的关联交易。

（3）发行人必须规范运行，包括：发行人具有完善的公司治理结构，依法建立健全股东大会、董事会、监事会，以及独立董事、董事会秘书、审计委员会制度，相关机构和人员能够依法履行职责；发行人具有严格的资金管理制度，不存在资金被控股股东、实际控制人及其控制的其他企业以借款、代偿债务、代垫款项或者其他方式占用的情形；发行人的公司章程已明确对外担保的审批权限和审议程序，不存在为控股股东、实际控制人及其控制的其他企业进行违规担保的情形；发行人的董事、监事和高级管理人员了解股票发行上市相关法律法规，知悉上市公司及其董事、监事和高级管理人员的法定义务和责任；发行人的董事、监事和高级管理人员应当忠实和勤勉，具备法律、行政法规和规章规定的资格；发行人及其控股股东、实际控制人最近 3 年内不存在损害投资者合法权益和社会公共利益的重大违法行为；发行人及其控股股东、实际控制人最近 3 年内不存在未经法定机关核准，擅自公开或者变相公开发行证券，或者有关违法行为虽然发生在 3 年前，但目前仍处于持续状态的情形。

（4）发行人的财务与会计状况良好，包括以下情形。

1）发行人应当符合下列条件：发行人是依法设立且持续经营 3 年以上的股份有限公司，有限责任公司按原账面净资产值折股整体变更为股份有限公司的，持续经营时间可以从有限责任公司成立之日起计算。最近两年连续盈利，最近两年净利润累计不少于 1 000 万元，且持续增长；或者最近 1 年盈利，且净利润不少于 500 万元，最近 1 年营业收入不少于 5 000 万元，最近两年营业收入增长率均不低于 30%。净利润以扣除非经常性损益前后孰低者为计算依据。最近一期期末净资产不少于 2 000 万元，且不存在未弥补亏损。发行后股本总额不少于 3 000 万元。

2）发行人会计基础工作规范，财务报表的编制符合企业会计准则和相关会计制度的规定，在所有重大方面公允地反映了发行人的财务状况、经营成果和现金流量，并由注册会计师出具无保留意见的审计报告。

3）发行人应当具有持续盈利能力，不存在下列情形：发行人的经营模式、产品或服务的品种结构已经或者将发生重大变化，并对发行人的持续盈利能力构成重大不利影响；发行人的行业地位或发行人所处行业的经营环境已经或者将发生重大变化，并对发行人的持续盈利能力构成重大不利影响；发行人在商标、专利、专有技术、特许经营权等重要资产或者技术的取得或者使用方面存在重大不利变化的风险；发行人最近 1 年的营业收入或净利润对关联方或者有重大不确定性的客户存在重大依赖；发行人最近 1 年的净利润主要来自合并财务报表范围以外的投资收益；其他可能对发行人持续盈利能力构成重大不利影响的情形。

4）发行人依法纳税，享受的各项税收优惠符合相关法律法规的规定。发行人的经营成果对税收优惠不存在严重依赖。

5）发行人不存在重大偿债风险，不存在影响持续经营的担保、诉讼以及仲裁等重大或有事项。

(5) 发行人募集资金的用途符合规定，包括募集资金应当用于主营业务，并有明确的用途。募集资金数额和投资项目应当与发行人现有生产经营规模、财务状况、技术水平和管理能力等相适应。应当建立募集资金专项存储制度，募集资金应当存放于董事会决定的专项账户。

(二) 公开发行新股的条件

具有新股发行资格的应当是上市公司。上市公司发行新股，既可以向不特定对象公开发行，也可以向特定对象非公开发行。其中，上市公司向不特定对象公开发行，包括：向原股东配售股份，简称“配股”；向不特定对象公开募集股份，简称“增发”。

1. 新股发行的基本条件

按照我国《证券法》及《上市公司证券发行管理办法》等的规定，公司公开发行新股，应当符合下列条件。

(1) 上市公司的组织机构健全、运行良好，包括：公司章程合法有效，股东大会、董事会、监事会和独立董事制度健全，能够依法有效履行职责；公司内部控制制度健全，能够有效保证公司运行的效率、合法合规性和财务报告的可靠性；内部控制制度的完整性、合理性、有效性不存在重大缺陷；现任董事、监事和高级管理人员具备任职资格，能够忠实和勤勉地履行职务，不存在违反《公司法》第一百四十八条、第一百四十九条规定的行为，且最近 36 个月内未受到过中国证券监督管理委员会（简称中国证监会）的行政处罚，最近 12 个月内未受到过证券交易所的公开谴责；上市公司与控股股东或实际控制人的人员、资产、财务分开，机构、业务独立，能够自主经营管理；最近 12 个月内不存在违规对外提供担保的行为。

(2) 上市公司的盈利能力具有可持续性，包括：最近 3 个会计年度连续盈利；扣除非经常性损益后的净利润与扣除前的净利润相比，以低者作为计算依据；业务和盈利来源相对稳定，不存在严重依赖于控股股东、实际控制人的情形；现有主营业务或投资方向能够可持续发展，经营模式和投资计划稳健，主要产品或服务的市场前景良好，行业经营环境和市场需求不存在现实或可预见的重大不利变化；高级管理人员和核心技术人员稳定，最近 12 个月内未发生重大不利变化；公司重要资产、核心技术或其他重大权益的取得合法，能够持续使用，不存在现实或可预见的重大不利变化；不存在可能严重影响公司持续经营的担保、诉讼、仲裁或其他重大事项；最近 24 个月内曾公开发行证券的，不存在发行当年营业利润比上年下降 50%以上的情形。

(3) 上市公司的财务状况良好，包括：会计基础工作规范，严格遵循国家统一会计制度的规定；最近 3 年及 1 期财务报表未被注册会计师出具保留意见、否定意见或无法表示意见的审计报告；被注册会计师出具带强调事项段的无保留意见审计报告的，所涉及的事项对发行人无重大不利影响或者在发行前重大不利影响已经消除；资产质量良好；不良资产不足以对公司财务状况造成重大不利影响；经营成果真实，现金流量正常；营业收入和成本费用的确认严格遵循国家有关企业会计准则的规定，最近 3 年资产减值准备计提充分合理，不存在操纵经营业绩的情形；最近 3 年以现金或股票方式累计分配的利润不少于最近 3 年实现的年均可分配利润的 20%。

(4) 上市公司最近 36 个月内财务会计文件无虚假记载，且不存在下列重大违法行为，包括：违反证券法律、行政法规或规章，受到中国证监会的行政处罚，或者受到刑事处罚；违反工商、税收、土地、环保、海关相关法律或行政法规或规章，受到行政处罚且情节严重，或者受到刑事处罚；违反国家其他法律、行政法规且情节严重的行为。

(5) 上市公司募集资金的数额和使用应当符合规定，包括：募集资金数额不超过项目需求量；募集资金用途符合国家产业政策和有关环境保护、土地管理等法律和行政法规的规定；除金融类企业外，本次募集资金使用项目不得为持有交易性金融资产和可供出售的金融资产、借予他人、委托理财等财务性投资，不得直接或间接投资于以买卖有价证券为主要业务的公司；投资项目实施后，不会与控股股东或实际控制人产生同业竞争或影响公司生产经营的独立性；建立募集资金专项存储制度，募集资金必须存放于公司董事会决定的专项账户。

上市公司存在下列情形之一的，不得公开发行新股。

1) 本次发行申请文件有虚假记载、误导性陈述或重大遗漏；

2) 擅自改变前次公开发行证券募集资金的用途而未做纠正；

3) 上市公司最近 12 个月内受到过证券交易所的公开谴责；

4) 上市公司及其控股股东或实际控制人最近 12 个月内存在未履行向投资者做出公开承诺的行为；

5) 上市公司或其现任董事、高级管理人员因涉嫌犯罪被司法机关立案侦查或涉嫌违法违规被中国证监会立案调查；

6) 严重损害投资者的合法权益和社会公共利益的其他情形。

2. 配股的特别规定

配股是指上市公司向现有股东配售股份的行为。配股融资具有实施时间短、操作较简单、成本较低等特点。

按照我国《上市公司证券发行管理办法》的规定，上市公司配股，除了符合新股发行的基本条件外，还应当符合下列规定：

(1) 拟配售股份数量不超过本次配售股份前股本总额的 30%；

(2) 控股股东应当在股东大会召开前公开承诺认配股份的数量；

(3) 采用《证券法》规定的代销方式发行。

控股股东不履行认配股份的承诺，或者代销期限届满，原股东认购股票的数量未达到拟配售数量 70%的，发行人应当按照发行价并加算银行同期存款利息返还已经认购的股东。

3. 增发的特别规定

增发是上市公司在首次公开发行股票后继续向社会公众发行股票以筹集更多资金的行为。上市公司增发，除了符合新股发行的一般规定外，还应当符合下列规定：

(1) 最近 3 个会计年度加权平均净资产收益率平均不低于 6%。扣除非经常性损益后的净利润与扣除前的净利润相比，以低者作为加权平均净资产收益率的计算依据。

（2）除金融类企业外，最近一期期末不存在持有金额较大的交易性金融资产和可供出售的金融资产、借予他人款项、委托理财等财务性投资的情形。

（3）发行价格应不低于公告招股意向书前 20 个交易日公司股票均价或前一个交易日的均价。

（三）非公开发行新股的条件

非公开发行新股，是指上市公司采用非公开方式，向特定对象发行股票的行为。按照我国《上市公司证券发行管理办法》的规定，上市公司非公开发行新股的特定对象和条件应当符合以下规定。

1. 非公开发行新股的特定对象应当符合规定

（1）特定对象符合股东大会决议规定的条件；

（2）发行对象不超过 10 名，发行对象为境外战略投资者的，应当经国务院相关部门事先批准。

2. 非公开发行新股的条件应当符合规定

（1）发行价格不低于定价基准日前 20 个交易日公司股票均价的 90%；

（2）本次发行的股份自发行结束之日起，12 个月内不得转让；控股股东、实际控制人及其控制的企业认购的股份，36 个月内不得转让；

（3）募集资金的使用符合《上市公司证券发行管理办法》第十条的规定；

（4）本次发行将导致上市公司控制权发生变化的，还应当符合中国证监会的其他规定。

上市公司存在下列情形之一的，不得非公开发行新股。

（1）本次发行申请文件有虚假记载、误导性陈述或重大遗漏；

（2）上市公司的权益被控股股东或实际控制人严重损害且尚未消除；

（3）上市公司及其附属公司违规对外提供担保且尚未解除；

（4）现任董事、高级管理人员最近 36 个月内受到过中国证监会的行政处罚，或者最近 12 个月内受到过证券交易所公开谴责；

（5）上市公司或其现任董事、高级管理人员因涉嫌犯罪正被司法机关立案侦查或涉嫌违法违规正被中国证监会立案调查；

（6）最近 1 年及 1 期财务报表被注册会计师出具保留意见、否定意见或无法表示意见的审计报告，保留意见、否定意见或无法表示意见所涉及事项的重大影响已经消除或者本次发行涉及重大重组的除外；

（7）严重损害投资者合法权益和社会公共利益的其他情形。

四、股票发行程序

公司发行股票要按规定的程序进行。按照我国《上市公司证券发行管理办法》、《首次公开发行股票并上市管理办法》及《首次公开发行股票并在创业板上市管理暂行办法》等的规定，公司发行股票应遵循以下程序。

（一）公司董事会应当依法做出决议

对包括股票发行的具体方案、募集资金使用的可行性及其他必须明确的事项做出决议，并提请股东大会批准。

（二）公司股东大会做出的决议

至少应当包括下列事项：本次发行股票的种类和数量；发行对象；价格区间或者定价方式；募集资金用途；发行前滚存利润的分配方案；决议的有效期；对董事会办理本次发行具体事宜的授权；其他必须明确的事项。

股东大会就发行股票事项做出决议，必须经出席会议的股东所持表决权的三分之二以上通过。向本公司特定的股东及其关联人发行证券的，股东大会就发行方案进行表决时，关联股东应当回避。上市公司就发行证券事项召开股东大会，应当提供网络或者其他方式为股东参加股东大会提供便利。

（三）由保荐人保荐并向中国证监会申报

公司应当按照中国证监会的有关规定制作申请文件，由保荐人保荐并向中国证监会申报。特定行业的发行人应当提供管理部门的相关意见。

（四）中国证监会审核

收到申请文件后，在5个工作日内做出是否受理的决定；受理申请文件后，由相关职能部门对发行人的申请文件进行初审，并由发行审核委员会审核；在初审过程中，将征求发行人注册地省级人民政府是否同意发行人发行股票的意见，并就发行人的募集资金投资项目是否符合国家产业政策和投资管理的规定征求中华人民共和国国家发展和改革委员会（简称发改委）的意见；依照法定条件对发行人的发行申请做出予以核准或者不予核准的决定，并出具相关文件。

（五）发行股票

公司自中国证监会核准发行之日起，应在6个月内发行股票；超过6个月未发行的，核准文件失效，必须重新经中国证监会核准后方可发行。发行申请核准后、股票发行结束前，发行人发生重大事项的，应当暂缓或者暂停发行，并及时报告中国证监会，同时履行信息披露义务。影响发行条件的，应当重新履行核准程序。

股票发行申请未获核准的，自中国证监会做出不予核准决定之日起6个月后，发行人可再次提出股票发行申请。

五、股票发行方式

股票发行方式是指公司通过何种方式发行股票，一般包括公开间接发行和不公开直接发行两种方式。

（一）公开间接发行

公开间接发行是指公司通过中介机构，公开向社会公众发行股票。按照我国《公司法》的规定，采取募集设立方式设立的股份有限公司向社会公开募集的股份，应当由依法设立的证券公司承销并签订承销协议，这就属于公开间接发行。这种发行方式的优点是：发行范围广、发行对象多，易于足额地募集股本；股票的变现性强，流通性好；股票的公开发行有助于提高发行公司的知名度和扩大其影响力。但这种发行方式也有其不足，主要是发行成本高，手续繁杂。

（二）不公开直接发行

不公开直接发行是指公司不通过中介机构对外公开发行股票，只向少数特定的对象直接发行。按照我国《公司法》的规定，采取发起设立方式或向特定对象募集而设立的股份有限公司发行的股份，就属于不公开直接发行。这种发行方式的优点是发行成本低，弹性较大。但其不足主要是发行范围小，股票的变现性较差。

六、股票发行价格

股票发行价格是公司在发行股票时所确定和使用的价格，即在一级市场上将股票发售给投资者所采用的价格。

从理论上讲，根据股票发行价格与其面值的关系，股票发行价格有平价、溢价和折价三种。平价是指股票以其票面金额作为发行价格；溢价是指股票以超过其票面金额的价格作为发行价格；折价是指股票以低于其票面金额的价格作为发行价格。在实践中，公司一般采用溢价发行股票，因为这样可以使发行公司获得超过公司章程规定的法定注册资本的数额，以增强公司的偿债能力。按照国际惯例，股票通常不得采用折价发行。按照《公司法》的规定，同次发行的同种类股票，每股的发行条件和价格应当相同；任何单位或者个人所认购的股份，每股应当支付相同价格；股票发行价格可以等于票面金额，也可以超过票面金额，但不得低于票面金额。

股票发行价格是保证股票发行成功的关键因素之一。一般而言，股票发行价格应在综合考虑公司的盈利水平、公司的发展潜力、发行数量、行业特点、股市行情和其他有关因素的基础上加以确定。股票的发行价格既不能定得太高，也不能定得太低。定价太高，投资者不愿购买，会影响股票的顺利发行，公司难以筹足资金；定价太低，公司也会失去本应可以获得的资金收入，影响公司未来的经营和发展。所以，股份有限公司在发行股票时，必须在全面评价影响股票发行价格各种因素的基础上，确定合适的发行价格。

在我国，按照《证券法》的规定，股票发行采取溢价发行的，其发行价格由发行人与承销的证券公司协商确定。按照《证券发行与承销管理办法》的规定：首次公开发行股票，应当通过向特定机构投资者（也称询价对象，包括符合规定条件的证券投资基金管理公司、证券公司、信托公司、财务公司、保险机构投资者、合格境外机构投资者，以及经中国证监会认可的其他机构投资者）询价的方式确定股票发行价格；上市公司发行新股可以通过询价的方式确定发行价格，也可以与主承销商协商确定发行价格。询价分为初步询价和累计投标询价。发行人及其主承销商应当通过初步询价确定发行价格区间，在发行价格区间内通过累计投标询价确定发行价格。首次发行的股票在中小企业板上市的，发行人及其主承销商可以根据初步询价结果确定发行价格，不再进行累计投标询价。

第三节　债务融资

一、债务的类型

债务融资是指企业通过负债融通资金。负债是指企业过去的交易或者事项形成的，预期会导致经济利益流出企业的现时义务。企业的负债按照其偿还时间的长短，分为流动负债和长期负债。

流动负债即短期债务，是指将在一年内（含一年）或者超过一年的一个营业周期内偿还的债务，包括短期借款、应付票据、应付账款、应付职工薪酬、应交税费、应付利息、应付股利、其他应付款等。

长期负债即长期债务，是指偿还期在一年（不含一年）以上或者超过一年的一个营业周期以上的负债，包括长期借款、应付债券、长期应付款等。长期借款是指企业向银行或其他金融机构借入的期限在一年以上的借款。应付债券是企业为筹集长期资金而实际发行的期限在一年以上的债券。长期应付款是指企业除长期借款和应付债券以外的其他各种长期应付款项，包括应付融资租入固定资产的租赁费、以分期付款方式购入固定资产发生的应付款项等。本节主要介绍长期借款融资、债券融资，租赁融资将在本章第四节介绍，可转换公司债券融资将在本章第五节介绍。

二、长期债务融资的优缺点

在市场经济条件下，几乎每个企业都运用债务融资。而企业进行长期债务融资的主要目的是为了解决长期资金的不足。长期债务融资与其他形式的融资相比，具有以下特点。

（一）长期债务融资的优点

1. 可保证所有者对企业的控制权

债务资金的所有权属于企业的债权人，而债权人凭借其对债务资金的所有权只有权按期收回本息，但无权参与企业的经营管理，进而保证企业所有者对企业的控制权。

2. 可利用财务杠杆获取财务杠杆利益

由于债务利率一般固定不变，无论企业实现的息税前利润是多少，企业负债经营时的债务利息都是固定不变的。当企业资产息税前利润率高于债务利息率时，息税前利润在扣除了债务利息和所得税后，留归所有者的净利润将会增加，从而获取财务杠杆利益，提高权益净利率。

3. 资本成本较低

利用债务融资较利用权益融资，其资本成本较低。主要原因如下：一是债务利息可在税前扣除，具有抵减所得税的作用，可使企业实际支付的利息减少；二是债务资金的风险低于权益资金，债权人要求获取的报酬相应较低。

（二）长期债务融资的缺点

1. 企业对所融资金在使用上具有时间性，需要按期偿还

尽管长期债务融资的偿还期限比较长，但还是具有确定的偿付期限和到期日，企业只能在约定的期限内占用和使用，并且必须按照约定的期限支付利息和偿还本金。

2. 债务利息会形成企业的固定负担

无论企业的经营状况如何，企业作为债务人均有义务按期向债权人支付利息，由于债务利率一般是固定的，利息的定期支付就会形成企业的固定负担。

3. 财务风险较高

企业运用债务融资，必须按照约定的期限还本付息。如果企业的经营状况不佳或现金周转困难，则会发生偿债困难，使企业的财务状况陷入困境，影响企业的偿债信誉，增加企业未来融资的难度。若资产负债率过高，还可能会导致企业破产。

三、长期借款融资

（一）长期借款的类型

长期借款主要是企业为满足购建固定资产和长期流动资金占用对资金的需要而借入的款项，其按照不同的标准可分为不同的种类。

1. 按照银行发放贷款的形式划分

长期借款可分为信用借款、担保借款、抵押借款和贴现借款。这是国际惯例的分类方法。信用借款是指企业完全凭借信用，不需要提供经济担保和财产抵押而获得借款的一种方式。一般情况下，少数经营特别好、经济实力强、借贷往来时间长、信誉高的企业可获取该种借款。担保借款是指银行要求企业以第三人的信誉或财产担保作为还款保证而获得借款的一种方式。抵押借款是指企业以自己或第三人的财产所有权作为抵押而获得借款的一种方式，企业如不能按期还款，银行则有权处理抵押物（又称抵押品）并优先受偿。贴现借款是指持有应收票据的企业当需要资金时以未到期的票据向银行申请贴现而获得借款的一种方式，当应收票据到期而企业无力还款时，贴现银行将其转为企业的逾期借款。

2. 按照用途划分

长期借款可分为固定资产投资借款和专项借款。固定资产投资借款是企业为购建固定资产投资项目而需要资金时所借入的款项。专项借款是企业因为专门用途而借入的款项，包括更新改造借款、科技开发和新产品试制借款等。

此外，长期借款还可按照提供借款的机构不同分为政策性银行借款、商业银行借款和非银行金融机构借款等。

（二）长期借款的程序

长期借款的程序是指企业从申请借款、实际取得借款直至偿还借款所需要经历的程序。其基本程序包括：

1. 企业提出借款申请

企业举借长期借款，必须首先填写《借款申请书》，向银行提出申请。《借款申请书》填写的内容包括借款用途、金额、偿还能力、还款方式等主要内容。此外，企业还要向银行提供企业及保证人的基本情况、财政部门或会计师事务所核准的上年度财务报告，以及申请借款前一期的财务报告、抵押清单和有处分权人同意抵押的证明及保证人同意保证的有关证明文件等资料。

按照我国的有关规定，企业申请贷款一般应具备以下条件：独立核算、自负盈亏、有法人资格；经营方向和业务范围符合国家产业政策，借款用途属于银行贷款办法规定范围；借款企业具有一定的物资和财产保证，担保单位具有相应的经济实力；具有偿还贷款的能力；财务管理和经济核算制度健全，资金使用效益及企业经济效益良好；在银行设有账户，可办理结算。

2. 银行对借款企业进行审查与批准

银行在接到企业的借款申请后，在做出是否发放贷款，以及贷款金额和贷款期限如何确定等决定之前需要对企业的资信情况进行审查。审查的主要内容包括：企业的信用程度、偿债能力、获利能力、借款用途、还款方式，保证人的偿还能力、抵押物的权属和价值等情况。按照规定审查后，报有权审批贷款的负责人批准。

3. 签订借款合同

在银行审批了贷款后，企业要与银行签订借款合同，以规定借贷双方的权利和义务。借款合同的基本条款包括借款种类、借款用途、借款金额、借款利率、借款期限、还款资金来源及还款方式、违约责任等。对担保借款，保证人还要与银行签订保证合同；对抵押借款，抵押人还要与银行签订抵押合同。按照国际惯例，长期借款合同除了包括基本条款外，银行通常还对借款企业提出一些有助于借款按时偿还的限制性条款。限制性条款大致包括三类。一是一般性限制条款，包括：规定企业要保持一定数量的流动资金；限制支付现金股利和再购入股票；限制企业资本支出的规模；限制其他长期债务。二是例行性限制条款，包括：借款企业定期向银行提交财务报表；不准在正常情况下出售较多资产；按期缴纳税金和清偿其他到期债务；不准将任何资产作为其他承诺的担保或抵押；不准贴现应收票据或出售应收账款；限制租赁固定资产的规模。三是特殊性保护条款，是针对某些特殊情况而出现在部分借款合同中的条款，主要包括：贷款专款专用；不准企业投资于短期内不能收回现金的项目；限制企业高级职员的薪金和奖金总额；要求企业主要领导人在合同有效期间担任领导职务；要求企业的主要领导人购买人身保险等。

4. 办理借款手续，获得借款

借款合同签订后，银行按照规定发放贷款，企业按借款合同办理借款手续。手续办理完毕，企业便可取得借款。

5. 企业偿还借款

企业应按借款合同的规定按期还本付息。企业偿还借款的方式一般有四种：到期一次偿还、分期等额偿还、分期不等额偿还、分期付息到期还本。企业应根据不同的还款特点筹集资金并及时偿还借款本息，以维护企业的信誉。当企业因临时财务困难，不能按时偿还借款时，应向银行提出延期还款计划，经银行审核后续签合同，但通常需要加收利息。

（三）长期借款利率及利息支付方法

长期借款利率的高低直接关系到借贷双方的经济利益，是借贷双方都十分关注的条款。长期借款利率的高低主要由银行根据借款期限和借款企业信用状况等而定。

长期借款利率通常高于短期借款利率，一般有固定利率和浮动利率两种。浮动利率通常有最低界限，并在借款合同中明确。借款利率不同，企业借款的使用成本也不同，因此，借款企业应合理预测市场利率的变化，以选择合适的利率，降低借款成本。企业若预测市场利率将上升，应与银行签订固定利率合同；反之，则应签订浮动利率合同。企业应保持良好的信誉或抵押品的流动性，与银行保持良好的关系，以争取低利率的银行借款。

四、债券融资

债券是发行人依法定程序发行的、约定在一定时期内还本付息的债权债务凭证。债券发行人是债务人，投资于债券的人是债权人。债券按发行主体可分为政府债券、金融债券和公司（企业）债券。这里所说的债券是指公司（企业）债券。债券融资是指公司（企业）采用发行债券的方式融通资金。

在国外，没有企业债券和公司债券的划分，统称为公司债券。在我国，企业债券和公司债券是有区别的。企业债券按照《企业债券管理条例》的规定发行，是指企业依照法定程序发行、约定在一定期限内还本付息的有价证券。而公司债券按照《公司法》和《证券法》等规定发行，是指公司依照法定程序发行、约定在一定期限还本付息的有价证券。下面只介绍公司债券。

（一）公司债券的种类

按照不同标准，公司债券可分为以下几类。

1. 按债券是否记名划分

公司债券可分为记名公司债券和不记名公司债券。在公司债券上记载持券人姓名或名称的为记名公司债券，反之为不记名公司债券。对于记名公司债券，公司应当在公司债券存根簿上载明下列事项：债券持有人的姓名或者名称及住所；债券持有人取得债券的日期及债券的编号；债券总额，债券的票面金额、利率、还本付息的期限和方式；债券的发行日期。对于不记名公司债券，公司应当在公司债券存根簿上载明债券总额、利率、偿还期限和方式、发行日期及债券的编号。

2. 按发行的保证条件的不同划分

公司债券可分为抵押债券、担保债券和信用债券。抵押债券是发行公司以特定的财产作为抵押品发行的债券，它又分为以下几类：一般抵押债券，即以公司的全部财产作为抵押品而发行的债券；不动产抵押债券，即以公司的不动产作为抵押品而发行的债券；设备抵押债券，即以公司的机器设备作为抵押品而发行的债券；证券信用债券，即将公司持有的股票以及其他担保证书交付给信用公司作为抵押品而发行的债券。担保债券是由担保人做担保发行的债券。信用债券是凭信用发行的债券。

3. 按能否转换为公司的股份划分

公司债券可分为可转换公司债券和不可转换公司债券。若公司债券依照一定的法定程序发行，在一定时期内依据约定的条件可以转换为股份，则为可转换公司债券；反之为不可转换公司债券。

（二）公司债券的发行条件

发行公司债券必须具备规定的发行条件。按照我国《证券法》的规定，公开发行公司债券，必须具备以下条件：

（1）股份有限公司的净资产不低于人民币 3 000 万元，有限责任公司的净资产不低于人民币 6 000 万元；

（2）累计债券余额不超过公司净资产的 40%；

（3）最近 3 年平均可分配利润足以支付公司债券 1 年的利息；

（4）筹集的资金投向符合国家产业政策；

（5）债券的利率不得超过国务院限定的水平；

（6）发行公司债券筹集的资金，必须用于核准的用途，不得用于弥补亏损和非生产性支出；

（7）国务院规定的其他条件。

公司有下列情形之一的，不得再次公开发行公司债券：

（1）前一次公开发行的公司债券尚未募足；

(2) 对已公开发行的公司债券或者其他债务有违约或者延迟支付本息的事实，且仍处于继续状态；

(3) 违反《证券法》规定，改变公开发行公司债券所募资金的用途。

(三) 公司债券的发行程序

发行公司债券需要经过一定程序，办理有关手续。按照我国《公司法》、《证券法》和《公司债券发行试点办法》的规定，公司发行债券要经过以下程序。

1. 公司做出发行债券决议

公司申请发行公司债券，应当由公司董事会制定方案，由股东会或股东大会对下列事项做出决议：发行债券的数量；向公司股东配售的安排；债券期限；募集资金的用途；决议的有效期；对董事会的授权事项；其他需要明确的事项。

2. 保荐和申报

发行公司债券，应当由保荐人保荐，并向中国证监会申报。保荐人应当按照中国证监会的有关规定编制和报送债券募集说明书和发行申请文件。公司全体董事、监事、高级管理人员应当在债券募集说明书上签字，保证不存在虚假记载、误导性陈述或者重大遗漏，并声明承担个别和连带的法律责任。保荐人应当对债券募集说明书的内容进行尽职调查，并由相关责任人签字，确认不存在虚假记载、误导性陈述或者重大遗漏，并声明承担相应的法律责任。为债券发行出具专项文件的注册会计师、资产评估人员、资信评级人员、律师及其所在机构，应当按照依法制定的业务规则、行业公认的业务标准和道德规范出具文件，并声明对所出具文件的真实性、准确性和完整性承担责任。债券募集说明书所引用的审计报告、资产评估报告、资信评级报告，应当由有资格的证券服务机构出具，并由至少2名有从业资格的人员签署。债券募集说明书所引用的法律意见书，应当由律师事务所出具，并由至少2名经办律师签署。债券募集说明书自最后签署之日起6个月内有效。债券募集说明书不得使用超过有效期的资产评估报告或者资信评级报告。

3. 受理与核准

中国证监会依照下列程序审核发行公司债券的申请：收到申请文件后，5个工作日内决定是否受理；中国证监会受理后，对申请文件进行初审；发行审核委员会按照《中国证券监督管理委员会发行审核委员会办法》规定的特别程序审核申请文件；中国证监会做出核准或者不予核准的决定。中国证监会应当自受理证券发行申请文件之日起3个月内，依照法定条件和法定程序做出予以核准或者不予核准的决定，发行人根据要求补充、修改发行申请文件的时间不计算在内。不予核准的，应当说明理由。

4. 公告公司债券募集办法

公司应当在发行公司债券前的2～5个工作日内，将经中国证监会核准的债券募集说明书摘要刊登在至少一种中国证监会指定的报刊上，同时将其全文刊登在中国证监会指定的互联网网站上。公司债券募集办法应当载明下列事项：公司名称；债券总额和债券的票面金额；债券的利率；还本付息期限和方式；债券发行的起止日期；公司净资产额；已发行的尚未到期的公司债券总额；公司债券的承销机构。

5. 发行

自中国证监会核准发行之日起，公司应在6个月内首期发行，剩余数量应当在24个月内发行完毕。超过核准文件限定的有效期而未发行的，必须重新经中国证监会核准后方可发行。首期发行数量应当不少于总发行数量的50%，剩余各期发行的数量由公司自行确定，每期发行完毕后5个工作日内报中国证监会备案。

（四）公司债券的发行方式

公司债券的发行方式，是指发行公司通过何种方式发行公司债券，一般包括私募发行和公募发行两种发行方式。

1. 私募发行

私募发行是指面向少数特定投资者的发行，一般是由发行公司将债券直接发售给投资者。这种发行方式因受限制，极少采用。

2. 公募发行

公募发行是指发行公司通过证券经营机构向社会的不特定投资者的发行。这是世界各国通常采用的公司债券的发行方式。按照《证券法》的规定，向不特定对象发行的公司债券，法律、行政法规规定应当由证券公司承销的，公司应当同证券公司签订承销协议。债券承销业务采取代销或者包销方式。代销是指证券公司代为发售债券，在承销期结束时，将未售出的债券全部退还给发行公司的承销方式。采用该方式时，证券公司不承担发行风险。包销是指证券公司将发行的债券按照协议全部购入或者在承销期结束时将售后剩余债券全部自行购入的承销方式。采用该方式时，证券公司承担发行风险。公司债券代销、包销期限最长不得超过90日。向不特定对象发行的公司债券票面总值超过人民币5 000万元的，应当由承销团承销。承销团应当由主承销和参与承销的证券公司组成。

（五）公司债券的发行价格

1. 影响公司债券的发行价格的因素

公司债券的发行价格是公司在发行债券时所使用的价格，或公司将债券出售给债券投资者时所使用的价格。公司债券的发行价格通常受以下因素的影响。

(1) 债券面值。债券面值是指债券的票面金额，也是债券持有人在债券到期后应偿还的本金数额。债券面值是影响公司债券的发行价格的基本因素，债券面值越大，其发行价格越高。

(2) 债券票面利率。债券票面利率是债券利息与债券面值的比率。债券票面利率在债券发行之前即已确定，并标明在债券票面上，一般固定不变，由于其与发行时的市场利率可能不一致，故也称为“名义利率”。公司要按约定的票面利率定期向债券持有人支付利息。债券票面利率越高，其发行价格越高。

(3) 市场利率。市场利率是债券发行时金融市场上资金借贷的实际利率。市场利率作为影响公司债券的发行价格的因素之一，其对公司债券的发行价格的影响表现为：市场利率越低，公司债券的发行价格越高；市场利率越高，公司债券的发行价格越低。

(4) 债券期限。债券期限是指从债券的计息日起到偿还本息日止的时间。债券期限越长，债券投资者所承担的投资风险就越大，所要求的报酬率就越高，在债券票面利率一定的条件下，公司债券的发行价格就应相应降低。

2. 公司债券的发行价格的确定方法

在实务中，由于债券的票面利率和市场利率的共同作用，债券的发行价格一般分为平价、溢价和折价三种。平价是指债券的票面金额与发行价格相同。当债券的票面利率与市场利率一致时，债券的发行价格与其票面金额一致。当债券的票面利率与市场利率不一致时，为了协调发行公司与债券持有人的利益，就要调整债券的发行价格，从而出现债券的溢价或折价发行。

按照资金时间价值的原理，债券的发行价格一般由债券面值的现值和各期利息的现值两部分构成。分期付息，到期一次还本的债券，其发行价格的基本计算公式为：

$$债券的发行价格=\frac{票面金额}{(1+市场利率)^n}+\sum_{t=1}^{n}\frac{票面金额\times票面利率}{(1+市场利率)^t}$$

式中，n——债券期限；

t——付息期数。

【例 4-2】 某公司发行面值为 1 000 元，票面利率为 10%，期限为 5 年的债券。该债券每年年末付息一次，到期一次还本。在债券发行时，当市场利率为 10%、5%、15%时，其发行价格分别计算如下：

当市场利率为 10%时，其与票面利率一致，应为平价发行。债券的发行价格为：

$$\begin{aligned}债券的发行价格&=1\,000\times PVIF_{10\%,5}+1\,000\times10\%\times PVIFA_{10\%,5}\\&=1\,000\times0.621+1\,000\times10\%\times3.791\approx1\,000(元)\end{aligned}$$

当市场利率为 5%时，其低于票面利率，应为溢价发行。债券的发行价格为：

$$\begin{aligned}债券的发行价格&=1\,000\times PVIF_{5\%,5}+1\,000\times10\%\times PVIFA_{5\%,5}\\&=1\,000\times0.784+1\,000\times10\%\times4.330\approx1\,217(元)\end{aligned}$$

当市场利率为 15%时，其高于票面利率，应为折价发行。债券的发行价格为：

$$\begin{aligned}债券的发行价格&=1\,000\times PVIF_{15\%,5}+1\,000\times10\%\times PVIFA_{15\%,5}\\&=1\,000\times0.497+1\,000\times10\%\times3.352\approx832(元)\end{aligned}$$

对于平价、溢价和折价发行债券，许多国家在法律上对其没有硬性规定，我国也不例外。但合理确定发行价格仍是保证债券发行成功的关键之一。

第四节　租赁融资

一、租赁融资的类型

租赁是出租人以收取租金为条件，在合同规定的期限内有偿地将资产租让给承租人使用的一种经济行为。在租赁业务中，出租人主要是各种租赁公司，承租人主要是其他各类企业，租赁资产主要是机器设备等固定资产。租赁对承租人而言，意味着增加资产而不需要追加相应的投资，所以租赁成为现代企业进行融资的一种重要方式。

租赁融资的种类有很多，一般按照租赁的性质可分为经营租赁和融资租赁两大类。

（一）经营租赁

经营租赁，又称短期租赁，是出租人将设备租给承租人供其短期使用的一种租赁方式。承租企业采用经营租赁的目的是获取设备的短期使用权，以满足企业生产经营上对某种设备短期的、临时性或季节性的需要。由于承租企业不需要先筹集资金再购买设备即可获取设备的短期使用权，因此，经营租赁也可看作筹集短期资金的一种方式。经营租赁的特点是：

（1）租赁资产的所有权归出租人所有；

（2）租赁期限短，不涉及长期而固定的义务；

（3）租赁合同具有可撤销性，即承租人在租赁期间可提出中途解约，而不需要支付解约罚款；

（4）租赁资产的折旧、修理费等均由出租人承担；

（5）租赁期满后，承租人将租赁资产退还出租人。

（二）融资租赁

融资租赁，又称长期租赁，是指出租人按照租赁协议或合同，购买承租人所需要的设备，并将其出租给承租人供其长期使用的一种租赁方式。由于出租人支付出租资产的全部资金，因而意味着出租人对承租人提供百分之百的信贷，因此，融资租赁是筹集长期资金的重要方式，并具有融资和融物的双重职能。融资租赁的特点主要是：

（1）租赁资产由出租人根据承租人要求购买，然后再租给承租人供其使用；

（2）租赁的期限较长，按照国际惯例，租赁期超过租赁资产的经济寿命期75%的为融资租赁；

（3）通过分期偿还的形式支付租金；

（4）租赁合同具有不可撤销性，租赁双方必须按照租赁合同的约定执行，不能因一方的要求而随意撤销；

（5）租赁资产的折旧、修理费等由承租人承担；

（6）租赁期满后，租赁资产的处理方法主要有将租赁资产作价转让给承租人，或由出租人收回，而在我国一般归承租人所有。融资租赁按照其不同的业务特点，可细分为直接租赁、转租租赁、杠杆租赁和售后租赁四种具体形式。

二、租赁融资的优缺点

（一）租赁融资的优点

（1）可迅速获得所需资产。

租赁比先借款、发行债券、发行股票筹集资金再购置设备更迅速，特别是在企业融资困难时，可以解决企业资金不足的矛盾，使企业尽快形成生产能力。

（2）租赁融资的限制条件较少。

企业采用股票、债券、借款等方式融资均会受到许多资格条件的限制，相比之下，租赁融资的限制条件较少。

（3）可避免设备过时的风险。

在租赁合同中一般规定设备过时的风险由出租人承担，承租企业可以免遭这种风险。

（4）可享受免税收益。

租金可在所得税前扣除，具有抵减所得税的作用，使承租企业享受免税收益。

（二）租赁融资的缺点

（1）融资成本较高。

租金中的利息要比银行借款和发行债券所负担的利息高得多，从而造成承租企业承担比较高的融资成本。

（2）有固定负担。

租赁的支付一般采取等额分期支付，将成为承租企业的一项固定财务负担。

三、租赁融资决策

企业为了获取某项固定资产，一般可以采用两种方式：或者采用租赁融资，或者举债购买。租赁融资决策实际上是在租赁融资和举债购买之间做出比较和选择。这两种融资方式均会产生相应的偿债义务，如租赁融资一般要按期支付租金，而举债购买要按期还本付息。无论企业是按期支付租金还是按期还本付息，均会引起企业的现金流出。企业究竟应采用哪种方式获取所需的资产，需要事先做出正确的决策。决策分析的方法是：分别计算两种方式下的现金流出量的现值，然后比较优劣，并做出决策。其基本步骤如下。

（一）计算租赁融资方式下的税后现金流出

企业采用租赁融资方式，其现金流出是各年支付的租金。在确定各年支付的租金之前，应先确定租金总额，然后根据一定的方法分摊到每一年。

1. 租金总额的构成

确定租赁融资的租金总额，应考虑的主要因素包括：

（1）租赁设备的购置成本及预计残值。设备的预计残值是否构成租金，要视租赁期满后设备是否归属承租人。如租赁期满后设备的所有权归属承租人，设备的预计残值则应构成租金；如租赁期满后设备归还出租人，设备的预计残值就不构成租金。

（2）租赁利息。租赁利息是出租人为承租人购买租赁资产所融资金而应计的利息。

（3）租赁手续费。出租人为承租人提供租赁，其实是提供一定劳务的经济行为，必然收取一定的手续费。目前我国租赁公司收取的手续费一般按租赁设备成本的1%～3%收取。租赁手续费的支付方式有两种：一是签订合同时，承租人一次支付，此时手续费不构成租金；二是把手续费计入租金总额，随租金收回。

2. 年租金的确定方法

年租金的确定方法有很多。目前，在我国的租赁融资实务中，大多采用直线法和年金法。

（1）直线法，是先以商定的利息率和手续费率计算出租赁期间的利息和手续费，再加上设备购置成本，按支付次数平均计算年付租金的方法。这种方法没有考虑资金的时间价值。年付租金的计算公式如下：

$$R=\frac{C+I+F}{N}$$

式中，R——年付租金；

C——租赁设备的购置成本；

I——租赁利息；

F——租赁手续费；

N——租期。

（2）年金法，是根据年金现值计算的原理计算每期应付租金的方法。在这种方法下，通常要综合利息率和手续费率确定一个租费率，将其作为贴现率。因租金有期初付和期末付两种支付方式，所以年付租金的计算公式也不同，分别如下所示。

年初付租金方式：

$$R=\frac{C}{\text{PVIFA}_{i,n}(1+i)}$$

年末付租金方式：

$$R=\frac{C}{\text{PVIFA}_{i,n}}$$

式中，R——年付租金；

C——租赁设备的购置成本；

$\text{PVIFA}_{i,n}$——后付年金现值系数；

i——租费率；

n——租赁期限。

（二）计算举债购买方式下的税后现金流出

举债购买方式下的税后现金流出是还本付息支出。举债购买主要包括举借长期借款和发行债券，它们的还本付息方式均可有多种选择，如到期一次还本付息、分期付息到期还本、分期等额还款等。还本付息的方式不同，则每年引起的现金流出也不同。为此，企业应按照预定的还本付息方式确定每年的税后现金流出。

（三）计算两种方式下的现金流出现值

按照预定的贴现率，计算并比较两种方式的现金流出现值，从而做出是租赁融资还是举债购买的决策。

【例 4-3】 A 公司决定添置一台生产设备，该设备的预计购置成本为 10 000 元，预计使用年限为 5 年，预计 5 年后无残值。有关资料如下。

（1）如果采取租赁融资，租赁公司提供了以下租赁方案：租赁公司融资购入设备，然后租给 A 公司使用，租赁期限为 5 年，租费率为 10%，租赁期满后设备归 A 公司所有，租金采用年金法每年末支付。

（2）如果举债购买，借款银行提供了如下借款方案：借款期限为 5 年，借款利率为 8%，每年末支付利息，到期还本。

（3）该公司的所得税税率为 25%，资本成本为 8%。

试做出是租赁融资还是举债购买的决策。

1. 计算租赁融资方式下的税后现金流出

（1）计算年租金，并编制租金分摊表，如表 4-3 所示。

$$\text{年租金}=\frac{10\ 000}{\text{PVIFA}_{10\%,5}}=\frac{10\ 000}{3.791}=2\ 638(\text{元})$$

表 4-3　　　　租金分摊表　　　　单位：元

年限序号	租　金	利　息	应付本金减少额	应付本金余额
	(1)	(2)＝期初(4)×10％	(3)＝(1)－(2)	(4)＝期初(4)－(3)
0				10 000
1	2 638	1 000	1 638	8 362
2	2 638	836	1 802	6 560
3	2 638	656	1 982	4 578
4	2 638	458	2 180	2 398
5	2 638	240	2 398	0
合计	13 190	3 190	10 000	

（2）计算租赁融资方式下的税后现金流出，如表 4-4 所示。

表 4-4　　　　租赁融资方式下的税后现金流出表　　　　单位：元

年限序号	本金偿还额	利息	利息抵税	税后现金流出
	(1)	(2)	(3)＝(2)×25％	(4)＝(1)＋(2)－(3)
1	1 638	1 000	250	2 388
2	1 802	836	209	2 429
3	1 982	656	164	2 474
4	2 180	458	115	2 523
5	2 398	240	60	2 578
合计	10 000	3 190	798	12 392

2. 计算举债购买方式下的现金流出

（1）编制还本付息表，如表 4-5 所示。

表 4-5　　　　还本付息表　　　　单位：元

年限序号	本金偿还额	利息	本息合计	应付本金余额
1		800	800	10 000
2		800	800	10 000
3		800	800	10 000
4		800	800	10 000
5	10 000	800	10 800	0
合计	10 000	4 000	14 000	

（2）计算举债购买方式下的税后现金流出，如表 4-6 所示。

表 4-6　举债购买方式下的税后现金流出表　单位：元

年限序号	本金偿还额	利息	利息抵税	税后现金流出
	(1)	(2)	(3)=(2)×25%	(4)=(1)+(2)-(3)
1		800	200	600
2		800	200	600
3		800	200	600
4		800	200	600
5	10 000	800	200	10 600
合计	10 000	4 000	1 000	13 000

3. 计算两种方式下的现金流出现值

租赁融资和举债购买两种方式下的现金流出现值如表 4-7 所示。

表 4-7　租赁融资和举债购买两种方式下的现金流出现值表　单位：元

年限序号	$PVIFA_{8\%,n}$	租赁融资		举债购买	
		税后现金流出	现金流出现值	税后现金流出	现金流出现值
1	0.926	2 388	2 211	600	556
2	0.857	2 429	2 082	600	514
3	0.794	2 474	1 964	600	476
4	0.735	2 523	1 854	600	441
5	0.681	2 578	1 756	10 600	7 219
合计		12 392	9 867	13 000	9 206

从表 4-7 可以看出，采用租赁融资方式引起的税后现金流出为 12 392 元，低于举债购买引起的税后现金流出 13 000 元。但在考虑资金时间价值的情况下，租赁融资的现金流出现值大于举债购买的现金流出现值，说明举债购买对 A 公司有利。因此，A 公司应选择举债购买该设备。

第五节　混合融资

前面分别介绍了股权融资、债务融资和租赁融资，本节将讲述混合融资。混合融资通常包括优先股融资、可转换公司债券融资、永续债券融资和认股权证融资等。

一、优先股融资

我国《公司法》没有关于优先股的规定。国务院在 2013 年 11 月 30 日发布了《关于开展优先股试点的指导意见》。中国证监会于 2014 年 3 月 21 日发布《优先股试点管理办法》。中国银行业监督管理委员会（简称中国银监会）① 与中国证监会于2014年4月3日联合印发《关于商业银行发行优先股补充一级资本的指导意见》，对公司发行优先股做出了规范。按照中国证监会的《优先股试点管理办法》，上市公司可以公开发行优先股。

（一）优先股的特点

优先股是相对普通股而言的，是较普通股具有某些优先权利，同时也受到一定限制的股票。优先股的含义主要体现在“优先权利”上，包括优先分配股利和优先分配公司剩余财产。具体的优先条件必须由公司章程予以明确规定。

优先股与普通股具有某些共性，如优先股亦无到期日，公司运用优先股所筹资本亦属股权资本。但是，它又具有公司债券的某些特征。因此，优先股被视为一种混合性证券。

与普通股相比，优先股主要具有如下特点：

（1）优先分配固定的股利。优先股股东通常优先于普通股股东分配股利，且其股利一般是固定的，受公司经营状况和盈利水平的影响较小。所以，优先股类似固定利息的债券。

（2）优先分配公司的剩余财产。当公司因解散、破产等进行清算时，优先股股东将优先于普通股股东分配公司的剩余财产。

（3）优先股股东一般无表决权。在公司股东大会上，优先股股东一般没有表决权，通常也无权参与公司的经营管理，仅在涉及优先股股东权益问题时享有表决权。因此，优先股股东不大可能控制整个公司。

（4）优先股可由公司赎回。发行优先股的公司按照公司章程的有关规定，根据公司的需要，可以以一定的方式将所发行的优先股购回，以调整公司的资本结构。

（二）优先股的种类

优先股按其具体的权利不同，还可进一步分类。

（1）优先股按股利是否累积支付，可分为累积优先股和非累积优先股。累积优先股是指公司过去年度未支付股利可以累积计算，并由以后年度的利润补足付清的优先股。非累积优先股则没有这种补付的权利。累积优先股比非累积优先股具有更大的吸引力，其发行也较为广泛。

（2）优先股按股利是否分配额外股利，可分为参与优先股和非参与优先股。当公司利润在按规定分配给优先股和普通股后仍有剩余利润可供分配股利时，能够与普通股一起参与分配额外股利的优先股为参与优先股；否则为非参与优先股。参与优先股的持有人可按规定的条件和比例将其转换为公司的普通股或公司债券。这种参与优先股能够增加筹资和投资双方的灵活性，在国外比较流行。不具有这种转换权的优先股，则属于非参与优先股。

（3）优先股按公司可否赎回，可分为可赎回优先股和不可赎回优先股。可赎回优先股是指股份有限公司出于减轻股利负担的目的，可按规定以原价购回的优先股。公司不能购

---

① 中国银行业监督管理委员会已与中国保险监督管理委员会（简称中国保监会）合并为中国银行保险监督管理委员会（简称银保监会）。

回的优先股，则属于不可赎回优先股。

（三）公开发行优先股的条件

1. 上市公司公开发行优先股的基本条件

最近 3 个会计年度实现的年均可分配利润应当不少于优先股一年的股息；最近 3 年现金分红情况应当符合公司章程及中国证监会的有关监管规定；报告期不存在重大会计违规事项；最近 3 年财务报表被注册会计师出具的审计报告应当为标准审计报告或带强调事项段的无保留意见的审计报告；已发行的优先股不得超过公司普通股股份总数的 50%，且筹资金额不得超过发行前净资产的 50%（已回购、转换的优先股不纳入计算）。

2. 上市公司公开发行优先股的特别规定

上市公司公开发行优先股，应当符合以下情形之一：其普通股为上证 50 指数成分股；以公开发行优先股作为支付手段收购或吸收合并其他上市公司；以减少注册资本为目的回购普通股的，可以将公开发行优先股作为支付手段，或者在回购方案实施完毕后，可公开发行不超过回购减资总额的优先股；最近 3 个会计年度应当连续盈利，扣除非经常性损益后的净利润与扣除前的净利润相比，以低者作为计算依据；最近 36 个月内因违反工商、税收、土地、环保、海关相关法律或行政法规或规章，受到行政处罚且情节严重的，不得公开发行优先股；公司及其控股股东或实际控制人最近 12 个月内应当不存在违反向投资者做出公开承诺的行为。

3. 商业银行发行优先股的特定要求

商业银行发行优先股补充一级资本，应向银保监会提出发行申请，申请文件包括：优先股发行申请；优先股发行方案；根据《优先股试点管理办法》修改的公司章程（草案）；股东大会决议；资本规划；最近 3 个年度经审计的财务报表及附注；发行人律师出具的合规性法律意见书；银保监会要求的其他文件。

（四）优先股的发行定价

优先股每股票面金额为 100 元。发行价格和票面股息率应当公允、合理，不得损害股东或其他利益相关方的合法利益，发行价格不得低于优先股票面金额，即不得折价发行。

公开发行优先股的价格或票面股息率以市场询价或中国证监会认可的其他公开方式确定。非公开发行优先股的票面股息率不得高于最近两个会计年度的年均加权平均净资产收益率。

（五）优先股融资的优缺点

公司利用优先股筹集长期资本，与普通股和其他融资方式相比有其优点，也有一定的缺点。

1. 优先股融资的优点

（1）优先股一般没有固定的到期日，不用偿付本金。发行优先股筹集资本，实际上相当于得到一笔无限期的长期贷款，公司不承担还本义务，也不需要再做融资计划。对可赎回优先股，公司可在需要时按一定价格购回，这就使得利用这部分资本更具有弹性。在财务状况较差时发行优先股，又在财务状况转好时购回，有利于结合资本需求加以调剂，同时便于掌握公司的资本结构。

（2）优先股的股利既有固定性，又有一定的灵活性。一般而言，优先股都采用固定股利，但对固定股利的支付并不构成公司的法定义务。如果公司财务状况不佳，则可以暂时不支付优先股股利，即使如此，优先股持有者也不能像公司债权人那样迫使公司破产。

（3）保持普通股股东对公司的控制权。当公司既想向社会增加股权资本的筹集，又想保持原有普通股股东的控制权时，利用优先股融资尤为恰当。

（4）从法律上讲，优先股股本属于股权资本，发行优先股融资能够增强公司的股权资本基础，提高公司的举债能力。

2. 优先股融资的缺点

（1）优先股的资本成本虽低于普通股，但一般高于债券。

（2）优先股融资的制约因素较多。例如，为了保证优先股的固定股利，当企业盈利不多时，普通股就可能分不到股利。

（3）可能形成较重的财务负担。优先股要求支付固定股利，但不能在税前扣除。当盈利下降时，优先股的股利可能会成为公司一项较重的财务负担，有时不得不延期支付，从而影响公司的形象。

二、可转换公司债券融资

（一）可转换公司债券的特点

可转换公司债券是指发行人依照法定程序发行，在一定时期内依据约定的条件可以转换为股份的公司债券。对上市公司来讲，可转换公司债券融资具有债务融资和股权融资的双重性，属于混合证券融资。

可转换公司债券兼具债务和股权两种性质，二者密不可分。对投资者而言，该类债券提供了债券所能提供的稳定利息收入和还本保证，也提供了股本增值所带来的利益。对这类债券支付的利息通常高于普通股的股利。因而，这种市场价值下跌潜在风险有限并具有固定收益的金融工具，吸引了那些既渴望得到较高收益又不希望错过股票升值的潜在收益的投资者。对发行公司而言，该类债券提供了在将来以高于现实股价的价格售出股票的可能性，并具有在债券转换前以低成本发行债券的吸引力。如果相应的股票价格没有达到现行的转换价格，可转换公司债券没有被转换，那么只需要公司在到期日偿还本金。这样，公司的还本付息成本大大低于直接发行债券，同时有可能在股票价格下跌时以高于发行时的市场价格售出股票。由此，对双方而言，可转换公司债券既非债券，亦非纯股票，而是一种混合金融工具。由于可转换公司债券具有债券和普通股双重特性，其价值也就是纯债券的价值加上股票部分期权的价值两部分的总和。发行公司可以根据不同的市场条件和投资对象来调节这两部分的价值，从而达到吸引不同投资者的目的。

（二）可转换公司债券的基本要素

1. 标的股票

可转换公司债券的标的股票一般是发行公司自己的股票，也有的是其他公司的股票。

2. 转股价格

转股价格，是指债券募集说明书事先约定的可转换公司债券转换为每股股份所支付的价格，通常由发行公司在发行可转换公司债券时约定。按照我国《上市公司证券发行管理办法》的规定，转股价格应不低于债券募集说明书公告日前 20 个交易日该公司股票交易均价和前一交易日的均价。公司发行可转换公司债券后，因配股、增发、送股、派息、分立及其他原因引起上市公司股份变动的，应当同时调整转股价格。

假设调整前的转股价格为 P_0，送股率或股份转增率为 n，增发新股或配股率为 K，增发新股价或配股价为 A，每股派息为 D，则调整后的转股价格 P 如下。

若只送股或转增股本，则调整后的转股价格 P 为：

$$P=\frac{P_0}{1+n}$$

若只增发新股或配股，则调整后的转股价格 P 为：

$$P=\frac{P_0+A\times K}{1+K}$$

若只派息，则调整后的转股价格 P 为：

$$P=P_0-D$$

如果送股或转增股本与增发新股或配股两项同时进行，则调整后的转股价格 P 为：

$$P=\frac{P_0+A\times K}{1+n+K}$$

如果上述送股或转增股本和派息两项同时进行，则有：

$$P=\frac{P_0-D}{1+n}$$

3. 转换比率

转换比率是每张可转换公司债券所能够转换的普通股股数。在转换价格固定时，转换比率也是固定的，否则会随着转换价格的提高而降低。持有人所持有债券的面值有时不足以使其转换为一股股票，发行公司则应当以现金支付。

$$\text{转换比率}=\frac{\text{可转换公司债券面值}}{\text{转换价格}}$$

4. 转换期限

转换期限是可转换公司债券转换为股票的起始日至结束日的期间。一般而言，转换期限的长短与可转换公司债券的期限有关。我国可转换公司债券的期限最短为 1 年，最长为 6 年。按照规定，上市公司发行的可转换公司债券，自发行之日起 6 个月后，持有人可以按照约定的条件随时将其转换为股票。

5. 赎回

赎回是公司股票价格在一段时间内连续高于转股价格达到某一幅度时，公司按事先约定的价格买回未转股的可转换公司债券，需要明确不可赎回期、可赎回期、赎回价格和赎回条件。

6. 回售

回售是公司股票价格在一段时间内连续低于转股价格达到某一幅度时，可转换公司债券持有人按事先约定的价格将所持债券卖给发行公司。

（三）可转换公司债券的发行条件

按照《上市公司证券发行管理办法》的规定，上市公司发行可转换公司债券，应当符合下列基本条件。

（1）组织机构健全且运行良好；

（2）具有持续盈利能力，财务状况良好；

（3）最近3年财务会计文件无虚假记载，无其他重大违法行为；

（4）上市公司募集资金的数额和使用应当符合规定；

（5）最近3个会计年度加权平均净资产收益率平均不低于6%，扣除非经常性损益后的净利润与扣除前的净利润相比，以低者作为加权平均净资产收益率的计算依据；

（6）本次发行后累计公司债券余额不超过最近一期期末净资产额的40%；

（7）最近3个会计年度实现的年均可分配利润不少于公司债券一年的利息。

上市公司还可以发行认股权和债券分离交易的可转换公司债券（简称"分离交易的可转换公司债券"）。上市公司发行分离交易的可转换公司债券，应当符合下列条件：具备健全且运行良好的组织机构；具有持续盈利能力，财务状况良好；最近3年财务会计文件无虚假记载，无其他重大违法行为；上市公司募集资金的数额和使用应当符合规定；公司最近一期期末经审计的净资产不低于人民币15亿元；最近3个会计年度实现的年均可分配利润不少于公司债券一年的利息；最近3个会计年度经营活动产生的现金流量净额平均不少于公司债券一年的利息；本次发行后累计公司债券余额不超过最近一期期末净资产额的40%，预计所附认股权全部行权后募集的资金总量不超过拟发行公司债券金额。分离交易的可转换公司债券的期限最短为1年。

（四）可转换公司债券融资的优缺点

可转换公司债券作为一种特殊的融资工具，对发行公司来说有利也有弊。

1. 可转换公司债券融资的优点

（1）公司可以获取成本较低的资金。由于可转换公司债券附带了企业的股票期权，作为补偿，其票面利率一般比普通的公司债券低，这将会降低公司的融资成本。在一些资本市场发达的国家，可转换公司债券的利率一般比同类不可转换的债券低20%。而且，投资人对该可转换公司债券的价值预期越高，利率水平则相应越低。这样，公司在可转换公司债券发行后至转换前，可减轻利息负担。

（2）公司可以获取长期稳定的资本供给。具有到期日的可转换公司债券由于可以转换为没有到期日的普通股，这样可转换公司债券转换成股份后，该笔债务因转为股权而消失，股权资本增加，固定偿还的债务本金转为永久性资本投入。因此，可转换公司债券的发行能为公司提供长期、稳定的资本供给。

（3）公司的股权结构和债务结构可获得改善。可转换公司债券由于具有债券和股票的双重特征，在转换前，它构成公司负债，在转换后则构成了公司的股本，因此，它成为调节公司股权比重和债务比重的调节器。如果公司的股权比重过高，则可以通过发行可转换公司债券来募集资金和回购股票以降低股权比例而提高债务比例。

2. 可转换公司债券融资的缺点

（1）可能增加公司还本付息的压力。尽管可转换公司债券票面利率一般低于普通公司债券，但其作为公司债券的一种，如果债券持有人不行使转换权，公司总存在偿付本息的压力。

（2）可能增加公司对股市预期的压力。可转换公司债券的发行对发行人和投资人都有利：对投资人而言，只要股市好，短期内可转换公司债券就可转换为股票；股市不好，到期即可还本付息。同样，对发行人而言，股市好，公司债务可迅速变成股东权益，而在未转股以前，只需要支付较低的利息。因此，发行人对股市的合理预期成为可转换公司债券发行时机选择的关键。

（3）可能恶化公司的债务结构。可转换公司债券在发行时会提高发行公司的负债比率。如果转换成功，负债比率便会下降。但是，如果公司股价表现不好或股市低迷，投资者则可能放弃转换权，宁愿承受利息损失而要求还本付息。这种情况将恶化公司的债务结构。

（4）可能增加公司的经营压力。为了保证按时还本付息，公司融资项目的投资收益率应高于可转换公司债券利率。为此，公司必须保持经济效益稳定和较高的增长率。

三、永续债券融资

（一）永续债券的特点

永续债券又称无期债券，是不规定到期期限，只需要付息而不需要还本的债券。永续债券被视为“债券中的股票”，是一种兼具债权和股权属性的混合性筹资方式。永续债券的期限为永续或极长，不规定到期期限，持有人也不能要求清偿本金，但可以按期取得利息。永续债券的特点如下：

（1）永续债券的发行人有赎回的选择权，即续期选择权；

（2）永续债券的利率通常具有调整机制，也就是说，如果在一定时间内公司选择不赎回永续债券，其利率就会相应上升以补偿投资者的潜在风险和损失；

（3）永续债券的发行人有权决定是否付息，即原则上永续债券的利息可以无限次递延，前提是公司在支付利息之前不可分配股利。

（二）永续债券的发行动机

永续债券的发行动机主要有三点：

（1）银行等金融机构为了满足新资本管理办法的规定，发行永续债券以补充资本金；

（2）企业发行永续债券用于投资项目的资本金；

（3）财务杠杆率高的企业发行永续债券，可以突破借款举债的空间限制。

（三）永续债券的发行情况

在国际资本市场上，永续债券是比较成熟的筹资工具。在海外资本市场上，主要是金融机构发行永续债券，发行动机多为以债代股。据统计，全球已有 2 000 多只永续债券，筹资规模超过 6 000 亿美元，在公告的综合信用评级中，永续债券评级基本处于 BB＋和 BBB＋区间内。

在我国，永续债券仍处于探索中。目前资本市场上的“永续债”，主要包括发改委审批的“可续期债券”和中国银行间市场交易商协会注册的“长期限含权中期票据”两种。武汉地铁集团有限公司于 2003 年在国内首单发行“13 武汉地铁可续期债”，发行总额为

23 亿元，采用浮动利率计息，规定本期债券在每 5 个计息年度末，发行人有权选择本期债券期限延续 5 年，或选择在该计息年度末到期全额兑付本期债券。这种债券被认为是一种变相的永续债券。国电电力发展股份有限公司（简称国电电力）于 2013 年在国内首单发行“永续中票”，筹集资本 10 亿元，前 5 个计息年度的票面利率为 6.6％，不设定到期时间、发行人赎回权利、利息递延支付等条款，被认为是继企业债、公司债之后的第三个中长期信用债品种，是银行间债券市场的一项创新型债务融资工具。2014 年，国电电力发行“二期永续中票”，筹集资本 17 亿元，以簿记建档（是一种系统化、市场化的发行定价方式，包括前期的预路演、路演等推介活动，以及后期的簿记定价、配售等环节）方式确定前 5 个计息年度的票面利率为 5.45％。

四、认股权证融资

发行认股权证是上市公司的一种特殊融资手段，其主要功能是辅助公司的股权融资，并可直接筹集现金。

（一）认股权证的特点

认股权证是由股份有限公司发行的可认购其股票的一种买入期权。它赋予持有者在一定期限内以事先约定的价格购买发行公司一定股份的权利。

对于融资公司而言，发行认股权证是一种特殊的融资手段。认股权证本身含有期权条款，其持有者在认购股份之前，对发行公司既不拥有债权也不拥有股权，而是只拥有股票认购权。尽管如此，发行公司仍然可以通过发行认股权证筹集现金，还可用于公司成立时对承销商的一种补偿。

（二）认股权证的作用

在公司的融资实务中，认股权证的运用十分灵活，对发行公司具有一定的作用。

（1）为公司筹集额外的现金。认股权证不论是单独发行还是附带发行，大多都为发行公司筹集一笔额外现金，增强公司的资本实力和运营能力。

（2）促进其他融资方式的运用。单独发行的认股权证有利于将来发售股票。附带发行的认股权证可促进其所依附证券发行的效率。例如，认股权证依附于债券发行，用以促进债券的发售。

（三）认股权证的种类

在国内外的公司融资实务中，认股权证的形式多种多样，可分为不同种类。

（1）长期与短期的认股权证。认股权证按允许认股的期限可分为长期认股权证和短期认股权证。长期认股权证的认股期限通常持续几年，有的是永久性的。短期认股权证的认股期限比较短，一般在 90 天以内。

（2）单独发行与附带发行的认股权证。认股权证按发行方式可分为单独发行的认股权证和附带发行的认股权证。单独发行的认股权证是指不依附于其他证券而独立发行的认股权证。附带发行的认股权证是指依附于债券、优先股、普通股的认股权证。

（3）备兑认股权证与配股权证。备兑认股权证是每份备兑权证按一定比例含有几家公司的若干股份。配股权证是确认股东配股权的证书，它按股东的持股比例定向派发，赋予股东以优惠的价格认购发行公司一定份数新股的权利。

复习思考题

1. 企业融资的种类有哪些？
2. 企业融资的动因是什么？
3. 企业融资的要求是什么？
4. 如何进行企业融资额的预测？
5. 试述股权融资的优缺点。
6. 股票发行程序是怎样的？
7. 试述长期债务融资的优缺点。
8. 公司债券发行程序是怎样的？
9. 如何确定公司债券发行价格？
10. 什么是可转换公司债券？
11. 试述可转换公司债券融资的优缺点。
12. 租赁融资的类型有哪些？租赁融资的优缺点是什么？
13. 试说明优先股融资的优缺点。

第五章

短期资金融资决策

第一节　短期融资决策

一、短期融资的特征与分类

（一）短期融资的概念与特征

短期融资是指筹集在一年内（含一年）或者超过一年的一个营业周期内到期的资金。短期融资通常具有如下特征。

（1）融资速度快。由于短期融资的期限较短，债权人承担的风险相对较小，往往顾虑较少，不需要像长期融资那样对融资方进行全面、复杂的财务调查，因此短期资金更容易筹集。

（2）融资弹性好。在进行长期融资时，资金提供者出于资金安全方面的考虑通常会向融资方提出较多的限制性条款或相关约束条件；短期融资的相关限制和约束相对较少，使得融资方在资金的使用和配置上显得更加灵活、富有弹性。

（3）融资成本低。当融资期限较短时，债权人所承担的利率风险相对较小，因此向融资方索取的资金使用成本也相对较低。

（4）融资风险大。短期融资通常需要在短期内偿还，因而要求融资方在短期内拿出足够的资金偿还债务，这对融资方的资金营运和配置提出了较高的要求。如果融资企业在资金到期时不能及时归还款项，就有陷入财务危机的可能。此外，短期负债利率通常波动较大，无法在较长时期内将融资成本锁定在某个较低水平，因此也有可能高于长期负债利率。

（二）短期融资的分类

按不同标准可将短期融资分为不同类型，其最常见的分类方式有以下几种。

（1）按应付金额是否确定，可以分为应付金额确定的短期负债和应付金额不确定的短期负债。

应付金额确定的短期负债是指根据合同或法律规定到期必须偿付，并有确定金额的短期负债，如短期借款、应付票据、应付账款等。

应付金额不确定的短期负债是指要根据公司生产经营状况，到一定时期才能确定的短期负债或应付金额需要估计的短期负债，如应交税费、应付股利等。

（2）按短期负债的形成情况，可以分为自然性短期负债和临时性短期负债。自然性短期负债是指产生于公司正常的持续经营活动中，不需要正式安排，由于结算程序的原因自然形成的那部分短期负债。在公司生产经营过程中，由于法定结算程序的原因，一部分应付款项的支付时间晚于形成时间，这部分已经形成但尚未支付的款项便成为公司的短期负债，如商业信用、应付工资、应交税费等。

临时性短期负债是因为临时的资金需求而发生的负债，由财务人员根据公司对短期资金的需求情况，通过人为安排形成，如短期银行借款等。

二、短期融资政策的类型

公司的短期融资决策可体现在其短期融资政策上，而短期融资政策一般是针对不同类型的资产来说的。按照资产周转时间的长短（即流动性）可以把公司的资产分为两大类：一类是流动资产，另一类是长期资产（在这里主要指固定资产）。进一步，按照流动资产的用途，又可以将流动资产划分为临时性流动资产和长期性流动资产。

公司的短期融资政策也就是对临时性流动资产、长期性流动资产和固定资产的来源进行管理。通常，有以下三种可供公司选择的筹资政策（即融资政策）。

（一）积极型筹资政策

采取这种政策，企业的全部长期资产和一部分长期性流动资产由长期资金融通；部分长期性流动资产和全部临时性流动资产由短期资金融通，如表 5-1 所示。

采用积极型筹资政策，短期资金在筹资总额中所占比重较大，这就有利于降低企业的资金成本。这是因为：

（1）短期资金成本一般比长期资金成本低；

（2）使用短期资金比使用长期资金弹性大，不需要资金时可随时偿还以减少利息支出。

表 5-1　　积极型筹资政策

<table>
<tr><th>资产种类</th><th>资产性质</th><th>资金来源</th></tr>
<tr><td rowspan="2">流动资产</td><td>临时性流动资产</td><td>短期资金（流动负债）</td></tr>
<tr><td>长期性流动资产</td><td rowspan="2">长期资金（长期负债及所有者权益）</td></tr>
<tr><td>固定资产、无形资产、递延资产</td><td>长期资产</td></tr>
</table>

但是，采用积极型筹资政策的筹资风险较大，主要表现在：(1) 短期资金到期日近，将其投资于长期性流动资产以后，可能产生不能按时清偿本息的风险。长期性流动资产从投资到产生现金流入量需要较长的时间，往往在现金流入量形成之前就需要还本付息，这就迫使企业举新债还旧债或将债务展期。倘若举新债失败或债务不能展期，企业就将面临无力清偿债务的风险，甚至濒临破产。(2) 短期资金的利率经常发生变动，其成本具有不确定性。企业通过长期负债融资能准确确定资金使用期间的资金成本；采用短期负债融资只能确定本次负债的资金成本，而重新举债的资金成本是不确定的。

(二) 保守型筹资政策

采取这种政策，企业的全部长期资产、全部长期性流动资产和一部分临时性流动资产由长期资金融通；另一部分临时性流动资产由短期资金融通，如表 5-2 所示。

表 5-2　　保守型筹资政策

资产种类	资产性质	资金来源
流动资产	临时性流动资产	短期资金（流动负债）
		长期资金（长期负债及所有者权益）
	长期性流动资产	
固定资产、无形资产、递延资产	长期资产	

采用保守型筹资政策，短期资金在筹资总额中所占比重较小，而长期资金所占比重较大。当企业临时性流动资产需求量下降，使企业全部资金需求量降至长期资金总额以下时，暂时闲置的长期资金可以用于购买短期有价证券。当临时性流动资产需求量上升需要资金时，企业可以出售短期有价证券或筹集短期资金。这种筹资政策具有良好的安全性，有利于降低筹资风险，但将长期资金投资于流动资产可能提高企业的资金成本，从而损失部分收益。

(三) 适中型筹资政策

采取适中型筹资政策，企业的全部长期资产和全部长期性流动资产由长期资金融通，全部临时性流动资产由短期资金融通，如表 5-3 所示。

表 5-3　　适中型筹资政策

资产种类	资产性质	资金来源
流动资产	临时性流动资产	短期资金（流动负债）
	长期性流动资产	长期资金（长期负债及所有者权益）
固定资产、无形资产、递延资产	长期资产	

采用适中型筹资政策，临时性流动资产由短期资金融通，有助于降低资金成本，增加运用资金的弹性；长期资产和长期性流动资产由长期资金融通，有助于控制筹资风险，回避市场利率波动。适中型筹资政策较好地协调了资金成本与筹资风险的矛盾，被企业广泛采用。

第二节　自然性融资

自然性融资主要包括商业信用和应付费用。

一、商业信用

（一）商业信用的含义及其特点

商业信用是指企业之间以商品赊销和预付货款形式提供的信用，是企业之间的一种直接信用关系。商业信用是由商品交易中价值形态的运动和实物形态的运动相分离而产生的。它产生于银行信用之前，但在银行信用产生以后，商业信用依然普遍存在。

在商品交易中，许多企业通常以赊购方式从其他企业进货，议定于若干天内付款。对于购货企业而言，这笔业务形成了一项负债，记录为应付账款，它在企业的短期负债中占有很大的比例。商业信用的主要形式是赊购商品和预收货款，具体表现为购货欠账和延期交货，或购货企业开出期票或商业汇票以示承诺等。

商业信用是一种自发性的资金来源，是企业短期负债筹资的一种重要形式。在典型的商业信用中，实际包括两个同时发生的经济行为：买卖行为和借贷行为。比如，购货企业从销货企业赊购商品时，销货企业将其商品赊销给购货企业，实质上是将商品所含的资金让渡给购货企业使用。因此，企业取得商业信用就是获得某种资金的暂时使用权。就买卖行为来说，在发生商业信用之际就已结束，即商品从销货企业所有变成购货企业所有；而在此之后，销货企业与购货企业之间只存在一定货币金额的债权债务关系。

（二）商业信用的形式

企业利用商业信用融资的形式主要如下。

1. 应付账款

应付账款即赊购商品，是企业购买商品暂未付款而形成的对销货方的欠款，即销货方允许购货方在购货后一定时期内支付货款的一种信用形式，也是最典型、最常见的商业信用形式。销货方可以利用赊销方式促销；而对购货方来说，延期付款则等于向销货方借用了资金，可以满足短期的资金需要。这种形式适用于商品供大于求的情况。

应付账款按其是否支付代价，可分为免费信用、有代价信用和展期信用三种形式。

（1）免费信用。免费信用是指企业不需要支付任何代价而取得的信用。一般包括法定付款期限和销货方允许的折扣期限。前者如银行结算办法规定允许有 3 天或 10 天的付款期限，即付款人可在收到付款通知的 3 天内或 10 天内享受免费信用；后者为在一定信用条件的折扣期内享受免费信用。为了促使购货企业按期付款，甚至提前付款，销货企业往往规定一定的信用条件。如常见的信用条款中有这样的规定“2/10，n/30”，意即购货企业若在 10 天内付款，可以给予 2%的折扣；超过 10 天，则付全部货款，但全部货款必须在 30 天内付清。

（2）有代价信用。有代价信用是指企业需要付出一定的代价而取得的信用。在带有折扣的条件下，购货企业要想取得商业信用，则必须放弃折扣，而所放弃的折扣就是取得此种信用所付出的代价。如前面所讲的，购货企业要取得延期 20 天付款的信用，则必须付全额货款，即丧失了优惠，这种信用就是有代价信用。因此，企业在选择是否延期付款时，应该认真分析其资金成本的高低，以便决定取舍。

(3) 展期信用。展期信用是指购货企业在销货企业提供的信用期限届满后，以拖延付款的方式强行取得的信用。展期信用隐含着两种成本：一是企业放弃现金折扣的机会成本，这与有代价信用相同；二是企业信誉可能受到损害的成本。企业若过度拖延时间付款而出现严重拖欠，则会降低其信用等级，给今后的各种筹资造成不利的影响。

应付账款的成本取决于信用期限和现金折扣。信用期限就是赊销商品的最后付款时间。延长信用期限，可提高企业商品的竞争能力，增加销售量。信用期限长，表示企业给顾客的信用条件优越，可以吸引老主顾增加购货量和招揽新的顾客，从而增加企业的销售收入。信用期限一般根据企业的性质、商品的特征及购销双方的财力情况来加以确定。

现金折扣是销货企业提供给购货企业的一种优惠。销货企业为了加速资金周转，及早收回货款，减少可能的坏账损失，往往在延长信用期限的同时，规定客户提前偿付货款的折扣率和折扣期限。一般情况下，现金折扣平均为 2%～3%，折扣期限多数为 10 天～30 天。

利用应付账款筹资在两种情况下没有成本，即享受免费信用：一是没有现金折扣的商业信用；二是有现金折扣但企业已享受了现金折扣，即在折扣期内付款。

如果销货企业提供了现金折扣，但购货企业没有加以利用，从而丧失了少支付货款的优惠条件，那么这部分多支付的货款就是购货企业利用应付账款筹资的机会成本，可将其定义为隐含利息成本或放弃现金折扣成本。

$$\text{隐含利息成本}=\frac{\text{现金折扣率}}{1-\text{现金折扣率}}\times\frac{360}{\text{信用期}-\text{折扣期}}$$

即

$$R=\frac{C\times 360}{D(1-C)}$$

式中，C——现金折扣率；

D——额外使用销货企业资金的天数；

R——隐含利息成本。

【例 5-1】 某企业按“2/10，n/20”的条件购入商品，价款为 100 万元，试计算该企业享受现金折扣的付款金额和放弃现金折扣的机会成本。

若该企业在折扣期内付款，则该企业享受现金折扣的付款金额为：

$$100\times(1-2\%)=98(\text{万元})$$

若超过折扣期，则该企业放弃现金折扣的机会成本为：

$$\frac{2\%}{1-2\%}\times\frac{360}{20-10}=73.47\%$$

从上述计算中可以看到，放弃现金折扣的机会成本与现金折扣率的大小、折扣期的长短呈同方向变化，与信用期限的长短呈反方向变化。如果购货企业放弃现金折扣而获得有代价信用，那么其代价即隐含利息成本是很高的。利用上述公式计算出的不同信用条件下的隐含利息成本如表 5－4 所示。

表 5－4　　不同信用条件下的隐含利息成本

信用条件	隐含利息成本
1/10，n/20	36.36%
1/10，n/30	18.18%
2/10，n/20	73.47%
2/10，n/30	36.73%

从表 5－4 可以看出，购货企业如果放弃现金折扣，则其付出的成本是非常高的，这种成本比短期借款的成本高出许多。因此，一些企业只要可能，宁可向银行或其他机构借款也要保证在折扣期内付款。而且通常情况下，一个企业随便放弃现金折扣的优惠，往往说明该企业的财务状况不佳，对它的信用会带来不利的影响。

2. 预收账款

预收账款是指销货企业按照合同或协议规定，在交付商品之前向购货企业预先收取部分或全部货款的信用形式。它适用于商品供不应求的情况。

预收账款实际上是购货企业向销货企业提供一笔款项，对销货企业来说也是一种筹集短期资金的形式。而且这种筹集资金的方式一般不需要支付任何代价，完全属于免费信用。

二、应付费用

（一）应付费用的概念

应付费用，是指企业在生产经营过程中发生的应付而未付的费用，如应付职工薪酬、应交税费等。这些应付费用一般是形成在先，支付在后，因此在支付之前可以为公司所利用。由于应付费用结算期往往比较固定，占用的数额也比较固定，因此通常又称为定额负债。

应付费用的资本成本通常为零，但这种特殊的筹资方式并不能为企业自由利用，企业如果无限期地拖欠应付费用，则极有可能产生较高的显性或隐性成本。例如，企业如果拖欠职工工资费用，便会遭到职工反对，从而直接影响企业的整体生产经营。

（二）应付费用融资额的计算

为了准确把握应付费用所能产生的融资规模，从而顺利编制融资计划、降低企业整体融资成本，企业通常需要测算经营活动所产生的各种应付费用的总额，即应付费用融资额。当前应付费用融资额一般按照平均占用天数计算。

平均占用天数，是指从应付费用产生之日起到实际支付之日止平均占用的天数。应付费用融资额可以利用平均每日发生额与平均占用天数相乘来确定，即

应付费用融资额＝平均每日发生额×平均占用天数

【例 5-2】　某公司某年预计支付增值税 180 000 元，每月缴纳一次，则按平均占用天数计算的应付费用融资额（此处为应付税金融资额）的平均每日发生额为：

应付税金融资额的平均每日发生额＝180 000÷360＝500(元)

随着公司经营业务的扩展，这些应付费用也会自动增长。而且，通过应付费用所筹集的资金不用支付任何代价，因而是一项免费的短期资金来源。企业在将应付费用作为短期融资方式时，必须注意加强对支付期的控制，以免因拖欠给公司带来损失。

第三节　短期借款融资

短期借款是企业根据借款合同向银行和其他非银行金融机构借入的期限在一年以内（含一年）的款项。短期借款按担保条件不同，可分为信用借款、担保借款和票据贴现。

信用借款也称无担保借款，是指不需要保证人保证或没有财产抵押，只凭借款人的信用而取得的借款。信用借款一般由贷款人给予借款人一定的信用额度或双方签订周转信用协议。担保借款是指有一定的保证人做保证或利用一定的财产做抵押或质押而取得的借款。票据贴现则是商业票据的持有人把未到期的商业票据转让给银行，贴付一定利息以取得银行资金的一种借贷行为。票据贴现是商业信用发展的产物，实为一种银行信用。银行在贴现商业票据时，所付金额要低于票面金额，其差额为贴现息。贴现息与票面金额的比率为贴现率。银行通过贴现把款项贷给销货单位，到期向购货单位收款，所以要收取利息。

一、短期借款的条件

短期借款往往带有一定的条件，条件不同，短期借款类别也不一样。一般来说，主要包括：信用额度、周转信用协议、补偿余额和借款担保。

（一）信用额度

信用额度是金融机构对借款企业规定的无抵押、无担保借款的最高限额。企业在信用额度以内可随时使用借款，但金融机构并不承担必须提供全部信用额度的义务。如果企业信用恶化，即使在信用额度内，企业也不一定能获得借款，对此金融机构不承担法律责任。

（二）周转信用协议

周转信用协议是金融机构与企业签订的一种正式的最高限额的借款协议。在协议有效期内，只要企业的借款总额未超过协议规定的最高限额，金融机构就必须满足企业提出的借款要求，对周转信用协议负法律责任，而借款企业则必须按借款限额未使用部分的一定比例向金融机构支付承诺费。

（三）补偿余额

补偿余额是金融机构要求借款企业在其存款账户上保留按实际借款额的一定比例（如10%～20%）计算的存款余额。对企业来说，补偿余额提高了借款的实际利率。从金融机构来看，它可以降低贷款风险，补偿贷款损失。

（四）借款担保

金融机构为了避免投资风险，对企业借款往往要求有抵押物担保。根据其条件不同，这类借款又可以分为保证借款、抵押借款和质押借款。保证借款是指按《中华人民共和国担保法》（简称《担保法》）规定的保证方式以第三人承诺在借款人不能偿还借款时，按约定承担一般保证责任或连带责任而取得的借款。抵押借款是指按《担保法》规定的抵押方式以借款人或第三人的财产作为抵押物而取得的借款。质押借款是指按《担保法》规定的质押方式以借款人或第三人的动产或权利作为质押物而取得的借款。短期借款的抵押物（质押物）通常是借款企业的存货、有价证券、应收账款等。金融机构为企业提供借款的金额应根据抵押物（质押物）的价值（经评估确认）确定，一般为抵押物（质押物）价值的30%～90%，其比例的大小取决于抵押物（质押物）的变现能力和金融机构对投资风险的态度。在通常情况下，抵押借款的成本比非抵押借款要高，因为金融机构将抵押贷款看成一种风险投资，管理抵押贷款要比管理非抵押贷款的难度大，因此抵押贷款的利率较高。

二、短期借款的利率

短期借款的利率有多种，企业应根据具体情况做出合理选择。

（一）按金融机构的利率政策，可分为优惠利率和非优惠利率

优惠利率是金融机构向财务状况良好、信誉较高的企业提供贷款时所使用的利率，比非优惠利率要低。非优惠利率是金融机构向财务状况和信誉较差的企业提供贷款时所使用的利率，比优惠利率要高。

（二）按利率的基本特征，可分为简单利率、浮动利率、贴现利率和加息利率

简单利率是按固定的单利计算利息并于借款到期日随本金一并支付时所使用的利率。浮动利率是随市场利率的变动而相应调整的利率。贴现利率是金融机构向企业发放贷款时先从贷款额中扣收利息，待贷款到期时由借款企业偿还全部贷款的条件下所使用的利率。使用这种利率时，企业可利用的借款是全部借款减去利息以后的差额，因此，借款的实际利率高于名义利率。加息利率是金融机构向企业发放分期等额偿还贷款时所使用的利率。在分期等额偿还贷款的情况下，企业要按借款总额和名义利率计算利息。由于借款是分期等额偿还，企业实际上未使用全部借款，但要按全部金额支付利息，所以，企业负担的实际利率要高于名义利率。

三、短期借款融资的程序

短期借款融资的程序与长期借款融资的程序基本相同，现结合流动资金借款的特点说明如下。

1. 企业提出申请

企业向银行借入短期借款时，必须在批准的资金计划占用额范围内，按生产经营的需要逐笔向银行提出申请。企业在申请书上应写明借款种类、借款数额、借款用途、借款原因、还款日期。另外，还要详细写明流动资金的占用额、借款限额、预计销售收入、销售收入资金率等有关内容。

2. 银行对企业申请进行审查

银行接到企业提出的借款申请书后，应对借款申请书进行认真审查。审查内容主要

包括：

（1）审查借款的用途和原因，做出是否贷款的决策；

（2）审查企业的产品销售和物资保证情况，决定贷款的数额；

（3）审查企业的资金周转和物资耗用状况，确定贷款的期限。

3. 签订借款合同

为了维护借贷双方的合法权益，保证资金的合理使用，企业向银行借入流动资金时，双方应签订借款合同。借款合同主要包括以下四方面内容。

（1）基本条款。这是借款合同的基本内容，主要强调双方的权利和义务，具体包括借款数额、借款方式、款项发放的时间、还款期限、还款方式、利息支付方式、利息率等。

（2）保证条款。这是保证款项能顺利归还的一系列条款，包括借款按规定的用途使用、有关的物资保证、抵押财产、保证人及其责任等内容。

（3）违约条款。这是规定双方若有违约现象应如何处理的条款，主要载明对企业逾期不还或挪用贷款以及银行不按期发放贷款的处理等内容。

（4）其他附属条款。这是与借贷双方有关的其他一系列条款，如双方经办人、合同生效日期等条款。

4. 企业取得借款

借款合同签订后，若无特殊原因，银行应按合同规定的时间向企业提供贷款，企业便可取得借款。如果银行不按合同约定按期发放贷款，应偿付违约金。如果企业不按合同约定使用借款，也应偿付违约金。

5. 短期借款的归还

借款企业应按借款合同的规定按时、足额支付借款本息。贷款银行在短期贷款到期一个星期之前，应当向借款企业发送还本付息通知单，借款企业应当及时筹备资金，按期还本付息。

不能按期归还借款的，借款人应当在借款到期日之前向贷款人申请贷款展期，但是否同意展期应由贷款人视情况而定。申请保证借款、抵押借款、质押借款展期的，还应当由保证人、抵押人、出质人出具同意的书面证明。

四、短期借款融资的优缺点

（一）短期借款融资的优点

（1）银行资金充足，实力雄厚，能随时为企业提供比较多的短期贷款。对于季节性和临时性的资金需求，企业采用短期借款尤为方便。而那些规模大、信誉好的大企业，更可以以比较低的利率借入资金。

（2）短期借款具有较好的弹性，企业可在需要增加资金时借款，在需要减少资金时还款。

（二）短期借款融资的缺点

1. 资本成本较高

短期借款的成本比较高，不仅不能与商业信用相比，与短期融资券相比也高出许多。而抵押借款因需要支付管理和服务费用，成本因此更高。

2. 限制较多

企业向银行借款时，银行要在对企业的经营和财务状况进行调查以后才能决定是否贷款，有些银行还要求对企业有一定的控制权，要求企业把流动比率、负债比率维持在一定的范围之内，这些都会构成对企业的限制。

第四节 短期融资券

短期融资券又称商业票据、短期商业债券，是由大型工商企业或金融企业发行的短期无担保本票，是一种新兴的短期资金筹集方式。

一、短期融资券的发展历程

（一）短期融资券在两方资本市场的发展历程

短期融资券起源于商业票据。商业票据是一种古老的商业信用工具，产生于18世纪。它最初是随商品和劳务交易而签发的一种债务凭证。例如，一笔交易不是采用现金交易，而是采用票据方式进行结算，则当货物运走后，买方按合同规定的时间、地点、金额，开出一张远期付款的票据给卖方，卖方持有票据，直至到期日再向买方收取现金。

这种商业票据是随商品、劳务交易而产生的商业信用。商业票据是一种双名票据，即票据上列明收款方和付款方的名称。持有商业票据的公司如在约定的付款期之前需要现金，则可以向商业银行或贴现公司贴现。贴现是指持有商业票据的公司将票据出让给银行或贴现公司，后者按票面额扣取从贴现日到票据到期日的利息后，将票面余额付给持有商业票据的公司，待贴现的票据到期后，再持票向付款方索取票面款项。

这种方式使办理贴现的银行或贴现公司得到了利息，又收回了本金，是一种很好的短期投资方式。于是，有的投资人便比照这种贴现方式，从持票人手中买下商业票据，待票据到期后持票向付款方收回资金。有时，贴现票据的银行因为资金短缺，也将贴现的票据重新卖出，由新的购买人到期收取款项。

一些大公司发现了商业票据的这一特点，便凭借自己的信誉，开始脱离商品交易过程来签发商业票据，以筹措短期资金。20世纪20年代，美国汽车制造业及其他高档耐用商品开始兴盛，为增加销售量，一般都采用赊销、分期付款等方式向外销售，这样就在应收账款上进行了大量投资，因而在感到资金不足、银行借款受到多种限制的情况下，开始大量发行商业票据以筹集短期资金。这样，商业票据与商品、劳务的交易相分离，演变成为一种在货币市场上融资的票据，投资者与发行人形成一种单纯的债权债务关系，而不是商品买卖或劳务供应关系。商业票据上不必列明收款人，只需要列明付款人，成为单名票据。为了与传统商业票据相区别，人们通常把这种专门用于融资的票据称为短期融资券或短期商业债券。

20世纪60年代以后，工商界普遍认为发行短期融资券向金融市场筹措资金比向银行借款方便，利率也低，且不受银行信贷干预，因此，短期融资券数额急剧增加。以美国的短期融资券为例，1962年12月仅有60亿美元，1985年就增至3 000亿美元。20世纪70年代，位于伦敦的欧洲短期融资券市场也开始形成，短期融资券市场不断扩大。目前，短期融资券已成为西方各类公司融通短期资金的重要方式。

（二）短期融资券在我国资本市场的发展历程

20世纪80年代中后期，我国有些企业为解决流动资金的不足，开始采用短期融资券筹集资金。1989年，中国人民银行下发了《关于发行企业短期融资券有关问题的通知》，以文件的形式肯定了各地发行短期融资券的做法。这一举措对于拓宽企业融资渠道、优化企业短期资金来源、加快社会资金周转速度、优化资金投向具有重要意义。

为了规范短期融资券市场、提升社会资金配置效率，2005年，中国人民银行下发了《短期融资券管理办法》《短期融资券承销规程》《短期融资券信息披露规程》，对短期融资券的发行、登记、托管、交易、结算、兑付、信息披露、监督管理等做出了明确规定，极大地促进了短期融资券的发行。

为进一步完善银行间债券市场管理，促进非金融企业直接债务融资发展，2008年，中国人民银行颁布实施了《银行间债券市场非金融企业债务融资工具管理办法》，同时废止了2005年发布的《短期融资券管理办法》及相关规定。另外，在具体操作上，还要参考《非金融企业债务融资工具注册发行规则》《非金融企业债务融资工具公开发行注册工作规程》《非金融企业债务融资工具公开发行注册文件表格体系》等。

二、短期融资券的种类

按不同的标准，可将短期融资券分为不同类型。

（一）按发行方式的不同，可分为经纪人代销的融资券和直接销售的融资券

（1）经纪人代销的融资券又称间接销售融资券，是指先由发行人卖给经纪人，然后由经纪人卖给投资者的融资券。经纪人主要有银行、信托公司、证券公司等。企业委托经纪人发行融资券，要支付一定数额的手续费。

（2）直接销售的融资券是指发行人直接销售给最终投资者的融资券。直接发行融资券的公司通常是经营金融业务的公司或自己有附属金融机构的公司，它们有自己的分支网点和专门的金融人才，因此有力量自己组织推销工作，从而节省了间接发行时应给证券公司的手续费。直接销售的融资券目前已占据相当大的比重。根据我国《银行间债券市场非金融企业债务融资工具管理办法》的相关规定，我国非金融企业发行融资券必须由符合条件的金融机构承销，企业不得自行销售融资券。

（二）按发行人的不同，可分为金融企业的融资券和非金融企业的融资券

（1）金融企业的融资券主要是指由各大公司所属的财务公司、各种信托公司、银行控股公司等发行的融资券。这类融资券一般采用直接发行的方式。

（2）非金融企业的融资券是指那些没有设立财务公司的工商企业所发行的融资券。这类企业一般规模不大，多采用间接方式来发行融资券。

（三）按发行和流通范围的不同，可分为国内融资券和国际融资券

（1）国内融资券是一国发行者在其国内金融市场上发行的融资券。发行这种融资券一般只要遵循本国法规和金融市场惯例即可。

（2）国际融资券是一国发行者在其本国以外的金融市场上发行的融资券。发行这种融资券，必须遵循有关国家的法律和国际金融市场的惯例。在美国货币市场和欧洲货币市场上，这种国际融资券有很多。

三、短期融资券的发行程序

企业发行短期融资券，一般要按如下程序进行。

（一）做出融资决策

根据我国法律的相关规定，企业必须符合一定的条件才具有申请发行短期融资券的资格，主要包括：

（1）是在中华人民共和国境内依法设立的企业法人；

（2）具有稳定的偿债资金来源，最近一个会计年度盈利；

（3）流动性良好，具有较强的到期偿债能力；

（4）发行短期融资券所募集的资金用于本企业生产经营；

（5）近三年没有违法和重大违规行为；

（6）近三年发行的短期融资券没有延迟支付本息的情形；

（7）具有健全的内部管理体系和募集资金的使用偿付管理制度；

（8）中国人民银行规定的其他条件。

在充分了解金融市场状况和自身经营现状的基础上，企业财务部门将短期融资券列为可行的融资方案，向总经理或董事会提出申请，并按规定程序进行最后决策。

（二）选择承销商

我国企业短期融资券的发行必须由符合条件的金融机构承销，企业自身不具有销售短期融资券的资格。因此，企业在发行方案经总经理或董事会批准之后，应选择拥有承销资格的金融机构作为主承销商。

主承销商应当是具备中国人民银行所规定的相关资格的金融机构，在短期融资券的发行过程中全面承担与发行直接相关的工作，包括：与发行人就有关发行方式、日期、利率、价格、发行费用等进行磋商，达成一致；编制向主管机构提供的有关文件；组织承销团；筹划、组织和召开承销会议；协助发行人申办有关法律方面的手续；向认购人交付短期融资券并清算价款等。企业如需要变更主承销商，还应当报中国人民银行备案。

（三）办理信用评级

信用评级是由专家、学者组成专门的机构，运用科学的综合分析方法，对企业及金融工具的信用情况进行评定和估价。根据规定，我国企业在发行短期融资券时，应当由在中国境内注册且具备债券评级资质的评级机构进行信用评级。

（四）向审批机关提出申请

中国人民银行总行与各省、自治区、直辖市分行是我国企业发行短期融资券的审批、管理机关。企业发行短期融资券，必须通过其主承销商向各级人民银行的金融管理部门提出申请，经过批准后才能发行。在申请书及其附件中必须提供如下资料：

（1）发行短期融资券的备案报告；

（2）董事会同意发行短期融资券的决议或具有相同法律效力的文件；

（3）主承销商推荐函（附尽职调查报告）；

（4）短期融资券募集说明书（附发行方案）；

（5）信用评级报告全文及跟踪评级安排的说明；

（6）经注册会计师审计的企业近三个会计年度的资产负债表、利润表、现金流量表及审计意见全文；

（7）律师出具的法律意见书（附律师工作报告）；

（8）偿债计划及保障措施的专项报告；

（9）关于支付短期融资券本息的现金流分析报告；

（10）承销协议及承销团协议；

（11）《企业法人营业执照》（副本）复印件；

（12）中国人民银行要求提供的其他文件。

（五）审批机关审查和批准

中国人民银行的金融管理部门接到企业申请后，要对如下内容进行认真审查。

（1）审查发行资格。主要包括：审查发行单位是否在工商行政管理部门登记并领有营业执照；审查发行单位是否有足够的自有资产；审查发行单位是否有可靠的还款来源；审查信用担保人的资格和担保契约书的内容。

（2）审查资金用途。企业发行短期融资券所筹集的资金只能用于解决企业临时性或季节性流动资金不足，不能用于企业资金的长期周转和固定资产投资。

（3）审查会计报表的内容。主要包括：审查会计报表是否经注册会计师签字；审查会计报表中的资金来源和资金占用是否合理；审查企业盈利情况如何；审查企业的主要财务比率是否健康。

（4）审查短期融资券的票面内容。短期融资券票面一般要载明如下内容：企业名称、地址；短期融资券票面金额；票面利率；还本期限和方式；利息支付方式；短期融资券的发行日期和编号；发行企业签章和企业法人代表签章等。

审查通过后，中国人民银行将根据规定的条件和程序向企业下达备案通知书，并核定该企业发行短期融资券的最高余额。

（六）正式发行并取得资金

经审查机关审查同意后，发行企业便可正式发行短期融资券。在承销发行方式下，主要发行步骤包括：

（1）发行短期融资券的企业与经纪人协商短期融资券的有关事项，并签订委托发行协议；

（2）经纪人按协议中的有关条件和承销方式，发布公告并进行其他宣传活动；

（3）投资者购买短期融资券，资金存入经纪人账户；

（4）经纪人将资金划转至发行短期融资券的企业账户中，并按协议中的规定处理未售完的短期融资券。

四、短期融资券融资的优缺点

（一）短期融资券融资的优点

1. 短期融资券融资的成本低

在西方国家，短期融资券的利率加上发行成本率，通常低于银行的同期贷款利率。这是因为在采用短期融资券融资时，筹资者与投资者直接往来，从而绕开了银行中介，节省了一笔本应付给银行的融资费用。但目前我国短期融资券的利率一般要比银行贷款利率高，这主要是因为我国短期融资券市场刚刚建立，投资者对短期融资券还缺乏了解。随着短期融资券市场的不断完善，短期融资券的利率会逐渐接近银行贷款利率，直至略低于银行贷款利率。

2. 短期融资券融资数额比较大

银行一般不会向企业发放巨额的流动资金借款。在西方，商业银行贷给个别公司的最大金额不能超过该公司资本的10%。因而，对于需要巨额资金的企业而言，短期融资券这一方式尤为适用。

3. 短期融资券融资能提高企业的信誉

能在货币市场上发行短期融资券的公司都是著名的大公司。一家公司如果能在货币市场上发行自己的短期融资券，就说明该公司的信誉很好。

（二）短期融资券融资的缺点

1. 发行短期融资券的风险比较大

短期融资券到期必须归还，一般不会有延期的可能。到期不归还，会产生严重后果。

2. 发行短期融资券的弹性比较小

只有当企业的资金需求达到一定数量时才能使用短期融资券。如果数量小，则不宜采用短期融资券方式。另外，短期融资券一般不能提前偿还，因此，即使公司资金比较宽裕，也要到期才能还款。

3. 发行短期融资券的条件比较严格

并不是任何公司都能发行短期融资券，必须是信誉好、实力强、效益高的企业才能使用，小企业或信誉不太好的企业则不能利用短期融资券来筹集资金。

复习思考题

1. 短期融资政策的主要类型包括哪些?
2. 什么是自然性融资?
3. 商业信用融资应当考虑哪些成本?
4. 短期借款的条件是什么?
5. 短期融资券应该遵循怎样的发行程序?
6. 试对比分析短期借款融资、短期融资券融资的特征和优缺点。

第六章
实物资产长期投资决策

第一节　实物资产长期投资概述

一、实物资产长期投资的概念和分类

（一）实物资产的概念

实物资产是指以实物形式存在的、用于生产物品和提供服务的资产，如机器设备、房屋建筑物、流动资产等。

实物资产按管理属性和价值构成进行分类，可以分为固定资产、低值耐久品及材料易耗品。固定资产就是使用期限超过一年，并且在使用过程中保持原有物质形态的劳动资料，包括房屋及建筑物、机器设备、运输设备、工具和器具等。低值耐久品是指独立使用、价值较低但耐用期在一年及以上的资产，比如单价小于800元的专用设备以及单价小于500元的一般设备。材料易耗品是指耐用期小于一年且不能独立使用，或者在使用过程中被一次性消耗或转为其他形式的物品。在本章节中的实物资产，主要以投资期限超过一年且投资金额较大的固定资产为主。

1. 实物资产与金融资产的区别

实物资产是指有物质形态的资产，而金融资产是一种索取实物资产的无形的权利。二者可以从投资主体、投资对象和投资目的三个方面进行区分。

第一，投资主体不同。实物资产的投资主体属于直接投资者，他们运用资金直接进行生产经营活动的投资，如投资办厂、购置机器设备或进行其他商业经营活动。他们也是资金的需求方，需要从资本市场进行融资。金融资产的投资主体属于间接投资者，他们通过购买有价证券、参与基金投资以及金融机构的存款理财等投资活动获取收益，是资本市场的资金供应方。

第二，投资对象不同。实物资产的投资对象是机器设备、厂房、原材料等固定资产或者流动资产。金融资产的投资对象是股票、债券等有价证券。

第三，投资目的不同。实物资产的投资目的在于从事生产经营活动，获取生产或者商业活动的利润，最终实现社会财富的整体增加。金融资产的投资目的在于金融资产的增值收益，如购买股票、债券等有价证券的目的分别为获取股息、债息收入等，并不直接增加社会资产存量和物质财富。从投入和产出的关系看，金融资产投资是一种间接投资，其根本目的为服务于实物资产投资。

2. 实物资产与无形资产的区别

第一，存在形态不同。无形资产不具备实物形态，主要由知识产权和专有技术构成。固定资产有实物形态，主要由厂房建筑、机器设备等劳动手段构成。

第二，价值结构和收益不同。无形资产的使用价值是间接的，需要依赖于一定的物质条件才能实现，未来的经济效益具有不确定性；实物资产的使用价值是直接的，可直接加工于劳动对象来创造物质财富，实物资产未来的经济效益往往具有确定性。

第三，核算方式不同。若无形资产有使用期限，则采用直线法摊销。若没有使用期限，则需要每期末进行减值测试，不进行摊销。摊销与减值测试方法的采用是互斥的。对于使用期限超过一年的实物资产，一般是估计净残值后，按年限采取直线法等提取折旧，同时进行减值测试，对满足计提减值准备的实物资产，在提取减值准备后要重新计算折旧。提取折旧与减值测试是同时进行的。

第四，税务处理不同。对于无形资产，税法要求在所得税前按 10 年摊销；对于以固定资产为代表的实物资产，税法要求按资产类别规定的年限提取折旧。

（二）长期投资的概念和分类

长期投资是指不准备随时变现、持有期超过一年的投资。通常将长期投资分为广义和狭义的长期投资两种类型。广义的长期投资既包括对企业内部的长期投资，以固定资产、无形资产等的形式体现在资产负债表内；也包括对外进行的长期投资，如企业对外投资形成的股权、债权以金融资产的形式体现在资产负债表内。从出资形式来看，用于长期投资的资产可以是货币资金、实物资产、无形资产等。表 6-1 列示了长期投资的细分情况。

表 6-1　长期投资的细分情况

长期投资分类	形式	具体内容
对内进行的长期投资	固定资产投资	如用于生产经营活动的厂房、建筑物、机器设备、工具设备等。
	无形资产投资	专利技术、非专利技术、商标、土地使用权等。
对外进行的长期投资	股权投资	又分为直接投资和间接投资。直接投资包括投资于企业以外的固定资产和无形资产，进而与其他企业运营或组成联营企业；间接投资则是通过证券市场购买其他企业的股票或债券，以期达到投资于其他企业的目的。

续前表

长期投资分类	形式	具体内容
对外进行的长期投资	债权投资	债权投资是指企业通过债券市场购买各种中长期债券而进行的投资。如通过债券市场购买企业债券、政府债券、金融机构债券等。
	混合投资	混合投资是指兼有股权和债权双重性质的投资。这种投资通常表现为混合证券投资，如优先股、可转换公司债券、混合型投资基金等的混合形式投资。

二、固定资产投资概述

实物资产的长期投资主要以投资期限超过一年的固定资产为主。会计学中的固定资产，一般是以使用年限在一年以上，单位价值在规定限额以上为标准的主要劳动手段。在资产评估中，固定资产具体是指机器设备、建筑物等，评估时往往分别进行，因为它们具有不同的功能和特性。

固定资产在使用过程中不断反复运动但不改变其实物形态，然而它在运行中不断磨损，其价值逐渐减少。固定资产的价值运动是随着固定资产购建、投入使用、价值转移和补偿以及固定资产报废更新的顺序不断进行的。在运动过程中，固定资产表现出以下特点。

1. 固定资产的循环周期取决于其使用年限

固定资产有其自身的价值运动，可以参加多个再生产活动过程而不改变其实物形态，其循环周期与生产经营周期没有直接联系。使用周期长是固定资产的重要特征。

2. 固定资产的价值补偿和实物更新是分别进行的

固定资产的价值补偿是随着固定资产的折旧提取逐渐完成的，而固定资产的实物更新是在其不能使用或从经济上考虑不宜使用时进行的。但是价值补偿和实物更新之间存在着密切的联系，没有固定资产的价值补偿，也就无法实现其实物更新。价值补偿是实物更新的前提，实物更新则是价值补偿的最终结果。

3. 固定资产不构成产品实体

固定资产在整个使用期限内的实物形态不构成产品实体，而是继续停留在生产过程中。因此，固定资产的价值不会在它投入使用时全部消耗，而是按其功能丧失的比例逐渐减少。在使用过程中，其价值一部分转移到产品成本中，构成产品价值的一部分，另一部分则仍然固定在其物质实体内。

（一）固定资产的分类

固定资产种类繁多，数量较大，为了加强管理，需要按不同的方式对其进行合理的分类。

(1) 固定资产按其经济用途分类，可以分为生产经营用固定资产和非生产经营用固定资产。

生产经营用固定资产是指直接参加生产经营过程或直接服务于生产经营过程的固定资产，如厂房、建筑物、机器设备、工具设备等。

非生产经营用固定资产是指不直接参加生产经营过程的各种固定资产，如职工住宅、文化生活设施等。

固定资产按其经济用途分类，可以据以考察分析各类固定资产的构成和变化情况，以便根据各类固定资产的特点分别组织管理和研究改进其利用途径，促进企业合理配置固定资产，充分发挥其使用效能。

(2) 固定资产按其使用情况分类，可以分为使用中固定资产、未使用固定资产和不需用固定资产。

使用中固定资产是指正常使用过程中的生产经营用和非生产经营用的固定资产。由于季节性原因和大修理等原因而停止使用的固定资产，以及存放在车间内供替换使用的机器设备等，也被列作使用中固定资产。

未使用固定资产是指尚未开始使用的新增固定资产和停止使用的固定资产。

不需用固定资产是指不适合本企业生产经营需要，准备调配处理的各种固定资产。

固定资产按其使用情况分类，便于了解企业固定资产的使用情况，分析固定资产的利用程度，促使企业采取有效措施，提高固定资产利用率。

(3) 固定资产按其所属关系分类，可以分为自有固定资产和融资租入固定资产。

自有固定资产是指国家投资和企业投资形成的固定资产。

融资租入固定资产是指从外单位租入的固定资产，按照合同在合同期内拥有使用权，并要支付租金。企业租入固定资产应单独核算和管理。

固定资产按其所属关系分类，便于了解固定资产的实有情况，分析企业生产能力，促进企业不断扩大生产能力。

(二) 固定资产投资的特点

固定资产投资是形成固定资产以形成生产能力的过程。一般地说，固定资产投资具有以下特点。

(1) 投资数额巨大，一经投入，即无法改变。企业为生产产品，实现盈利，必须形成生产能力。固定资产投资代表了企业的规模，由于其生产能力具有自身的特性，企业即使将来改变生产方式、生产结构，也必须考虑这些投资的固定资产的可用性。

(2) 投资回收期长。固定资产投资是一次性的，但投资的收回是要在固定资产的不断使用过程中逐渐地、部分地进行，并要在较长时期内完成。

(3) 具有风险性和不确定性。由于固定资产投资额大，回收期长，因此在长期使用过程中要承受市场环境、消费需求变动的影响，使其预期收益的获得具有风险性和不确定性。

(4) 固定资产设备必须充分利用，否则会成为沉重的成本负担。因此，进行固定资产投资应考虑生产利用率以及流动资产的配套能力，以实现规模经济效益。

固定资产投资的上述特点，决定了企业在进行固定资产投资的过程中必须做好可行性研究工作，预测投资的未来收益，做出科学的投资决策，从而提高投资效益。

(三) 固定资产投资的分类

固定资产投资有以下几种分类。

1. 战略性投资和战术性投资

战略性投资是指涉及企业的整个发展方向和前途，如扩大企业规模、全厂性技术改造、开发新产品等。这类投资对企业关系很大，应慎重决策。

战术性投资是指只关系到企业中某一局部的具体业务投资，如提高产品质量、降低产品成本等的投资。

2. 独立性投资和相关性投资

独立性投资是指不管其他投资方案采纳和实施与否，其收益和成本均不会受其他方案采纳、实施与否的影响而进行的投资。

相关性投资是指技术上互相联系的投资。相关性投资的收益和成本是密切相关的，投资项目必须配套，应将各有关投资综合起来考虑，做出比较可行的决策。

3. 先决性投资和重置性投资

先决性投资是指必须先对某项目进行投资，才能使其后或同时进行的项目实现收益的投资。例如，某企业拟扩大生产能力，需要增加若干设备。为使这些设备得以运转，还必须有电力保证，否则，这些项目是无法实现效益的。这就决定了电力项目就是先决性投资。

重置性投资是指使用发挥同样作用或更有效地发挥同一作用和性能的固定资产，以取代现有固定资产的投资。

4. 扩大收入投资和降低成本投资

从增加企业收入的角度，固定资产投资可以分为扩大收入投资和降低成本投资两类。扩大收入投资是指通过扩大企业生产经营规模，从而扩大收入以增加利润的投资。降低成本投资则是在维持现有规模的前提下，通过投资以降低生产经营中的成本费用，增加企业利润的投资。

研究固定资产投资分类，可使我们更好地掌握投资的性质和它们之间的相互关系，有利于分清主次，掌握重点。同时，也可以使我们根据各类投资的特点做出有效决策。当然，上述分类方法并不是绝对的，有时，一个项目可以归入一个以上的类别，但这并不妨碍这种分类方法的有效性。

三、固定资产投资的可行性研究

为了获得固定资产投资的最佳经济效果，在投资以前，要对拟投资项目进行可行性研究，或称固定资产投资决策。也就是说，在投资前要对新建或改扩建项目进行全面的调查研究，开展技术经济分析，论证该项目在技术上是否可行，经济上是否合理，并对该项目建成以后可能取得的技术经济效果进行预测，为投资决策提供可靠的依据。

（一）可行性研究的程序

1. 机会研究

机会研究是对投资的方向提出建议，寻找最有利的投资机会。

2. 初步可行性研究

初步可行性研究是介于机会研究和可行性研究之间的一个步骤，与可行性研究的内容基本相同，区别在于掌握资料的详细程度不一样。初步可行性研究的目的在于通过对投资项目的生命力做粗略的评价，以确定是否应继续进行可行性研究。如果结论是肯定的，就进行可行性研究。当机会研究具有足够的工程资料并确定了投资项目有发展前途时，也可以直接进行可行性研究。

3. 可行性研究

可行性研究是在初步可行性研究的基础上进行的，它要求掌握足够的资料，对投资项目进行技术经济的综合分析，对未来产品的产量、成本、销售价格、收益等进行科学的预测，其目的是为投资决策提供确切、全面的依据。

4. 评价报告

评价报告是可行性研究的结论报告，它的重点是对投资项目做出评定和投资决策。

机会研究、初步可行性研究、可行性研究和评价报告是一个不可分割的整体。虽然它们研究的深度和可靠程度有所不同，但根本目的是一致的，都是对拟建项目未来的成败做出有根据的技术经济分析和预测，为投资决策提供可靠的依据。

（二）可行性研究的主要内容

可行性研究的内容很广泛，一项好的可行性研究，必须对拟建项目的各个主要方面都进行深入细致的研究。

1. 市场研究

市场研究是可行性研究的首要环节，它是通过市场调查和预测技术等手段进行的。市场研究的主要内容包括：市场的结构和需求、竞争情况，产品的弹性价格对市场的影响，销售组织、政策、服务等对市场的影响等。在综合研究以上问题的基础上，就市场现在和将来对产品的需求量和销售量做出规划。

2. 企业规模研究

市场研究为确定企业规模提供了依据，但这不是唯一依据，因为经济效果受诸多因素的影响，在确定企业规模时，还要考虑工艺流程和主要设备的生产能力、标准、使用年限，以及各项因素与销售计划的平衡。

3. 生产流程研究

生产流程是企业技术经济活动的核心，对企业的产品成本、质量及投资产生重大影响。在选择生产流程时，要研究原材料的构成和特点、市场对产品质量和规格的要求、生产可靠程度、资源利用程度、主要设备的技术条件、原材料的综合利用程度、加工费用及环境污染等。

4. 财务状况研究及经济分析

财务状况研究及经济分析，是在上述各项研究的基础上对投资项目的经济效果所做的评价。财务状况研究的内容包括估计投资总费用，估计周转资金需用量和施工期利息，分析并计算债务及偿还期、支付利息的能力、利润等指标。

在经济分析部分，有时还做一些敏感性分析，即在企业的收入、生产成本、投资变化上对企业的经济效果做出定量分析。

四、固定资产折旧

（一）固定资产折旧的概念

固定资产能够在多个再生产过程中发挥作用并保持其实物形态，但其价值处于不断的运动中。固定资产在使用中，其价值运动表现为价值损耗、价值转移和价值补偿。固定资产折旧是指固定资产由于损耗而转移到产品中的价值补偿。由此而计提的转移到产品成本中的损耗价值，称为固定资产折旧费。

固定资产的价值损耗可分为有形损耗和无形损耗两种。

有形损耗是指固定资产由于使用而发生的损耗或者由于自然力的作用而发生的自然损耗。固定资产投入使用后，持续作业的时间越长，强度越大，则磨损越快；同时，在使用过程中还会受到自然力的作用和侵蚀，如铁生锈、木材腐朽等。由于使用和自然力的作用，固定资产的物理性能会不断发生变化，它的价值随其功能的丧失还会逐渐减少。因此，这种损耗被称为有形损耗。

无形损耗是指固定资产由于社会技术进步和劳动生产率提高而引起的价值损耗。具体表现如下。

（1）由于科学技术的发展，劳动生产率不断提高，产品成本相应降低，所以，同样结构和性能的机器设备能够被更便宜地生产出来，从而使原有机器设备贬值。

（2）由于科学技术进步，同样价值生产出效率更高、更先进的设备，使原有技术落后的机器设备贬值或被淘汰。

第一种情况下的无形损耗不影响机器设备的使用效能，对企业来说只是一种相对损失，不构成实际损失；第二种情况下的无形损耗会使某些机器设备提前丧失使用效能，造成企业的实际损失。无形损耗是由固定资产使用以外的原因引起的，不同机器设备的无形损耗是不同的，无形损耗的程度取决于该类机器设备的科技水平和更新换代速度。

固定资产价值是随着固定资产的损耗而逐渐转移的，转移价值的多少，客观上应有一个数量界限。因此，正确确定固定资产的损耗程度，从而确定固定资产的使用年限，是计提固定资产折旧的前提。全新的固定资产从投入使用到完全报废的耐用年限被称为固定资产的物理使用年限，它的长短取决于固定资产本身的质量和使用情况。同时，科学技术进步导致无形损耗，某些机器设备由于技术水平落后遭贬值或淘汰，从而造成固定资产使用年限缩短。因此，根据固定资产有形损耗，同时考虑无形损耗而确定的使用年限被称为固定资产的经济使用年限。固定资产的折旧年限（从而确定折旧率）就是在固定资产的经济使用年限的基础上再考虑其他各方面因素（诸如生产力发展水平、经济政策等）来确定的。

（二）固定资产折旧方法

1. 平均年限法

平均年限法，也称使用年限法，它是按照固定资产的预计使用年限平均分摊固定资产折旧额的方法。这种方法所计算的折旧额在各个使用年（月）份都是相等的，折旧的累计额所绘出的图线是直线，因此，这种方法也称直线法。其计算公式如下。

$$\text{年折旧额}=\frac{\text{固定资产原值}-(\text{残值}-\text{清理费用})}{\text{预计使用年限}}$$

为了反映固定资产折旧的相对水平，还应计算固定资产的年折旧率，计算方法有两种。

（1）计算方法一。

$$\text{年折旧率}=\frac{\text{年折旧额}}{\text{固定资产原值}}\times 100\%$$

（2）计算方法二。

$$年折旧率=\frac{1-净残值率}{预计使用年限}\times 100\%$$

净残值率按照固定资产原值的3%～5%确定。净残值率低于3%或者高于5%的，由企业自主确定，并报主管财政机关备案。

按照固定资产折旧范围的大小，折旧率又可分为个别折旧率、分类折旧率和综合折旧率三种。三种折旧率形式各有优缺点，现行财务制度规定采取分类折旧率。按照固定资产折旧额提取时间，折旧率又可分为月折旧率和年折旧率。

2. 工作量法

工作量法就是按照固定资产的预计工作量平均分摊固定资产折旧总额的方法。这种方法适合于各类专业设备。固定资产的预计工作量可以用行驶里程、工作小时、台班等表示，单位工作量折旧额的计算公式如下。

（1）按行驶里程计算折旧的公式：

$$单位行驶里程折旧额=\frac{固定资产原值-预计净残值}{规定的总行驶里程}$$

（2）按工作小时计算折旧的公式：

$$单位工作小时折旧额=\frac{固定资产原值-预计净残值}{规定的总工作小时}$$

（3）按台班计算折旧的公式：

$$单位台班折旧额=\frac{固定资产原值-预计净残值}{规定的总台班}$$

由此可以计算出该项固定资产的年折旧额计算公式为：

$$年折旧额=固定资产年度实际工作量\times 单位工作量折旧额$$

3. 年限总额法

年限总额法也称年数总额法，它是以固定资产预计使用年限的各年度数字之和为分母，以该年度固定资产可供继续使用的年限为分子，并乘以固定资产原值与固定资产预计净残值的差计算求得的。其折旧额按资产效率的递减而逐年减少，计算公式如下。

$$D_t=(C-S)\times\frac{n-t+1}{n(n+1)\div 2}$$

式中，D_t——第 t 期的折旧额；

C——固定资产原值；

S——固定资产预计净残值；

n——预计使用年限；

t——使用年限序数。

【例6-1】 假定某项固定资产原值为10 000元，预计使用年限为5年，预计净残值为1 000元。采用年限总额法计算的年折旧额见表 6－2。

表 6－2　　采用年限总额法计算的年折旧额

年限序号	折旧率	折旧额
1	33.33%	3 000 元
2	26.67%	2 400 元
3	20.00%	1 800 元
4	13.33%	1 200 元
5	6.67%	600 元
合计	100%	9 000 元

说明：第一年的折旧率为：$\frac{5-1+1}{5\times(5+1)\div2}=33.33\%$，其他依次类推。

第一年的折旧额为：$(10\,000-1\,000)\times\frac{5-1+1}{5\times(5+1)\div2}=3\,000$（元），其他依次类推。

4. 双倍余额递减法

它是以固定资产的年初余额（即净值）乘以规定的折旧率而求得的。其基本计算公式为：

年折旧额＝固定资产的年初余额×规定的折旧率

上式中，规定的折旧率按平均年限法确定的折旧率的两倍求得，也可用下式求得：

$$年折旧率=\frac{2}{折旧年限}\times100\%$$

【例 6－2】　假定某项固定资产价值 10 000 元，预计使用年限为 5 年，无残值。采用双倍余额递减法计算的年折旧额见表 6－3。

表 6－3　　采用双倍余额递减法计算的年折旧额

年限序号	年初账面折余价值	折旧率	折旧额
1	10 000 元	40%	4 000 元
2	6 000 元	40%	2 400 元
3	3 600 元	40%	1 440 元
4	2 160 元	40%	864 元
5	1 296 元	40%	518 元
合计			9 222 元

由表 6－3 可知，按双倍余额递减法计算的折旧额总和为 9 222 元，与固定资产价值 10 000 元尚有一定的误差。因此，一般来说，实行双倍余额递减法的固定资产，应当在其固定资产折旧年限到期前两年内，将固定资产净值扣除预计净残值后的净额平均摊销。

5. 余额递减法

它是以固定资产折余价值作为计算折旧的基础，随着固定资产使用年限的增加，固定资产折余价值逐年递减，在折旧率不变的条件下，每年提取的折旧额也逐年下降。计算公式为：

$$年折旧额=固定资产年初账面折余价值\times年折旧率$$

其中，

$$年折旧率=1-\sqrt[n]{\frac{预计净残值}{固定资产原值}}$$

式中，n——预计使用年限。

年折旧率公式推导如下：

设 V 为固定资产原值，R 为年折旧率，则

$$第一年折余价值\ V_1=V-VR=V(1-R)$$

$$第二年折余价值\ V_2=V_1-V_1R$$

$$=V_1(1-R)$$

$$=V(1-R)^2$$

……

$$第\ n\ 年折余价值\ V_n=V(1-R)^n$$

$$\frac{V_n}{V}=(1-R)^n$$

$$1-R=\sqrt[n]{\frac{V_n}{V}}$$

由此可以推导出：

$$R=1-\sqrt[n]{\frac{V_n}{V}}$$

【例 6-3】 某项固定资产原值 200 000 元，预计使用年限为 6 年，预计净残值为 20 000元，年折旧额见表 6-4。

表 6-4　　采用余额递减法计算的年折旧额

年限序号	年初账面折余价值（元）	折旧率（%）	折旧额（元）
1	200 000	32	64 000
2	136 000	32	43 520
3	92 480	32	29 594
4	62 886	32	20 124
5	42 762	32	13 684
6	29 078	32	9 305
合计			180 227

上述五种折旧方法：前两种属于平速折旧法，其共同特点是按一定的标准平均分摊固定资产的折旧总额；后三种方法属于加速折旧法，其特点是在固定资产的折旧年限内，前期计提折旧额多，而后期计提折旧额少。

需要说明的是，加速折旧法和加速折旧不是同一概念。加速折旧包括两层含义：一是缩短折旧年限；二是采用前期计提折旧额多，后期计提折旧额少的方法。采用加速折旧法的意义在于：

(1) 固定资产的使用效能是递减的。资产的生产能力和精度在早期总是较高，创造的收益也较多。根据配比原则，使收益和成本恰当地配合，要求在早期计提较多的折旧，并随固定资产使用年限递增而逐年减少。

(2) 固定资产是一项长期投资，采用加速折旧法可以尽快收回投资，避免投资风险。

(3) 采用加速折旧法，可以使企业获得推迟缴纳所得税的财务收益，从而有利于企业生产经营规模的扩大。由于固定资产使用前期计入了数额较大的折旧费，使得前期应纳税所得额减少，从而使企业能在使用这些固定资产的前期缴纳较少的所得税款，无异于政府对企业提供了一笔无息贷款。

第二节　现金流量

一、现金流量的概念

现金流量是指长期投资决策所引起的企业现金流入和流出的数量。现金流量是西方财务管理中的重要概念，是评价投资决策是否可行的重要依据。

现金流量的构成可以按现金流量发生时间序列和现金流动的方向两种方式表述。

（一）按现金流量发生时间序列的方式

按现金流量发生时间序列的方式，现金流量一般由初始现金流量、营业现金流量和终结现金流量三部分构成。

1. 初始现金流量

初始现金流量是指项目开始投资时发生的现金流量，有时也称初始投资，一般包括：

(1) 固定资产投资，包括购建固定资产的成本、安装费、运杂费等，为现金流出。

(2) 流动资产投资，即营运资本的垫支，指由于项目完成投入使用而发生在对材料等流动资产方面的投资。这些垫支的营运资本往往要在项目寿命终结后才能收回，应被视作长期投资和现金流出。

(3) 机会成本，即由于某些原有固定资产用于此项投资而不能转作他用所失去的收入。这种成本虽未付出现金，但相对减少了现金收入，应视同现金流出。

(4) 原有固定资产的变价收入，主要是指固定资产更新投资时变卖原有固定资产所得的现金收入。

(5) 其他投资费用，是指与投资项目有关的投资前期勘察费用、职工培训费、谈判费、注册费用等，为现金流出。

(6) 不可预见费用，是指在项目正式运营前不可预估但又可能会发生的费用，如出现自然灾害、意外损坏等，为现金流出。

2. 营业现金流量

营业现金流量是指投资项目完成投入使用后，在寿命期间由于正常生产经营所带来的现金流量。这种现金流量一般以年为单位进行计算。这里的现金流入一般是指营业现金收入，现金流出是指营业现金支出和支付的税金。一般地，年营业现金流量可用公式表示为：

年营业现金流量＝年营业收入－付现成本－所得税

付现成本是指需要每年支付现金的销货成本。销货成本中不需要每年支付现金的主要是折旧，于是有：

付现成本＝销货成本－折旧

因此，年营业现金流量也可以表示为：

年营业现金流量＝税后净利＋折旧

3. 终结现金流量

终结现金流量是投资项目经济寿命终结时发生的现金流量，主要包括：

(1) 固定资产变价收入或残值收入。

(2) 原有垫支流动资产的现金回收。

(3) 停止使用土地的变价收入等。

(二) 按现金流动的方向的方式

按现金流动的方向，可将现金流量分为现金流入量、现金流出量和净现金流量（也称现金净流量）。一般来说，任何一个投资项目的投资和完成，都必然发生现金流入和现金流出。通过计算现金流入量和现金流出量来计算净现金流量，可用公式表示为：

净现金流量＝现金流入量－现金流出量

(1) 现金流入量。现金流入量一般包括：

1) 投资项目完成后的营业现金流收入。

2) 固定资产售出时的变价收入或报废时的残值收入。

3) 收回的流动资金。

(2) 现金流出量。现金流出量一般包括：

1) 固定资产的投资。

2) 流动资产的投资。

3) 营业现金支出，如固定资产使用中支付的维护、修理费用。

二、现金流量的估算

估算投资项目的现金流量，会涉及许多变量，并且需要企业有关部门的参与。一般来说，估算现金流量需要估测初始现金流量和由投资方案产生的增量现金流量。

1. 初始现金流量的估算

初始现金流量的估算的关键问题在于预测投资额。一般来说，可以通过逐项预测、单位生产能力投资估算等方法进行投资额预测。

(1) 逐项预测法。

即通过分析长期投资项目的细分内容，逐项预测额度进而汇总的方法。

【例 6-4】 某企业准备建立一条新的面粉生产线，经过前期调查分析，预计各项支出如表 6-5 所示。

表 6-5 **逐项预测法**

细分项目	所需投资额（万元）	说明
设备购置和安装费	40.0	构成固定资产的初始账面成本
营运资本	3.0	项目终止时收回
其他费用	2.0	如咨询费、调研费等
不可预见费	2.5	不可预见费往往可按总支出的一定比例计算
总投资额	47.5	

(2) 单位生产能力投资估算法。

单位生产能力投资估算法是指根据同类项目单位生产能力固定资产投资额来预测拟投资项目的固定资产投资额的一种方法。该方法的前提假设是将同类项目的固定资产投资额与拟投资项目的生产能力简单地视为线性关系。公式如下：

$$固定资产投资额=\frac{同类项目单位生产能力}{固定资产投资额}\times\begin{matrix}拟投资项目的\\生产能力\end{matrix}$$

需要注意，运用该方法进行预测时，要考虑通货膨胀、拟投资项目的生产能力以及项目在外部环境和交通条件方面的差异。如存在差异，应进行调整。

2. 增量现金流量的估算

增量现金流量是指接受或拒绝某个投资方案后，企业总现金流量因此发生的变动。在计算增量现金流量时，必须注意处理好以下几个问题。

(1) 沉没成本。

沉没成本是指那些已被指定用途或已经发生的支出。由于沉没成本不是增量成本，它并不影响投资方案的取舍，所以在进行投资决策分析时不应将它包括在内。

(2) 机会成本。

在投资方案的选择中，如果选择了一个投资方案，则必然放弃投资于其他途径的机会。其他投资机会可能取得的收益，则是实施本方案的一种代价，即这项投资方案的机会成本。例如，某企业在已征用的一块土地上建造一座厂房，尽管在投资建造厂房时不必支付购置这块土地的资金，但是，如果不在这块土地上建造厂房，而将这块土地卖掉，则可得收入 5 000 万元，这 5 000 万元就是建造厂房使用土地的机会成本，这在进行厂房投资方案的现金流量中是必须考虑的。值得注意的是，不管该企业当初是以多少价款征用这片土地的，在进行投资决策时，均应以该土地的现行市价作为这块土地的机会成本。

机会成本在决策中的意义在于它有助于全面考虑可能采取的各种方案，以便为既定资源寻求最为有利的使用途径。

（3）对公司其他部门的影响。

当我们采纳一个新的项目后，该项目可能对公司的其他部门造成有利或不利的影响。

例如，某化妆品公司原来生产一种化妆品，现投资新项目再生产一种与之相类似的不同品牌的化妆品。新项目投资后，尽管其销售收入大增，但原来品牌的化妆品销路大受影响，销售收入下降。因此，公司在进行投资分析时，不应将新品牌化妆品的销售收入作为全部增量收入处理，而应扣除因此而减少的其他收入。当然，新的化妆品上市后也可能促进原来品牌化妆品的销售增长，要具体分析它们究竟是互补关系还是相斥关系。

当然，诸如此类的外在因素彼此间的交互影响事实上很难被准确地认定出来，但决策者在进行投资分析时，仍要将这些因素考虑在内。

（4）对净营运资金的改变的影响。

在正常情况下，一方面，当公司开办一次新业务且销量也因此扩大时，它对存货、应收账款等流动资产的需求也会随之增加，而公司也必须筹措新的资金以满足这些项目的额外需求；另一方面，公司扩充的结果，使应付账款、应付费用等流动负债也同时增加，而它们的增加可以降低公司用于存货和应收账款的资金需要。所谓净营运资金的改变，指的是增加的流动资产与增加的流动负债之间的差额。

此外，当投资方案的寿命周期快要结束时，公司将项目有关的存货出售、应收账款变为现金，应付账款和应付费用也随之偿付，净营运资金恢复到原有水平。通常，在进行投资分析时假定，开始投资时筹措净营运资金，在项目结束时恰好如数收回。

三、现金流量与会计利润

在进行固定资产投资项目决策时采用现金流量而不采用利润，主要原因有三点。

（1）现金流量可以确切地反映项目的经济收益和成本。

在做投资决策分析时，决策者需要估计项目的经济价值，这种经济价值是通过项目的经济流出和经济流入反映的，只有现金流量才能确切地表现出项目实施后将发生的现金交易，反映现金流入和现金流出的数额和时间。与此不同的是，财务会计计算利润时遵守权责发生制，因此不能准确反映现金收支的时间和数额，也就不能确切反映项目的净收益。例如，在开始投资时，财务会计方法是先计算资产寿命期间的收益现值，然后扣除年折旧费用，以此来分摊最初的投资。这种方法既不能反映投资时对现金的需求量，也不能反映以后各年的现金流入量和现金流出量。在计算各年利润时，收入与现金流入、成本与现金流出都存在许多不一致之处。此外，在项目寿命终结时，以现金形式回收的固定资产残值和垫支于流动资产上的数额，在利润中也得不到反映。

（2）采用现金流量可避免利润计算中的含糊性和随意性。

各期利润的多少，很大程度上受到所采用的存货估价、费用分摊和折旧计算方法的影响。而现金流量的分布不受这些人为因素的影响，可以保证评价的客观性。

(3) 在投资决策分析中，现金流量状况比盈亏状况更重要。

在有利润的年份中，不一定有足够多的现金用来进行其他项目的再投资。一个项目能否维持下去，不取决于一定期间内是否盈利，而取决于有没有现金用于各种支付。现金一旦投出，不管是否消耗，都不能用于别的目的，只有将现金收回后，才能用来进行再投资。因此，在投资决策分析中更应注重对现金流量的分析。

第三节 实物资产投资决策方法

一、非贴现现金流量的投资决策方法

非贴现现金流量的方法不考虑资金时间价值，把不同时间的货币收支看作等效的。这类方法主要有投资回收期法和投资回收率法。

(一) 投资回收期法

投资回收期，是指收回全部投资所需要的期限。缩短投资回收期可以提高资金的使用效率，降低投资风险。投资回收期法是根据收回投资总额所需时间的长短来进行投资决策的方法。投资回收期越短，方案越有利。

投资回收期的计算公式为：

$$\text{投资回收期}=\frac{\text{投资总额}}{\text{每年现金净流入量}}$$

【例 6-5】 某企业有甲、乙两个投资方案，有关资料见表 6-6。

表 6-6　甲、乙两个投资方案的有关资料

年份	甲方案		乙方案	
	净收益（万元）	现金净流入量（万元）	净收益（万元）	现金净流入量（万元）
2014		−9 000		−12 000
2015	2 200	5 200	2 500	6 500
2016	2 200	5 200	2 500	6 500
2017	2 200	5 200	2 500	6 500
合计	6 600	6 600	7 500	7 500

$$\text{甲方案的投资回收期}=\frac{9\ 000}{5\ 200}=1.73(\text{年})$$

$$\text{乙方案的投资回收期}=\frac{12\ 000}{6\ 500}=1.85(\text{年})$$

从计算结果可以看出，甲方案的投资回收期比乙方案的投资回收期短，所以应选择甲方案。

如果现金净流入量每年不相等，那么在计算投资回收期时，必须按累计现金净流入量

计算，直至现金净流入量与投资额相等。

【例 6-6】 某公司有 A、B 两个投资方案，有关资料见表 6-7。

表 6-7　A、B 两个投资方案的有关资料

年份	A方案			B方案		
	净收益（千元）	现金净流入量（千元）	未回收额（千元）	净收益（千元）	现金净流入量（千元）	未回收额（千元）
2013		−10 000			−10 000	
2014	3 500	6 000	4 000	0	2 500	7 500
2015	2 500	5 000		1 500	4 000	3 500
2016	500	3 000		2 000	4 500	
2017	500	3 000		3 000	5 500	
合计	7 000	7 000		6 500	6 500	

$$\text{A 方案的投资回收期}=1+\frac{4\ 000}{5\ 000}=1.8(\text{年})$$

$$\text{B 方案的投资回收期}=2+\frac{3\ 500}{4\ 500}=2.78(\text{年})$$

从计算结果可以看出，A 方案的投资回收期比 B 方案的投资回收期短，应选 A 方案。

投资回收期法计算简便，并且容易被决策人正确理解。其缺点是忽视了资金时间价值，而且没有考虑投资回收期以后的收益。事实上，有战略意义的投资往往早期收益较低，而中后期收益较高。投资回收期法优先考虑急功近利的项目，可能导致放弃长期的成功方案。

（二）投资回收率法

投资回收率是年平均净收益与初始投资额的比率。投资回收率的高低以相对数的形式反映投资回收速度的快慢。投资回收率法是通过比较各方案的投资回收率，选择最优投资方案的方法，投资回收率的计算公式为：

$$\text{投资回收率}=\frac{\text{年平均净收益}}{\text{初始投资额}}\times 100\%$$

采用表 6-6 的资料计算：

$$\text{甲方案的投资回收率}=\frac{2\ 200}{9\ 000}\times 100\%=24.44\%$$

$$\text{乙方案的投资回收率}=\frac{2\ 500}{12\ 000}\times 100\%=20.83\%$$

由于甲方案投资回收率高于乙方案投资回收率，所以应选择甲方案。

采用表 6-7 的资料计算：

$$A方案的投资回收率=\frac{(3\ 500+2\ 500+500+500)\div 4}{10\ 000}\times 100\%=17.5\%$$

$$B方案的投资回收率=\frac{(1\ 500+2\ 000+3\ 000)\div 4}{10\ 000}\times 100\%=16.3\%$$

由于 A 方案的投资回收率超过 B 方案的投资回收率，所以应选择 A 方案。

当然，投资回收率有时也可以采用下列公式计算：

$$投资回收率=\frac{年平均现金流量}{初始投资额}\times 100\%$$

采用这一公式计算的结果尽管与前文中公式计算的结果不同，但不影响方案选优次序。

投资回收率法的优点是简明易懂。其主要缺点是没有考虑资金时间价值，把第一年的收益或现金流量与最后一年的收益或现金流量看作具有相同的价值，因此，有时会导致决策者做出错误的决策。

二、贴现现金流量的投资决策方法

贴现现金流量的投资决策方法又称动态分析法，其特点是考虑了未来现金流入量和投资额的时间价值。这是进行固定资产投资决策分析的主要方法。这类方法主要包括净现值法、现值指数法和内含报酬率法。

（一）净现值法

净现值是指投资项目寿命周期内的现金净流量的现值总和。现金净流量是现金流入量减去现金流出量后的差额。净现值法是根据各方案净现值大小对方案进行取舍的方法。如果净现值为正数，则说明投资的现金流入量的现值超过贴现后的现金流出量（即现金流出量的现值），投资报酬率超过预定贴现率，该方案有利。如果净现值为零，则反映了投资的现金流入量的现值与贴现后的现金流出量相当，投资报酬率等于预定贴现率，该方案既不带来盈利也不发生亏损。如果净现值为负数，则说明投资的现金流入量的现值小于贴现后的现金流出量，投资报酬率低于预定贴现率，该方案不可取。

在投资额相等的方案中，显然净现值最大的方案最好。因为净现值越大，投资经济效益越好。

计算净现值的基本公式为：

$$净现值=\sum_{t=0}^{n}\frac{I_t-Q_t}{(1+r)^t}=\sum_{t=0}^{n}\frac{N_t}{(1+r)^t}$$

式中，I_t——第 t 年现金流入量；

Q_t——第 t 年现金流出量；

N_t——第 t 年现金净流量；

r——贴现率。

在计算过程中，如果各年现金净流量相等，也可用年金折现加总法计算。

除此以外，净现值也可以用未来现金流量的总现值减去初始投资额来计算。

【例 6-7】 现有 A、B 两个投资方案，具体资料见表 6-8，该项目资金由银行贷款获得，年利率为 10%，同时，A、B 方案均可使用 4 年，折旧按直线法计算。

现根据上述资料确定其每年现金流量，并将其贴现，求出方案的净现值（见表 6-8）。

表 6-8 投资方案净现值计算表

年份	年限序号	现值系数（$r=10\%$）	A 方案		B 方案	
			现金流量	现值	现金流量	现值
2013	0	1.000	—10 000	—10 000	—10 000	—10 000
2014	1	0.909	6 000	5 454	2 500	2 273
2015	2	0.826	5 000	4 130	4 000	3 304
2016	3	0.751	3 000	2 253	4 500	3 380
2017	4	0.683	3 000	2 049	5 500	3 757
净现值				3 886		2 714

根据表 6-8 的计算，A、B 方案净现值均大于零，表明两个方案均可行，但 A 方案的净现值大于 B 方案，故应选取 A 方案。

净现值法具有广泛的应用性，在理论上也比其他方法更完善。但净现值法在应用中也有其局限性。例 6-7 中两个投资方案的投资额相同，可以直接比较净现值，净现值越大，说明投资方案经济效果越好。但在实际工作中，不同的投资方案，其投资额往往不相同，而投资额大的方案可能有较大的净现值，但不表明单位投资经济效果好，因此，在用净现值法对不同投资额方案进行比较时容易产生错误的决策，而现值指数法可以弥补这一缺陷。

（二）现值指数法

现值指数法也称贴现后投资收益率法。现值指数是投资方案的现金流入现值与现金流出现值的比率。现值指数法是将现值指数作为评价方案优劣标准的方法。在各投资方案中，现值指数最大的方案为最优方案。现值指数越大，说明单位投资额在未来可获得的收益现值越高，现值指数的计算公式为：

$$\text{现值指数}=\frac{\sum_{t=1}^{n}\frac{I_t}{(1+r)^t}}{\sum_{t=0}^{n}\frac{Q_t}{(1+r)^t}}$$

根据表 6-8 的资料，A、B 方案的现值指数分别为：

$$\text{A 方案的现值指数}=\frac{13\ 886}{10\ 000}=1.39$$

$$\text{B 方案的现值指数}=\frac{12\ 714}{10\ 000}=1.27$$

计算结果表明，A 方案的现值指数大于 B 方案的现值指数，因此应选择 A 方案。因为该例中各方案的投资额均相同，所以该结论与净现值法的结论相同。

比较净现值和现值指数的计算公式，我们不难发现以下关系成立：

当净现值>0 时，现值指数>1；

当净现值=0 时，现值指数=1；

当净现值<0 时，现值指数<1。

（三）内含报酬率法

内含报酬率法是根据方案本身的内含报酬率来评价方案优劣的一种方法。内含报酬率是指能够使未来现金流入量现值等于未来现金流出量现值的贴现率。基本做法是：将方案的现金流入量和现金流出量都换算成贴现值，然后令现金流入量现值等于现金流出量现值，求出内含报酬率，其计算公式为：

$$\sum_{t=1}^{n} \frac{I_t}{(1+r)^t} = \sum_{t=0}^{n} \frac{Q_t}{(1+r)^t}$$

计算公式中能使等式成立的 r 值，即为方案的内含报酬率。

在不同投资方案的比较中，内含报酬率最高的方案为最优方案。

净现值法和现值指数法虽然考虑了资金的时间价值，可以说明投资方案高于或低于某一特定的投资报酬率，但没有揭示方案本身可以达到的具体的报酬率是多少。内含报酬率是根据方案的现金流量计算出来的，是方案本身的投资报酬率。

内含报酬率的计算，通常要采用“逐步测试法”。首先估计一个贴现率，用以计算投资方案的净现值。如果净现值大于零，则说明方案本身的报酬率高于估计的贴现率，应提高贴现率后进一步测试。如果净现值小于零，则说明方案本身的报酬率低于估计的贴现率，应降低贴现率后进一步测试。经过多次测试，可以求出一个净现值大于零、一个净现值小于零的两个相邻的贴现率，再采用插值法计算出净现值等于零（即现金流入量现值与现金流出量现值相等）的内含报酬率。

下面举例说明内含报酬率的计算。

【例 6-8】 某投资方案的各期现金流量情况及内含报酬率计算见表 6-9。

表 6-9

年限序号	现金流量（元）	$r_1=18\%$		$r_2=20\%$	
		现值系数	现值（元）	现值系数	现值（元）
0	−20 000	1.000 0	−20 000	1.000 0	−20 000
1	5 000	0.847 5	4 238	0.833 3	4 167
2	6 000	0.718 2	4 309	0.694 4	4 166
3	7 000	0.608 6	4 260	0.578 7	4 051
4	8 000	0.515 8	4 126	0.482 3	3 858
5	9 000	0.437 1	3 924	0.401 9	3 617
净现值			857		−141

由上述计算可知，以18%的贴现率测试时，其净现值为857元，为正数。而将贴现率提高到20%时，其净现值为−141元。由此可以判断内含报酬率在18%～20%，再用插值法具体计算净现值为零的内含报酬率，其计算公式为：

$$内含报酬率=r_1+\frac{NPV_1(r_2-r_1)}{NPV_1-NPV_2}\times100\%$$

式中，r_1——使净现值为正数的低贴现率；

r_2——使净现值为负数的高贴现率；

NPV_1——按低贴现率计算的净现值（正数）；

NPV_2——按高贴现率计算的净现值（负数）。

将上述数字代入公式中，可得：

$$\begin{aligned}内含报酬率&=18\%+\frac{857\times(20\%-18\%)}{857-(-141)}\times100\%\\&=19.72\%\end{aligned}$$

可以用同样的方法计算出各方案的内含报酬率。计算出各方案的内含报酬率以后，可以根据企业的资本成本或要求的最低投资报酬率对方案进行取舍。假设资本成本为10%，则内含报酬率超过10%的投资方案都是可行的。进一步分析，内含报酬率最高的方案为最优方案。

内含报酬率法和现值指数法有相似之处，都是根据相对比率来评价方案，而不像净现值法那样使用绝对数来评价方案。但内含报酬率法和现值指数法也有区别。在计算内含报酬率时不必事先选择贴现率，根据内含报酬率便可排定投资的优先次序，只是其可行的最低要求是必须超过资本成本率或要求的最低报酬率。现值指数法需要一个适合的贴现率，以便将现金流量折为现值。贴现率的高低将会影响方案的优先次序。

复习思考题

1. 什么是实物资产？实物资产的特点表现在哪些方面？
2. 如何理解实物资产与金融资产、无形资产的区别？
3. 固定资产投资的可行性研究的程序是怎样的？包含哪些重要内容？
4. 什么是固定资产折旧？固定资产折旧方法有哪些？
5. 说明采用加速折旧法的意义。
6. 什么是现金流量？其构成内容是怎样的？
7. 估算现金流量应该注意哪些问题？
8. 试比较现金流量与会计利润的差异。
9. 实物资产投资决策方法有哪些？如何应用这些方法？

第七章 无形资产长期投资决策

第一节　无形资产概述

一、无形资产及其分类

（一）无形资产的特点

无形资产一词在西方已经有近百年的历史，然而对于什么是无形资产，迄今为止尚未有一个一致的定义。对于无形资产，更多的是进行描述，即以无形资产的外延替代无形资产的内涵。一般来说，无形资产是指由特定主体控制的，不具有独立实体，而对生产经营长期持续发挥作用并能带来经济效益的经济资源。无形资产的特点表现在以下几个方面。

1. 非实体性

无形资产没有物质实体形态，是隐形存在的资产，人们通过感觉器官不能触摸或感觉到。由于无形资产的非实体性，它只存在无形损耗，而不存在有形损耗。无形资产与有形资产的根本区别在于有形资产的价值取决于有形资产要素的贡献，而无形资产要素的贡献是无形的。

2. 附着性

附着性是指无形资产往往附着于有形资产而发挥其固有功能。例如，制造某产品的专有技术要体现在专用机械生产线、工艺设计上，即各种知识性的资产一般都要物化在一定的实体之中。因而，有形资产往往成为无形资产的载体，前者被无形资产渗透的范围越广泛，无形资产就越能在更大的规模上发挥作用，从而无形资产具有伴随作为载体的有形资产而发挥作用的因变性。在无形资产转让中常常有这种情况，购买无形资产的企业往往只是用其武装同类技术装备的一部分，例如，改造其中某条生产线，而其他生产线并不使用这种无形资产。无形资产物化于有形资产的广度，从根本上决定着无形资产作用的范围。

3. 共益性

无形资产区别于有形资产的一个重要特点是，它可以作为共同财富，由不同的主体同时共享。一项先进技术可以使一系列企业提高产品质量、降低产品成本；一项技术专利在一个企业使用的同时，并不影响转让给其他企业使用。但是，由于市场的有限性和竞争性，在知识产品可以共益的同时，由于追求自身利益的需要，各主体对无形资产的使用还具有互斥性，无形资产的使用者超出一定规模就会引起市场实现困难，妨碍取得垄断利润和高额利润。

4. 价值形成的积累性和替代性

科学技术的发展总是像上阶梯那样积累起来的，它的作用往往建立在一系列其他成果的基础上。作为知识产品的无形资产在生产经营中的作用，往往像跑接力一样承上启下，在一定范围内发挥特定的作用。因此，无形资产的投资边界往往较难区分。随着技术的快速发展，无形资产还具有替代性的特征，无形资产在相关领域内的技术进步速度会影响无形资产的使用寿命和价值。

5. 收益的不确定性

无形资产能为所有者或者占有者带来的未来经济利益具有一定的不确定性。这种不确定性与有形资产的规模和状况、市场竞争强弱、国家宏观调控政策、技术与经营服务更新、产品性能与质量等诸多因素直接有关。

此外，无形资产还具有开发成本界定的复杂性（如客户关系、转让的衍生贡献）、价值的较大不确定性以及市场交易的低透明性等特征。这些都对无形资产的投资形成较大的阻碍。

（二）无形资产的内容与分类

无形资产内容较多，具体有多少种无形资产，没有统一的界定。我国的《资产评估准则——无形资产》中仅采用列举的方法指明专利权、商标权、著作权、专有技术、销售网络、客户关系、特许经营权、合同权益、土地使用权、水域使用权、矿业权、森林权益和商誉等属于无形资产，关于无形资产的详细界定则不明确。在实际评估中，租赁权、网络域名、顾客名单等也经常被当作无形资产进行评估。一般地，常用的无形资产有以下几种。

1. 专利权

专利权是国家专利机关依法批准的发明人或其权利受让人对其发明成果在一定期间内享有的独占权或专有权。任何人如果要利用该项专利进行生产经营活动或出售使用该项专利制造的产品，必须先征得专利权所有者的许可，并支付报酬。专利权一般包括发明专利、实用新型专利和外观设计专利。

2. 非专利技术

非专利技术又称专有技术、技术秘密，是指未经公开、未申请专利的知识和技巧，主要包括设计资料、技术规范、工艺流程、材料配方、经营诀窍、图纸、数据等技术资料。非专利技术与专利权不同，从法律角度讲，它不是一种法定的权利，而仅仅是一种自然的权利，是一项收益性无形资产。

3. 商标权

商标是商品的标记，是商品生产者或经营者为了把自己的商品与他人的同类商品区别开来，在商品上使用的一种特殊标记。这种标记一般由文字、图案或两者组合而成。商标权是商标注册后，商标所有者依法享有的权益，它受到法律保护，未注册商标不受法律保护。商标权以申请注册的时间先后为审批依据，而不以使用时间先后为审批依据。商标权一般包括排他专用权（或独占权）、转让权、许可使用权、继承权等。

4. 商誉

商誉是指企业在同等条件下，能获取高于正常水平的投资报酬率所形成的价值。形成原因在于企业所处地理位置的优势，或由于经营效率高、历史悠久、人员素质高等多种原因，与同行业其他企业相比较，可获得超额利润。

国外对于无形资产的分类方法，按其内容将其分为：权利型无形资产，如租赁权；关系型无形资产，如顾客关系、顾客名单等；结合型无形资产，如商誉等；知识产权，如专利权、商标权和版权。美国评估界将无形资产分为促销型无形资产、制造型无形资产和金融型无形资产等，详细可见表7-1。

表7-1　　美国评估界关于无形资产的范围和分类

序号	促销型无形资产（9种）	制造型无形资产（8种）	金融型无形资产（12种）
1	商标、商号	专利	优惠融资
2	顾客名单	配方	配套员工
3	包装	经营秘密	软件
4	定单	专有技术	版权
5	广告资料	非专利技术	核心存款
6	特许权	图纸	不竞争契约条款
7	货架空位	供应合同	租赁权
8	许可证	新产品开发	雇用合同
9	经销网		数据库
10			超额年金计划
11			解雇率
12			商誉

说明：1. 本资料摘自美国评值公司执行副总裁海克特先生1994年4月在深圳无形资产评估国际研讨班的演讲稿。2. 虽然该表未将土地使用权列入无形资产清单，但在美国，土地使用权是被列入无形资产的。

此外，无形资产还可以按不同标准进行分类。

（1）按企业取得无形资产的渠道，可以分为企业自创（或自身拥有）的无形资产和外购的无形资产。

前者是企业自己研制创造而获得的以及由于客观原因而形成的，如自创专利、非专利技术、商誉等；后者则是企业以一定代价从其他单位购入的，如外购专利权、商标权等。

（2）按有无法律保护分类，可以分为法定无形资产和收益性无形资产。

专利权、商标权等均受到国家有关法律的保护，称为法定无形资产。无法律保护的无形资产，如非专利技术等称为收益性无形资产。

(3) 按能否独立存在，可以分为可确指的无形资产和不可确指的无形资产。

凡是那些具有专门名称，可单独地取得、转让或出售的无形资产，称为可确指的无形资产，如专利权、商标权等。那些不可特别辨认、不可单独取得，离开企业就不复存在的无形资产，称为不可确指的无形资产，如商誉。

第二节　无形资产投资决策与实务

一、无形资产投资决策

无形资产投资决策是指企业对使用年限较长且不存在实物形态但能够为企业带来长期额外收益的项目进行投资的决策，如外购专利、内部研发、注册商标，以及购买著作权和特许权等。

无形资产投资决策方法与固定资产投资决策方法大致相同。但与固定资产投资决策相比，无形资产投资决策往往更复杂，未来面临的不确定性更大。无形资产的投资决策往往是阶段性的，具有较明显的实物期权特征。而固定资产的投资决策大多是一次性的，投资金额的确定性较高。在进行无形投资决策之前，往往需要对投资项目的选择和投资期限进行详细分析和论证。

一般来说，无形资产投资决策应从以下几方面重点把握：

(一) 科学界定无形资产

无形资产种类较多，内涵复杂，应加以科学界定。界定无形资产，一方面应明确无形资产的种类，另一方面则要界定清楚某类无形资产的内涵。

商誉与商标权是两个既相互联系又有区别的概念，二者反映了不同的价值内涵。其区别表现在：

(1) 商标是产品的标志，而商誉是企业整体声誉的体现。商标与其产品相结合，它所代表的产品质量越好，市场需求越大，信誉越高，由此带来的超额收益越大，其价值就大。商誉则是与企业密切相关的，企业经营机制完善并且运转效率高，企业经济效益好，商誉价值就高。可见，商标权价值来自产品所具有的超额获利能力，商誉价值则来自企业所具有的超额获利能力。

(2) 商誉是一种不可确指的无形资产，不能脱离企业而单独存在。商标权则是可确指的无形资产，可以单独存在，并可以在原组织继续存在的同时，转让给另一个组织。

(3) 商标可以转让商标所有权，也可以转让其使用权。而商誉只有随企业行为的发生实现其转移和转让，没有所有权和使用权之分。

专利权、商标权（以及专有技术）同属于工业产权，但都有其独立的特征。然而在一个企业中，往往支持某项商标权获利能力的是某一项专利权或非专利技术，因而，某一项商标权价值中可能包含专利权价值或专有技术价值。因此，转让或投资商标权或专利权时，应明确界定商标权或专利权的真实内容，保证其价值的真实可靠性。

另外，还必须明确转让内容。以商标权为例，商标权转让方式可以分为商标权转让和商标权许可使用。商标权转让是指转让方放弃商标权，转归受让方所有，实际上是商标所有权出售。商标权许可使用则是拥有商标权的商标权人在不放弃商标所有权的前提下，特许他人按照许可合同规定的条款使用商标。

（二）正确估算无形资产的价值

在无形资产的投资、转让过程中，首先应正确估算其价值。一般来说，影响无形资产评估价值的因素如下。

（1）无形资产的成本。无形资产与有形资产一样，也具有成本。只是相对有形资产而言，其成本确定不是十分明晰和易于计量。对企业无形资产来说，外购无形资产较易确定成本，自创无形资产的成本计量则更困难一些。因为无形资产产生的一次性特点，其在创造过程中所耗费的劳动不具有横向比较性。同时，无形资产的创造与其投入等密切结合，但这部分成本的确定是很困难的。一般来说，这些成本包括创造发明成本、法律保护成本、发行推广成本等。

（2）机会成本。机会成本是指该项无形资产转让、投资、出售后失去市场而损失收益的大小。

（3）效益因素。成本是从对无形资产补偿的角度考虑的，但无形资产更重要的是其能创造收益。一项无形资产，在环境、制度允许的条件下，获利能力越强，其评估值就越高；获利能力越弱，其评估值就越低。有的无形资产，尽管其创造成本很高，但不为市场所需求，或收益能力低微，其评估值就很低。

（4）使用期限。每一项无形资产，一般都有一定的使用期限。使用期限的长短，一方面取决于该无形资产的先进程度，另一方面取决于其无形损耗的大小。无形资产越先进，其领先水平越高，使用期限则越长。同样，其无形损耗程度越低，使用期限就越长。对于无形资产的使用期限，除了应考虑法律保护期限外，更主要的是考虑其具有实际超额收益的期限（或收益期限）。比如某项发明专利保护期为20年，但由于无形损耗较大，拥有该项专利实际能获得的超额收益期限为10年，则这10年为评估该项专利时所应考虑的期限。

（5）技术成熟程度。一般科技成果都有一个发展-成熟-衰退的过程。科技成果的成熟程度直接影响评估值的高低。其开发程度越高，技术越成熟，运用该技术成果的风险性越小，评估值就会越高。一项成熟程度不是很高的无形资产，在评估时应分析预计其可能的成熟程度，正确估计其风险，从而合理确定其评估值。

（6）转让内容因素。从转让内容看，无形资产转让有所有权转让和使用权转让。在转让过程中，有关条款的规定会直接影响其评估值。就所有权转让和使用权转让来说，所有权转让的无形资产评估值高于使用权转让的评估值。在技术贸易中，同是使用权转让，但其许可程度的不同会影响评估值的高低。

（7）国内外此类无形资产的发展趋势、更新换代情况和速度。无形资产的更新换代越快，无形损耗越大，其评估值就越低。无形资产价值的损耗和贬值，不取决于自身的使用损耗，而取决于此类无形资产的更新换代情况。

（8）市场供需状况。市场供需状况，一般反映在两个方面：一是无形资产市场需求情况；二是无形资产的适用程度。对于可出售、转让的无形资产，其评估值随市场需求的变动而变动。市场需求大，评估值就高。市场需求小，且有同类无形资产替代，其评估值就低。同样，无形资产的适用范围越广，适用程度越高，需求者越多，需求量越大，评估值就越高。

(9) 同行业同类无形资产的价格水平。无形资产评估值的高低，还取决于无形资产交易、转让的价款支付方式，各种支付方式的提成基数、提成比例等。在评估无形资产时，应综合考虑。

(三) 正确判断和把握无形资产配套条件

无形资产具有附着性特点，即必须依附于有形资产等发挥作用。无形资产使用者拥有和投入的资本规模不同，有形资产配套能力不同，其价值表现也不相同。调查了解资产状况、投资规模以及投资方向，可以有效判断无形资产投资的可行性，做出正确的无形资产投资决策。

(四) 无形资产投资现金流量的分析

无形资产投资现金流量的预测模型基于类似于固定资产投资的现金流量模型，包括对初始现金流出、后续追加投资现金流以及收益现金流入的分析。然而，由于无形资产开发成本的不确定性和开发成本界定的复杂性，对初始现金流的投资额和后续追加的投资额往往不像固定资产投资额那么清晰且易估测。而且，由于无形资产只有与有形资产结合在一起才能发挥作用，因此，对无形资产投资现金流的流入量的分析难点在于如何在有形资产和无形资产两者之间区分各自的收益。

1. *初始投资额的估算*

对于开发成本较为清晰的无形资产，初始投资额的估算可参考固定资产的预测方法。

(1) 逐项预测法。

以较为成熟的专利权为例，可将专利权的初始投资额细分为研制成本和交易成本两部分，具体见图 7－1。

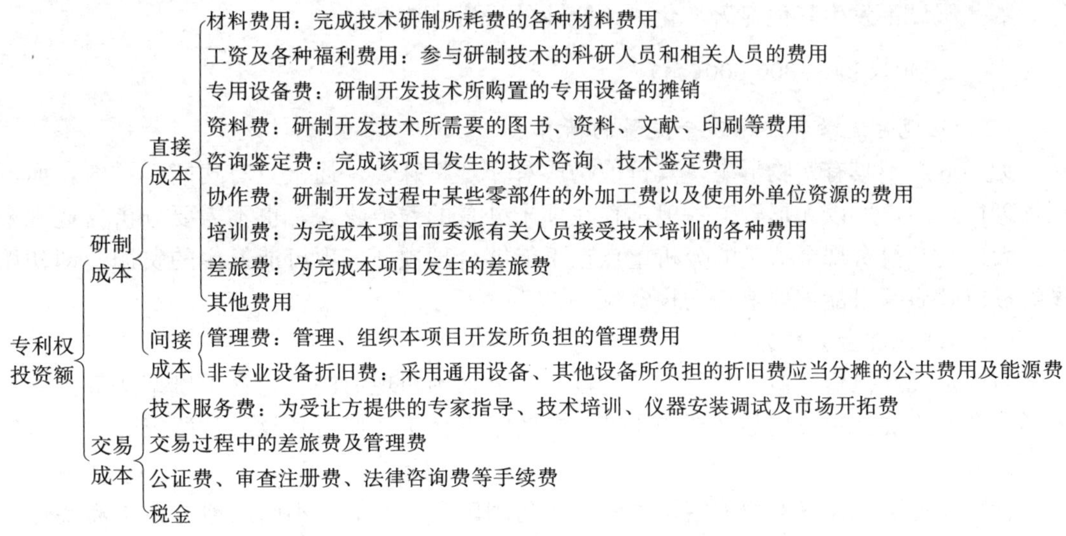

图 7－1　以专利权为代表的无形资产成本构成

无形资产预测投资额的计算公式如下：

$$\text{无形资产预测投资额}=\sum \text{可预测的物质资料耗费量}\times\text{预测价格}+\sum \text{可预测的工时耗费量}\times\text{预测工时单位成本}$$

【例 7－1】 根据市场内其他类似技术的成本构成，可将某较为成熟的专利技术的费用分解为以下各细分项目，并分别进行费用预测，见表 7－2。

表 7－2 专利技术的费用细分

细分项目	预测投资额	细分项目	预测投资额
材料费用	6 万元	工资及各种福利费用	20 万元
专用设备费	10 万元	资料费	1 万元
咨询鉴定费	10 万元	专利申请费	1 万元
培训费	3 万元	差旅费	2 万元
管理费	1 万元	非专业设备折旧费	2 万元
合计	56 万元		

(2) 参照物类比法。

参照物类比法是从无形资产交易市场选择可比参照物或者参考已经形成的无形资产成本构成，收集相关的研发费用支出，再根据功能、技术、适用性进行系数调整的预测方法。

【例 7－2】 某机械加工企业欲进行一项无形资产投资，拟投资设计 1 000 张机械零部件工艺设计图纸，根据该企业以往该类图纸的设计、制作耗费估算，当前设计一张类似图纸的成本为 300 元。请估算投资额。

解：假设不发生其他显著变化，该企业的投资额为：

1 000×300＝300 000(元)

2. 营业现金流量和终结现金流量的估算

无形资产不具有实物形态，其价值构成有一定特殊性，通常只有功能性贬值，而不存在物理性折旧，所以无形资产一般不存在期末处置的残值收入，也不需要分析营业现金流量。无形资产投资现金流量的分析重点在于能够合理预估各项可能发生的费用，即初始的投资额以及后续可能需要追加的投资额。

(五) 贴现现金流量方法

与固定资产投资类似，无形资产投资也一般采用净现值法、内含报酬率法等方法。但无形资产投资决策中应用贴现现金流量方法的难点在于如何将其收益与所依附的有形资产进行区分。

计算无形资产投资的净现值，主要公式与固定资产类似，不同的地方在于需要进一步计算无形资产分成，公式如下：

$$无形资产投资的净现值=\sum_{i=1}^{n}\frac{K\times R_t}{(1+r)^t}-C$$

式中，K——无形资产分成；

r——无形资产对应的贴现率；

R_t——第 t 年使用无形资产带来的总收益；

n——收益期限；

C——无形资产的投资额的现值。①

无形资产需要附着于实物资产才能发挥作用并产生共同收益，因此，对于无形资产投资来说，应用净现值法计算现金流入时与固定资产投资的最大区别在于需要分析由于使用无形资产而带来的额外收益。

$$无形资产投资的现金流入=\frac{与实物资产捆绑在一起的}{总现金流入}\times\frac{无形资产}{分成率}$$

在实务操作中，计算无形资产分成率有多种方法，如边际分析法和约当投资分成法。

1. 边际分析法

边际分析法是选择两种不同的项目投资方式做比较：一种是不进行无形资产的投资，而是运用普通生产技术或企业原有技术进行经营；另一种是进行无形资产投资，将最新的技术运用于生产经营。后者的现金流量与前者的现金流量的差额，就是投资于无形资产所带来的追加现金流。

边际分析法的步骤如下。

(1) 对无形资产边际贡献因素进行分析，例如：①新市场的开辟和垄断价格的因素；②消耗量的降低、低廉材料的取代、成本费用的降低；③产品结构的优化、质量的改进、功能费用的降低、销售成本率的提高。

(2) 测算无形资产寿命期间的各年度净现金流量现值之和，以及追加现金流量现值之和。

(3) 通过各年度净现金流量现值之和与追加现金流量现值之和计算无形资产分成率。

【例 7-3】 某企业拟改进生产技术流程的非专利技术。经对该非专利技术的边际贡献因素进行分析，测算出在其寿命期间，各年度分别可带来追加现金流量 190 万元、260 万元、320 万元、280 万元，分别占各期净现金流量总额的 40%、30%、20%、15%，贴现率为 10%，试计算无形资产分成率。

解：(1) 计算各年度净现金流量现值之和：

$$\frac{190\div 40\%}{(1+10\%)}+\frac{260\div 30\%}{(1+10\%)^2}+\frac{320\div 20\%}{(1+10\%)^3}+\frac{280\div 15\%}{(1+10\%)^4}=3\ 625(万元)$$

(2) 计算追加现金流量现值之和：

① 如果仅有一笔初始投资，则不需要贴现。如果是多笔不同时间段的投资，则需要按照相应的融资成本贴现成当前现值。

$$\frac{190}{(1+10\%)}+\frac{260}{(1+10\%)^2}+\frac{320}{(1+10\%)^3}+\frac{280}{(1+10\%)^4}=819(\text{万元})$$

（3）无形资产分成率为：

$$\frac{819}{3\ 625}\times 100\%=22.6\%$$

2. 约当投资分成法

边际分析法是根据各种生产要素对提高生产率的贡献来估算，易于被人接受。但是由于无形资产与实物资产的作用往往互为条件，在许多场合下很难确定购置的无形资产的贡献率。考虑到无形资产是高度密集的知识智能资产，我们采取在成本的基础上附加相应的成本利润率，折合成约当投资量的办法，按无形资产约当投资量占购买方投入的资产约当投资量（即实物资产约当投资量与无形资产约当投资量之和）的比例确定无形资产分成率。其公式为：

$$\text{无形资产分成率}=\frac{\text{无形资产约当投资量}}{\text{实物资产约当投资量}+\text{无形资产约当投资量}}$$

【例 7-4】 甲企业以自己研发持有的大型中央空调热源技术向乙企业投资，市场上类似的该技术的市场价值大约为 150 万元，投资回报率可达 300%。乙企业拟用现有的实物资产进行投资，其持有的实物资产市场价值大约为 2 000 万元，根据乙企业的经营历史，该实物资产的投资回报率约为 2 000 万元。试计算甲、乙企业形成的合资联营企业的无形资产分成率。

解：

（1）甲企业拟投入的无形资产约当投资量为：

$150\times(1+300\%)=600(\text{万元})$

（2）乙企业拟投入的实物资产约当投资量为：

$2\ 000\times(1+15\%)=2\ 300(\text{万元})$

（3）合资联营企业的无形资产分成率为：

$600\div(2\ 300+600)=20.7\%$

二、无形资产投资决策实务

在资本市场快速发展的今天，关于企业的实物资产投资决策已经形成了相对成熟的理论体系和实践操作。然而随着经济的发展，尤其是互联网时代的到来，越来越多的轻资产企业出现，打破了以往以有形的实物资产为主的企业模式。以商标权、专利权等为代表的无形资产开始逐渐成为企业的灵魂，很多时候甚至是企业的核心竞争力。在新的经济发展形势下，越来越多的企业开始重视对无形资产的投资，在投资决策体系中逐渐加大了对无形资产投资决策的研究。然而对于无形资产投资决策的研究仍处在理论探索阶段，投资决策实务中的案例更是少之又少。本部分主要通过一个理论案例，展示对专利权等比较成熟的无形资产进行投资决策的大致过程。

1. 案例分析：无形资产投资决策实务

A公司属于高新技术企业，历来重视生产经营中的研发投入，其产品市场占有率和消费者忠诚度较高，A公司产品的竞争力较大程度依赖于科技人员的研发工作。

A公司计划与某科研院校合作研发某技术项目，此次合作涉及聘用科研院校50名优秀科技人员，合同期为5年，A公司计划一次性投入800万元作为这批科技人员的研发性投入，投资金额中包括新建实验室和产品面世前的薪金支出。根据合同条款的约定，5年合同期满后，A公司将根据第一期研发项目的合同完成情况自主决定是否推进下一阶段的项目研发，下一阶段的项目研发需要重新从科研机构聘请50名新进科技人员。

在进行正式投资之前，A公司需要对该项目的价值进行评估和财务预算。按照以往经验和对此次项目的规划，A公司计划对拟招聘的科技人员进行为期一年的前期培训，培训工作完成后，预计项目从第2年开始产生收益。A公司按照弗兰霍尔茨提出的人力资源贡献模型来计算科技人员对企业现金流量的贡献，将企业人力资源年投入占总投入（人力、物力投入总和）的比重，作为测算人力资源对盈利贡献的标准。经对历史数据的测算，A公司分别按照15.5%、15.7%、16.2%、16.0%和16.1%的贡献比重来计算未来5年第一批科技人员对企业现金流量的贡献，考虑A公司的个别风险因素后，对人力资源所创造的现金流量按20%的贴现率进行净现值的计算，因此，第一期研发项目的净现值如表7-3所示。

表7-3　　第一期研发项目的净现值

年限序号	0	1	2	3	4	5
企业现金流量（万元）		1 300	1 450	1 700	1 900	2 100
人力资源年投入占总投入的比重（%）		15.50	15.70	16.20	16.00	16.10
人力资源所创造的现金流量（万元）	−800.00	201.50	227.65	275.40	304.00	338.10
贴现年数（年，按照现金流量中期贴现）	0.5	1.5	2.5	3.5	4.5	5.5
现值系数（贴现率20%）	0.912 9	0.760 7	0.633 9	0.528 3	0.440 2	0.366 9
净现值（万元）	−730.32	153.28	144.31	145.49	133.82	124.05
净现值合计（万元）	−29.37					

根据以上计算过程，第一期研发项目对A公司的净现值合计为−29.37万元，A公司应当拒绝对研发项目的投入。

然而，由于无形资产的开发往往具有前后衔接的特征，关于无形资产的投资决策也往往具有跨期的投资特征，可以将这些特征视作一个投资期权来进行分析。A公司尽管第一期五年的投资净现值为负，但拥有下一阶段研发工作开展与否的决定权，因此应当进一步考虑下一阶段研发工作对公司生产经营的影响，并测算这种选择权的价值对整体投资决策的影响。

A 公司第二期研发项目的开展建立在第一期研发项目成果的基础上，两个阶段的科研投入具有相同的价值实现规律，并且投入决策的时间点固定在第五年年末，即期权的行权期限（T）确定为 6 年，具有欧式买方期权的特征，因此评估基准日人力资源的价值实际上是第一期研发项目人力资源净贡献值加上第二期研发项目选择权的价值。通过使用布莱克-斯科尔斯（Black-Scholes）期权定价模型，可计算得到 A 公司在第一期研发项目结束，第二期研发项目是否进行投资的实物期权价值为 107.98 万元。

因此，当前 A 公司的研发项目的价值由两部分组成：第一部分是前 5 年的净现值（−29.37万元），第二部分将第二期研发项目是否进行投资视作一个实物期权的价值（107.98 万元），二者相加为 78.61 万元。从净现值的角度看，该项目是值得投资的。

2. 案例延申补充：实物期权的计算过程

上述案例中，第二期研发项目对科技人员的 500 万元先期投入可被视为期权的执行价格，即 $X=500$ 万元；第 7 年至第 11 年人力资源现金流量在评估基准日的贴现值可被视为标的资产在评估基准日的价值，即 $S=399.7$ 万元；无风险利率参照同期国债复利，此处为 5%，即 $r=0.05$；波动率根据 A 公司同行业销售收入的波动率，并对 A 公司相关财务指标（如研发投入、毛利率、净利率、流动比率、速动比率、期间费用率等）与同行业财务指标进行比较后予以调整确认，此处按照 25%计算，即 $\sigma=0.25$。根据布莱克-斯科尔斯期权定价模型可得：

$$
\begin{aligned}
d_1&=\frac{\ln(S/X)+(r+\sigma^2/2)T}{\sigma\sqrt{T}}\\
&=\frac{\ln(399.7/500)+(0.05+0.25^2/2)\times 6}{0.25\times\sqrt{6}}\\
&=0.430\,5
\end{aligned}
$$

$$d_2=d_1-\sigma\sqrt{T}=-0.181\,9$$

$$C=SN(d_1)-Xe^{-rT}N(d_2)=107.98(\text{万元})$$

复习思考题

1. 如何理解无形资产及其特点？
2. 说明无形资产的分类及其特征。
3. 无形资产投资决策应注意哪些问题？

第八章

金融资产长期投资决策

第一节　金融资产长期投资及其特点

一、金融资产长期投资及其分类

金融资产是企业以现金、实物、无形资产等形式，或者以购买股票、债券等有价证券的形式向其他单位进行投资而形成的资产，属于企业的对外投资活动。企业对外投资取得的收益是企业利润的重要构成部分，其多少直接关系到企业理财目标的实现。因此，金融资产投资的管理是企业财务管理的重要内容。

金融资产投资按照投资期限的长短，分为短期投资和长期投资。短期投资是指能够随时变现并且持有时间不准备超过一年的投资。长期投资是指持有时间准备超过一年（不含一年）的各种股权性质的投资，不能变现或不准备随时变现的债券、其他债权投资，以及其他股权投资。

金融资产长期投资的种类有很多，按照不同的标准可进行以下划分。

（一）按照收益实现的方式不同划分

金融资产长期投资可分为长期股权投资、长期债权投资和长期混合投资。

长期股权投资是指企业投资期限在一年以上（不含一年）的各种股权投资，包括股票投资和其他股权投资。股权投资形成被投资单位的股本，企业拥有被投资单位的股权，参与被投资单位税后利润的分配，收益实现的方式主要是股利或分回的利润。

长期债权投资是指企业购入的一年内（不含一年）不能变现或不准备变现的债券和其他债权投资。债权投资形成被投资单位的负债，企业是被投资单位的债权人，收益实现的方式是利息。

长期混合投资是指企业通过购买混合证券，如可转换公司债券等进行的投资。它兼有股权投资和债权投资的性质，投资风险一般低于股权投资而高于债权投资。

（二）按照投资形式不同划分

金融资产长期投资可分为长期证券投资和其他长期投资。长期证券投资是指企业以购买股票、债券等方式对其他单位进行的期限超过一年的投资，包括股票投资和债券投资。其他长期投资即其他股权投资，是指企业以现金、实物、无形资产等形式向其他单位进行的期限超过一年的投资。

（三）按照企业能否直接经营所投入的资金划分

金融资产长期投资可分为直接投资和间接投资。直接投资是指企业直接经营所投入的资金，以获取利润的投资。其他股权投资属于直接投资。间接投资是指企业不直接经营所投入的资金，而是将资金交由他人经营，以获取股利或利息收入的投资。长期证券投资属于间接投资。

二、金融资产长期投资的特点

金融资产长期投资的种类有很多，投资的形式也多样化，每类投资各有特点。从整体上看，金融资产长期投资一般具有以下特点。

（一）投资目的具有多重性

金融资产的长期投资与短期投资相比，投资目的呈现多重性。短期投资的基本目的在于提高经营过程中暂时闲置资金的使用效率，获取超过银行存款利息的收益。而长期投资的目的具有多重性，主要有：

（1）提高资产的使用效率，增加企业的收益；

（2）实现对某家企业或公司的控制；

（3）稳定某种能源、原材料的供应；

（4）稳定或扩大销售市场；

（5）实现企业的扩张。

（二）投资形式具有多样性

金融资产长期投资包括长期证券投资和其他股权投资。长期证券投资分为股票投资和债券投资。债券投资又分为国库券投资、金融债券投资、企业或公司债券投资等。其他股权投资可分为独家投资组建企业和与其他企业合作共同投资组建企业。与其他企业合作共同投资组建企业又可分为合作投资、合资投资。因此，金融资产长期投资的形式具有多样性。

（三）投资风险大、收益高

金融资产长期投资的投资期限较长，且将资金投向外部，未来的不确定性因素较多，因此其风险较大，所要求的投资收益也较高。

（四）投资种类不同，风险与收益差别较大

金融资产长期投资的种类不同，其收益与风险也各不相同。一般来讲，长期股权投资的风险和收益均高于长期债权投资。长期债权投资中企业或公司债券投资的风险和收益高于金融债券投资，而金融债券投资的风险和收益又高于政府债券投资。

第二节　股权类金融资产投资决策

股权投资的实现方式主要有两种：一是在证券市场上以货币资金购买其他企业的股票，从而成为被投资企业的股东，形成股票投资；二是以现金、实物、无形资产投资于其他单位从而成为被投资单位的股东，形成其他股权投资。

一、股票投资

（一）股票投资的特点

股票投资与债券投资相比主要具有以下特点。

1. 投资收益较高

股票投资收益主要包括股利和资本利得。股利的多少取决于发行公司的经营状况、盈利水平、现金流量状况和股利政策等诸多因素。一般情况下，股利要高于债券的利息。资本利得是企业通过低进高出股票而获取的买卖价差收益。此外，企业投资于股票还可以实现货币保值，即在货币贬值时，股票会因发行公司资产的增值而升值，也可以因无偿获取公司发行的新股（如转股、送股）而取得收益。

2. 投资风险较大

风险和收益相伴随，股票投资既然有可能获得较高的收益，也就有可能要承担较大的风险。股票没有固定的到期日，股票投资收益由于受发行公司经营状况、盈利水平和股利政策等多种因素影响从而具有很大的不确定性。具体来讲，发行公司经营状况越好，股票投资者获得的收益就越高。若发行公司经营不善，股票投资者获取的收益就较低，甚至可能无利可分。若发行公司破产，由于公司股东的求偿权位于债权人之后，股票投资者可能连本金也无法收回。

3. 可以参与发行公司的经营管理

股票的投资者是公司的股东，有权出席股东大会，参与发行公司的经营管理。股东参与经营管理的权利大小，取决于其所持有的股份多少。但同时股东也以持有的股份多少对外承担经济责任。因此，要想控制一家公司，最好的策略就是购买这家公司的股票，并使所持有股份数额达到控股比例。

4. 流动性较强

上市公司的股票具有很强的流动性。在股票交易市场上，股票可以作为买卖对象或抵押品随时转让。当股票投资者需要现金时，可以将其持有的股票转让以换取现金，满足其对现金的需求，同时将股东的身份以及各种权益让渡给受让者。当企业能够筹集到股票投资所需的现金时，也可以随时购进股票，作为股票投资者以获取投资收益。股票较强的流动性促进了企业资金的有效利用和合理配置。

（二）股票投资决策

在企业购买股票进行投资之前，应对所要投资的股票进行分析并做出决策。股票投资决策的指标一般有两个：股票的内在价值和预期收益率。相对应的股票投资决策方法为：

净现值法和内含收益率法（即内含报酬率法）。

1. 股票估价模型

股票是表明股东所有权的凭证，是一种有价证券。在实际生活中，股票价格的表现形式有多种，如票面价格、发行价格、内在价值、市场价格、清算价格等。而这里的股票估价，是指股票内在价值的估算。

股票作为一种投资，其现金流出是购买价格，现金流入是股利和未来出售时的股价收入。而股票的内在价值是指股票投资未来现金流入的现值。股票的内在价值决定其市场价格，但市场价格又不完全等于其内在价值，一般围绕着内在价值上下波动。当股票的内在价值大于其市场价格时，才值得购买。因为当股票的内在价值大于其市场价格时，说明股票投资的净现值大于零，所以该投资决策可行。

（1）股票估价的基本模型。

一般来说，股票投资者投资于股票，不仅希望获取股利，还希望在未来出售股票时从股票价格上涨中获取买卖差价收入即资本利得。那么股票投资者的未来现金流入包括持有期内每期获取的股利收入和股票出售时的价格，股票的内在价值（V）就是股利现值和股价现值之和。其估价模型的计算公式为：

$$V=\sum_{t=1}^{n}\frac{D_t}{(1+i)^t}+\frac{P_n}{(1+i)^n}$$

式中，P_n——股票出售时的价格；

D_t——第 t 年的股利；

i——贴现率；

t——年份。

第 n 期的股票价格可以进一步表示为下一期的股利与未来某个时刻股票出售时的价格之和。当 n 趋于无穷大的时候，股票估价的一般形式为：

$$V=\frac{D_1}{(1+i)^1}+\frac{D_2}{(1+i)^2}+\frac{D_3}{(1+i)^3}+\cdots$$
$$=\sum_{t=1}^{\infty}\frac{D_t}{(1+i)^t}$$

上述公式也可以理解为投资者可以无限期地持有股票。如果无限期持有股票，股利则是投资者所能获取的唯一现金流入。那么，在无限期持有股票的条件下，股票的内在价值就是这一永续现金流入的现值之和。

【例 8-1】 某企业准备购入 A 公司股票进行投资，预计 3 年后出售可得价款 80 000 元，在 3 年中每年可获取股利 5 000 元。假设该企业要求的投资必要收益率为 15%，则 A 公司股票的内在价值为：

$$V=5\,000\times \text{PVIFA}_{15\%,3}+80\,000\times \text{PVIF}_{15\%,3}$$
$$=5\,000\times 2.283+80\,000\times 0.658$$
$$=64\,055(\text{元})$$

这说明当股票市场上 A 公司股票的市场价格低于 64 055 元时，该股票才值得购买，这样才可获得高于15%的收益率。

(2) 零成长股票的估价模型。

在无限期持有股票的条件下，如果发行公司每年年末所支付的股利相等或稳定不变，即预期股利的增长率为零，那么这种股票被称为零成长股票。该种股票每年年末的股利表现为永续年金形式，其估价模型为：

$$V=\frac{D}{i}$$

【例 8-2】 假设某公司股票预期每年股利为每股 1.5 元，若投资者要求的投资必要收益率为 15%，则该股票的每股内在价值为：

$$V=\frac{1.5}{15\%}=10(\text{元})$$

这说明当市场上该股票的市场价格低于每股 10 元时，该股票才值得购买。

(3) 固定成长股票的估价模型。

投资者购入一种股票，至少希望股利是不断增长的。在无限期持有股票的条件下，如果发行公司预期每年年末的每股股利以一个固定比例增长，那么这种股票被称为固定成长股票。该种股票的各年股利的一般形式为：

$$D_t=D_0(1+g)^t$$

式中，D_0——上年股利；

g——固定股利增长率。

将 $D_t=D_0(1+g)^t$ 代入股票估价的基本模型，可得：

$$V=\sum_{t=1}^{\infty}\frac{D_0(1+g)^t}{(1+i)^t}$$

假定 $i>g$，对上述公式的右边求极限，可得固定成长股票的估价模型为：

$$V=\frac{D_0(1+g)}{i-g}=\frac{D_1}{i-g}$$

式中，D_1——第一年的股利。

【例 8-3】 某公司股票去年的每股股利为 1.5 元，预计未来无限期内每股股利将以每年 5%的比率增长，该公司要求的投资必要收益率为 15%，则该公司股票的每股内在价值为：

$$V=\frac{1.5\times(1+0.05)}{0.15-0.05}=15.75(\text{元})$$

这说明当该公司股票的每股市场价格低于 15.75 元时，该股票才值得购买。

(4) 非固定成长股票的估价模型。

在现实生活中，每个企业的经济发展都会经历高速成长期、成熟期和衰退期。在不同的发展阶段，企业的发展速度不同。在高速增长期，企业的经济发展速度会高于社会经济的增长速度；在成熟期，企业的经济发展速度与社会经济的增长速度大致相当；而在衰退期，企业的经济发展速度则明显低于社会经济的增长速度。所以，大多数公司股票的股利并不都是固定不变或以固定比例增长的，而是处于不断变动之中，这种股票被称为非固定成长股票。该种股票由于在不同的时期的未来股利预期增长率不同，因此，其内在价值的计算只能分段进行。其计算步骤为：先计算高速增长部分股利的现值，再计算固定增长部分股利的现值，两部分现值之和就是非固定成长股票的内在价值。

【例 8-4】 A公司正处于高速增长期。预计在未来 2 年内股利以每年 20%的速度增长，在此后转为正常增长，股利年增长率为 5%。A公司上年支付的每股股利为 3 元。若投资者要求的必要收益率为 15%，则该股票的内在价值计算如下：

首先，计算高速增长部分的股利现值。

$$
\begin{aligned}
V_1 &= 3\times(1+0.2)\times PVIF_{15\%,1}+3\times(1+0.2)^2\times PVIF_{15\%,2}\\
&= 3.6\times0.870+4.32\times0.756\\
&= 6.40(\text{元})
\end{aligned}
$$

其次，计算固定增长部分的股利现值。

$$
\begin{aligned}
V_2 &= \frac{D_3}{i-g}\times PVIF_{15\%,2}\\
&= \frac{3\times(1+0.2)^2\times(1+0.05)}{0.15-0.05}\times0.756\\
&= 45.36\times0.756\\
&= 34.29(\text{元})
\end{aligned}
$$

最后，计算股票的内在价值。

$$V=6.40+34.29=40.69(\text{元})$$

这说明当股票市场上该股票的每股市场价格低于 40.69 元时，该股票才值得购买。

2. 股票投资的预期收益率

从理论上讲，股票投资的收益应包括无风险收益和风险收益。无风险收益是股票投资者在无风险的条件下应获取的收益；风险收益是投资者因承担风险投资而应获取的超过资金时间价值的额外收益。从实践上讲，股票投资的收益包括股利和资本利得两部分。股利是股票投资者按期从发行公司取得的投资收益，由发行公司从其税后利润中分配给股东；资本利得是股票投资者在股票市场上通过低价买进、高价卖出所获得的买卖价差收益。股票投资的收益既可用绝对数表示，也可用相对数表示。为了便于比较，通常使用相对数，即用预期收益率表示。

按照内部长期投资决策方法，股票投资的预期收益率应是使股票投资净现值为零的贴现率，即能使股票的内在价值等于其市场价格的贴现率，也就是股票投资的内含收益率。只有当股票投资的预期收益率大于企业所要求的必要收益率时，企业才值得投资于该股票。根据上述股票估价模型，以股票市场价格 P_0 替代其内在价值 V，就可得出不同情况下股票的预期收益率。

(1) 短期持有股票，未来准备出售的股票的预期收益率。该种股票投资的预期收益率应是使下列公式成立的贴现率。

$$P_0=\sum_{t=1}^{n}\frac{D_t}{(1+i)^t}+\frac{P_n}{(1+i)^n}$$

可采用计算内含收益率的逐步测试法来测试使股票内在价值大于和小于其市场价格的两个贴现率，然后用插值法计算股票投资的预期收益率。

【例 8-5】 仍用例 8-1 中的有关资料，若 A 公司股票的市场价格为 65 000 元，则该股票投资的预期收益率计算如下。

根据例 8-1 的计算结果，$i=15\%$时，$V=64\ 055$ 元，按照 15%的贴现率计算出的股票的内在价值低于其市场价格 65 000 元，因而还要降低贴现率，从而使其内在价值提高到 65 000 元以上。

再用 $i=14\%$测试，

$$\begin{aligned}V&=5\ 000\times \mathrm{PVIFA}_{14\%,3}+80\ 000\times \mathrm{PVIF}_{14\%,3}\\&=5\ 000\times 2.322+80\ 000\times 0.675\\&=65\ 610(\text{元})\end{aligned}$$

按 14%的贴现率计算的股票的内在价值大于其市场价格 65 000 元，看来使股票的内在价值等于其市场价格 65 000 元的贴现率一定在 14%和 15%之间。用插值法计算的股票的预期收益率为：

$$\begin{aligned}i&=14\%+(15\%-14\%)\times\frac{65\ 610-65\ 000}{65\ 610-64\ 055}\\&=14\%+0.39\%\\&=14.39\%\end{aligned}$$

（2）零成长股票的预期收益率。根据零成长股票的估价模型，该种股票投资的预期收益率计算公式为：

$$i=\frac{D}{P_0}$$

【例 8-6】 仍用例 8-2 中的有关资料，若股票的市场价格为每股 8 元，则该股票投资的预期收益率为：

$$i=\frac{1.5}{8}=18.75\%$$

（3）固定成长股票的预期收益率。根据固定成长股票的估价模型，该种股票投资的预期收益率为：

$$i=\frac{D_1}{P_0}+g$$

【例 8-7】 仍用例 8-3 中的有关资料，若该股票的市场价格为 20 元，则该类股票的预期收益率为：

$$i=\frac{1.5\times(1+0.05)}{20}+0.05=12.88\%$$

（4）非固定成长股票的预期收益率。也可采用计算内含收益率的逐步测试法来测试使股票的内在价值大于和小于其市场价格的两个贴现率，然后用插值法计算非固定成长股票的预期收益率。

【例 8-8】 仍用例 8-4 中的有关资料，若该股票的每股市场价格为 25 元，则该股票的预期收益率的计算如下：

根据例 8-4 的计算结果，$i=15\%$时，$V=40.69$ 元。

按照 15%的贴现率计算出的股票内在价值大于其市场价格 25 元，因而，还要提高贴现率，从而其内在价值降到 25 元以下。

再用 $i=25\%$测试，

$$\begin{aligned}V&=3\times(1+0.2)\times PVIF_{25\%,1}+3\times(1+0.2)^2\times PVIF_{25\%,2}\\&\quad+\frac{3\times(1+0.2)^2\times(1+0.05)}{0.25-0.05}\times PVIF_{25\%,2}\\&=3.6\times0.8+4.32\times0.64+22.68\times0.64\\&=2.88+2.7648+14.5152\\&=20.16(\text{元})\end{aligned}$$

按照 25%的贴现率计算的股票内在价值小于其市场价格 25 元，看来使股票内在价值等于其市场价格 25 元的贴现率一定在 15%和 25%之间。用插值法计算的该股票的预期收益率为：

$$\begin{aligned}i&=15\%+(25\%-15\%)\times\frac{40.69-25}{40.69-20.16}\\&=15\%+7.64\%\\&=22.64\%\end{aligned}$$

（三）股票投资的风险

股票投资的风险比其他股权投资的风险要大。由于股票投资的未来收入受多种因素的影响，从而给股票投资者带来多种风险。在实践中，投资者从购进股票到取得投资收益的过程中承担的风险主要有经营性风险、价格波动性风险和流动性风险等。

1. 经营性风险

经营性风险是指股票投资者因发行公司经营状况和盈利水平所造成的股票投资收益的不确定性。股票投资者投资于股票的目的之一是获取股利收益。而股利收益的多少则取决于公司经营状况的好坏和盈利水平的高低。由于受多种因素的影响，公司的经营状况和盈利水平带有很大的不确定性，股利收益随公司的经营状况和盈利水平的好坏而上下波动。一般来讲，发行公司的经营状况越好，盈利水平越高，股票投资者获取的股利收益就越多。公司经营不善，股票投资者获取的股利就越少，甚至无利可分。如果公司因经营不善而破产，股票投资者可能血本无归。

此外，如果公司经营不善，就无法实现公司资产的增值。若又遭遇通货膨胀，此时股票投资者还要承担因通货膨胀所带来的货币购买力下降的风险。

2. 价格波动性风险

价格波动性风险是指股票投资者因股票市场价格波动所造成的投资收益的不确定性。投资者投资于股票的一个目的是通过低价购进、高价卖出以获取买卖价差收益，即资本利得。股票市场价格的高低受政治、经济、社会、投资者心理以及公司自身等诸多因素的影响。股票市场价格经常发生大幅度波动，因此会给投资者收益带来重大的影响。其实，价格波动性也是吸引众多投资者投资于股票的重要原因。尽管股票投资者都希望利用股票价格的波动获利，但实际上，股票价格的波动趋势和方向是很难准确把握的，带有很大的不确定性，致使股票投资者获取价差收益的不确定性很大。如果股票市场价格下跌，股票投资者就会因股票贬值而遭受损失。若公司破产，则将连本金也无法收回。

3. 流动性风险

流动性风险是指股票投资者无法以合理的价格及时变现所持有的股票而遭受损失的风险。其主要表现在两个方面：一是当股票投资者遇到好的投资机会而想出售持有的股票以换取现金时，在短期之内无法及时以合理的价格出售而丧失投资机会所遭受的损失；二是当有关发行公司的不利消息进入股票市场时，投资者可能争先抛售而又无法及时脱手股票所遭受的损失。

二、其他股权投资

(一) 其他股权投资的特点

企业对外进行其他股权投资，既可以充分利用资产，提高企业资金利用效率，又可以降低投资风险，提高投资收益率，增加企业的收益。其他股权投资与证券投资相比具有以下特点：

1. 投资的资产为现金、实物和无形资产

企业对外进行其他股权投资可以选择的出资方式包括现金、存货、固定资产、无形资产等中的一种或多种，无论采用哪种方式，投资时都必须相应办理财产所有权的转移手续。而采用存货、固定资产和无形资产出资方式时，还必须对它们进行资产评估，以评估值作为出资额。

2. 投资的形式有多种

企业进行其他股权投资，既可以独家投资组建企业，也可以与其他企业合作共同投资组建企业。组建企业既可以通过收购现有企业的股份或现有企业实现，也可以通过投资设立新企业实现。独资组建的企业既可以是企业的分公司（非法人企业），也可以是企业的子公司（法人企业）；而合资组建的企业一般都是子公司。

3. 投资数额大且不能任意收回

其他股权投资最终要形成一个企业，与证券投资相比，其投资数额较大，并且选择余地较小。进行其他股权投资的企业是被投资单位的所有者，其投资数额形成被投资单位的资本金，在被投资单位持续经营期间不得任意收回。

4. 期限长且风险大

既然其他股权投资要形成一个企业，就要有一定的经营期间。其期限较长且选择余地较小，存在的不确定因素就较多。而在经营期间投资企业是否可分得投资收益或者能分得多少投资收益，取决于被投资单位的生产经营状况和盈利水平。所以，企业对外进行其他股权投资的预期收益不确定性较大，风险也就相应较大。

（二）其他股权投资决策

内部实物资产的长期投资决策的基本方法，一般都适用于对外的其他股权投资决策分析。但与内部实物资产的长期投资相比，对外的其他股权投资决策更加复杂。因此，在其他股权投资决策分析过程中应注意以下问题。

1. 应确定分析的主体

其他股权投资决策分析的主体一般有两个：以投资项目为主体进行分析和以投资企业为主体进行分析。决策分析的主体不同，其相关的现金流量不同，最终的分析结果也不同。这是因为：一是所处的地区和行业不同，投资企业和投资项目所执行的税收政策不同，实际执行的所得税税率也可能不同；二是一些项目如许可证费、特许权使用费等，对投资企业来说是收益，但对投资项目来说就是费用；三是投资企业和投资项目资金来源不同，各自所要求的投资必要收益率也不相同。根据企业理财目标的层次性，在进行其他股权投资决策时，应分别以投资项目和投资企业为主体进行双重评价。

2. 应合理估算其他股权投资的现金流量

其他股权投资的现金流量估算比较复杂，分析主体不同，其现金流量的构成也不同，因此，必须全面考虑影响不同分析主体的现金流量的各种因素，从而使现金流量的估算尽量合理。一般来讲，以投资项目为主体进行决策分析时，其相关的现金流入主要包括销售收入；现金流出主要包括初始投资，付现成本费用，上缴投资企业的许可证费、特许权使用费，缴纳的各种税金等。以投资企业为主体进行决策分析时，其相关的现金流入主要包括从被投资单位分回的利润或股利、收取的许可证费和特许权使用费等；现金流出主要包括初始投资、分回利润或股利补缴的所得税，以及许可证费和特许权使用费等收入应缴纳的所得税等。

现采用净现值法举例说明其他股权投资的决策问题。

【例 8-9】 A 公司拟独自投资组建子公司 B，生产免征增值税的产品。假设该投资项目当年投产，投产后计划经营 5 年，5 年后卖给当地的投资者。A 公司和子公司 B 的所得税税率均为 25%，A 公司从子公司 B 分回的利润不再补缴所得税。A 公司要求的投资必要收益率为 10%；B 公司要求的投资必要收益率为 15%。投资组建子公司 B 的有关现金流量资料如下。

（1）组建子公司 B 需要固定资产 5 000 万元，垫支流动资产 2 000 万元，均由 A 公司出资解决。固定资产采用直线折旧法，不考虑残值。

（2）根据市场调查，子公司 B 投产后第一年的销售收入为 6 000 万元，以后随着需求量的增加每年增长 5%；生产产品所需的料、工、费第一年为 2 000 万元，以后每年按 5% 的增长率递增。该公司的营业费用、管理费用和财务费用第一年为 200 万元，以后每年增加 50 万元。

（3）子公司 B 每年按销售收入的 10% 向 A 公司缴纳特许权使用费。实现的税后利润每年以 80% 的比例向 A 公司分配利润。

（4）A公司在第5年年底将子公司B卖给当地的投资者继续经营，预计售价在扣除相关的税金和费用后可得净现金流量2 000万元。

试根据上述资料分别从A公司和子公司B的角度对投资项目的可行性进行评价。

1. 以子公司B为主体进行评价

（1）预测投资项目的销售收入，如表8-1所示。

表8-1　　投资项目的销售收入预测表

年限序号	1	2	3	4	5
销售收入（万元）	6 000	6 300	6 615	6 946	7 293

（2）预测投资项目的成本费用，如表8-2所示。

表8-2　　投资项目的成本费用预测表

年限序号	1	2	3	4	5
生产经营成本（万元）	2 000	2 100	2 205	2 315	2 431
营业费用、管理费用和财务费用（万元）	200	250	300	350	400
特许权使用费（万元）	600	630	662	695	729
折旧（万元）	1 000	1 000	1 000	1 000	1 000
成本费用总额（万元）	3 800	3 980	4 167	4 360	4 560

（3）预测投资项目的营业现金流量，如表8-3所示。

表8-3　　投资项目的营业现金流量预测表

年限序号	1	2	3	4	5
销售收入（万元）	6 000	6 300	6 615	6 946	7 293
成本费用总额（万元）	3 800	3 980	4 167	4 360	4 560
税前利润（万元）	2 200	2 320	2 448	2 586	2 733
所得税（万元）	550	580	612	647	683
税后利润（万元）	1 650	1 740	1 836	1 940	2 050
折旧（万元）	1 000	1 000	1 000	1 000	1 000
营业现金净流量（万元）	2 650	2 740	2 836	2 940	3 050

说明：由于计算后四舍五入保留整数的原因，个别地方有所出入。下同。

（4）编制投资项目现金流量表，如表8-4所示。

表8-4　　投资项目现金流量表

年限序号	0	1	2	3	4	5
固定资产（万元）	−5 000					
垫支流动资产（万元）	−2 000					
营业现金净流量（万元）		2 650	2 740	2 836	2 940	3 050
终结现金流量（万元）						2 000
现金流量合计（万元）	−7 000	2 650	2 740	2 836	2 940	5 050

（5）计算投资项目的净现值。

$$净现值=2\ 650\times PVIF_{15\%,1}+2\ 740\times PVIF_{15\%,2}+2\ 836\times PVIF_{15\%,3}+2\ 940\times PVIF_{15\%,4}+5\ 050\times PVIF_{15\%,5}-7\ 000$$
$$=2\ 650\times 0.870+2\ 740\times 0.756+2\ 836\times 0.658+2\ 940\times 0.572+5\ 050\times 0.497-7\ 000$$
$$=3\ 435(万元)$$

通过计算可以看出，以子公司B为主体进行评价，该投资项目的净现值为3 435万元，可以进行投资。

2. 以A公司为主体进行评价

（1）计算特许权使用费收入带来的现金净流量，如表8-5所示。

表8-5　特许权使用费收入带来的现金净流量表

年限序号	1	2	3	4	5
特许权使用费收入（万元）	600	630	662	695	729
应缴所得税（万元）	150	158	166	174	182
税后现金净流量（万元）	450	473	497	521	547

（2）计算投资项目的营业现金净流量，如表8-6所示。

表8-6　投资项目的营业现金净流量表

年限序号	1	2	3	4	5
分回税后利润（万元）	1 320	1 392	1 469	1 552	1 640
特许权使用费收入带来的现金净流量（万元）	450	473	497	521	547
营业现金净流量（万元）	1 770	1 865	1 966	2 073	2 187

（3）编制投资项目现金流量表，如表8-7所示。

表8-7　投资项目现金流量表

年限序号	0	1	2	3	4	5
初始投资（万元）	−7 000					
营业现金净流量（万元）		1 770	1 865	1 966	2 073	2 187
终结现金流量（万元）						2 000
现金流量合计（万元）	−7 000	1 770	1 865	1 966	2 073	4 187

（4）计算投资项目的净现值。

$$净现值=1\ 770\times PVIF_{10\%,1}+1\ 865\times PVIF_{10\%,2}+1\ 966\times PVIF_{10\%,3}+2\ 073\times PVIF_{10\%,4}+4\ 187\times PVIF_{10\%,5}-7\ 000$$

$$=1\ 770\times0.909+1\ 865\times0.826+1\ 966\times0.751$$
$$+2\ 073\times0.683+4\ 187\times0.621-7\ 000$$
$$=1\ 642(\text{万元})$$

通过上述计算可知，以A公司为主体进行评价分析，该投资项目的净现值为1 642万元，也可以进行投资。

第三节 债权类金融资产投资决策

债权投资实现的方式有两种：一是在证券市场上以货币资金购买其他单位的债券，从而成为被投资单位的债权人，形成债券投资；二是接受债务人以非现金资产抵偿债务方式取得的长期债券投资，或以应收债权换入的长期债权投资，从而成为被投资单位的债权人，形成其他债权投资。债券投资是企业对外债权投资的主要部分，本节仅介绍债券投资。

一、债券投资的特点

债券投资与股权投资相比，主要具有以下特点。

(一) 投资风险较低

债券具有偿还性，有固定的到期日，债券发行单位（债务人）必须按规定的期限向债券投资者（债权人）还本付息，所以，债券投资风险较低。

(二) 投资收益比较稳定

债券的投资收益包括利息和资本利得。债券的票面利率一般固定不变，债券投资者在持有期间可按期取得稳定的利息收入，并不受债券发行单位经济状况好坏的影响。此外，债券投资者还可以通过在市场上买卖债券，获取资本利得。

(三) 选择性比较大

债券按发行单位可分为政府债券、金融债券和企业或公司债券；按是否可转换为股份可分为可转换债券和不可转换债券。不同种类的债券，其期限、利率也各不相同。企业可根据自身的情况，在对债券投资的风险和收益做出权衡后，选择合适的债券或债券组合进行投资，以获取较高的投资收益。

(四) 无权参与发行单位的经营管理

债券投资者是债券发行单位的债权人，而不是所有者。其权利只是按期收回本息和中途转让以获得资本利得，而无权参与发行单位的经营管理，也无权对发行单位施加控制和影响，同时对发行单位的经营好坏也不负任何经济责任。

二、债券投资决策

企业在债券市场上购买债券之前，必须对所要投资的债券进行分析评价。债券投资决策分析的指标一般有两个：债券的内在价值和到期收益率。相对应的债券投资的决策方法为：净现值法和内含收益率法。

（一）债券估价

债券作为表明债权债务的凭证，也是一种有价证券。在实际生活中，债券价格的表现形式有多种，如票面价格、发行价格、内在价值、市场价格、清算价格等。而这里的债券估价，是指债券内在价值的估算。

债券作为一种投资，其现金流出是购买价格，现金流入是利息收入和偿还的本金或出售时得到的现金。债券的内在价值是债券未来现金流入的现值。只有当债券的内在价值大于其市场价格时，才值得购买。因为当债券的内在价值大于其市场价格时，说明债券投资的净现值大于零，所以该投资决策可行。

1. 典型债券的估价

典型债券是在其期限内利率固定不变，每期（如每年）末支付利息，到期归还本金的债券。此类债券投资的未来现金流入包括各年的利息和到期本金，债券的内在价值就是各年利息的现值和本金现值之和。其计算公式为：

$$V=\sum_{t=1}^{n}\frac{I}{(1+i)^{t}}+\frac{M}{(1+i)^{n}}$$

$$=I\times \mathrm{PVIFA}_{i,n}+M\times \mathrm{PVIF}_{i,n}$$

式中，V——债券内在价值；

I——年利息；

M——债券面值或到期本金；

i——市场利率或投资者要求的必要收益率；

n——债券期限。

【例 8-10】 某公司拟购买一张面值为 10 000 元，票面利率为 10%，期限为 3 年的债券，该债券每年年末支付利息一次，到期归还本金。若该公司要求的投资必要收益率为 12%，则该债券的内在价值为：

$$V=10\,000\times 10\%\times \mathrm{PVIFA}_{12\%,3}+10\,000\times \mathrm{PVIF}_{12\%,3}$$

$$=1\,000\times 2.402+10\,000\times 0.712$$

$$=9\,522(\text{元})$$

这说明只有当债券的市场价格低于 9 522 元时，该债券才值得购买。因为在这种情况下，公司才可以获取大于 12%的收益率。

2. 一次还本付息债券的估价

一次还本付息债券只有一次现金流入，即到期日的本息之和。该债券的内在价值就是到期日的本息之和的现值。这种债券的内在价值因利息的计算方式不同而有所不同。

（1）在单利计算利息的方式下，债券内在价值的计算公式为：

$$V=\frac{M+M\times r\times n}{(1+i)^{n}}$$

$$=M\times(1+r\times n)\times \mathrm{PVIF}_{i,n}$$

式中，r——债券票面利率。

我国发行的国库券就属于此种债券。

【例 8-11】 某公司拟购买政府发行的国库券，该债券面值为 10 000 元，票面利率为 5%，期限为 5 年，单利计算利息，当市场利率为 4%时，该债券的内在价值为：

$$\begin{aligned} V &= 10\,000 \times (1+5\% \times 5) \times \mathrm{PVIF}_{4\%,5} \\ &= 10\,000 \times 1.25 \times 0.822 \\ &= 10\,275(\text{元}) \end{aligned}$$

这说明只有当国库券的市场价格低于 10 275 元时，该债券才值得购买。

(2) 在复利计算利息的方式下，债券内在价值的计算公式为：

$$\begin{aligned} V &= \frac{M(1+r)^n}{(1+i)^n} \\ &= M \times (1+r)^n \times \mathrm{PVIF}_{i,n} \end{aligned}$$

仍用上例中的有关资料，若国库券的利息采用复利方式，则该债券的内在价值为：

$$\begin{aligned} V &= 10\,000 \times (1+5\%)^5 \times \mathrm{PVIF}_{4\%,5} \\ &= 10\,000 \times 1.276 \times 0.822 \\ &= 10\,488.72(\text{元}) \end{aligned}$$

这说明只有当国库券的市场价格低于 10 488.72 元时，该债券才值得购买。

(二) 债券的到期收益率

从理论上讲，债券投资的收益应包括无风险收益和风险投资收益。无风险收益是债券投资者在无风险的条件下应获取的收益。风险投资收益是投资者因冒风险投资应获取的超过资金时间价值的额外收益。从实践上讲，债券投资的收益主要包括利息和资本利得。利息是债券投资者按期以固定的票面利率获取的收益。资本利得是债券投资者在债券市场上通过低进高出所获得的买卖价差收益。债券投资的收益既可以用绝对数表示，也可以用相对数表示。为了便于比较，通常使用相对数，即用收益率表示。

按照内部长期投资决策分析方法的原理，债券的到期收益率应是债券投资净现值为零的贴现率，即能使债券的内在价值等于其债券市场价格的贴现率，也就是债券投资的内部收益率。只有当债券的到期收益率高于投资者要求的必要收益率时，才值得购买。根据上述债券内在价值的计算原理，以债券市场价格 P_0 代替债券内在价值 V，那么，债券投资的到期收益率应是使下列公式成立的贴现率：

$$\begin{aligned} P_0 &= \sum_{t=1}^{n} \frac{I}{(1+i)^t} + \frac{M}{(1+i)^n} \\ &= I \times \mathrm{PVIFA}_{i,n} + M \times \mathrm{PVIF}_{i,n} \end{aligned}$$

可采用计算内部收益率的逐步测试法来测试使债券内在价值大于和小于买价的两个贴现率，然后用插值法计算债券投资的到期收益率。

【例 8-12】 仍用例 8-10 中的有关资料，假定该债券的市场价格为 9 800 元，该公司持有该债券至到期日，该债券的到期收益率计算如下：

根据例 8-10 的计算结果，$i=12\%$时，$V=9\,522$ 元。

按照12%的贴现率计算出的债券内在价值小于市场价格9 800元，因而，还要降低贴现率，从而使债券内在价值提高到9 800元以上。

再用$i=10\%$测试，

$$
\begin{aligned}
V &= 10\ 000\times 10\%\times \text{PVIFA}_{10\%,3}+10\ 000\times \text{PVIF}_{10\%,3} \\
&= 1\ 000\times 2.487+10\ 000\times 0.751 \\
&= 9\ 997(\text{元})
\end{aligned}
$$

按10%的贴现率计算的债券内在价值大于9 800元，看来使债券内在价值等于市场价格9 800元的贴现率一定在10%和12%之间。用插值法计算的债券的到期收益率为：

$$
\begin{aligned}
\text{到期收益率} &= 10\%+(12\%-10\%)\times\frac{9\ 997-9\ 800}{9\ 997-9\ 522} \\
&= 10\%+0.83\% \\
&= 10.83\%
\end{aligned}
$$

一次还本付息债券的到期收益率的计算方法与债券估价基本模型下债券到期收益率的计算方法相同。

三、债券投资的风险

债券投资的风险虽然低于股票投资，但仍客观存在。债券投资的风险主要包括违约风险、利率风险、购买力风险、变现风险和再投资风险。

（一）违约风险

违约风险是指债券发行单位无法按期支付债券利息或偿还本金的风险。政府债券因有政府财政为保证，一般没有违约风险；而金融债券和公司（企业）债券都或多或少存在违约风险。一般来讲，金融债券的违约风险高于政府债券，而公司（企业）债券的违约风险又高于金融债券。所以，企业在进行债券投资时，应对债券发行单位的资信情况和偿债能力进行分析评价，选择合适的债券，以避免或降低违约风险。

（二）利率风险

利率风险是指由于市场利率的变动而引起债券价格下跌，使债券投资者遭受损失的风险。市场利率是影响债券价格的基本因素之一，一般而言，债券的价格与市场利率呈反向变动。市场利率上升，债券的价格就下跌；市场利率下降，债券的价格就上升。不同期限的债券的利率风险不同。债券的期限越长，利率风险就越大。所以，企业可以通过分散债券投资的到期日来分散利率风险。

（三）购买力风险

购买力风险，也称通货膨胀风险，是指由于通货膨胀而使债券到期或出售所获得的货币购买力下降的风险。在通货膨胀期间，购买力风险对债券投资者的影响很大，一般而言，收益固定的证券比收益变动的证券的购买力风险要大。因债券投资的收益比较稳定，所以受通货膨胀的影响较大；而普通股的股利收益一般不固定，所以受通货膨胀的影响较小。因此，普通股更适合作为避免购买力风险的投资工具。

（四）变现风险

变现风险，也称流动性风险，是指债券持有人无法在短期内以合理的价格变现债券的风险。当债券持有人遇到更好的投资机会而想出售现有的债券以换取现金时，可能在短期内不能立即以合理的价格出售债券，从而丧失投资机会并遭受损失。一般而言，上市债券的变现风险小于非上市的债券，信用高的债券小于信用低的债券。企业可以通过购买信用高的上市债券来降低或避免变现风险。

（五）再投资风险

购买短期债券而没有购买长期债券会有再投资风险。由于长期债券的利率风险高于短期债券，所以长期债券的利率一般高于短期债券。投资者为了避免利率风险要购买短期债券，但当短期债券到期收回现金时，如果市场利率下降，那么这时投资者只能投资于大约与市场利率相当的投资机会，不如当初就购买长期债券，以获取较高的投资收益。例如，长期债券的利率为10%，短期债券的利率为8%，为减少利率风险，投资者买了短期债券。在短期债券到期收回现金时，如果利率降到9%，那么此时投资者只能找到收益率大约为9%的投资机会，不如当初购买长期债券，现在仍可获取10%的收益。

第四节　证券投资组合

一、证券投资组合的意义

证券投资组合是指由两种或两种以上的证券，按照不同的比例构成的投资组合。投资者获取高收益的同时又能够降低投资风险的一个比较好的方法就是投资于多种证券构成有效投资组合。有效投资组合是指在既定的风险程度下，实现的预期收益率最高，或在既定的预期收益率水平下，带来的风险最低的投资组合。在现实生活中，对大多数投资者来说，进行证券投资时，一般不把所有的资金都投资于一种证券，而是同时投资于多种证券，其目的是通过将资金分散在不同的证券上，达到降低或避免风险的目的。证券投资组合的重要意义表现如下。

一是可以降低投资风险。证券投资组合的理论证明，证券投资组合的风险会随着组合所包含的证券数量的增加而降低，相关程度越低的证券构成的投资组合降低可分散风险的效应越大。因此，投资于由多种证券构成的组合，可降低投资风险。

二是可以提高投资收益。理性的投资者都厌恶风险，但同时又追求收益的最大化。根据风险与收益均衡的原理，投资的期望收益越高，承担的风险也就越大。投资者可以通过进行有效的投资组合从而达到在风险既定的情况下，使收益率达到最高；或在收益率既定的情况下，使风险降到最低。

二、证券投资组合的收益和风险

从理论上看，证券投资组合理论有传统证券投资组合理论和现代证券投资组合理论。传统证券投资组合理论是以定性分析（包括基本分析和技术分析）为主，在进行投资决策时，投资者无法对证券投资组合的风险和收益进行定量分析，而只能依靠主观判断进行，其主观随意性比较大。为了克服传统证券投资组合理论的缺陷，于是出现了现代证券投资组合理论。现代证券投资组合理论由美国著名学者马科维茨于 1952 年首先提出，后在 20 世纪 60 年代经由夏普、林特纳等人加以完善，是证券投资的重要理论。现代证券投资组合理论以定量分析为主，它采用大量的数学和数理统计等定量分析方法，从证券投资的收益与风险之间的相互关系出发，主要研究探讨：投资者应如何决策才能构建在风险既定的情况下使收益率达到最高，或在收益率既定的情况下使风险降到最低的有效投资组合。

（一）证券投资组合的收益

具体来说，马科维茨在摩根斯坦（Morgenstern）提出的二次期望效用函数基础上，证明使投资者期望效用最大的组合具有两个特征：对于一定的风险可以提供最高的期望收益率，或者对于一定的期望收益率可以承担最低的风险(所有这些组合的集合称为有效边界)。因此，证券投资组合的选择问题就转变为一个给定目标函数和约束条件的线性规划问题，这可以清楚地解释投资者如何进行分散化投资。

其中，证券投资组合的预期收益率是证券投资组合中各个证券预期收益率的加权平均数。证券投资组合的预期收益率可表示为：

$$K = W_1K_1 + W_2K_2 + \cdots + W_nK_n = \sum_{j=1}^{n} W_j K_j$$

式中，W_j——第 j 种证券在全部投资额中所占比重；

K_j——第 j 种证券的预期收益率；

n——证券投资组合中的证券种类总数。

【例 8-13】 假设有两个风险资产 A 和 B，未来的经济状况会有三种可能，分别是繁荣、正常、萧条。在各种经济状况下，资产 A 和资产 B 的预期收益率如表 8-8 所示。

表 8-8　资产 A 和资产 B 在三种经济状况下的预期收益率

经济状况	发生概率	资产 A 的预期收益率	资产 B 的预期收益率
萧条	1/3	−7%	17%
正常	1/3	12%	7%
繁荣	1/3	28%	−3%

假设持有的组合中，资产 A 和资产 B 各占一半比重，试计算该组合的预期收益率。

该证券投资组合的预期收益率见表 8-9。

表 8-9　新的证券投资组合在三种经济状况下的预期收益率

经济状况	发生概率	资产 A	资产 B	证券投资组合的预期收益率
萧条	1/3	−7%	17%	−7%×0.5+17%×0.5=5%
正常	1/3	12%	7%	12%×0.5+7%×0.5=9.5%
繁荣	1/3	28%	−3%	28%×0.5+(−3%)×0.5=12.5%

（二）证券投资组合的风险

现代证券投资组合理论证明：证券投资组合的风险不是各个证券风险的加权平均数，而是一般低于加权平均数。这是因为证券投资组合的总风险包括两种完全不同性质的风险，即可分散风险和不可分散风险。其中，可分散风险可以通过有效的证券投资组合分散掉，所以证券投资组合的风险一般低于加权平均风险。证券投资组合的种类越多，证券投资组合的总风险越小。

1. 可分散风险及其衡量

可分散风险是证券发行公司因自身某些因素形成的只对个别证券造成影响的风险，包括新产品开发失败、罢工、诉讼失败等。这种风险来自证券发行公司的内部，只对该公司发行的证券产生影响，所以可以通过证券投资组合而分散抵消，即发生在一家公司的不利事件可以被其他公司的有利事件所抵消。可分散风险主要包括经营风险、财务风险、违约风险、流动性风险和再投资风险等。

可分散风险之所以可以通过证券投资组合分散掉，是因为证券投资组合中各证券的收益与风险之间存在相关关系。风险分散程度的大小取决于不同证券之间相关程度的大小，而各证券之间相关程度的大小可用相关系数 r 表示。

证券投资组合的风险可用证券投资组合的预期收益率的方差来衡量，但由于计算较为复杂，所以，先考虑由 A、B 两种证券构成的证券投资组合。假设两种证券的预期收益率分别为 K_A 和 K_B，每一种股票在证券投资组合中所占的比重分别为 W_A 和 W_B，方差分别为 δ_A^2 和 δ_B^2，则证券投资组合的预期收益率为：

$$K_{AB}=W_AK_A+W_BK_B$$

证券投资组合的方差为：

$$\delta_{AB}^2=W_A^2\delta_A^2+W_B^2\delta_B^2+2W_AW_B\delta_A\delta_B\cdot r_{AB}$$

式中，r_{AB}——证券 A 与证券 B 之间的相关系数。

【例 8－14】 在例 8－13 的基础上，资产 A、资产 B，以及等权重证券投资组合的标准差计算如下：

$$资产\text{A}的方差=\frac{(-7\%-11\%)^2+(12\%-11\%)^2+(28\%-11\%)^2}{3}=0.020$$

$$资产\text{A}的标准差=\sqrt{0.020}=0.14$$

$$资产\text{B}的方差=\frac{(17\%-7\%)^2+(7\%-7\%)^2+(-3\%-7\%)^2}{3}=0.007$$

$$资产\text{B}的标准差=\sqrt{0.007}=0.08$$

$$等权重证券投资组合的方差=\frac{(5\%-9\%)^2+(9.5\%-9\%)^2+(12.5\%-9\%)^2}{3}=0.000\,95$$

$$等权重证券投资组合的标准差=\sqrt{0.000\,95}=0.03$$

由上述计算公式可以看出，在各证券的预期收益率的方差和投资比重确定的情况下，证券投资组合的方差是相关系数的一个函数，表明证券投资组合的风险取决于组合中各证券之间的相关程度。在现实生活中，各证券之间的相关系数的取值被限制在±1之间：当 $r=+1$ 时代表完全正相关；当 $0<r<+1$ 时，代表不完全正相关；当 $r=-1$ 时，代表完全负相关；当 $-1<r<0$ 时，代表不完全负相关；当 $r=0$ 时，代表不相关。那么，当证券投资组合中各证券之间的相关程度多大时，才能抵消证券投资组合的投资风险呢？

从证券投资组合的方差的计算公式很容易知道，

当 $r_{AB}=+1$ 时，$\delta_{AB}=W_A\delta_A+W_B\delta_B$；

当 $0<r_{AB}<+1$ 时，$\delta_{AB}^2=W_A^2\delta_A^2+W_B^2\delta_B^2+2W_AW_B\delta_A\delta_B\cdot r_{AB}$；

当 $r=0$ 时，$\delta_{AB}^2=W_A^2\delta_A^2+W_B^2\delta_B^2$；

当 $-1<r_{AB}<0$ 时，$\delta_{AB}^2=W_A^2\delta_A^2+W_B^2\delta_B^2+2W_AW_B\delta_A\delta_B\cdot r_{AB}$；

当 $r_{AB}=-1$ 时，$\delta_{AB}=W_A\delta_A-W_B\delta_B$；

显然，证券投资组合中各证券之间的相关系数越小，该证券投资组合的标准差或方差越小，风险也越小。

当 $r_{AB}=+1$ 时，证券投资组合的标准差最大，其风险也最大，这说明证券投资组合中各证券之间存在完全正相关时，其证券投资组合的风险是各证券风险的加权平均数。因为在这种情况下，两种证券的预期收益等比例同升同降，根本无法抵消风险。

当 $0<r_{AB}<+1$ 时，证券投资组合的标准差小于各证券风险的加权平均数。因为当证券投资组合中各证券之间存在不完全正相关时，各证券的预期收益同方向变动，但变动的比例不同，所以可抵消一部分风险。并且各证券之间的正相关程度越小，证券投资组合抵消风险的效应越大；各证券之间的正相关程度越大，证券投资组合抵消风险的效应越小，越接近各证券风险的加权平均数。

当 $-1<r_{AB}<0$ 时，证券投资组合的标准差小于各证券风险的加权平均数。因为当证券投资组合中各证券之间存在不完全负相关时，各证券的预期收益反方向变动，但变动的比例不同，所以可抵消一部分风险。并且各证券之间的负相关程度越大，证券投资组合抵消风险的效应越大，越接近于各证券风险加权平均数的差额；各证券之间的负相关程度越小，证券投资组合抵消风险的效应越小。

当 $r_{AB}=-1$ 时，证券投资组合的标准差最小，其风险也最小。这说明当证券投资组合中的各证券之间存在完全负相关时，该证券投资组合的风险是各证券风险加权平均数的差额，它比两个证券中风险最小者的风险还小。当两种证券的加权平均风险相等时，证券投资组合的风险为零，也就是说两种证券的风险彼此可以完全抵消。在这种情况下，投资者可以通过调整不同证券的投资比重，即对于风险大的证券可降低其投资比重，而对于风险小的证券可提高其投资比重，最终使证券投资组合的风险为零。因为在这种情况下，各证券的预期收益等比例反方向变动，可抵消一部分甚至全部风险。

当 $r_{AB}=0$ 时，证券投资组合的标准差小于各证券风险的加权平均数。这说明当证券投资组合中各证券不相关时，该证券投资组合抵消风险的效应大于各证券正相关时抵消风险的效应，但小于各证券负相关时抵消风险的效应。

由以上分析可知，存在相关关系的各种证券组成的证券投资组合，无论证券之间的投资比重如何，只要不存在完全正相关关系，证券投资组合的风险总是小于各种证券各自风险的加权平均数，总可以抵消一部分风险。也就是说，只要证券之间不存在完全正相关关系，证券投资组合就可以在不改变预期收益率的条件下达到降低风险的目的。但是，在现实生活中，不相关、完全正相关、完全负相关的不同证券是很难找到的。国外实证研究结果揭示，大部分证券之间都可能存在正相关关系，其相关系数在 0.6 左右。在这种情况下，证券投资组合也只能抵消部分风险，而不可能抵消全部风险。组合中证券的种类越多，则可抵消风险的程度越大。从理论上讲，当一证券投资组合中的证券种类足够多时，则能抵消绝大部分风险，甚至可使投资风险趋于零。

上述两种证券投资组合的原理同样适用于两种以上的不同证券的组合，即证券投资组合的一般情形。假设证券投资组合由 N 种证券构成，证券投资组合的风险可表示为：

$$\delta^2 = \sum_{i=1}^{N} W_i^2 \delta_i^2 + \sum_{i=1}^{N} \sum_{j=1}^{N} W_i W_j \delta_i \delta_j r_{ij}, i \neq j$$

当 N 越来越大时，δ^2 越来越小。证券数目与证券投资组合的可分散风险和不分散风险之间的关系可用图 8-1 描述。

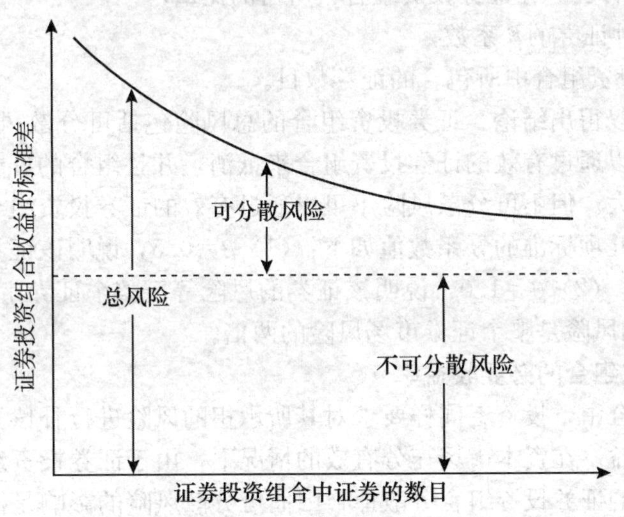

图 8-1　可分散风险和不可分散风险之间的关系

2. 不可分散风险及其衡量

不可分散风险是指那些对整个证券市场产生影响的因素所引起的风险，包括战争、经济衰退、通货膨胀、高利率等。这种风险来自企业外部，对所有企业均产生影响，表现为整个证券市场平均收益率的变动，投资者无法控制和回避，因此无法通过证券投资组合即多元化投资而分散。不可分散风险主要包括利率风险、通货膨胀风险、战争风险等。不可分散风险虽然不能够通过证券投资组合分散掉，但它对不同的企业、不同的证券或证券投资组合产生的影响是不同的。也就是说，当整个证券市场收益率变动时，有的证券收益率变动小，有的证券收益率变动大。单个证券收益率随着整个证券市场收益率变动的程度的大小，或承担不可分散风险程度的大小，通常用 β 系数来衡量。对单个证券而言，β 系数的简化计算公式为：

$$\beta=\frac{\text{某种证券的风险收益率}}{\text{证券市场上所有证券的平均风险收益率}}$$

上述计算公式是一个简化的公式，实际计算过程十分复杂，计算方法也有多种，但一般不需要投资者自己计算，而由一些投资服务机构定期计算并公布。

作为整体的证券市场的 β 系数为 1。若某种证券的 β 系数等于 1，则说明其风险与整个证券市场的风险相一致；若某种证券的 β 系数大于 1，则说明其风险大于整个证券市场的风险；若某种证券的 β 系数小于 1，则说明其风险小于整个证券市场的风险。

对证券投资组合而言，其风险也可以用 β 系数来衡量。证券投资组合的 β 系数是单个证券 β 系数的加权平均数，其计算公式为：

$$\beta_P=\sum_{i=1}^{n}W_i\beta_i$$

式中，β_P——证券投资组合的 β 系数；

W_i——第 i 种证券在证券投资组合中所占的比重；

β_i——第 i 种证券的 β 系数；

n——证券投资组合中所包含的证券数目。

综上所述，可以得出结论：证券投资组合的总风险包括可分散风险和不可分散风险，其中可分散风险可以通过有效的证券投资组合来抵消，并且组合的证券种类越多，可分散风险抵消的程度越大。但不可分散风险不可以通过有效的证券投资组合来抵消，它可以通过 β 系数来衡量，几项标准的 β 系数值如下：（1）$\beta=0.5$，说明该证券的风险只有整个证券市场风险的一半；（2）$\beta=1.0$，说明该证券的风险等于整个证券市场的风险；（3）$\beta=2.0$，说明该证券的风险是整个证券市场风险的两倍。

（三）证券投资组合的必要收益率

在证券投资组合中，投资者同样要求对其所承担的风险进行补偿，要求获取超过资金时间价值的额外收益。在资本市场充分有效的情况下，由于证券投资组合所包含的可分散风险可以通过有效的证券投资组合分散掉，因而可分散风险的影响是微不足道的，不可分散风险就成为投资者尤为关注的风险。这类风险越大，投资者要求的风险补偿越高。假设可分散风险可以通过有效的证券投资组合分散掉，并趋于零，那么，市场上证券投资的风险只剩下不可分散风险。所以，证券投资组合只能对不可分散风险要求补偿。证券投资组合的投资收益率包括无风险收益率和风险收益率两部分，其中，证券投资组合的风险收益率是指投资者因承担不可分散风险而要求获得的超过资金时间价值的那部分额外收益率。所以，证券投资组合的必要收益率是指在证券投资组合下考虑不可分散风险而要求获得的预期收益率，其计算公式为：

$$K_i=R_F+\beta_P(R_M-R_F)$$

式中，K_i——证券投资组合的必要收益率；

R_F——无风险收益率；

β_P——证券投资组合的 β 系数；

R_M——整个证券市场的平均收益率。

上述计算公式称为资本资产定价模型。资本资产定价模型是在证券投资组合理论的基础上，基于一些基本假设得出的用来揭示多样化投资组合中证券风险与收益之间关系的模型。该模型也可用图形来表示，称为证券市场线，表明证券投资组合的必要收益率与不可分散风险之间的关系，如图 8-2 所示。

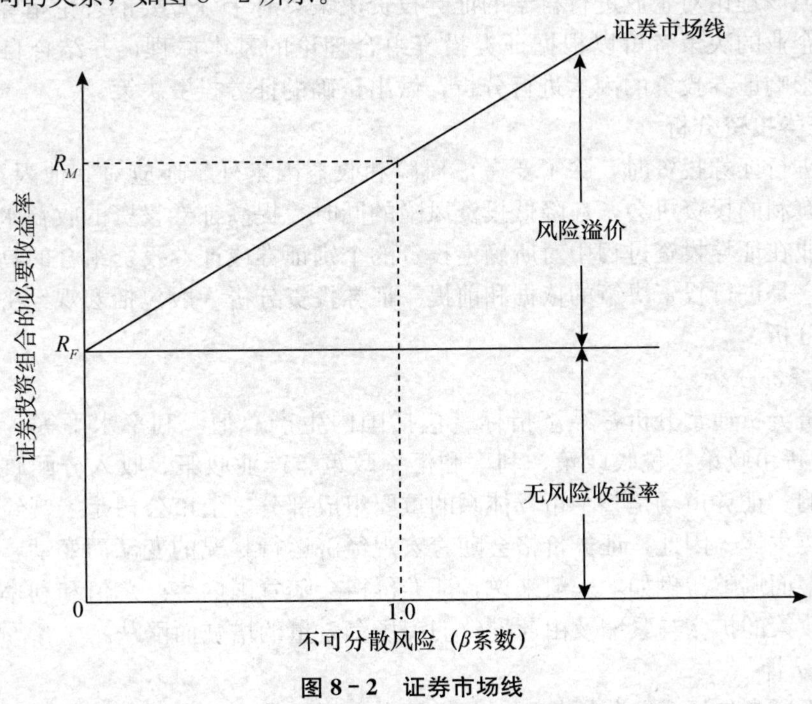

图 8-2　证券市场线

根据资本资产定价模型，证券投资组合的必要收益率可分为两部分：一部分是无风险收益率；一部分是风险收益率。风险收益率是风险价格与 β 系数的乘积，其中，风险价格是预期的市场收益率减去无风险收益率的差额，是对单位风险的补偿。

根据资本资产定价模型所确定的证券投资组合的必要收益率是投资者进行投资决策的一个重要标准，只有当证券投资组合的预期收益率大于其必要收益率时，该证券投资组合的方案才可行。

【例 8-15】　某企业持有由 A、B、C、D 四种股票组成的证券投资组合，该组合中它们所占的比例分别为 40%、30%、20%、10%，β 系数分别为 1.2、0.5、1.5、2。若股票市场的平均收益率为 14%，无风险收益率为 8%，则该证券投资组合的 β 系数和必要收益率为：

$$\begin{aligned}\beta_{ABCD} &= 40\% \times 1.2 + 30\% \times 0.5 + 20\% \times 1.5 + 10\% \times 2 \\ &= 0.48 + 0.15 + 0.3 + 0.2 \\ &= 1.13\end{aligned}$$

$$K_{ABCD} = 8\% + 1.13 \times (14\% - 8\%)$$

=8%+6.78%

=14.78%

三、证券投资组合的方法

证券投资组合理论是建立在许多假设条件之上的，计算复杂，在实际生活中运用更是困难重重。但该理论对企业进行科学的证券投资决策具有十分重要的理论指导意义。在实际生活中，企业的决策者可以根据证券投资组合理论的基本原理，并结合自己的实际情况，通过对影响证券投资的因素进行分析，做出正确的证券投资决策。

（一）证券投资分析

企业在进行证券投资时，除了要考虑风险和收益因素外，还应对其他因素进行分析，以便抓住最有利的投资机会，在降低投资风险的同时，提高证券投资的收益水平。证券投资分析是企业在证券投资过程中对所确定投资的个别证券或证券投资组合的具体特征所进行的分析，它是进行投资决策的依据和前提。证券投资分析一般包括宏观经济分析、行业分析、公司分析。

1. 宏观经济分析

宏观经济分析通常分析各经济指标（包括国内生产总值、利率水平等）和经济政策（财政政策、货币政策、税收政策、利率和汇率政策、产业政策、收入分配政策等）对证券价格的影响。证券市场是整个市场体系的重要组成部分，上市公司是宏观经济运行微观基础中的重要主体。因此，证券价格会随着宏观经济运行状况的变动而变动，会因宏观经济政策的调整而调整。例如，一般来说，证券价格会随着国内生产总值和利率的升降，以及宏观经济政策的扩张与紧缩及由此导致的市场资金量的增减而涨跌。

2. 行业分析

行业分析通常包括产业分析与区域分析两个方面，是介于宏观经济分析和公司分析之间的中观层次分析，主要是分析产业发展前景和区域经济发展状况对证券市场价格的影响。一方面，产业发展状况对该产业上市公司的影响巨大，从某种意义上说，投资于某个上市公司，实际上是投资于某个产业。而每个产业如同每个人一样，都会经历一个由成长到衰退的发展过程，这个过程称为产业的生命周期。产业的生命周期通常分为初创期、成长期、稳定期、衰退期四个阶段。处于不同发展阶段的产业在经营状况及发展前景方面有很大的差异，这必然会反映到证券价格上。蒸蒸日上的产业的证券价格呈上升趋势，而日渐衰落的产业的证券价格呈下降趋势。另一方面，上市公司在一定程度上又受到区域经济发展的影响，尤其在我国，各地区的经济发展不平衡，造就了我国证券市场所特有的“板块效应”。由于区域经济发展状况、区域对外交通与信息沟通的便利程度、区域内的投资活动活跃程度等的不同，分属于各区域的证券价格自然也会存在差异，即便是相同产业的证券也是如此。经济发展较快、交通便利、信息化程度高的地区投资活跃，证券投资有较好的预期；而经济发展迟缓、交通不便、信息闭塞的地区，其证券投资总体上呈现不活跃的趋势。

3. 公司分析

公司分析主要分析上市公司的经营状况对证券价格的影响。上市公司是发行证券所募集资金的使用者，也是投资收益的实现者，因而其经济状况的好坏对证券价格的影响极大。公司的竞争能力、盈利能力及增长趋势、公司经营管理能力、财务状况等均关系到其经营状况，因而从各个不同的方面影响着证券的市场价格。为此，公司分析一般包括公司基本素质分析和财务报表分析。公司基本素质分析主要分析公司的竞争能力、盈利能力及增长趋势、公司经营管理能力等；财务报表分析主要分析公司的盈利能力、偿债能力、资产的营运能力等。

（二）证券投资组合的具体方法

证券投资组合的具体方法可按下列程序进行。

1. 选择足够多的证券进行组合

从证券投资组合的理论可知，证券投资组合中的证券种类越多，证券投资组合的可分散风险就越小。当组合的证券数目足够多时，大部分可分散风险会被分散掉。实际中使用这一方法时，不要有目的地组合，要随机选择证券进行投资组合。例如，根据投资专家估计，在美国纽约证券市场上，随机地购买 40 种股票，其大部分可分散风险都能被分散掉。

2. 选择呈负相关的证券进行投资组合

从证券投资组合的理论可知，对呈负相关的证券进行投资组合能更有效地分散可分散风险。所以，在实际进行投资时，应尽可能寻找呈负相关的证券进行组合，例如，石油公司的股票与汽车制造公司的股票便呈负相关。因为当石油价格大幅度提高时，石油公司的收益率会上升，但汽车的销售量将受到很大影响，使汽车制造公司的收益率下降。但在实际生活中，呈负相关的证券是非常少见的。

3. 将高、中、低不同风险的证券放在一起进行证券投资组合

这种组合又称为三分之一法，即把证券投资组合中全部资金的 1/3 投资于高风险的证券，1/3 投资于中等风险的证券，1/3 投资于低风险的证券。所谓的高、中、低风险，是根据证券对宏观经济状况变动的敏感程度确定的。一般而言，高风险的证券对宏观经济状况的变动比较敏感，其投资收益波动较大。当经济处于繁荣时期时，其可获得高额的收益率；但当经济处于衰退时期时，其遭受的损失也巨大。相反，风险小的证券对宏观经济状况变动不十分敏感，其投资收益波动较小，一般都可获得稳定的收益，也不致遭受损失。中等风险的证券投资收益对宏观经济状况变动的敏感程度介于高风险证券和低风险证券之间。因此，采用这种方法进行证券投资，虽不能获得高额的收益，但也不至于承担巨大的损失。

第五节　衍生品投资基础——期权估价

一、期权概述

（一）期权的基本概念

期权（option）是指买卖某种资产的权利。期权合约是指赋予持有人在某给定日期或该日期之前的任何时间以固定价格购进或售出某种资产的权利（而非义务）的合约。

（二）期权的基本构成要素

（1）期权合约的有效期，指期权买方向卖方支付权利金从而获取相关权利的时间间隔。

（2）期权到期日，指期权买方实施行使、转售、放弃等权利的最后时间。

（3）期权执行价格，指期权合约中所规定的标的资产的买卖价格。

（4）期权执行日，指期权实际执行的那一天。

（5）权利金（又称期权费），指期权买方为获取合约所赋予的权利而必须支付给卖方的费用。

（三）期权的类型

（1）按期权买方所拥有的权利不同划分，可分为看涨期权与看跌期权。

看涨期权是指买方有权利（非义务）按事先约定的价格和规定的时间向期权卖方购入一定数量的标的资产。看跌期权是指买方有权利（非义务）按事先约定的价格和规定的时间向期权卖方卖出一定数量的资产。

（2）按期权买方行权时间不同划分，可分为美式期权与欧式期权。

美式期权是指期权买方在规定的有效期内的任何时间都可以行使权力。欧式期权是指期权买方在规定的合约到期日方可行使权力。

（3）按标的资产类型不同划分，可分为股票期权、债券期权、外汇期权、指数期权、期货期权等。本书后文中所讲期权主要以股票期权为例。

（四）期权的价值构成

1. 内在价值

各类期权的内在价值如图 8－3 所示。

看跌期权的内在价值＝Max[0，执行价格－标的资产市场价格]；

看涨期权的内在价值＝Max[0，标的资产市场价格－执行价格]。

内在价值＞0，期权成为实值期权。内在价值＝0，期权成为虚值期权。

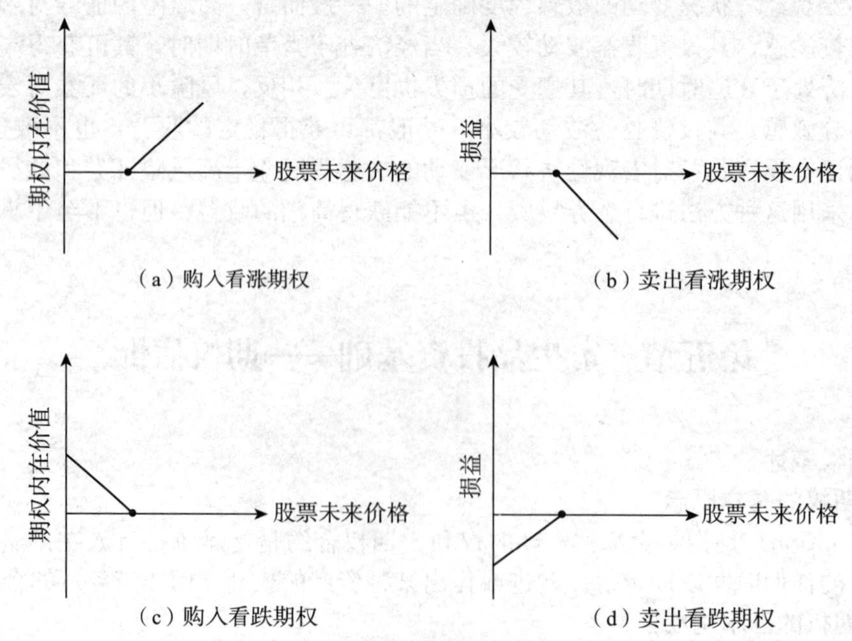

图 8－3　各类期权的内在价值

2. 时间溢价

时间溢价指期权价格超出内在价值的部分。时间溢价很难计算，使得期权价值不太容易量化。

看涨期权的价值构成如图 8-4 所示。

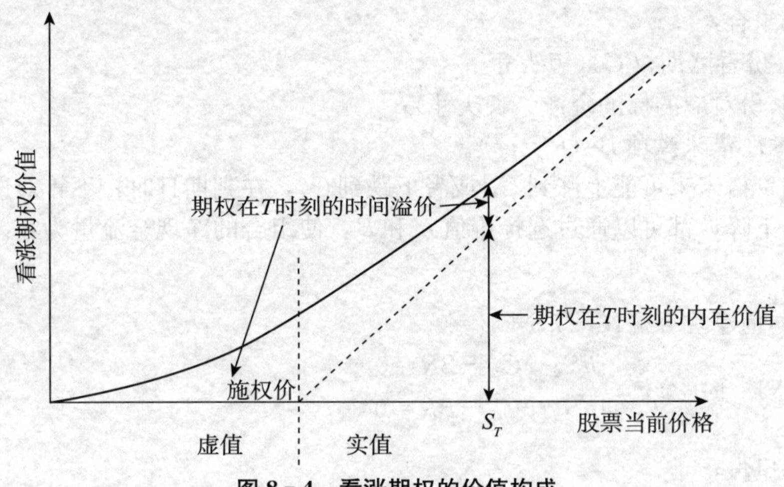

图 8-4　看涨期权的价值构成

二、期权的二叉树定价

期权的定价主要建立在无套利思想的基础之上。无套利思想的核心在于，若两个资产（或资产组合）在未来某一时刻的收益相同，那么在当前时点的价格也应该相同，否则市场存在套利空间。

1. 一期的二叉树模型

为了便于理解，此处用一个简单算例来解释一期的二叉树期权定价原理。

【例 8-16】　假定股票的当前价格 $S=100$，未来股票价格有上涨 20%和下跌 10%两种可能，其中分别用 $u=1.2$ 和 $d=0.9$ 来表示，假设看涨期权的执行价格（X）为 100，无风险利率为 10%。

考虑考虑这样一个资产组合：

a. 以价格 C 卖出三份看涨期权；

b. 以价格 100 买入两份对应的风险资产；

c. 以 10%的利率（r）借入 163.64。

那么，持有该资产组合的期初（$t=0$）净现金流为：$3C-200+163.64=3C-36.36$；该组合在期末（$t=1$）的净现金流则有两种可能，这取决于股票价格是上涨还是下跌。股票价格上涨和下跌两种情况下资产组合的净现金流如表 8-10 所示。

表 8-10　　股票价格上涨和下跌两种情况下资产组合的净现金流

	股票价格上涨（$u=1.2$）	股票价格下降（$d=0.9$）
卖出股票资产	2×120=240	2×90=180
支付空头看涨期权	3×(−20)=−60	3×0=0
归还借款	−163.64×1.1=−180	−180
净现金流	0	0

根据无套利定价原理，期末无论股票价格是上涨还是下跌，该资产组合的收益都为0。这意味着资产组合期初的净现金流 $3C-36.36$ 应该等于0，否则存在套利空间，即市场无套利均衡的期权价格为 $C=12.12$。

将模型进行推广，假设股票当前价格为 S，未来可能上涨到 S_u 或者下跌到 S_d，考虑这样一个资产组合：

a. 卖出一份看涨期权 C（短头寸）；

b. 买入 h 份对应的标的资产（长头寸）；

c. 以利率 R 借入款项 B（$R=\mathrm{e}^{rt}$）。

假设期权价格未来可能上涨到 C_u 或者下跌到 C_d，在到期日时，不管对应的标的资产价格上升还是下降，都可以通过选择价值 h 和 B，使组合的净现金流量为零。根据无套利定价原理得出：

$$\begin{cases}\text{期初的净现金流}: C-hS+B=0\\ \text{期末的净现金流}: \begin{cases} hS_u-C_u-BR=0\\ hS_d-C_d-BR=0\end{cases}\end{cases}$$

计算方程可得：

$$h=\frac{C_u-C_d}{S(u-d)}$$

$$B=\frac{dC_u-uC_d}{R(u-d)}$$

看涨期权的价格 C 为：

$$C=\frac{(R-d)C_u+(u-R)C_d}{R(u-d)}$$

上述无套利均衡定价过程中，包括一些无套利定价的相关假设：无限制的卖空机制、无限制的借贷市场、不存在交易成本、投资者的个体交易不影响整体市场。①

2. 风险中性概率

由上述公式可知看涨期权的定价公式为

$$C=\frac{(R-d)C_u+(u-R)C_d}{R(u-d)}$$

如果使得

$$\pi=\frac{R-d}{u-d}$$

那么

$$C=\frac{\pi C_u+(1-\pi)C_d}{R}$$

① 详细可见考克斯（Cox）和鲁宾斯坦（Rubinstein）于1979年提出的模型。

π 具有非负，以及和为 1 的数学性质，符合概率的定义，但 π 并不是股价真实的上涨概率，而是依据无套利均衡定价结果倒算出来的数学概率。用这一概率对期权未来收益进行加权并计算期望收益，然后用无风险利率贴现的现值就是期权的价值。因此，这一概率一般称为风险中性测度下的概率，即风险中性概率。

之所以称之为风险中性概率，是因为用该概率计算的加权期望收益只需用无风险利率进行贴现，不需要考虑投资者的个人风险偏好，便可得到期权的无套利均衡定价结果。通过计算风险中性概率对期权进行定价，会使得定价方法简单且易计算。

【例 8－17】 此处沿用例 8－16 的数据，股票当前价格 $S=100$，$u=1.2$，$d=0.9$，看涨期权的执行价格为 100，假设无风险利率为 10%。

（1）计算风险中性概率。

$$\pi=\frac{R-d}{u-d}=\frac{1.1-0.9}{1.2-0.9}=\frac{2}{3}$$

（2）计算看涨期权的价格。

$$C=\frac{\pi C_u+(1-\pi)C_d}{R}=\frac{\frac{2}{3}\times 20+\frac{1}{3}\times 0}{1.1}=12.12$$

风险中性概率定价方法应用在二期的二叉树原理与一期基本相同，只需要采用倒推的方法往前计算即可。二期的二叉树如图 8－5 所示。

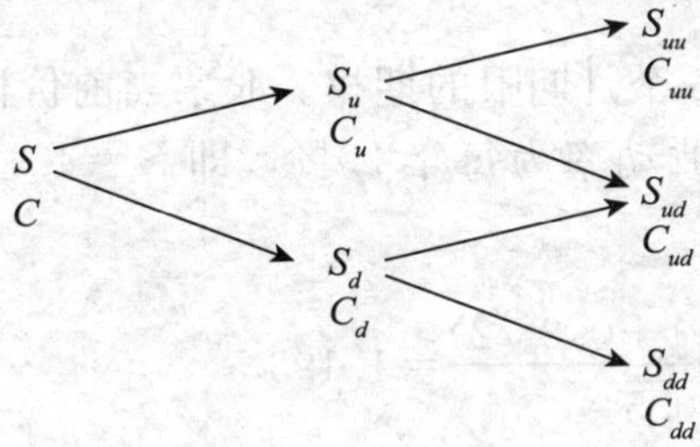

图 8－5　二期的二叉树

对应的看涨期权价格为：

$$C_u=\frac{\pi C_{uu}+(1-\pi)C_{ud}}{e^{r\Delta t}}，C_d=\frac{\pi C_u d+(1-\pi)C_{dd}}{e^{r\Delta t}}$$

$$C=\frac{\pi C_u+(1-\pi)C_d}{e^{r\Delta t}}=\frac{\pi^2 C_u u+2\pi(1-\pi)C_{nd}+(1-\pi)^2 C_{dd}}{e^{2r\Delta t}}$$

三、布莱克-斯科尔斯期权定价

当在二叉树上引入更多的步数时，风险中性概率定价方法仍然成立。当二叉树上的步长为足够小的极限状态时，由二叉树给出的欧式期权价格即收敛到连续的布莱克-斯科尔斯期权定价模型。

布莱克-斯科尔斯期权定价模型又称布莱克-斯科尔斯-默顿期权定价模型（Black-

Scholes-Merton option pricing model)，是建立在股票价格服从广义维纳过程的前提假设下的一个关于股票衍生资产的定价公式。而欧式看涨期权和欧式看跌期权只是该模型的较为经典的解。

以看涨期权为例，通过对布莱克-斯科尔斯期权定价模型进行积分求解，可得看涨期权价格如下。

$$C=SN(d_1)-Ke^{-rT}N(d_2)$$

其中，

$$d_1=\frac{\ln(S/K)+(r+\sigma^2/2)T}{\sigma\sqrt{T}}$$

$$d_2=\frac{\ln(S/K)+(r-\sigma^2/2)T}{\sigma\sqrt{T}}=d_1-\sigma\sqrt{T}$$

式中，$N(d)$ ——标准正态分布的累积分布函数，即服从标准正态分布函数的随机变量小于 d 的概率；

S——当前时间点股票价格；

K——看涨期权执行价格；

r——年度连续无风险收益率；

σ——股票价格的波动率；

T——期权的期限。

【例 8-18】 考虑一个 6 个月期限的期权。股票当前价格为 42，执行价格为 40，无风险利率的年利率为 10%，波动率为每年 20%，即 $S=42$，$K=40$，$r=0.1$，$\sigma=0.2$，$T=0.5$，因此，

$$d_1=\frac{\ln(42/40)+(0.1+0.2^2/2)}{0.2\times\sqrt{0.5}}=1.193\ 5$$

$$d_2=\frac{\ln(42/40)+(0.1-0.2^2/2)}{0.2\times\sqrt{0.5}}=0.910\ 7$$

如果该期权为欧式看涨期权，则其价格 C 为：

$$C=42\times N(1.193\ 5)-38.049\times N(0.910\ 7)$$

如果该期权为欧式看跌期权，则其价格 P 为：

$$P=38.049\times N(-0.910\ 7)-42\times N(-1.193\ 5)$$

采用以上多项式近似或 Excel 中的 NORMSDIST 函数，可得：

$N(1.193\ 5)=0.883\ 7$

$N(-1.193\ 5)=0.116\ 3$

$N(0.910\ 7)=0.818\ 8$

$N(-0.910\ 7)=0.181\ 2$

由此得出：

$$C=5.96$$

$$P=2.01$$

复习思考题

1. 金融资产长期投资的特点有哪些？
2. 股票投资的特点有哪些？
3. 股票投资的风险有哪些？
4. 债券投资的特点有哪些？
5. 债券投资的风险有哪些？
6. 如何理解证券投资组合理论？
7. 如何理解证券投资组合的相关系数？
8. 期权的主要概念和类型有哪些？
9. 期权的二叉树定价的无套利思想是如何体现的？
10. 风险中性概率的特点有哪些？

第九章 短期资产投资决策

第一节 营运资金管理

一、营运资金及其分类

营运资金是指企业在生产经营活动中占用流动资产方面的资金，数量上表现为流动资产减去流动负债以后的余额，所以又称净营运资金。

（一）流动资产及其分类

1. 流动资产的概念

流动资产是指可以在一年内或者超过一年的一个营业周期内变现或者运用的资产，包括现金及各项存款、交易性金融资产、存货、应收及预付款项等。流动资产是劳动对象，是企业生产经营活动的必要劳动要素。具体来说，包括以下项目。其中，广义的现金包括（1）、（2）两项。

（1）现金，指企业的库存现金，其中包括企业内部各部门周转使用的备用金。

（2）各项存款，指企业的各种不同类型的银行存款。

（3）交易性金融资产以公允价值计量且其变动计入当期损益。满足下列条件之一的可以划分为交易性金融资产。

1）取得该金融资产主要是为了近期内出售或回购；

2）属于进行集中管理的可辨认金融工具组合的一部分；

3）属于衍生金融工具。

（4）应收款项，指企业因销售产品、提供劳务等，应向购货单位和受益单位收取的款项，是购货单位欠企业的短期债务，包括应收账款和应收票据。

(5) 预付款项，指企业按照购货合同规定预付给销货单位的购货定金或部分货款，以及企业预交的各种税、费等。

(6) 存货，指企业在生产经营过程中为销售或者耗用而储备的各种资产，包括企业的库存材料、在产品、产成品、低值易耗品、包装物等。

2. 流动资产的分类

根据不同的标准，流动资产可以分为以下类型：

(1) 流动资产按其所处领域不同，分为生产领域的流动资产和流通领域的流动资产。

生产领域的流动资产指在产品生产过程中发挥作用的流动资产，如各种为生产储备的原材料、辅助材料、燃料、低值易耗品等。

流通领域的流动资产指在商品流通过程中发挥作用的流动资产，如实物形态的产成品以及结算形态的应收账款等。

(2) 流动资产按用途不同，分为临时性流动资产和永久性流动资产。

临时性流动资产指因临时性或季节性原因而多占用的流动资产，如纺织行业在棉花收获季节大量购买原材料而形成存货多占用等。

永久性流动资产指满足正常生产需要最低限度的流动资产占用，如生产企业的正常原材料储备等。

3. 流动资产的特点

流动资产的特点表现在以下几个方面：

(1) 使用周期短。流动资产在使用中只经历一个生产经营周期就会改变其实物形态，并将其全部价值转移到产品中去，构成产品成本的一个组成部分，然后从产品销售收入中得到补偿。

(2) 变现能力强。各种形态的流动资产都可以在较短的时间内出售和变卖，具有较强的变现能力，是企业对外偿还债务的重要保证。

(3) 形态多样化。流动资产在周转过程中，依次改变其形态，分别表现为现金或各项存款、各种材料、在产品、产成品和各种应收及预付款项等，这些形态的资产在企业中并存，具有多样化的特征。

(二) 流动负债及其分类

流动负债是指需要在一年或超过一年的一个营业周期内偿还的债务，又称短期融资，主要包括短期借款、应付账款、应付票据、应付工资、应交税金、其他应付款等。流动负债按不同标准可以分为以下类型。

(1) 流动负债按应付金额是否确定，分为应付金额确定的流动负债与应付金额不确定的流动负债。

应付金额确定的流动负债是指按合约规定到期必须偿还确定金额的流动负债，如短期借款、应付票据等。

应付金额不确定的流动负债是指按生产经营状况加以估计的金额不确定的流动负债，如应交税金、应付利润等。

(2) 流动负债按形成情况及用途不同，分为自然性流动负债与人为性流动负债。

自然性流动负债是指由于法律或结算制度的规定，一部分应付费用的支付期晚于形成期而自然形成的那部分流动负债，包括应付账款、应付工资、应交税金等，它不需要财务人员进行人为的安排，便自然而然地形成。这部分流动负债往往直接产生于企业的生产经营中，又称自发性负债。

人为性流动负债是指财务人员根据企业对短期资金的需求，人为正规安排所形成的那部分流动负债，包括短期借款、应付短期融资券等。这部分流动负债一般是为满足临时性的资金需要而发生的负债，又称临时性负债。

二、营运资金管理政策

营运资金管理是财务管理中的一项重要内容。营运资金管理内容具体包括营运资金数量的确定、营运资金的筹措、流动资产与流动负债比例等。营运资金管理中形成的制度及方法称为营运资金管理政策，具体来说，包括营运资金持有政策与营运资金筹资政策两方面。

(一) 营运资金持有政策

一般来说，在其他条件不变的情况下，流动资产较多，将会使企业有足够的现金及现金等价物用来偿还到期债务，到期不能偿债的风险较小。然而，由于流动资产的获利能力低于长期资产，因而在流动资产上过多地占用资金，会使企业的收益能力下降。若流动资产较少，则企业的收益能力增强，而到期不能偿债的风险也会加大。因此，考虑到营运资金持有政策，也必须把它们放在风险与收益相权衡的模型中加以讨论。

我们通常将持有较多流动资产的营运资金持有政策称为保守政策，在此政策下，收益低，风险小；将持有较少流动资产的营运资金持有政策称为积极政策，在此政策下，收益高，风险大；介于两者之间的是适中政策，在此政策下，流动资产持有量既不多也不少，收益与风险均适中。各个企业应根据企业自身特点及企业生产经营情况，选择合适的营运资金持有政策。

(二) 营运资金筹资政策

许多行业的业务往往呈季节性变化，因而导致对流动资产的需求也呈季节性变化。在经营的旺季，企业会增加对流动资产的需求；而在经营的淡季，企业则会减少对流动资产的需求。但是，流动资产不可能降为零，总存在一个长期性的保证正常经营的最低限度的流动资产需求量。受季节性变化影响的流动资产需求量即临时性流动资产，又称为波动性的流动资产。不同性质的流动资产的筹资方式是不同的，企业在筹措流动资金时，既要保证一部分稳定的资金来源，又要合理安排一些短期资金来源。这种长期性流动资产与临时性流动资产筹资方式的安排与组合即营运资金筹资政策。

营运资金筹资政策有三种：积极型筹资政策、保守型筹资政策、适中型筹资政策。具体分析见第五章。

第二节 现金管理决策

一、企业置存现金的原因

现金是流动资产的典型形态，也是流动资产中最活跃的因素。现金的概念有广义和狭义之分。狭义的现金是指库存现金，是专门用以支付日常零星开支所必需的。这里的现金是广义的概念，包括库存现金和各项银行存款。在我国，广义的现金也称为货币资金。

现金是一种盈利能力最低的资产，从理论上讲，企业置存现金量越低越好，因为置存现金说明这部分资金尚未投放到生产经营过程中去，从而形成损失。占有现金的收益率最低，如果将现金进行投资，将会取得较高的利润率。因此，投资利润率越高，持有现金的机会成本越大。所以，企业应尽可能地将现金维持在某一特定水平。企业如果由于季节性或临时性原因，如在为支付利息、偿还债务、缴纳所得税等做出准备或积累的过程中，现金流入大于现金流出而使得现金超过这一特定水平，则可将这部分现金投资于短期有价证券。企业持有短期有价证券：一是为了减少因持有现金而引致的利润损失；二是可以随时补充现金不足的需要。这些短期有价证券一般具有以下特点：(1) 在短期内变现能力强；(2) 市场风险小，不会产生价格上的大起大落；(3) 能够产生利息。虽然投资于短期有价证券的利率往往比投资于生产经营活动的收益率低，但要比银行存款利率高，而且企业在临时急需时可以将短期有价证券在证券市场上出售并转换为货币资金。如果企业持有大量短期有价证券，那么在现金不足时，企业有时可以不必出售短期有价证券，而选择向银行借款，并以证券作为抵押，提高企业向银行借款的信用程度。但同时，现金是流动性最强的资产，可以用来满足日常生产经营支出的各项需要，是企业还本付息、履行纳税义务及支付现金股利的保证。拥有足够多的现金对企业降低偿债风险，增强企业资金流动性具有重要意义。

一般地，企业置存现金的原因（动机）主要体现在以下三个方面。

（一）交易动机

企业为了应付日常经营中的交易需要而应该保持货币资金。这些交易包括：购买原材料、支付工资、缴纳税款、偿还债务、派发现金股利等。由于企业每天现金的流入和流出很少同时发生，为使这种货币收支的暂时不平衡不至于中断日常交易，持有一定量的现金并保留必要的现金余额是完全必要的。其持有量的大小与交易业务的增减成正比。

（二）预防动机

为了预防意外事件发生而需要保持货币资金。由于市场行情瞬息万变，企业很难对未来现金流入量与流出量做出永远准确的预期，一旦预期与实际情况发生偏差，必然会对其正常经营秩序产生不利的影响。

因此，为应付未来现金收支的波动，保证正常经营的继续进行，持有一定量的现金并保留必要的现金余额也是应当加以考虑的。其持有量的大小与预测现金收支的可靠性、举债能力以及企业愿意承担风险的程度相关。

（三）投机动机

企业为抓住金融市场稍纵即逝的机会，需要在从事投资活动过程中保持一定量的货币资金。当证券市价跌入低谷，预期价格将会反弹时，以一定量的货币资金购入有价证券即可获取高额收益，为此，也应该持有一定量的现金并保留必要的现金余额。但投机动机只是企业确定现金持有量时应考虑的较为次要的因素。其持有量的大小与金融市场的投资机会及企业对待风险的态度相关。

二、现金最佳持有量的确定

出于交易动机和预防动机考虑，企业必须持有现金，但其持有量有一定的数量界限。企业为了既拥有保证生产经营活动顺利进行而必需的现金，又要实现其最佳的利用效果，就应该从理论上确定现金的最佳持有量。

根据企业现金需要的可预测性、有价证券的利率以及现金与有价证券之间的转换成本，可采用以下方法进行确定。

（一）存货模式

存货模式又称鲍曼模型。威廉·鲍曼第一个注意到现金余额与存货有许多相似之处。该模型主要是从现金管理总成本即现金的持有成本以及现金与有价证券之间的转换成本着手加以研究。

在存货模式中，假定收入是每隔一段时间发生的，支出是在一个时期内均匀发生的，在此时期内，企业通过销售有价证券获得资金。如果企业期初现金持有量为 C 元，这笔资金在 t_1 时间内陆续用完，而后企业出售有价证券 C 元以补充现金，然后在 t_2 时间内陆续支出完毕，再出售有价证券 C 元，如此周而复始，如图 9－1 所示。

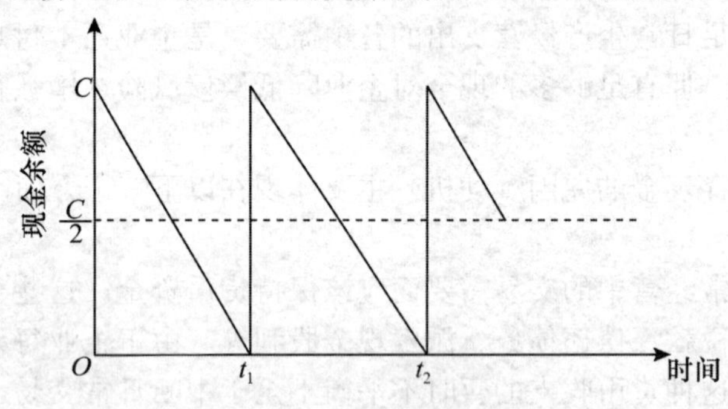

图 9－1　现金余额变化趋势

假定某企业月初现金持有量为 500 000 元，每天现金流出大于流入 50 000 元，10 天后现金持有量为零。这时，企业应向银行借款或出售有价证券 500 000 元，以保持现金持有量。如果现金持有量仍为 500 000 元，每天现金流出大于流入 100 000 元，则企业 5 天后就需要补充现金，向银行借款或出售有价证券的次数就会增多，兑换费用也会增加，但由于持有现金的时间短，丧失投资于有价证券而产生利息的机会所带来的机会成本就会降低。相反，在每天现金流出大于流入 100 000 元的条件下，为了减少向银行借款或出售有价证券的次数从而降低兑换费用，就必须增加现金持有量。本例中，如果使其周期仍为 10 天，则必须期初持有 1000 000 元的现金。这样，虽然维持了兑换费用不致升高，但持有现金的机会成本大幅度升高了。它们之间的关系如图 9－2 所示。

图 9－2 显示，现金持有成本与现金持有量成正比，企业的现金持有量越多，现金持有成本则越高。现金转换成本与现金持有量成反比，现金持有量越大，用有价证券兑换成现金的次数越少，现金转换成本则越低。现金持有成本与现金转换成本之和为总成本。当现金持有量为 C 时，总成本最低。C 为现金最佳持有量。

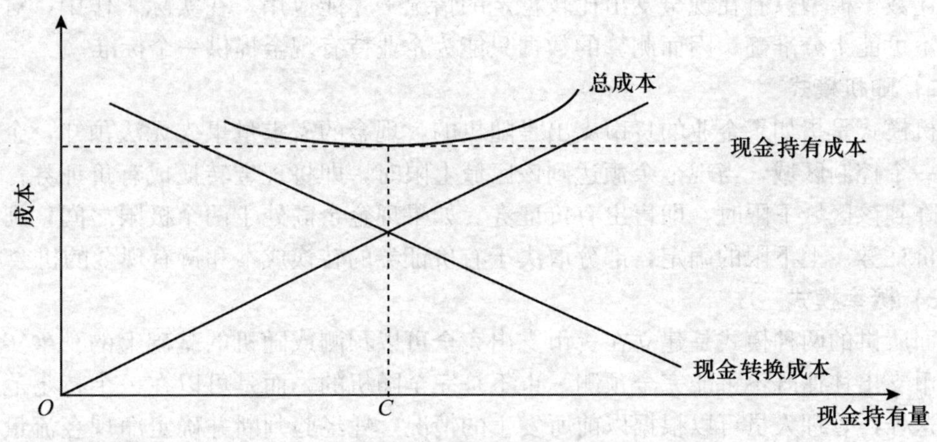

图 9-2 现金持有成本与现金持有量的关系

持有现金的总成本 T_c 的计算公式为：

$$T_c = R\left(\frac{C}{2}\right) + K\left(\frac{T}{C}\right)$$

式中，T——某一时期现金总需求量；

C——现金最佳持有量；

R——有价证券的利息；

K——兑换费用；

$R\left(\frac{C}{2}\right)$——现金持有量的利息损失，即现金持有成本；

$K\left(\frac{T}{C}\right)$——某一期间兑换费用总额，即现金转换成本。

对上式求导数，并令其结果等于零，则有：

$$\frac{\mathrm{d}T_c}{\mathrm{d}C} = \frac{R}{2} - \frac{KT}{C^2} = 0$$

从而有：

$$C = \sqrt{\frac{2KT}{R}}$$

【例 9-1】 某企业每月现金需求量为 600 000 元，每天现金支出量不变，每次现金转换成本为 50 元，有价证券月利率为 5‰，该企业的现金最佳持有量为：

$$C = \sqrt{\frac{2 \times 50 \times 600\ 000}{5‰}} = 109\ 545(\text{元})$$

该企业的现金最佳持有量为 109 545 元，每月从有价证券转换为现金的交易次数为：

$$\frac{T}{C} = \frac{600\ 000}{109\ 545} = 5.5(\text{次})$$

上述数学模型只有在现金支出比较稳定的情况下才能应用。在实际工作中，对于支出的预测不可能十分准确，因而测算的数据只能为企业持有现金提供一个标准。

（二）随机模式

随机模式是指如果企业的货币支出是随机的，现金的需求量事先无法预知，企业就可以判定一个控制区域，当现金余额达到该区域上限时，即将现金转换成有价证券；当现金余额下降到该区域下限时，即售出有价证券。如果现金余额处于两个极限之间，则不需要买卖有价证券。上下限的确定，部分取决于有价证券的转换成本和持有现金的机会成本。

（三）概率模式

前面所讲的两种模式是建立在货币支出完全可以预测或随机的基础上的。事实上，企业的货币支出往往既不可能完全预测，也不是完全随机的，而是可以在一个特定范围内预测的。这样，管理人员可以根据以前所发生的情况，凭经验判断并确定净现金流量概率结果，考虑各个时期由于现金短缺而形成的短缺成本等资料来确定现金最佳持有量。

随机模式与概率模式的计算比较复杂，在这里就不一一详细叙述了。

上述模式从理论上为确定现金最佳持有量提供了依据。在实际工作中，企业应根据自身特点及现金的规律性，研究并确定企业现金最佳持有量，并以此为目标，主动进行调节，以保证企业经营活动的现金需要，提高企业流动资产的整体效益。

第三节　应收账款管理决策

一、应收账款存在的原因

应收账款是指企业因销售产品、材料和提供劳务等，应向购货单位收取的账款，它是企业在正常的销售活动中所形成的未清账款。我国在过去不允许企业赊销商品和扩大商业信用，因为：一方面社会生产力水平低，商品供不应求；另一方面，统购包销的体制使得企业不需要采用和扩大商业信用。因此，我国企业中应收账款数量较少。在市场经济条件下，特别是随着新的企业经营机制的建立和完善，企业作为生产经营活动的实体，既要在生产经营活动中生产出更多更好的产品，同时又要在销售过程中进行竞争，以开拓市场，扩大市场占有率。在市场经济条件下，应收账款的发生有其客观必然性。有的企业由于距离原因和结算原因等不能及时收回货款，也有的企业将赊销商品作为企业的营销策略，尤其是在市场竞争日益加剧、企业资金紧张的情况下，要求现收现付势必影响企业产品的销售，而采取一定的赊销措施则会对更多企业产生吸引力，从而扩大销售，保证企业生产经营的正常进行。

二、应收账款的管理策略

应收账款的存在有其主观原因和客观原因，它能够对企业带来积极影响，但同时也会给企业带来一定的经济利益上的损失，主要包括：

（1）应收账款占压资金的利息支出，以及应收账款占压致使资金不能参加其他投资而获利的机会成本。

（2）应收账款的收款费用。

（3）可能的坏账损失。

企业应在综合考虑各项因素的基础上，加强对应收账款的管理和控制。

（一）运用信用政策的变化改变或调节应收账款的大小

企业的信用政策包括信用标准和信用条件。

1. 信用标准

信用标准就是企业对于客户信用要求的最低标准。如果信用标准定得过高，企业在赊销时遭受坏账损失的可能性就小，应收账款的机会成本也小，但这会限制企业通过赊销扩大营业额的规模。信用标准过低，虽然可以扩大营业额，但由此带来了较大的坏账损失的可能性。因此，企业应根据自身情况确定客户信用标准。

在规定的信用标准下，并不是说所有客户都可以赊销。赊销前，必须对买主进行信用评估，科学地预测客户的信用度。评估的内容包括：对方的信誉情况；对方的资本和抵押品；对方的生产经营情况及其趋势；其他因素。目前，中国工商银行等经常公布一些企业的信用等级，可供企业在评估时参考。企业根据信用资料研究并确定哪些客户可以赊销以后，还要为每个客户确定一个恰当的信用额度。

2. 信用条件

信用条件是企业要求客户支付赊销款项的条件，主要包括信用期限和折扣率。

（1）信用期限。信用期限过短会影响营业额，但如果信用期限过长，企业得到的利益有时会被增长的费用抵消，结果得不偿失。因此，企业必须规定适宜的信用期限。

（2）折扣率。延长信用期限，会增加企业的应收账款。为了尽快收回账款，减少坏账损失，企业可以在延长信用期限的同时，规定客户提前偿还货款的折扣率和折扣期限。比如“2/10，n/30”说明：客户在10天内付款，可享受2%的折扣；如果超过10天并在30天内付款，则不再享受任何折扣。这是国外常用的方法，对我国具有借鉴意义。

（二）制定和实施有效的收款政策

收款政策是指信用条件被违反时，企业采取的收款策略。尽管发生应收账款之前，企业对客户的信誉、支付能力等做了比较详细的分析和预测，但事物总是千变万化的，在实际工作中常常会出现拖欠账款的现象。对于拖欠应收账款的客户，企业应采取有效的收款政策，按一定程序，采取相应的办法，一般是通过函电催收、派人催收的办法进行。如果上述各项措施都没有效果，则可以诉诸法律解决，这是迫不得已的办法，一般不采用这种办法，因为这种办法往往造成两败俱伤。

企业在制定和实施收款政策时，应注意处理好以下关系。

一是收款成本与坏账损失的关系。企业为收回其应收账款，通常要付出一定的代价。一般来说，企业所支付的收款成本越高，应收账款被拒付的可能性就越小，企业可能遭受的坏账损失也就越少。但是，收款成本和坏账损失之间并不存在线性关系。企业开始支付的收款成本只能降低一部分坏账损失，随着收款成本的提高，应收账款被拒付的可能性也随着降低，发生坏账损失的可能性也会大大降低。但当企业的收款成本增大到一定限度时，应收账款和坏账损失的减少就不是那么明显了，因为总会有一些客户由于种种原因而拒付货款。收款成本的这一限度称为饱和点，如图9-3中的P点。在制定收款政策时，应权衡增加收款成本与减少应收账款和坏账损失之间的得失。

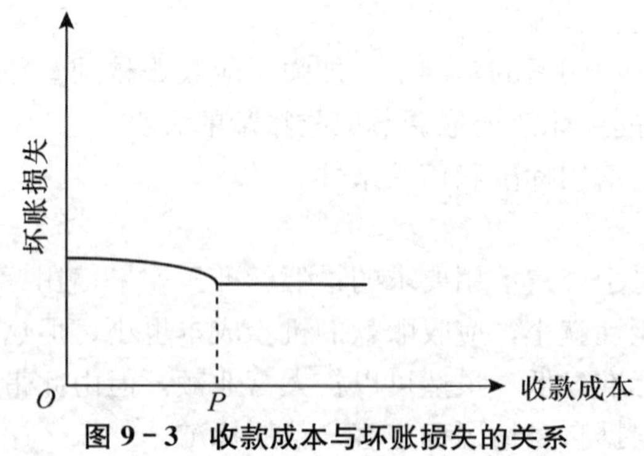

图9-3　收款成本与坏账损失的关系

二是收款成本与期望收回的应收账款之间的关系。企业支付收款成本的目的在于收回应收账款。如果企业所支付的收款成本大于其能收回的应收账款，就没有必要为之付出更多的收款成本，同时，这种收款政策也是不可取的。

当然，收回应收账款的环境、条件及客户不同，其收回额度及可能发生的坏账损失也不相同，这需要企业审时度势，并制定和实施有效的收款政策。

（三）建立提取坏账准备金制度

坏账损失是指因债务人破产或者死亡，以其破产财产或者遗产清偿后，仍然未能收回的应收账款，或者因债务人逾期未履行偿债义务超过三年仍然不能收回的应收账款。确认和处理坏账损失一般有两种方法。一种是直接核销法，它是在确定某项应收账款确实无法收回时，才把它作为这一会计期间的费用。直接核销法的优点是简便，缺点是不符合配比原则的要求。另一种是备抵法，也就是通过提取坏账准备金的方法来核销坏账损失。提取坏账准备金的目的是在企业确实发生坏账损失时能够及时得以补偿，保证企业正常的资金周转。提取坏账准备金是稳健原则在应收账款管理中的应用，它要求企业在发生赊销行为时就考虑可能的坏账损失，并采取一定办法，按一定比例从有关费用中计提。表面上看，提取坏账准备金增加了企业的费用，影响了企业的效益，但它能够化解坏账损失，以保证企业生产经营活动的正常进行。

第四节　存货管理决策

一、存货的内容及必要性

（一）存货的内容

存货是指企业在生产经营过程中为销售或者耗用而储备的物资。存货的内容广泛，形态众多。一般来说，存货按其来源和用途，可以分为以下几种。

（1）原材料和燃料，指企业购入的各种原材料和燃料。

（2）低值易耗品，指单位价值在国家规定的限额以下，或者使用年限在一年以下的劳动资料。

（3）在产品和半成品，指企业还没有完成全部生产过程，或虽已完成全部生产过程，但尚未验收入库，不能作为对外销售的产品。

（4）产成品，指企业已经完成全部生产过程，并已验收入库，可以对外销售的产品。

（5）商品，指企业购入的不需要经过任何加工就可以对外出售的商品。

（6）协作件。

（二）企业保持存货的必要性

存货对于任何一个企业来说都是必需的。如果企业能够保证从供应者那里得到源源不断的原材料，供应速度与生产过程中的原材料消耗速度完全相同，则不需要储存原材料等物资储备；同样，如果企业能使销售产品的速度与生产的速度相一致，那就不需要保持成品存货。因此，在这种最理想的条件下，企业的生产经营，除了工艺上所需的在产品存货外，完全可以不需要其他存货。但是，这种理想条件往往难以存在。实际上，原材料采购的最理想速度或生产上最有效的速度和原材料的运输、社会上对企业成品的需求，在数量上和时间上并不是必然一致的。例如，企业通过批量采购，可以降低购买价格，虽然这种方法会引起存货量提高，但可以降低采购成本。同样，企业维持成品存货，就可以通过连续不断地生产，更加经济地利用设备和劳动力。此外，通过存货，企业能够比较连续地、可靠地把产品源源不断地供应给客户，防止因生产过程受阻引起成品批量不足或成品供应不及时而导致的供货风险。

二、材料采购和储存管理的途径

储备过程包括材料采购和储存（又称库存）两个阶段，其储备成本包括采购成本和储存成本。采购成本是指每次采购进货所支付的必要费用。采购成本的高低与采购次数的多少有关。在一定时期和材料需求量确定的情况下，每次采购批量越大，采购次数越少，采购成本就越低。储存成本是指存货在储存期间所需支付的必要费用，如仓库管理费、商品保护费、保险费、租赁费等。储存成本的高低，取决于存货数量。存货数量越多，储存成本也就越高。相反，降低存货数量，减少每次采购批量，储存成本就会降低。

降低储备存货的总成本，就是要使采购成本与储存成本之和达到最低。但采购成本与储存成本之间存在此消彼长的关系，每次采购批量大，采购次数少，采购成本就会降低，但同时又会增加存货数量，增大储存成本。如果降低每次采购批量，虽然降低了储存成本，但同时增加了采购成本。因此，最佳采购批量应使采购成本和储存成本之和达到最小，这被称为经济批量法，其基本关系式为：

总成本＝采购成本＋储存成本

$$T=S\frac{R}{Q}+\frac{Q}{2}Ci$$

式中，Q——最佳采购批量；

R——全年材料采购总量；

S——一次采购费用；

C——材料单价；

i——单位储存费用，以存货百分比表示。

对上式求导数，并令其等于零，则有：

$$\frac{dT}{dQ}=-\frac{RS}{Q^2}+\frac{1}{2}Ci=0$$

$$\frac{1}{2}Ci=\frac{RS}{Q^2}$$

由此可以确定最佳采购批量：

$$Q=\sqrt{\frac{2RS}{Ci}}$$

采购批量与成本的关系见图 9-4。

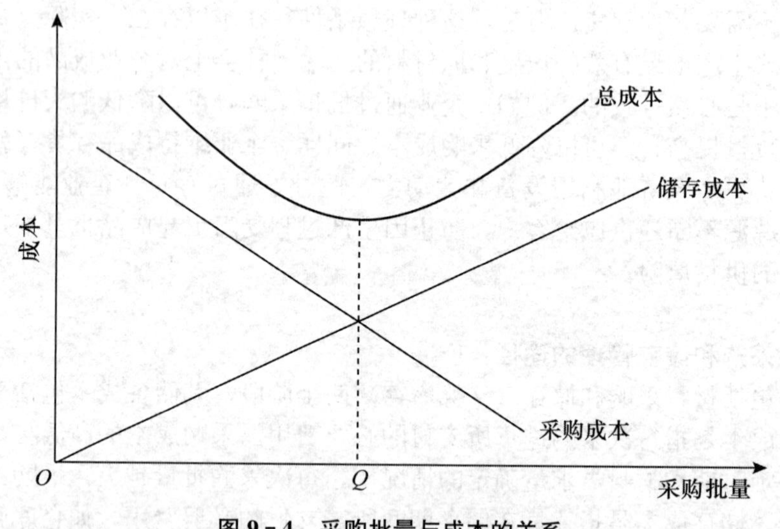

图 9-4　采购批量与成本的关系

经济批量法为确定最佳采购批量提供了客观可能。企业应以此为目标，从以下各方面做好材料采购工作和材料储存管理工作。

（一）加强材料采购工作

（1）编制和执行材料采购计划。材料采购计划分为年度、季度和月度三种。编制计划时，先确定采购数量，后确定采购金额。在年度材料采购计划执行过程中，供应部门和财会人员要深入生产部门、车间、仓库，随时掌握生产进度和材料使用情况，以便正确确定材料耗用量，正确编制季度和月度材料采购计划。

（2）制定材料采购限额。材料采购计划编制以后，由财务部门进行资金平衡，然后由供应部门执行。为了完成材料采购计划，供应部门要把计划采购指标进一步分解，确定各采购专业小组和采购人员的采购限额。采购专业小组和采购人员要按限额采购材料，以保证采购计划的完成。

（3）签订订货合同。订货合同签订后，企业要认真执行。

（二）做好材料储存管理

（1）加强对材料耗用的管理，制定先进合理的材料消耗定额，正确编制材料消耗计划，实行限额领料制度，节约用料，控制材料的耗用。

（2）健全材料管理制度。为了保证材料入库、出库、保管工作不发生差错和在库期间的安全完整，企业必须建立健全严格的管理制度，做到数量准确、质量可靠、责任清楚。材料在库保管期间要有安全保管和社会保养制度，做到材料不变质、不损坏、不丢失、不发生意外损失。

此外，企业中的低值易耗品和周转中使用的包装物在领用后可以一次或分期摊入费用。

三、加强半成品、在产品管理的途径

（一）组织均衡生产

均衡生产是指企业有节奏地、协调地从事生产活动和均匀地生产产品。组织均衡生产：一方面能充分利用企业的生产设备和工人的工作时间，有利于缩短产品的生产周期；另一方面能减少由于生产不均衡而造成的废品损失和时间损失，减少在产品数量。为了组织好均衡生产，应做好以下几方面工作。

1. 合理安排生产作业时间

它是年度生产计划的具体执行计划，安排生产作业时间时要合理安排产品的投产批量和投产时间。如果投产批量太大或投产过早，就会延长生产周期，增加在产品数量，造成在产品占压资金过多。投产批量太小或投产过晚，又会影响生产任务的完成。可见，合理安排生产作业时间是组织均衡生产的重要方法，也是缩短生产周期、减少资产占用的首要环节。

2. 组织零部件的成套生产

安排生产作业时间以后，必须严格按计划投料，使各种零部件能配套生产，在生产过程中要经常了解和掌握生产进度与零部件的配套情况，防止在产品积压和浪费。

3. 加强生产调度

企业的生产过程是复杂的，它不仅涉及企业内部的各个方面，而且与企业以外的各方面发生密切联系。因此，生产过程中的某些问题在编制计划时难以预料，为了解决生产过程中出现的各种问题，企业必须加强生产调度，做好劳动力、设备和劳动对象的调度工作，协调企业的生产活动。

（二）加强自制半成品管理

首先，应根据生产需要确定库存最高储备量和最低储备量，如发现超储积压或储备不足，则要及时采取措施。其次，健全半成品入库、出库、保管和清查盘点制度，保证半成品的安全完整。

（三）控制生产消耗，降低产品成本

生产过程中存货费用的多少，一方面受在产品、自制半成品储备量的影响，另一方面又受在产品、自制半成品成本水平的影响。在在产品、自制半成品储备量一定的情况下，生产过程中的材料、工资和其他费用上升，存货费用会增加，反之就会降低。因此要采取措施以控制生产过程中的各项生产费用，把资产管理和产品成本管理结合起来。

四、产成品存货管理的途径

产成品存货管理包括产成品库存、发运、结算三个阶段的管理工作。因此，必须做好

以下工作。

（一）做好库存产成品的管理工作

产成品仓库要严格按定额储备产成品，如发现库存产成品占用过多，则要及时查明原因，并采取措施予以控制。为掌握库存情况，核算人员要及时、准确地核算产成品增加、减少和结余情况，选用科学的方法确定其实际成本，为管理工作提供可靠的信息。同时，仓库保管人员要严格遵守产成品入库、出库、清查盘点和安全保管等制度，防止发生产成品短缺、残损和变质现象。

（二）加强产成品的发运工作

发运工作做得好，发运过程中占用的产成品资金就少。因此，销售运输部门要根据销售合同的有关规定，及时包装产成品，积极组织运输力量，按时把产成品运往车站、码头。

（三）加强销售结算工作

产成品发运以后取得结算货款或销售收入以前，产成品占用的资金仍属于产成品存货。企业财务会计部门要与销售运输部门密切配合，共同做好销售结算工作。销售运输部门要把运单、发票等有关单据及时转送给财会部门，财会部门要及时办理结算手续，尽快收回货款。对于购货单位拒付的货款，要查明具体原因，会同企业有关部门及时解决。对于逾期未收回的货款，要及时催收。

五、商品存货管理的途径

加强商品存货管理和控制的目的，是加速商品的进货、储存、销售的转换速度。企业对于商品管理的有效措施一般有商品分类管理和商品分环节管理两种方法。

商品分类管理就是对所经营的全部商品，按照生产能力、市场供求变化和库存状况等分为若干类，在资金供应上区别对待，以实现分轻重缓急、保证重点的目的，其一般做法如下。

（1）对市场供不应求的商品应重点管理，对所需进货资金优先供应；

（2）对市场供求基本平衡、货源正常的商品，可根据企业情况按计划安排资金；

（3）对特殊需求商品按订购计划安排资金；

（4）对质次价高的商品应停止购进，积极处理积压；

（5）有目的地进行某些新产品的试销。

商品分类管理要贯穿整个经营管理工作，并通过商品购销合同进行落实。企业的各有关部门要相互配合，采取相应措施，对全部商品都要按照商品划分的类型及时反映进货、储存、销售的情况，随时提供库存商品的结构状况，以利于合理组织商品进销，提高资金的利用效果。

商品分环节管理就是按照商品在各个流转环节的运动规律和具体情况，分别对进货环节、储存环节和销售环节进行管理，具体来讲，应做好以下几方面工作。

第一，在进货环节管理中，财务部门应做好市场预测工作，确定进货品种和数量，并做好资金的支付准备。此外，还必须加强在途商品的管理，严格制定商品的检验、查询制度，监督商品的迅速到达，并及时入库和清理不合理占压。

第二，在储存环节管理中，储存商品必须具备出售条件，在商品更新换代加快、出现买方市场的情况下，储存商品要结合其寿命周期不断进行更新，提高储存商品的供应能力，促进货畅其流；同时要健全储存商品的收发和保管制度，因此财务部门管好储存环节商品的关键是控制储存商品的品种和数量，并通过定期分析储存商品结构和开展商品储存期的分析，研究商品储存的盘亏分界线，测算各类商品的保本储存期和保利储存期。

第三，销售环节是商品流转的最终环节。企业应通过加强调查研究和预测，了解消费者的潜在需求，分析各类商品在未来一定时期可能达到的销售量和变化趋势，引导生产部门进行产品的更新换代，从而不断扩大销售。财务部门应监督业务部门严格执行销货合同，严格发货、交运手续制度，以尽快收回货款。

复习思考题

1. 什么是营运资金？
2. 什么是流动资产？流动资产的特点有哪些？
3. 流动负债的种类有哪些？
4. 营运资金筹资政策有哪些类型？
5. 企业置存现金的动机有哪些？如何确定现金最佳持有量？
6. 应收账款的管理策略是什么？
7. 企业保持存货的必要性是什么？如何确定最佳采购批量？

第十章 利润与股利政策

第一节　利润分配概述

一、利润的概念及其意义

（一）利润的概念

利润是指企业在一定会计期间的经营成果，包括收入减去费用后的净额、直接计入当期利润的利得和损失等。

企业对利润进行核算，可以及时反映企业在一定会计期间的经营绩效和获利能力，反映企业投入产出的效率和经济效益，有助于企业投资者和债权人据此进行盈利预测，评价企业的经营绩效，做出正确的决策。

从税收角度可以将利润分为税前利润和税后利润。税前利润一般包括营业利润、营业外收入和营业外支出三个部分；税后利润是指缴纳了所得税后的净利润，税后利润应依照国家和企业的有关利润分配政策进行分配。

（二）利润的意义

企业在营运过程中努力创造利润，利润的形成对企业具有重要意义。

1. 利润是企业经营所追求的目标

企业经营的目的在于获得收益。在重视企业经营效益、考虑经营风险的前提下，许多企业将利润作为其追求的经营目标。通过利润的考核和分析，可以评价企业的经营绩效及实现经营目标的能力。

2. 利润是企业投资人和债权人进行投资决策的重要依据

利润是衡量企业获利能力的重要指标之一。企业的投资人通过对被投资企业的获利情况的了解，可以在某种程度上决定是否对被投资企业进行投资。债权人通过对债务人的获利能力的评判，可以确定债权发生的适当性。

3. 利润是企业分配的基础

良好的经营状况，在一定程度上表现为企业经过一段时间的经营之后创造了利润。企业的分配是在创造利润的基础上进行的。企业只有创造了利润，在按照规定缴纳了应缴的税费之后，才可以对投资者分配利润。利润分配之后有剩余则为企业的滚存留利，形成企业的积累资金。

二、利润的形成

企业的利润就其构成来说，既有通过生产经营活动获得的，也有通过投资活动获得的，此外还包括那些与生产经营活动无直接关系的事项所引起的盈亏。根据《企业会计准则》的规定，企业利润包括营业利润、营业外收入、营业外支出和所得税等组成部分。其中，营业利润加上营业外收入和以前年度损益调整，减去营业外支出之后的数额又称为利润总额；利润总额减去所得税后的数额为企业的净利润。

营业利润＝营业收入－营业成本－营业税金及附加－销售费用－管理费用－财务费用－资产减值损失＋公允价值变动收益（－公允价值变动损失）＋投资收益（－投资损失）

利润总额＝营业利润＋营业外收入－营业外支出＋以前年度损益调整

净利润＝利润总额－所得税

（一）营业利润

营业利润是指营业收入减去营业成本和营业税金及附加，并减去销售费用、管理费用、财务费用、资产减值损失后，再加上公允价值变动收益（或减公允价值变动损失）以及投资收益（或减投资损失）后的金额。

其中，营业收入是指企业经营业务所实现的收入总额，包括主营业务收入和其他业务收入。营业成本是指企业经营业务所发生的实际成本总额，包括主营业务成本和其他业务成本。资产减值损失是指企业计提各项资产减值准备所形成的损失。公允价值变动收益（或公允价值变动损失）是指企业交易性金融资产等公允价值变动形成的应计入当期损益的利得（或损失）。投资收益（或投资损失）是指企业以各种方式对外投资所取得的收益（或发生的损失）。

（二）营业外收入和营业外支出

营业外收入和营业外支出是指企业发生的与其生产经营活动无直接关系的各项收入和各项支出。其中，营业外收入包括非流动资产处置利得、非货币性资产交换利得、债务重组利得、政府补助、盘盈利得、捐赠利得等。营业外支出包括固定资产盘亏、报废、毁损和出售的净损失，非季节性和非修理期间的停工损失，职工子弟学校经费和技工学校经费，非常损失，公益救济性的捐赠，赔偿金，违约金等。

（三）以前年度损益调整

以前年度损益调整是指企业在本期发现的，以前年度发生的少计成本费用、多计收益而应调整减少本期利润的数额，或由于以前年度多计成本费用、少计收益而应调整增加本期利润的数额。

（四）所得税

所得税是指企业应计入当期损益的所得税费用。由于税前会计利润与税法确认的应纳税所得额存在差距，因此企业在纳税的时候需要对税前会计利润进行调整。

三、利润预测

利润预测是企业财务预测的重要组成部分。利润预测通常有定性预测和定量预测两种方法。定性预测主要是依靠过去的经验和掌握的科学知识进行判断、分析，推断事物的性质和发展趋势，以此作为预测未来的主要依据。定量预测主要是根据过去的历史资料，运用现代数学方法和各种计算工具进行科学的加工处理，并建立经济预测的数学模型，借以充分揭示有关变量之间的规律性的关系，以此作为预测的依据。本节主要介绍定性预测中的盈亏临界点分析法和因素分析法。

（一）盈亏临界点分析法

盈亏临界点分析法也称损益平衡分析法或保本分析法，它主要研究怎样确定盈亏临界点，有关因素的变动又怎样影响盈亏临界点。盈亏临界点分析法可以为企业生产经营决策提供必要的信息。

1. 盈亏临界点的确定

盈亏临界点是指企业既无盈利又无亏损的经营点，即企业收入和成本相等的经营状态；从本、量、利分析的角度来看，也就是指企业的边际贡献等于固定成本的业务量，或者说是使企业的利润为零的业务量。根据利润计算公式：

$$\begin{aligned}\text{利润}&=\text{销售量}\times\text{单价}-\text{销售量}\times\text{单位变动成本}-\text{固定成本}\\&=\text{销售量}\times(\text{单价}-\text{单位变动成本})-\text{固定成本}\end{aligned}$$

利润为零时的销售量就是盈亏临界点销售量，即

$$\begin{aligned}0&=\text{盈亏临界点销售量}\times(\text{单价}-\text{单位变动成本})-\text{固定成本}\\&=\text{盈亏临界点销售量}\times\text{单位边际贡献}-\text{固定成本}\end{aligned}$$

$$\text{盈亏临界点销售量}=\frac{\text{固定成本}}{\text{单位边际贡献}}$$

公式两边都乘以单价，有：

$$\text{盈亏临界点销售额}=\frac{\text{固定成本}}{\text{边际贡献率}}$$

我们将盈亏临界点销售量（额）占正常销售量（额）的比重称为盈亏临界点作业率。这里讲的正常销售量（额）是指市场正常和开工正常情况下的企业销售量（额），其计算公式如下：

$$盈亏临界点作业率=\frac{盈亏临界点销售量(额)}{正常销售量(额)}\times 100\%$$

盈亏临界点作业率表明企业保本的业务量在正常业务量中所占的比重。在一般情况下，企业的生产经营能力是按正常销售量来规划的，所以盈亏临界点作业率还表明企业保本状态下的生产经营能力的利用程度。

【例 10-1】 某企业生产一种产品，单价为 15 元，单位变动成本为 10 元，固定成本为 1 800 元，企业的正常销售量为 1 000 件，则

盈亏临界点销售量＝1 800÷(15－10)＝360(件)

盈亏临界点销售额＝1 800÷[(15－10)÷15]＝5 400(元)

盈亏临界点作业率＝360÷1 000＝36%

盈亏临界点作业率和安全边际率可以用图 10-1 表示。

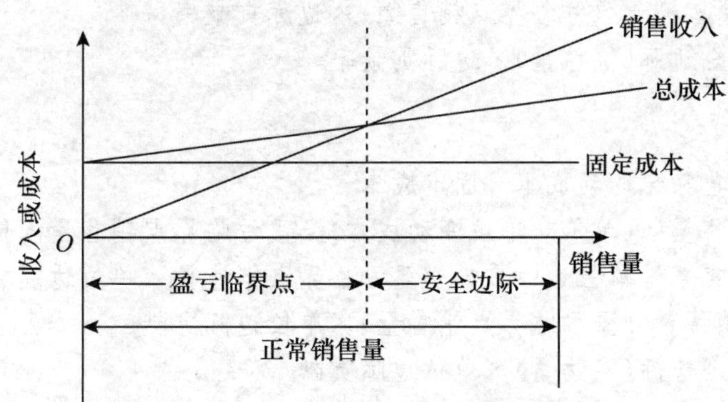

图 10-1 盈亏临界点作业率和安全边际率

2. 安全边际和安全边际率

与盈亏临界点相关的一个重要概念就是安全边际。安全边际等于实际或预计销售量（额）减去盈亏临界点销售量（额）。

安全边际＝实际或预计销售量(额)－盈亏临界点销售量(额)

它表明实际或预计销售量（额）距离盈亏临界点销售量（额）的差距。差距越大，说明企业距亏损越远，经营越安全。

将安全边际除以实际或预计销售量（额）的比率就是安全边际率。

$$安全边际率=\frac{安全边际}{实际或预计销售量(额)}$$

安全边际是以绝对数表示的企业发生亏损的程度，安全边际率是以相对数表示的企业发生亏损的程度。安全边际和安全边际率越大，说明企业发生亏损的可能性越小，企业就越安全。企业的安全性检验标准如表 10-1 所示。

表 10-1　　企业的安全性检验标准

安全边际率	40%以上	30%～40%	20%～30%	10%～20%	10%以下
安全等级	很安全	安全	较安全	值得注意	危险

企业的盈亏临界点将企业的销售量（额）分为两个部分：一部分是盈亏临界点销售量（额）；另一部分是安全边际。只有超过盈亏临界点销售量（额）才能给企业带来利润。盈亏临界点销售额减去其自身的变动成本后的余额正好可以弥补企业的固定成本，安全边际中的边际贡献等于企业利润。如公式所示：

利润＝销售收入－变动成本－固定成本
　　＝边际贡献－盈亏临界点销售额×边际贡献率
　　＝销售额×边际贡献率－盈亏临界点销售额×边际贡献率
　　＝(销售额－盈亏临界点销售额)×边际贡献率
　　＝安全边际(价值量)×边际贡献率

或者，

利润＝销售额－变动成本－固定成本
　　＝销售量×(单价－单位变动成本)－盈亏临界点销售量×单位边际贡献
　　＝销售量×单位边际贡献－盈亏临界点销售量×单位边际贡献
　　＝(销售量－盈亏临界点销售量)×单位边际贡献
　　＝安全边际(实物量)×单位边际贡献

接例 10-1，假设企业的预计销售额为 15 000 元，

安全边际(实物量)＝1 000－360＝640(件)
安全边际(价值量)＝15 000－5 400＝9 600(元)
安全边际率＝9 600÷15 000＝64%
盈亏临界点作业率＋安全边际率＝36%＋64%＝1

将公式“利润＝安全边际（价值量）×边际贡献率”两边同时除以销售额可得：

销售利润率＝安全边际率×边际贡献率

$$边际贡献率=\frac{单价-单位变动成本}{单价}$$

仍以例 10-1 为例，

$$边际贡献率=\frac{15-10}{15}=33.33\%$$

销售利润率＝64%×33.33%＝21.33%

由销售利润率的简易计算方法可以看出，如果企业想提高销售利润率，则可以通过提高安全边际率或提高边际贡献率达到目的。

（二）因素分析法

因素分析法是指从数值上测定各个相互联系的因素对有关经济指标变动影响程度的一种分析方法。用因素分析法对利润进行预测，就是在基期利润的基础上，考虑计划期影响利润变动的各因素，预测出企业计划期间的利润额。影响利润的因素主要有：销售量、销售价格、变动成本、固定成本总额和所得税。在进行因素分析时，主要从两个方面考虑问题，即产销量、成本、价格的变动对利润的影响程度，或者当目标利润发生变动时所需的产销量、成本、价格的变动情况。

【例 10－2】 假定某企业上一年度甲产品的销售量为 8 000 件，销售单价为 10 元，该产品的单位变动成本为 6 元，固定成本为 16 000 元，销售费用和管理费用为 8 000 元，该年度的利润为 8 000 元。

1. 通过对因素的变化的分析来预测企业未来的利润

利润＝8 000×10－8 000×6－(16 000＋8 000)＝8 000(元)

（1）单一因素变动对利润的影响。

通过假定某一因素变动对利润的影响，预计企业未来的利润。

① 假设由于原材料涨价，单位变动成本由 6 元上升到 7 元，企业的利润将会减少，即

利润＝8 000×10－8 000×7－(16 000＋8 000)＝0(元)

由于原材料涨价，使企业的单位变动成本由 6 元上升到 7 元，企业的利润减少了 8 000元。利润降低为 0。

② 假设由于市场原因，企业的固定成本由 16 000 元下降到 12 000 元，企业的利润将会增加，即

利润＝8 000×10－8 000×6－(12 000＋8 000)＝12 000(元)

由于固定成本的降低，企业的利润额增加了 4 000（＝12 000－8 000）元。

③ 假设由于市场产品供过于求，企业将减产 500 件产品，减产 500 件产品给企业利润带来的影响为：

利润＝7 500×10－7 500×6－(16 000＋8 000)＝6 000(元)

减产给企业利润带来的影响为利润下降 2 000 元。

（2）多因素变动对利润的影响。

企业在经营过程中经常会遇到多因素共同变动从而影响企业利润的情况。在此条件下，企业应综合比较各种方案，做出较为合理的选择。

接例 10－2，假设市场变化使得单位的变动成本和固定成本同时增加，变动成本由 6 元上升到 6.5 元，固定成本由 16 000 元上升到 18 400 元，固定成本和变动成本的同时增加会影响到企业的利润。为了保持经营绩效的稳定，企业可以采取两种措施以尽量减少成本上升给企业带来的危害。一种措施是提高单价 2%，但会降低市场份额 5%；另外一种措施是增加产量 10%，采取薄利多销的经营策略，但企业需要增加广告费支出 2 000元。

成本上升后，企业的利润为：

$$利润=8\,000\times10-8\,000\times6.5-(18\,400+8\,000)=1\,600(元)$$

采取第一种措施，预计企业的利润为：

$$\begin{aligned}利润&=8\,000\times(1-5\%)\times10\times(1+2\%)-8\,000\times(1-5\%)\times6.5-(18\,400+8\,000)\\&=7\,600\times10.2-7\,600\times6.5-26\,400=1\,720(元)\end{aligned}$$

采取第二种措施，预计企业的利润为：

$$\begin{aligned}利润&=8\,000\times(1+10\%)\times10-8\,000\times(1+10\%)\times6.5-(18\,400+8\,000+2\,000)\\&=2\,400(元)\end{aligned}$$

通过计算，可以看出第二种措施较优。

2. 目标利润已定，分析相关因素变化的影响

接例 10-2，假设该企业今年的目标利润暂定为比上年增加 15%，即 9 200 元，企业应该采取哪些措施以实现目标利润？

(1) 采取单项措施以实现目标利润。

① 提高销售单价。假定销售单价为 p，在其他影响因素不变和既定的目标利润下，

$$9\,200=8\,000\times p-8\,000\times6-(16\,000+8\,000)$$
$$p=(9\,200+48\,000+24\,000)/8\,000=10.15(元)$$

因此，在其他因素不变的情况下，只需将销售单价从 10 元提高到 10.15 元即可以实现目标利润。

② 增加产量。假定销售量为 Q，在其他因素不变的情况下，

$$9\,200=Q\times10-Q\times6-(16\,000+8\,000)$$
$$Q=8\,300(件)$$

因此，在其他因素不变的情况下，如果想达到 9 200 元的目标利润，那么该企业需要增加销售量 300 件。

③ 减少固定成本。假定固定成本为 FC，在其他因素不变的情况下，

$$9\,200=8\,000\times10-8\,000\times6-(FC+8\,000)$$
$$FC=14\,800(元)$$

因此，在其他因素不变的情况下，如果想达到 9 200 元的目标利润，那么该企业需要降低固定成本 1 200 元。

④ 减少单位变动成本。假定单位变动成本为 VC，在其他因素不变的情况下，

$$9\,200=8\,000\times10-8\,000\times VC-(16\,000+8\,000)$$
$$VC=5.85(元)$$

因此，在其他因素不变的情况下，如果想达到 9 200 元的目标利润，那么该企业需要降低单位变动成本，将单位变动成本从 6 元降低到 5.85 元。

(2) 采取综合措施以实现目标利润。

在实际生活中，影响企业利润的因素往往是相互联系的。企业为实现目标利润，通常需要采取一些综合性的措施。

接例 10－2，假设企业有多余的生产能力，为实现利润比上年上涨15%，即达到9 200元的目标，企业可以采取增加销售量的策略。由于产品价格偏高，企业管理者决定在增加销售量的同时，采取降价策略，力争做到薄利多销。企业拟降价 10%。

降价后为实现目标利润所需的销售量为：

$$\begin{aligned}销售量&=\frac{目标利润+固定成本+费用}{销售单价-单位变动成本}\\&=\frac{9\ 200+16\ 000+8\ 000}{10\times(1-10\%)-6}\\&=11\ 067(件)\end{aligned}$$

假设销售部门在销售单价下降 10%的情况下，可以销售出去 11 067 件商品，则可顺利完成目标利润。如果无法达到目标，则该企业应采取其他措施。

假设降价后只能销售出去 9 600 件商品，则在销售 9 600 件商品的情况下，商品的单位变动成本应为：

$$\begin{aligned}单位变动成本&=\frac{销售单价\times销售量-固定成本-费用-目标利润}{销售量}\\&=\frac{10\times(1-10\%)\times9\ 600-16\ 000-8\ 000-9\ 200}{9\ 600}\\&=5.54(元)\end{aligned}$$

为了实现目标利润，在降价 10%的基础上，单位变动成本要从 6 元降到 5.54 元才可以实现既定目标利润。

如果管理部门认为单位变动成本无法降低到 5.54 元，只能降低到 5.8 元，则只能通过试图降低固定成本以实现目标利润。

$$\begin{aligned}固定成本&=销售量\times销售单价-销售量\times单位变动成本-费用-目标利润\\&=9\ 600\times10\times(1-10\%)-9\ 600\times5.8-8\ 000-9\ 200\\&=13\ 520(元)\end{aligned}$$

由上述分析可见，该企业在降价 10%，销售单价达到 9 元，销售量达到 9 600 件，单位变动成本降低为 5.8 元，固定成本减少为 13 520 元时，可以实现 9 200 元的目标利润。

（三）利润增长比率法

利润增长比率法是根据有关基期的实际利润额和过去平均利润增长幅度来预测利润的一种方法。以营业利润为例，其计算公式为：

$$营业利润预测值=基期营业利润\times(1+营业利润增长率)$$

【例 10－3】 某公司 2010 年的营业利润为 10 000 万元，最近若干年的营业利润增长率年均稳定在 5%的水平上。该公司 2011 年的营业利润预测值为：

营业利润预测值＝10 000×(1＋5％)＝10 500(万元)

四、利润分配

(一) 利润分配的原则

企业取得的利润可以为企业的持续发展提供资金保障。如何对所取得的利润进行分配，关系到企业的所有者、经营者和投资者的利益。因此，企业在进行利润分配时，应兼顾各方面的利益，在分配时坚持以下原则。

1. 规范性的原则

规范性的原则就是企业在进行分配时，应遵守国家有关法律法规的规定，按照法定的程序进行分配。企业所取得的利润必须先缴纳所得税。所得税是国民经济发展的经济保障，所有单位和个人都有义务和责任按照国家的有关规定缴纳所得税。企业只有在依法纳税之后，才可以将剩余利润在所有者、债权人及其他相关人员之间进行分配。

2. 公平的原则

公平的原则就是企业的利润分配应当符合市场经济的要求，按照市场经济的原则进行分配。在分配过程中坚持等价交换、公正合理、公平竞争的原则。不同经济成分构成和规模的企业，都应遵守同样的法律法规，都应承担相应的社会责任，站在同一起跑线上，公平竞争，避免因利润分配而人为地造成不合理分配，以保证企业公平竞争。

3. 资本保全的原则

资本保全的原则就是企业的利润分配必须建立在盈利确认的基础上，必须是企业资本增值的分配，应避免借利润分配进行资本金返还行为的发生。企业在不盈利甚至亏损的情况下不得进行利润分配。

4. 效率的原则

效率的原则就是在符合公平原则的同时，要兼顾企业经营者和职工的利益，保证利润分配有利于社会经济的发展。国家税收和企业上缴的利润都应考虑到企业的合理负担和生产发展的需要。如果企业的负担过重，就会挫伤企业和职工的积极性，限制企业的发展，严重的会影响社会的发展。利润分配涉及国家、企业和个人三者的利益。企业的利润分配就像“分蛋糕”，在“蛋糕”的分配上，国家分多了，企业和个人必然会少分，这必然会影响企业和个人的积极性。如果企业和个人分多了，国家必然少分，这样虽然会提高企业和个人的积极性，但国家的财政收入会受到影响，会影响国家的建设。因此，在利润分配上，坚持效率的原则就是正确处理企业利润在国家、企业和个人之间的分配比例，既要有利于提高企业和个人的生产积极性，又不能损害国家的利益，从而使“蛋糕”越做越大，这就是效率的原则。

5. 处理好企业内部积累与消费的关系

企业依法缴纳所得税，按规定上缴利润后，要有一定比例的留利。企业留利主要包括盈余公积和未分配利润两个部分。企业的利润积累主要用于扩大再生产、抵御经营风险、弥补亏损和职工福利等方面。企业必须根据法律法规来规定企业留利的用途，合理地安排企业内部的积累与消费的比例关系，尤其要防止重消费、轻生产的现象。特别要严格地约束企业经营管理者的行为，尽量避免“内部人控制”带来的弊端。

(二) 利润分配的程序

根据我国的有关法律，一般企业和股份有限公司每期实现的净利润，首先应弥补以前年度的净亏损，然后按以下顺序进行分配。

(1) 计算可供分配的利润。将本年净利润（或亏损）与年初未分配利润（或亏损）合并，计算可供分配的利润。如果可供分配的利润为负数（即亏损），则不能进行后续分配。如果可供分配的利润为正数（即本年累计盈利），则进行后续分配。

(2) 提取法定盈余公积金。企业按照规定的比例从净利润中提取内部积累资金。法定盈余公积金按照抵减年初累计亏损后的本年净利润计提；不存在年初累计亏损时，按本年税后利润计算应提取数。《公司法》规定提取比例为10%，当法定盈余公积金累计达到注册资本的50%时可不再提取。法定盈余公积金可用于弥补亏损、转增资本（或股本）。

(3) 提取任意盈余公积金。从税后利润中提取法定盈余公积金后，企业经股东大会或类似机构批准，按照规定的比例可从净利润中提取任意盈余公积金。

(4) 向投资者分配利润或股利。公司弥补亏损和提取公积金后，如果存在剩余，加上以前年度的未分配利润，则可以向投资者分配利润。

股东会、股东大会或董事会违反规定，在公司弥补亏损和提取法定盈余公积金之前向股东分配利润的，股东必须将违反规定分配的利润退还公司。公司持有的本公司股份不得分配利润。

股份有限公司可供投资者分配的利润，还应按下列顺序进行分配。

(1) 应付优先股股利，是指企业按照利润分配方案分配给优先股股东的现金股利。

(2) 应付普通股股利，是指企业按照利润分配方案分配给普通股的股利。

(3) 转增资本（股本）的普通股股利，是指企业按照利润分配方案以分配股票股利的方式转增的资本（股本）。企业以利润转增的资本，也按这一顺序进行分配。

可供投资者分配的利润在经过上述分配后，就是未分配利润（或未弥补亏损）。未分配利润可留待以后年度进行分配。企业如发生亏损，则可以按规定用以后年度利润进行弥补。企业未分配利润（或未弥补亏损）应当在资产负债表的所有者权益项目中单独反映。

第二节　股利支付的程序和方式

一、股利支付的程序

股份公司对外发放股利，应遵循相关规定，按照一定的程序进行。

(一) 决策程序

上市公司股利分配的基本程序是：首先由公司董事会根据公司盈利水平和股利政策制定股利分配方案，提交股东大会审议，通过后方能生效。然后由董事会向股东宣布股利分配方案，并在规定的股利发放日以约定的支付方式派发。在经过上述决策程序之后，公司方可对外发布股利分配公告、具体实施分配方案。我国股利分配决策权属于股东大会。我国上市公司的现金分红一般是按年度进行，也可以进行中期现金分红。

(二) 分配信息披露

根据有关规定，股份有限公司利润分配方案、公积金转增股本方案必须经过股东大会批准，董事会应当在股东大会召开后两个月内完成股利派发或股份转增事项。在此期间，董事会必须对外发布股利分配公告、已确定分配的具体程序与时间安排。

股利分配公告一般在股权登记前3个工作日发布。如果公司股东较少，股票交易又不活跃，公告日可以与股利支付日在同一天。公告内容包括：

（1）利润分配方案。

（2）股利分配对象，为股权登记日当日登记在册的全体股东。

（3）股利发放方法，我国上市公司的股利分配程序应当按登记的证券交易所的具体规定进行。

此外，为提高上市公司现金分红的透明度，《关于修改上市公司现金分红若干规定的决定》要求上市公司在年度报告、半年度报告中，分别披露利润分配预案、在报告期实施的利润分配方案执行情况，还要求在年度报告、半年度报告以及季度报告中分别披露现金分红政策在本报告期的执行情况。同时，要求上市公司以列表方式明确披露前3年现金分红的数额与净利润的比率。如果本报告期内盈利但公司年度报告中未提出利润分配预案，则应详细说明未分红的原因、未用于分红的资金留存公司的用途。

（三）分配程序

以深圳证券交易所（简称深交所）的规定为例：对于流通股股份，其现金股利由上市公司于股权登记日前划入深交所账户，再由深交所于登记日后第3个工作日划入各托管证券经营机构账户，托管证券经营机构于登记日后第5个工作日划入股东资金账户。红股则于股权登记日后第3个工作日直接计入股东的证券账户，并自即日起开始上市交易。

（四）股利支付过程中的重要日期

（1）股利宣告日（announcement date），即公司董事会将股东大会通过本年度利润分配方案的情况以及股利支付的情况予以公告的日期。

（2）股权登记日（record date），即有权领取本期股利的股东资格登记截止日期。

（3）除息日（ex-dividend date），也称除权日，是指股利所有权与股票本身分离的日期，将股票中含有的股利分配权利予以解除，即在除息日当日及以后买入的股票不再享有本次股利分配的权利。

（4）股利支付日（payable date），是公司确定的向股东正式发放股利的日期。

二、股利支付的方式

股利支付的方式有多种，主要方式有以下两种。

（一）现金股利

现金股利是以现金支付的股利，这种分红形式可以使股东获得直接的现金收益。现金股利最大的优点是操作简单，但公司确定股利政策时，通常要考虑许多影响因素。大比例分配现金股利会减少公司资产负债表上的现金数量和留存收益的数量。公司现金流出量过多会影响公司在扩大再生产过程中资金的使用，甚至会影响公司未来的发展。如果公司分配现金股利过少，虽然公司可以将更多的资金投入扩大再生产中，但是股东的近期利益可能会受影响，从而影响公司股票的市场价格。

（二）股票股利

股票股利是上市公司以增发的股票作为股利的支付方式，将在本章第四节中详细讨论。

在我国上市公司的股利分配实践中，股利支付方式有现金股利、股票股利或者两种方式的组合。此外，公司还可以用财产和负债来支付股利。财产股利是以现金以外的资产支付的股利，主要是将公司所拥有的其他企业的有价证券作为股利支付给股东。负债股利是公司以负债支付的股利，通常将公司的应付票据支付给股东，在不得已的情况下也有发行公司债券抵付股利的。财产股利和负债股利实际上是现金股利的替代，这两种股利支付方式目前在我国公司实务中很少使用，但并非法律所禁止。

第三节　股利分配理论与股利政策

一、影响股利分配的因素

（一）投资机会

如果有充足的现金流量，公司究竟能发放多少股利给股东，其中很重要的一个影响因素就是公司所面对的投资机会的多少，以及投资项目即将获得的投资报酬率的高低。当公司的投资报酬率大于最低可接受报酬率时，公司会尽量筹集资金以进行投资。公司筹集资金主要通过外部融资和内部融资两种途径。外部融资主要是通过股权融资或者通过债务融资。股权融资可能会稀释公司的股权。为保护原有股东的利益，公司一般会考虑充分利用内部融资渠道，在公司拥有足够现金流入的情况下，公司通常会先满足投资所需现金的需要。如果还有剩余，公司才会考虑分配股利。投资机会较多的公司，分配股利较少；投资机会较少的公司，分配股利较多。公司的股利政策可能会随着投资机会的变动出现波动。

（二）收入稳定性

公司的股利通常会随收入的变化而变化，但大多数公司并不愿意经常改变公司的股利政策，因此我们称股利政策具有黏性。公司保持股利政策稳定的前提条件是具有稳定的公司收入。公司收入是否能保持稳定，除受行业发展、宏观经济状况影响外，公司采用的财务政策，如公司财务杠杆和经营杠杆的应用在一定程度上也会影响公司的收益。公司运用财务杠杆情况会直接影响公司股利的分配。财务杠杆比例越高，公司分配的股利会越少，同时由于财务杠杆的运用，为保护债权人的利益，公司在分配股利时还会受到一定的限制，如不得分配超过一定比例的现金股利。

公司发展的周期性在一定程度上也会影响公司股利政策的运用。在公司发展的初期，由于需要大量的资金投入，通常分配较低的股利，在公司发展的鼎盛时期，由于一切步入良性运转，经营平稳，回报率稳定，回报率相对于公司发展初期较高，因此通常采用高股利政策。但由于股利政策具有黏性，公司一旦采用高股利政策，在以后一段相对较长的时间内，则需要维持股利政策的平稳，需要有持续稳定的现金流入，需要公司具有持续发展的实力。所以在一般情况下，行业发展存在周期性的公司及收益变动大的公司，如高科技的信息行业，在派发股利上倾向于采用较低的股利政策；而收益变动小，公司发展比较平稳的公司，如公用事业公司，通常倾向于采用高股利政策。股利政策与公司生命周期的关系参见图 10－2。

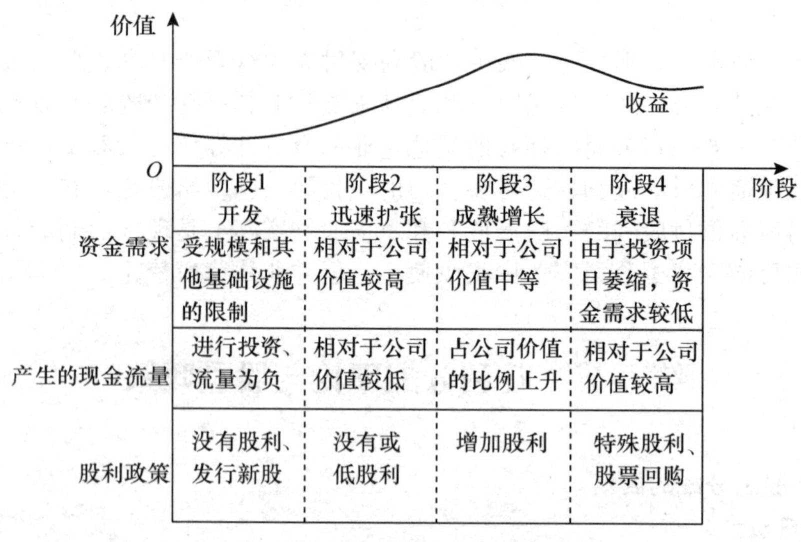

图 10-2　公司发展周期与股利政策

（三）公司融资能力的大小

公司的融资能力直接关系到公司所采取的股利政策。公司通常通过以下三种渠道融得经营所需资金，即内部融资、债务融资或股权融资。

公司通过市场进行直接融资或间接融资已经成为越来越多的公司的主要融资渠道。公司外部融资主要有债务融资和股权融资两种。

公司外部融资能力的大小受许多因素的影响，但总的来讲，一方面取决于公司财务状况及经营情况的好坏，另一方面取决于金融市场的发达程度。公司财务状况可以用一系列指标进行衡量，如利润率、股权收益率、资产回报率等。金融市场的发达程度可以从货币化程度、金融工具的多少、金融服务覆盖程度及服务质量的好坏等方面进行衡量。

公司无论是利用债务融资还是通过资本市场进行融资，都是需要付出成本的。这些成本包括利息费用、佣金支出、税款支出等。当公司融资成本较高，融资渠道不是很畅通的时候，公司如果过多派发股利，势必会影响公司资金的运用情况。如果公司在此时需要大量的资金进行投资，需要资金保证企业的运转，那么多数情况下公司会采取改变公司的高股利政策措施，节省出资金以满足经营需要。

公司在进行融资决策时除考虑融资成本外，还应重点考虑财务风险问题。如果公司在经营中大量利用财务杠杆，则财务杠杆的应用会增加公司的财务费用，如利息费用。虽然利息费用的增加可以起到抵税的作用，但财务费用的增加无疑增加了公司无力偿还债务的可能性，在既定的经营风险下，财务杠杆的应用会加剧每股收益的波动，加大公司的财务风险。财务风险的增加促使公司在进行股利决策时需要权衡股权融资、债务融资与内部融资的比例关系，不能简单地全部依赖借款筹措资金，将公司的所得全部用于进行股利分配，或者全部依赖内部融资而放弃外部融资的某些优越条件。

（四）法律法规及合同等的限制

法律通常不规定公司必须发放股利。但出于保护投资者和债权人的利益考虑，许多国家的法律都明确规定了公司在何种情况下不能发放股利。

1. 法律法规的规定

首先，资本保全的要求。公司不能动用本金发放股利，以确保公司有完整的产权，保护债权人的利益。

其次，企业发展的需求。企业发展强调持续性。公司必须按照一定的比例提取留存收益。只有公司当期利润及以前提取的留存收益才可以用于发放股利，当公司当年无利润时，原则上不发放股利，派发股利应在弥补亏损后，如果存在剩余，经股东大会批准后才可以发放股利。

此外，出于保护债权人利益的考虑，当公司不能偿还债务，出现财务危机时，不得分配股利。因为股利的分配会加速公司财务危机的发展，危害债权人求偿权的实施。

2. 合同契约的规定

公司采用高股利政策可能会影响公司的营运资金，增加公司的经营风险。债权人为保护自身的利益，在公司的借款合同、债券认购协议等契约上加入限制股利发放的条款。如规定公司盈利在达到某一水平前不得发放现金股利，目的是保证公司有更多的税后盈余用于公司扩大再生产，增强盈利能力，为公司按时还本付息提供保障。

（五）信息效应

公司采用的股利政策会被投资者理解为公司在向市场传递公司经营状况好坏的信息。高股利政策通常会被理解为公司经营状况良好，有稳定的资金流入量，可以承担以后支付的高额股利，股票会受到追捧。低股利政策会被投资者理解为公司经营遇到一些困难，无法承受高股利政策。公司究竟采用何种股利政策，在一定程度上受信息传递效应的影响。如果股利政策没有达到公司预想的效应，考虑到股利分配的成本因素，在信息传递渠道如此多的今天，公司可能会采用其他信息传递方式向市场传递信息。

（六）股东偏好

股东偏好会在很大程度上影响公司采用的股利政策。股东偏好具体体现在很多方面。比如税收偏好、投资偏好、现金偏好等。如果公司的大部分股东为较高收入的个人股东，由于个人在股利收入方面具有税收劣势，所以这些个人股东可能更倾向于低股利政策。在公司的股东中，大部分机构股东的股利收入具有税收优势，尤其是一些特殊股东如基金公司，由于法律规定其在理财时不许动用基金的本金，所以这些机构股东可能更加欢迎较高的股利政策。同时，投资者的投资机会也是影响公司采取不同的股利政策的一个重要影响因素。当公司对外投资回报率低于股东自身对外投资回报率时，股东往往偏好高股利政策。但也应看到，公司通常很难评价全部股东对外投资回报率的实际情况，只能分析一些主要客户的投资情况。公司如果大量考虑这些股东的利益，则有可能采用高股利政策。

二、股利分配理论

（一）MM 理论

股利分配理论始于 20 世纪 60 年代对股利政策理论的研究，哈佛大学教授林特纳针对股利政策提出了理论模型，此后虽然一直有学者对股利政策进行研究，但并未取得很大进展，也未引起人们对股利政策重要性的普遍关注。直到莫迪利亚尼和米勒两位教授发表

《股利政策、增长和股票估价》一文，股利政策才引起人们的重视。由莫迪利亚尼和米勒两位教授首次提出的MM理论（也称为股利政策无关理论）奠定了股利政策研究的理论基础。

MM理论的核心内容是，无论公司采用何种股利政策，都不会影响公司的市场价值，公司的市场价值是由公司的盈利能力决定的。这一理论是建立在信息对称、无摩擦的完美资本市场基础上的，认为投资者对公司未来的发展有完全的把握，所有的投资者都是理性的。这一理论是在一系列假设前提下展开研究的。这些假设主要包括以下几个方面的内容。

(1) 不存在税负，即市场中不存在个人所得税和公司所得税。股利和资本利得之间没有税收差异。

(2) 不存在交易成本，即没有佣金、证券交易和转让费用。

(3) 信息是对称的，即所有参加交易的人和公司都可平等且无成本地获得相同的信息。

(4) 公司的股利决策不影响公司的投资决策。公司的投资决策事先已经确定，不会随着股利政策的改变而改变。

(5) 所有投资者对于未来投资、利润和股利具有相同的信念。

以上假设保证了无论公司支付股利与否，无论股利支付多少，都不会影响公司的市场价值。公司的市场价值仅取决于公司的盈利情况，只要公司接受投资回报率为正的投资项目，而且公司可以无成本地获取市场的支持，那么公司就可以支付任何水平的股利给股东，也可以不支付股利给股东。

在完全资本市场中，公司股利政策主要有以下三种情况。第一种情况为公司拥有足够的留存收益，现金流量足以支付股东的股利，公司可以将留存收益的一部分或全部以股利形式支付给股东。公司将留存收益以股利形式支付给股东后，在公司需要资金时，由于不存在交易成本，公司因此可以通过发行新股或债券筹得资金。第二种情况为公司没有足够的现金流量来支付股利，必须发行部分新股或债券来筹集资金和发放股利。第三种情况为公司决定不发放股利，投资者需用现金时，需将自己拥有的一部分股份让渡给新的投资者。由于不存在交易成本，新老股东之间不存在收益，也不存在损失，只是股票的持有人发生变化，因此这种情况也被称为“自制股利”。下面举例说明三种不同的股利分配方式对公司市场价值的影响。

【例 10-4】 A公司发行在外的普通股数量为10 000股，投资项目可行与否取决于公司对外投资报酬率是否为正值，假设公司投资决策在股利政策决定前就已确定，与股利政策无关。公司在未来两年每年所产生的现金流量为10 000元，现决定在某一日将未来现金流量全额对股东发放股利，每股可分配股利为1元。假设必要报酬率为10%。

$$公司每股收益现值=1/1.1+1/1.1^2=1.735\ 5(元)$$

$$公司总价值=10\ 000\times1.735\ 5=17\ 355(元)$$

假设A公司现在欲发行每股1.2元的股利，共需资金12 000元，因为未来现金流量只有10 000元，公司决定对外发行新股2 000股，每股1元，筹得资金2 000元，对股东

发放股利 12 000 元。新股东希望他们的投资可获得 10%的投资报酬率，则

$$公司每股收益现值=1.2/1.1+0.78/1.1^2=1.735\ 5(元)$$
$$公司总价值=1.735\ 5\times10\ 000=173\ 55(元)$$

由于公司未来现金流量为 10 000 元，股东希望的投资报酬率为 10%，到期时应支付新股东 2 200 元的资金，因此第二年留给老股东的资金量只有 7 800 元，从而每股面值只有 0.78 元。

假设公司现决定不发放股利，如果投资者希望获得 100 元的股利，公司将如何处理呢？由于交易是没有成本的，所以投资者可通过卖掉 100 股股票获得 100 元的现金，对于公司来说总价值是不变的，只是股票的持有人发生变化。又假设公司决定在一期发放股利每股 1.2 元，二期发放股利每股 0.78 元。如果投资人在两期都想获得每股 1 元的股利，那么投资者可以利用一期多获得的每股股利 0.2 元进行投资，获取 10%的收益，在二期获得每股 0.22 元的回报，每股总共获得 1（=0.22+0.78）元的收益。再假设公司决定在两期均发放每股 1 元的股利，而投资者偏好一期获得每股 1.2 元股利而二期获得每股 0.78 元股利。投资者为达到目的，在一期可以卖掉股票，则投资者手中的现金流量增加，投资者在二期便可获得每股 0.78 元的股利。

由例 10-4 可以看出，无论公司发放股利与否，也不论公司股利发放多少，公司的总价值是不会发生变化的。当公司现金流量不足以发放股利时，利用发行新股筹集资金会使公司发行在外的普通股股票数量增加，股票的市值会下降，但不会影响公司总价值。投资者通过自制股利获得自己渴望的回报时，只是投资者将一部分股票转换为现金，股票在不同投资者之间实现转移，由于没有转移费用，因此公司总价值仍然是不会改变的。所以公司的股利政策与公司价值无关，公司的价值是由公司的盈利能力决定的，而不是通过改变公司资本结构或股利政策等行为决定的。当然，我们得出这一结论时，一定不要忘记一个重要的前提，即公司的投资决策是事先确定的，不会随股利政策的变动而变动。

MM 理论是建立在完美资本市场条件下的，没有税收差异，没有交易成本，所有的投资者与公司在信息的获得上都是对称的。但在现实世界中，这些假设条件几乎是不存在的。在现实世界中，股票交易是需要花费成本的，股票的持有者转让股票时需支付券商佣金及缴纳印花税，可以说成本非常昂贵。从税收的角度看，资本利得的税率通常会低于股利所得的税率，在很多国家税收差异是现实存在的。从信息的对称性角度来看，投资者与公司在信息获得上是不对称的，公司往往比投资者拥有更多关于公司发展、公司经营状况的信息，而且所有投资人对公司经营状况的未来发展情况也是不确定的。MM 理论的中心思想是阐述股利政策不会影响公司的价值，公司的投资决策是事先确定的，不受股利政策的影响。但实际上公司的投资决策不可能全部事先确定，同样不可能不受股利政策的影响。如果公司有好的投资决策，即投资报酬率为正的投资项目，而公司又没有更好的融资渠道，那么这时公司很有可能不发放或少发放股利，以节约资金进行投资。因此，自 MM 理论诞生之日起，经济界就对这一理论存在许多争议。但无论如何都应当承认，MM 理论开创了股利政策研究的新局面，为以后股利政策的研究奠定了理论基础，此后许多股利政策研究都是在此基础上进行的。

（二）股利政策相关理论

1. 一鸟在手理论

一鸟在手理论（bird-in-hand theory）源于谚语“双鸟在林不如一鸟在手”。该理论认为，由于股票价格波动较大，在投资者眼里，股利收益要比用留存收益投资带来的资本利得更为可靠，而且一般投资者都厌恶风险，宁可现在收到较少的股利也不愿意为将来收到金额较多的股利而承担较大的风险。因此，投资者偏好股利而非资本利得。公司股利政策与企业的价值存在密切关系，支付的股利越多，股价越高，公司价值则越大。在该理论的影响下，当公司提高其股利支付率时，就会降低投资者的风险，投资者将接受较低的必要报酬率，公司股票的价格将会上升。如果公司降低其股利支付率或延付股利，则必然增加投资者的风险，投资者将会要求较高的必要报酬率，作为负担额外风险的补偿，从而导致公司股票价格下降。

一鸟在手理论虽然流传时间很久，也被广泛地接纳，但该理论存在一些问题。该理论难以解释为何投资者在接受了公司发放的现金股利之后又购买公司新发普通股的现象，实际上混淆了投资决策和股利政策对股票价格的影响。同时，如果股票市场在较长时期内是一个有效率的市场，那么就不存在现金股利的风险一定低于资本利得的风险的结论，现金股利也就不一定低于资本利得。

2. 税差理论

利曾伯格（Litzenberger）和拉马斯瓦米（Ramaswamy）提出了税差理论。这一理论建立在资本利得和股利税率不同的基础上。比如在美国 1986 年税制改革之前，个人投资者的股利被视同普通收入，最高税率达到 70%，而资本利得仅按照个人普通收入的 40% 进行征税。由于资本利得的税率较低，而且可以通过持有股票延缓资本利得的实现，从而推迟纳税时间，享受到递延纳税的好处，因此在其他条件不变的情况下，投资者将偏好资本利得而反对派发现金股利。税差理论的核心思想主要有两点：（1）股票价格与股利支付率成反比；（2）权益资本成本与股利支付率成正比。

税差理论成立的前提是资本利得所得税税率必须低于股利所得税税率。但在实际生活中，税率的构成情况非常复杂，不同的投资者可能面临不同的税率标准。如退休和养老基金不需要缴纳任何税款，公司投资者所缴纳的股利所得税税率在多数时候会低于资本利得所得税税率。因此，该理论也存在一些缺陷。比如个人、家庭投资者的现金股利可能只需要缴纳税率很低的个人所得税，甚至根本不需要缴纳所得税。所以，那些个人所得税税率较低的投资者可能乐于选择现金股利派发较多的公司进行投资，而那些适用较高税率的投资者可能选择少发或者不发放现金股利的公司进行投资。

三、股利政策

公司在确定股利政策时，既要考虑公司的发展，也要考虑股东的切身利益。公司的股利政策实际上就是要解决公司和股东的当前利益与长远利益、增长与分配之间的矛盾。如何解决好这一矛盾关系到公司的发展，关系到股东投资的积极性。公司要发展，就需要大量的资金投入，投入的资金一方面靠资本市场融资，另一方面需要靠公司自身的积累。分配过高的股利，会影响公司资本积累，在融资渠道不畅或企业财务状况不理想的情况下，会影响公司对那些有良好投资回报率的项目的投资，进而影响公司的发展。股东收益主要来自公司的分红和市场上股价的上涨，分红的股利是股东的一条特别主要的收益渠道，不分配股利会极大地损害股东的利益。股利政策需要持续、平稳，否则不但会影响公司的形象，还会造成公司股价的频繁波动，这对公司的发展也是极其不利的。

公司采用的股利政策主要有剩余股利政策、固定股利支付率政策、稳定增长股利支付政策及低正常股利加额外股利政策。

（一）剩余股利政策

剩余股利（residual dividend）政策就是指公司在进行利润分配、确定股利支付率时，首先考虑营利性项目的资金需要，将可供分配的税后利润先用于满足投资项目所需的权益性资金。如果还有剩余的税后利润，则可用于发放股利。如果没有剩余，则不发放股利。采用剩余股利政策的公司，在发布此项政策前，首先要对公司的投资项目进行测定，确定该项目的投资收益是否超过公司最低可接受投资报酬率。然后确定该项投资所需的权益资金量，公司在筹资过程中会尽量使用留存收益，在满足投资需要后若有剩余现金，对外派发股利。如某公司拥有留存收益100万元，权益资本和债务资本各占50%，公司现有一投资项目，该投资项目的净现值为正，投资于该项目需要资金量100万元，在采用剩余股利政策的情况下，为保证公司的资产负债率不变，公司必须对外筹资50万元，以满足投资需求。在投资之后，公司仍将剩余留存收益50万元，可以分配股利。

采用剩余股利政策时，公司应遵循以下步骤：(1) 确定企业最佳资本结构，即确定权益资本和债务资本的比率。在此资本结构下，综合资金成本率最低。(2) 确定最佳资本结构下的投资项目所需增加的权益资本额。(3) 最大限度地使用保留盈余以满足投资方案所需的权益资本数额，降低筹资的资金成本。(4) 投资方案所需的权益资本已经满足后，如果还有剩余，将其作为股利发放给股东。

剩余股利政策的优点是能够保持理想的公司资本结构，有利于降低筹资成本，提升企业价值。但剩余股利政策也存在一些缺点。这主要是因为投资机会较多的公司分配股利较少，投资机会较少的公司分配股利较多。公司的股利政策可能会随着投资机会的变动出现波动，影响股利政策的稳定性。

（二）固定股利支付率政策

固定股利支付率（fixed pay-out ratio）政策是指公司每年都要按固定的支付率支付给股东股利，公司净利润多，支付的股利金额就多；公司的盈利能力下降，支付的股利金额也会相应下降。实行固定股利支付率政策，使股利与公司盈余紧密地结合起来以体现多盈多分、少盈少分、无盈不分的特点，公平对待每一位股东。缺点是由于股利会随公司盈利情况变动，容易给股东造成公司经营不稳定的印象，不利于树立公司形象。

（三）稳定增长股利支付政策

稳定增长股利（steadily increasing dividend）支付政策要求公司在较长的时期内，无论经济状况好坏，都支付固定的股利金额给股东，只有当企业对未来利润持续增长有把握时，才增加每股股利金额。采用此种股利政策的目的是为了向市场传递公司在任何情况下都经营正常的信息，以便树立良好的公司形象。这种股利政策的优点是股利稳定，缺点是股利的分配与公司盈利状况脱节。公司在资金紧张、利润下降时仍然需要维持支付既定的股利，公司的财务压力较大。

（四）低正常股利加额外股利政策

低正常股利加额外股利（lower normal plus extra dividend）政策介于稳定股利政策和变动股利政策之间。采用此政策的公司每期都支付稳定的、较低的股利给股东。当企业经营情况良好，盈利较多时，再根据实际情况给股东发放额外的股利。这种股利政策具有较大的灵活性，公司可以根据自身的经营情况随时调整公司的股利政策，避免产生巨大的财务压力，因此受到越来越多的公司的欢迎。

各种股利政策在执行过程中，各有利弊。公司应结合自身的实际情况采取切合实际的股利政策。公司在制定股利政策时，应将股利政策稳定性放在首位，在既保证公司发展所需资金，又保护股东利益的前提下，选择正确的股利政策。

四、股利分配与内部融资

股利政策在某种程度上是企业的再融资政策，是指在企业有限的税后利润中，如何确定分配给股东的股利与留存收益的比例及公司为此所采取的一系列方针和政策。

公司在发展过程中始终面临资金需求的问题。公司可以通过内部融资和外部融资两条途径来解决此问题。外部融资主要是通过股权融资或者通过债务融资。通过股权融资可能会稀释公司的股权。为保护原有股东的利益，公司一般会考虑充分利用内部融资渠道。

企业内部融资主要有以下形式。

（1）法定资本积累。

法定资本积累是按国家有关规定而进行的内部融资，它与企业本身的资本结构和投资决策并无多大关系，是一种强制性的内部融资。但是，对于这种内部融资，企业也有一定的决定权。例如，《公司法》规定，公司分配当年税后利润时，应当提取利润的10%列入公司法定盈余公积金。公司法定盈余公积金达到注册资本的50%以上的，可以不再提取。

（2）利润分配过程中形成的未分配利润。

企业税后利润提取公积金、公益金并向投资者分配利润之后的剩余金额为未分配利润。当企业盈利时，向投资者分配利润多，未分配利润就少；向投资者分配利润少，未分配利润就多，两者是此消彼长的关系。对未分配利润和向投资者分配利润的金额，企业有较大的决定权，尽管这种权力要受到多种因素的制约和限制，但企业对内部融资的态度是决定企业未分配利润金额大小的重要因素。

（3）股份有限公司的任意盈余公积金和股票股利。

股份有限公司除了法定盈余公积金之外，还可以根据董事会决议提取任意盈余公积金。任意盈余公积金在用途上与法定盈余公积金并无多大差别，但计提任意盈余公积金更主要是为了满足内部融资的需要，借以把公司所赚取的现金更多地保留在企业内部，从而减少对外部资金的依赖。当公司外部股东有分配股利的要求而公司内部又有很好的投资项目需要资金时，公司往往选择发放股票股利而非现金股利的形式，以满足内部融资要求，减轻发放现金股利对公司财务的负担。

（4）企业收益分配中的各种应付款项。

这种应付款项主要以应付利润的形式存在，股份有限公司中则以应付股利的形式存在。实际上，应付利润或应付股利是企业在宣布向投资者分配利润或股利与实际支付分配利润或股利这段时间内所无偿占用的已属于所有者的资金。这段时间越长，无偿占用所有者相应资金的时间也越长。

上述几种形式的内部融资在各类企业中都是大致相同的，其中，第三种形式是股份有限公司所特有的。各种形式的内部融资额之和与实际可动用的内部资金并非一回事。因为一方面，以前年度由收益分配而形成的内部资金来源可能已经动用并表现为非现金性资产的存在形式；另一方面，即使是当年收益分配所形成的资金来源，也可能因为净收益与净现金流量不一致而使内部融资额与内部可动用的资金额不一致。这种不一致在融资和投资决策中应予以充分关注，否则，把内部融资额作为实际可以动用的资金使用，可能导致新项目资金保障不足，影响其正常投产营运。

公司如果想要通过内部融资，前提条件是公司拥有大量的留存收益。而内部留存收益大量用于再生产需要获得股东的同意。因为内部融资方法的大量采用会减少股利的分配，直接影响股东现时收益量。公司始终面临着股利政策两难选择的问题。

当公司存在良好的投资机会时，如果采用剩余股利政策，则可根据最佳资本结构，测算出投资所需的权益资本后，从盈余中留用，然后将剩余的盈余作为股利予以分配。这也就意味着公司只将剩余的盈余用于发放股利。公司如果采用稳定增长股利支付政策，当公司的盈余增长较慢或跟不上股利上涨的速度时，公司会面临资金短缺及财务状况恶化的情况，内部融资无法实现。当公司采用固定股利支付率政策时，在公司盈余大幅增长的情况下，公司可以更好地利用内部融资来满足生产发展的需要。低正常股利加额外股利政策在一定程度上也可以更好地发挥内部融资的效用。

公司究竟是采用外部融资还是内部融资，除应考虑公司的资本结构和财务状况外，还应考虑投资人的利益，力争做到兼顾企业发展和投资人利益。在制定股利政策时，应尽量解决股利政策的两难问题。

五、我国上市公司股利分配的特点

在股票市场的发展过程中，我国上市公司的股利政策的特点主要体现在以下几个方面。

（一）上市公司股利政策在执行过程中缺乏连续性、稳定性

我国的上市公司在股利分配方面，无论是股利支付率还是股利分配形式，都具有很大的随意性和波动性。能够不间断派现，使股利政策保持连续性的公司很少。

（二）政策导向严重

上市公司在制定股利政策时既应考虑公司的未来发展战略，又应考虑广大投资人的利益。但我国上市公司在股利分配中主要考虑自身发展利益，忽视股东的利益，在股利政策的制定过程中过多考虑为达到自身目标而必须迎合的政府相关规定。在股利政策制定过程中，政策导向严重。我国上市公司一直存在不分配或者即使分配也是现金股利分配较少，转增股份或送股较多的状况。造成这种状况有一定的现实原因。中国股民偏爱送股是由中国股市中股票产权结构的特殊性决定的。在中国的上市公司中，国有股和法人股股本数占绝对优势。在国有股和法人股不能流通的情况下，社会公众所得到的红股可以尽快在市场

上变现。所以，一些上市公司采取送红股或资本公积转增红股的方式分配股利。这一方面迎合了市场的需要，另一方面抬高了公司的股价，提高了公司的市场价值总额。2000年，中国证监会规定上市公司申请配股或增发新股必须满足近三年现金分红的条件，同时必须满足近三年的净资产收益率达到年平均6%的要求。因此，从2001年起，上市公司股利分配中，现金分配比例明显提高，但多数公司只是为了满足中国证监会的相关规定，分红金额极低。另外一些净资产收益率处于6%边缘的公司，为达到这一配股、增发的硬性比例条件，在无计可施的情况下，分配一定量的现金股利来降低净资产额也不失为一种办法。所以中国股市股利分配中出现了一种奇怪的现象，就是上市公司一边分配现金红利，一边配股收钱。

（三）股利分配行为不规范

股利分配过程中，应遵循“同股同权、同股同利”的原则。但在我国上市公司中，存在着同股不同权、同股不同利的现象。由于历史原因，我国上市公司股权构成情况比较复杂，存在国有股、法人股、社会公众流通股等三种股权形式，并且在一些上市公司中，国有股占有绝对多数股份，一股独大现象严重。同时，同一只股票在不同的证券市场挂牌交易，存在A股、B股及H股。如一些上市公司在分配时，在A股市场上采用一种分配方案，在B股市场上采用另一种方案，在分配时出现同股不同权、同股不同利的现象，侵害投资人的利益。

（四）股利分配形式不断创新，但总体分配水平偏低

《公司法》规定，公司股利分配形式基本应采用现金分配和股利分配两种方式，但上市公司在实际分配中还采用了一些其他分配方式，如公积金转增股本、配股等。

上市公司分配时多是将几种分配方式结合起来，同时不分配公司在上市公司中所占的比重仍然较大。

第四节　股票股利、股票回购和股票分割

一、股票股利

股票股利（stock dividend）是上市公司以本公司的股票代替现金向股东分红的一种方式。股票股利通常由资本公积转增资本或红利转增资本，属于无偿增资发行股票。由于所送红股是按股东所持股票的比例分配的，因此每位股东在公司拥有的权益比例不会发生变化，同时，这种分红方式只是使公司账上的留存收益转化为股本，公司的资产及负债并未受到影响。股票股利分配方式的优点在于不会因为分配股利而增加公司的现金流出量，而且在一些国家，股票股利还可以获得免税的优惠。

股票股利虽然不影响公司现金流出量，不改变所有者权益总额，但由于增加了股本数量，因此会引起所有者权益构成项目的变化，对公司股票的每股收益情况及公司股价都会带来一定的影响。现举例说明某公司在发放股票股利前后公司所有者权益的变化情况。表10-2为该公司发放股票股利前的所有者权益的构成情况。

表 10-2 发放股票股利前的所有者权益的构成情况 单位：元

项目	金额
普通股（面额1元，已发行5 000 000股）	5 000 000
资本公积	400 000
盈余公积	200 000
未分配利润	15 000 000
股东权益	20 600 000

假设该公司宣布发放股票股利，每10股送1股，公司股票市价为22元。公司将发放500 000股普通股股票股利，每股1元，共计500 000元，资本公积因股票溢价将增加10 500 000元，该公司所有者权益的变化情况见表10-3。

表 10-3 所有者权益的变化情况 单位：元

项目	金额
普通股（面额1元，发放后5 500 000股）	5 500 000
资本公积	10 900 000
盈余公积	200 000
未分配利润	4 000 000
股东权益	20 600 000

发放股利以后，总股本增加。在盈余总额不变的情况下，每股收益和每股市价都将发生变化。但股东持股总价值不会发生变化。假设该公司本年利润总额为6 000 000元，某股东拥有该公司20 000股股票，发放股票股利将带来一些变化，见表10-4。

表 10-4 发放股票股利前后的变化情况

项目	发放股票股利前	发放股票股利后
每股收益（元）	6 000 000÷5 000 000＝1.2	6 000 000÷5 500 000＝1.1
每股市价（元）	22	22÷（1＋10%）＝20
持股比例	20 000÷5 000 000＝4‰	22 000÷5 500 000＝4‰
持股总价值（元）	20 000×22＝440 000	22 000×20＝440 000

$$发放股票股利后每股收益=\frac{发放股票股利前每股收益}{1+股票股利发放率}$$

$$发放股票股利后每股市价=\frac{股利分配日的每股市价}{1+股票股利发放率}$$

二、股票回购

股票回购（repurchase of stock）是指股份公司按照一定的程序购回发行或流通在外的本公司普通股股票的行为。在成熟资本市场中，股票回购已经成为一项非常重要的金融活动。金融业务比较发达的国家对股票回购业务都有比较具体的规定。在各国政府的规定中，美国对股票回购业务的规定相对宽松，英国、德国对股票回购的规定相对较严。从世界各国股票回购业务发展总体情况看，美国股票回购业务开展得较好。近来，美国政府又进一步放宽股票回购的有关规定，以便促进股票回购业务的发展。

我国《公司法》规定，公司只有在以下四种情况下才能回购本公司的股份：一是减少公司注册资本；二是与持有本公司股份的其他公司合并；三是将股份奖励给本公司职工；四是股东因对股东大会做出的合并、分立决议持有异议，要求公司收购其股份。公司因第一种情况收购本公司股份的，应当在收购之日起 10 日内注销；属于第二种、第四种情况的，应当在 6 个月内转让或者注销。公司因奖励职工回购股份的，不得超过公司已发行股份总额的 5%；用于回购的资金应当从公司的税后利润中支出；所收购的股份应当在一年内转让给职工。可见我国法规并不允许公司拥有西方实务中常见的库藏股。

股票回购在我国发展时间较短。如 1999 年 12 月 21 日，申能股份以协议回购方式向国有法人股股东申能（集团）有限公司回购并注销 10 亿股国有股，占总股本的 37.98%，回购价格为 1998 年年末调整后的每股净资产值 2.51 元，回购后，其总股本自 26.33 亿股减少至 16.33 亿股，成为上市公司通过股份回购减持国有股的一个成功案例。

2005 年 6 月 16 日，中国证监会发布了《上市公司回购社会公众股份管理办法（试行）》。这是中国证券市场的一项长远性制度建设，赋予了上市公司管理层及其股东充分的决定权和选择权。该办法允许上市公司回购流通股，有利于稳定市场以及实现公司价值的合理回归。上市公司董事会可以根据公司的股价表现和公司的现金流、债务结构和资产结构状况，在基于股票回购对公司持续发展能力产生积极的影响上，自主提出股票回购方案。

公司股票回购方式主要有以下几种。

（一）公开市场回购

指公司在股票市场以等同于任何潜在投资者的地位，按照公司股票当前市场价格回购。股份有限公司通常在股票市场表现欠佳时，采用此种股票回购方式小规模回购特殊用途所需股票。这种股票回购方式由于要支付佣金及手续费等，成本较高。美国的股票回购多数采用此种方式。

（二）要约回购

也叫招标收购股权。具体又分为固定价格要约回购和荷兰式拍卖回购。固定价格要约回购指公司在特定时间发出以某一高出股票当前市场价格的价格水平，回购既定数量的股票。荷兰式拍卖回购比固定价格要约回购在回购价格和回购数量方面具有更大的灵活性。在荷兰式拍卖回购中，首先由公司指定回购价格的范围和计划回购的股票数量，然后由股东进行投标，说明愿意以某一价格出售股票的数量，公司汇总后再次确认股票回购的价格，进行股票回购。

（三）协议回购

指公司以协议价格直接向一个或几个主要股东购回股票。协议价格通常低于市场价格。由于回购不是面向全体股东，价格如果定得不合理，则可能会损害一部分未出售股票的股东的利益。

三、股票分割

股票分割是将面额较高的股票交换成面额较低的股票的行为。股票分割不属于某种股利发放形式，但其效果与发放股票股利类似。

股票分割时，发行在外的股数增加，使得每股面额降低。如果盈利总额和市盈率不变，则每股收益下降，但公司价值不变，股东权益总额、权益各项目的金额及其相互间的比例也不会改变。现举例说明某公司在股票分割前后公司所有者权益的变化情况。表10－5为该公司股票分割前所有者权益的构成情况，表10－6为该公司股票分割后所有者权益的构成情况。

表10－5　　股票分割前所有者权益的构成情况　　单位：元

普通股（面额2元，已发行5 000 000股）	10 000 000
资本公积	400 000
盈余公积	200 000
未分配利润	15 000 000
股东权益	25 600 000

表10－6　　股票分割后所有者权益的构成情况　　单位：元

普通股（面额1元，已发行10 000 000股）	10 000 000
资本公积	400 000
盈余公积	200 000
未分配利润	15 000 000
股东权益	25 600 000

假定公司本年净利润为1 000 000元，那么股票分割前的每股收益为0.2元。假定股票分割后公司净利润不变，分割后每股收益为0.1元，如果市盈率不变，每股市价也会因此下降。

对于公司来讲，股票分割的主要目的在于通过增加股票数量来降低每股市价，从而吸引更多的投资者。在通常情况下，股票分割是成长中公司的行为，所以宣布股票分割后容易给人一种“公司正处于发展之中”的印象，因此会在短时间内提高股价。从纯粹经济的角度看，股票分割和股票股利没有差别。

尽管股票分割与发放股票股利都能起到降低公司股价的目的，但一般来讲，只有在公司股价暴涨且预期难以下降时，才采用股票分割的办法降低股价；而在公司股价上涨幅度不大时，通常通过发放股票股利将股价维持在理想范围之内。

复习思考题

1. 利润预测的方法有哪些？
2. 利润分配应遵循哪些原则？
3. 利润分配的程序是怎样的？

4. 影响股利分配的因素有哪些？
5. 股利支付方式有哪些？
6. 股利分配理论有哪些观点？其主要内容是什么？
7. 说明股利分配与内部融资的关系。
8. 企业内部融资形式有哪些？
9. 如何认识我国上市公司股利分配的特点？

第十一章
财务分析

要正确评价一个企业的财务状况及其成因，科学预测企业未来的发展趋势，并为财务预算的编制以及未来的财务管理提供借鉴，财务分析必不可少。本章将在介绍财务分析的基本概念、目的的基础上，分析讲解财务分析的基本工具、基本内容，最后以杜邦分析体系为企业勾勒出财务管理的核心和重点。

第一节　财务分析的意义

一、财务分析

分析是把事物分解为各个部分加以考察的方法。财务分析是依据财务报表以及其他有关财务资料，对企业的财务状况、经营成果和现金流量状况进行的分析。随着资本市场的建立、公司组织形式的改变以及适应企业内部管理的需要，财务分析的用途、内容、方法也在不断发展和完善中。

一般认为，财务分析产生于 19 世纪末 20 世纪初期。早期财务分析的目的是为银行信贷提供服务。这是由于当时企业的融资渠道主要为银行信贷。随着借贷资本在企业资本总额中的比重不断上升，银行需要对借款人的信用状况进行评价，以判断借款人的资信和偿债能力，减少贷款风险。这一时期的财务分析主要侧重于偿债能力分析。

资本市场的形成与发展对财务分析产生了新的需求。此时财务报表不仅要为债权人提供信息服务，而且要为投资人提供投资服务。投资风险的客观存在使投资人产生了对信息的更广泛需求。除了对偿债能力分析外，投资人更关心的是被投资方的资产管理能力、盈利能力和股利支付能力。出于投资目的的需要，此时财务分析的范围和内容更加广泛，分析体系更趋完善。

随着企业组织形式的变化、公司制的产生，投资人对公司产生了更高的获利要求。为提高公司的盈利能力和偿债能力，满足公司的融资需求，公司的管理层需要利用内部信息，获取分析数据为管理服务。因此，财务分析成为企业加强内部管理的重要依据，并使财务分析由外部分析发展到内部分析。

能否根据分析资料做出正确的投资、借款和管理决策，取决于财务报表及其他相关资料的真实性。财务报表的失真将影响财务分析的结果。主要脱胎于现代公司制的产生和资本市场发展的现代会计，不可避免地存在着信息失真的现象。这是因为在现代公司制下，财产的所有权和使用权实现了分离。两权分离不可避免地带来了信息的不对称问题。为了消除股东和经营者的信息不对称，便产生了现代公司财务报告制度，即公司管理者定期向股东提交反映公司财务状况、经营成果、现金流量状况的财务会计报告及其文字说明。即便如此，公司管理者和股东之间的信息不对称问题依然存在，因为公司财务报表是由公司管理层编制的，管理层相对于外部投资人而言，具有信息知情上的优势，而且管理层为了自身利益有可能向投资人提供虚假的财务信息。因此，财务分析还包括对财务报表真实性的分析。

从微观意义上说，财务报表数据是一个企业财务状况的反映，但是微观意义上的财务报表数据是处理国家与企业之间的财务关系，分析国民经济走向，制定宏观经济政策的重要依据。因此，政府也依赖于财务分析。

从财务报表产生和发展的历史看，财务分析不仅包括外部分析，也包括内部分析。财务分析的内容不仅包括偿债能力分析，而且包括资产管理能力分析和盈利能力分析。财务分析的主体不仅包括企业自身，也包括企业的投资人、债权人、政府以及其他利益相关者。

二、财务分析的目的

利特尔顿在《会计理论结构》中提出，正是因为财务报表能够以通俗易懂的方式反映企业的大量经济活动，所以人们通过财务报表就可能了解企业经营活动的基本情况，从中可见财务分析的重要性。

财务分析的目的因财务报表使用者需要了解信息的不同而不同。企业的财务报表使用者包括投资人、债权人、政府、企业自身以及其他利益关系人。这些利益关系人需要了解的信息和对企业财务状况的关注面、关注程度不同。财务分析方法的多样性，为利益关系人提供了不同的获取信息的渠道。比较分析法提供了了解财务状况变动趋势的信息；比率分析法提供了企业偿债能力、资产管理能力、盈利能力的信息；杜邦分析法提供了财务状况形成原因及管理的信息；因素分析法分析了某些因素的变化对有关经济指标影响程度的信息。而财务报表使用者可以通过对不同分析方法的利用来获取相关的信息，从而做出正确的投资、借贷、管理等决策。

尽管财务分析的目的各不相同，概括来说，财务分析的目的可归纳为以下几个方面。

（一）评价企业的经营业绩

企业的经营业绩体现为一定期间的利润、现金净流量以及资产增值额。良好的经营业绩反映了企业的资产管理水平高，偿债能力和股利支付能力强。对企业经营业绩的评价主要是对企业的偿债能力、资产管理能力和盈利能力进行评价。这不仅为外部的财务报表使用者提供了了解企业管理能力的信息，而且是企业内部激励与约束机制贯彻实施的必经步骤。对企业经营业绩的评价，可以通过实际数与预算数或历史资料的对比分析进行。这不仅是对过去的总结，而且可以为未来发展打下基础。

（二）分析企业的财务状况和经营成果产生的原因

企业的财务状况和经营成果受到多种因素的影响。这些影响可能是由于收入方面的原因，也可能是由于成本费用方面的原因，还有可能是由于资产结构不合理或者会计方法改变等原因形成的。只有对影响因素进行客观分析，才能总结财务管理方面的好经验，找出经营管理中存在的问题，并在新的预算年度采取相应的对策。

（三）预测企业未来的发展趋势

要实现财务管理目标，企业不仅要客观地评价过去，而且要科学地预测未来。企业要在历史资料的基础上进行财务预测，并在财务预测的基础上进行财务决策和编制全面预算。财务分析结果是企业进行财务预测、编制全面预算的重要依据。如果没有对财务资料的分析利用，就会使企业的预测缺乏客观依据，不能通过有效的管理手段和方法实现预期的管理目标。

三、财务分析的步骤

要做好财务分析工作，取得相应的分析效果，需要经过以下几个步骤。

（一）收集和选取分析资料

财务分析不是盲目的分析，而是建立在一定基础资料之上的分析。因此，财务分析的首要步骤是收集和选取分析资料。一般来说，需要收集和选取的分析资料包括以下几个部分。

(1) 主要财务报表，包括资产负债表、利润表和现金流量表。其格式分别如表 11-1 (a)、表 11-1 (b)、表 11-2、表 11-3 所示。

(2) 除了财务报表之外，下列资料也构成了财务分析的依据：审计报告、财务报表附注、所采用的会计方法、管理者对财务成果的讨论和分析、若干年份的比较财务数据以及其他资料。

（二）评价财务信息的真实性

收集和选取分析资料仅仅是分析工作的第一步，而分析资料的真实性程度对分析结果的影响至关重要。因此，还应对收集和选取的分析资料的可靠性及其程度进行分析判断。在信息完全对称的条件下不存在财务信息的失真问题。但是由于多种原因，财务信息失真是客观存在的，这就使得作为主要分析依据的财务报表资料缺乏可靠性。缺乏可靠性的分析资料将不能对企业的财务状况、经营成果和现金流量状况做出客观公正的评价。这就需要借助一定的方法对财务信息的真实性做出基本的判断，使财务分析建立在资料可靠的基础上。

（三）选用一定的方法进行财务分析

财务分析方法多种多样，这为获取不同的企业财务信息提供了到达目的地的引导图。在分析资料可靠的基础上，可以运用比较分析法、比率分析法、因素分析法和综合分析法等多种分析方法，对企业的偿债能力、资产营运能力、盈利能力以及其他项目的未来发展趋势做出分析预测。

（四）分析原因，总结评价

财务分析的最后一个步骤，是根据不同分析方法得出的数据进行归纳推理，主要是分析形成企业财务状况、经营成果和现金流量状况的原因。对企业来说，主要是找出管理薄弱的环节，为以后年度的财务管理提供好的管理经验；对投资人来说，主要是做出投资选择；对债权人来说，主要是做出借贷决策；对政府来说，主要是做出宏观经济决策。

四、财务分析的方法

亚伯拉罕·比尔拉夫认为，财务报表犹如名贵香水，只能细细品尝，不能生吞活剥。他不仅以幽默的语言揭示了财务报表的重要性，而且指出了财务分析所需要的耐心。因此，学习和掌握财务分析技术是一个渐进的过程。

财务分析的目的不在于得出分析数据，而在于发现问题，挖掘潜力，缩小与同业之间的差距，建立科学的预测体系。财务分析要借助一定的方法来进行。财务分析的方法包括定性分析和定量分析两个方面。定性分析主要是根据主观判断对财务状况及经营成果进行分析。定量分析主要是从量的角度，根据分析数据进行的客观分析。在财务分析中，最主要的分析方法是定量分析法。定量分析法主要有以下几种。

（一）比较分析法

比较分析法主要是根据不同时期财务资料的对比，分析本期实际数比预算数、比历史数据的增减额、增减变动百分比。这种方法主要是用于分析经济指标的执行结果是否达到了预算的要求，或者与历史同期相比的增减变化情况。

（二）趋势分析

各个时期的财务状况及经营成果处于不断的变化之中，这种变化的结果表现为同一指标在不同时期具有不同的结果。通过对同一指标不同时期资料的对比分析，就可以分析评价该项指标的变化趋势和发展前景。而这种变化趋势对预测未来是非常有用的。如将不同时期的营业收入进行列示和对比，可以分析了解营业收入的发展趋势，为进行收入预测提供相关资料。在实际工作中，这种分析方法往往要收集若干年度的财务资料，然后将某个年度的该项经济指标数据作为基数，其他各年度的数据与基数进行比较，分析该项经济指标的发展变化趋势。趋势分析可以通过编制不同时期的对比分析表来进行。

（三）结构分析

在财务分析中，要了解某项经济指标对总体指标的影响程度，可以通过计算该指标占总体指标比重的大小来了解个体对总体的影响程度，并根据影响程度采取不同的对策。以对收入的分析为例，企业的收入来源较多，通过对各项收入占全部收入比重的分析就可以了解收入管理的侧重点。同理，企业的成本费用也是由多个项目组成的，通过对各个成本费用项目占总成本费用比重的分析，也可以找出成本费用控制的重点。对不同时期各项指标占总体指标的比重进行对比，可以了解工作重点的转向及变化情况，及时分析原因，采取相应的对策。

（四）比率分析

财务报表中某些财务数据之间存在着某种联系。比率分析就是将不同的相关经济指标进行比较，分析其相关关系。如将负债总额与资产总额进行对比，可以分析企业的资产负债比例；将流动资产和流动负债进行对比，可以分析企业偿还流动负债的能力。比率分析是财务分析中应用最多的方法。它对于寻找财务状况和经营成果产生的原因很有帮助。

（五）因素分析

在企业的财务管理中，影响财务状况和经营成果的因素是多方面的。当某种经济指标的实际数与预算数或历史数据产生差异时，需要分析造成这种差异的原因。如企业产品销售收入的变化就受到单价、销售量、经济条件变化、消费者购买力、企业竞争力等多种因素的影响。运用因素分析，就是要分析各种因素影响的程度，以便在新的预算年度采取措施消除不利影响。

以上方法将结合具体财务分析予以介绍。

第二节 财务分析的依据

本节主要是介绍与财务分析相关的主要分析工具和资料，包括基本财务报表、财务报表附注、财务情况说明书以及企业内部财务报表等内容。

一、基本财务报表

基本财务报表包括资产负债表、利润表、现金流量表和所有者权益变动表，这四张报表是进行财务分析的最主要资料和工具。资产负债表、利润表和现金流量表的基本格式分别如表 11－1（a）、表 11－1（b）、表 11－2 和表 11－3 所示。

表 11－1（a） 资产负债表

编制单位：甲公司 2017 年 12 月 31 日 单位：百万元

资产	年末数	年初数
流动资产：		
货币资金	2 974	7 733
以公允价值计量且其变动计入当期损益的金融资产		
应收票据	2 583	6 083
应收账款	1 235	932
预付款项	2 731	6 600
应收利息		
其他应收款	78	66
存货	10 372	8 701
流动资产合计	**19 973**	**30 115**
非流动资产：		

续前表

资产	年末数	年初数
可供出售金融资产	45	271
长期股权投资	2 262	885
投资性房地产		
固定资产	43 252	32 656
在建工程	12 547	9 985
工程物资	6 242	7 130
无形资产	6 761	5 577
递延所得税资产	1 097	164
其他非流动资产		
非流动资产合计	**72 206**	**56 668**
资产合计	**92 179**	**86 783**

表 11-1 (b) **资产负债表**

编制单位：甲公司 2017 年 12 月 31 日 单位：百万元

负债和所有者权益	年末数	年初数
流动负债:		
短期借款	7 570	4 512
应付票据	4 585	1 052
应付账款	3 427	1 908
预收款项	3 629	4 569
应付职工薪酬	329	310
应交税费	−2 771	−251
其他应付款	3 523	2 737
一年内到期的非流动负债	1 031	5 138
流动负债合计	**21 323**	**19 975**
非流动负债:		
长期借款	17 565	12 297
递延所得税负债	47	102
其他非流动负债	141	146
非流动负债合计	**17 753**	**12 545**
负债合计	**39 076**	**32 520**
所有者权益:		
股本	7 235	7 235

续前表

负债和所有者权益	年末数	年初数
资本公积	31 423	31 593
盈余公积	3 301	2 992
未分配利润	11 144	12 443
外币报表折算差额		
归属于母公司所有者权益小计	53 103	54 263
少数所有者权益		
所有者权益合计	**53 103**	**54 263**
负债和所有者权益合计	**92 179**	**86 783**

表 11-2　　利润表

编制单位：甲公司　　2017 年度

项　目	年末数	年初数
一、营业总收入（百万元）	**79 616**	**65 499**
其中：营业收入（百万元）	79 616	65 499
二、营业总成本（百万元）	**75 834**	**55 119**
其中：营业成本（百万元）	66 611	48 346
营业税金及附加（百万元）	948	764
销售费用（百万元）	1 687	1 598
管理费用（百万元）	3 788	3 509
财务费用（百万元）	694	755
资产减值损失（百万元）	2 106	147
加：公允价值变动收益（损失以“一”号填列）（百万元）		
投资收益（百万元）	96	81
其中：对联营企业和合营企业的投资收益（百万元）	80	77
三、营业利润（损失以“一”号填列）（百万元）	**3 878**	**10 461**
加：营业外收入（百万元）	33	44
减：营业外支出（百万元）	69	121
其中：非流动资产处置损失（百万元）	63	119
四、利润总额（亏损总额以“一”号填列）（百万元）	**3 842**	**10 384**
减：所得税费用（百万元）	852	2 851
五、净利润（净亏损以“一”号填列）（百万元）	**2 990**	**7 533**
其中：本期发生同一控制下企业合并的，被合并方在合并日前实现的净利润（百万元）		

续前表

项　目	年末数	年初数
归属于母公司所有者的净利润（百万元）	2 990	7 533
少数股东损益（百万元）		
六、每股收益		
（一）基本每股收益（元）	0.413	1.121
（二）稀释每股收益（元）	0.413	1.121

说明：由于四舍五入，个别数字有出入。

表 11-3　　**现金流量表**

编制单位：甲公司　　2017 年 12 月 31 日　　单位：百万元

项　目	2017 年	2016 年
一、经营活动产生的现金流量		
销售商品、提供劳务收到的现金	92 862	70 531
收到的税费返还		123
收到的其他与经营活动有关的现金	59	6
经营活动现金流入小计	**92 921**	**70 660**
购买商品、接受劳务支付的现金	68 780	52 255
支付给职工以及为职工支付的现金	2 589	2 027
支付的各项税费	8 611	7 384
支付其他与经营活动有关的现金	1 003	1 088
经营活动现金流出小计	**80 983**	**62 754**
经营活动产生的现金流量净额	**11 938**	**7 906**
二、投资活动产生的现金流量		
收回投资收到的现金		
取得投资收益收到的现金	17	4
处置固定资产、无形资产和其他长期资产收回的现金净额	5	61
处置子公司及其他营业单位收到的现金净额		
收到其他与投资活动有关的现金	409	405
投资活动现金流入小计	**431**	**470**
购建固定资产、无形资产和其他长期资产支付的现金	14 684	18 181
投资支付的现金	1 301	248
取得子公司及其他营业单位支付的现金净额		
支付的其他与投资活动有关的现金		
投资活动现金流出小计	**15 985**	**18 429**

续前表

项　目	2017年	2016年
投资活动产生的现金流量净额	**－15 554**	**－17 959**
三、筹资活动产生的现金流量		
吸收投资收到的现金		19 978
其中：子公司吸收少数股东投资收到的现金		
取得借款收到的现金	16 220	19 122
收到的其他与筹资活动有关的现金		
筹资活动现金流入小计	**16 220**	**39 100**
偿还债务支付的现金	11 795	17 917
分配股利、利润或偿付利息支付的现金	5 509	4 797
其中：子公司支付给少数股东的股利、利润		
支付的其他与筹资活动有关的现金	59	57
筹资活动现金流出小计	**17 363**	**22 771**
筹资活动产生的现金流量净额	**－1 143**	**16 329**
四、汇率变动对现金及现金等价物的影响		**－23**
五、现金及现金等价物净增加额	**－4 759**	**6 253**
加：期初现金及现金等价物余额	7 733	1 480
六、年末现金及现金等价物余额	**2 974**	**7 733**

（一）资产负债表

资产负债表是提供企业在某一时点所拥有的全部资产、负债和所有者权益的存量及其结构的报表。

1. 资产负债表的基本结构

现行的资产负债表是根据“资产＝负债＋所有者权益”的原理编制的账户式报表。一般而言，其左方反映的是资产状况，右方反映的是负债和所有者权益状况。本书为更好展示其中内容，将其拆分为两个表，格式如表11－1（a）、表11－1（b）所示。

可以看出，现行的资产负债表在项目的编排上，资产是按照流动性的大小分别反映其构成，负债是按照偿债期限的长短分为流动负债和非流动负债。按流动性大小排序反映资产构成的方法，虽然能够较便捷地反映出企业的短期和长期偿债能力，但按流动性大小排序的方法无法满足了解资产负债的性质、业务类别以及成本效益变化情况的需要。从管理的角度出发，除了按流动性大小排序编报资产负债表外，还可以根据管理的需要对现行的财务报表格式进行重新加工、整理，编制出体现管理要求的报表，这就是管理型的资产负债表。根据管理需要，管理型的资产负债表可以有以下几种编排方法。

（1）按资产风险程度大小分类。企业各项资产的风险程度是不同的。企业投资于股票、无形资产，其风险程度较大；企业投资于应收账款可能存在坏账风险。因此，不同性质的企业应根据其特点，按照各项资产的风险程度大小进行分类管理。按资产风险程度大小进行资产排序，有利于分析企业效益不佳的原因，分析良好的资产结构可能带给企业的收益。

(2) 按资产收益率和资金成本的高低排序。这种分类方法有利于进行资产结构的调整和负债结构的调整，改变不合理的资产结构和负债结构，降低筹资成本，提高资产收益率。

(3) 按资产投向分类。资产投向决定着企业资产的收益性、安全性和流动性。一般说来，不同的行业对企业资产的影响是不同的。这是因为投向不同行业的资产具有不同的风险和收益。通过对不同行业投资资产的分析，可以寻找到行业的发展规律，寻求降低风险的途径，预测未来一定期间各项投资资产的收入增长情况。

此外，根据管理的需要，对资产负债表还可以进行其他形式的编排，从而达到不同管理目的的需要。

2. 资产负债表的作用

(1) 可以了解某一时点上各类资产、负债和所有者权益的规模、结构及数量对应关系。资产负债表最基本的作用是提供了一个企业资产、负债及所有者权益规模的信息，便于不同企业之间、同一企业在不同时期之间的比较，而且为报表使用者提供了了解企业资产结构，以及资产与负债之间、资产与所有者权益之间、流动资产与流动负债之间等有关项目之间关系的信息。这些基本的财务信息，为了解和分析一个企业的财务状况提供了有益的帮助。

(2) 明确企业的责任和义务。企业承担的责任和义务包括对债权人和投资人两方面的责任和义务。资产负债表的负债反映的是企业对债权人的责任和义务，资产负债表的所有者权益反映的是企业对投资人的责任和义务。一般来说，在资产总额中，如果负债形成的资产所占的比重较高，则说明企业主要依靠负债经营，自我积累能力较差；如果在资产总额中权益资产所占的比重较高，则说明企业主要是靠资本投入或积累形成资产，企业的负债能力相对较低。资产负债表一方面反映了企业承担的责任和义务的大小，另一方面提供了要求企业合理安排资本结构，提高债权人权益保障程度和投资人权益的信息。

(3) 做出优化资产结构、降低风险和提高运营效率的判断和决策。资产结构反映了资产负债表中各项资产在资产总额中所占的比重。在资产负债表中，为了说明各项资产在资产总额中的比重，要把表上各项资产都变成资产总额的百分比。资产负债表的资产提供了了解企业资产结构、资产风险程度大小的信息，这些信息对于了解企业资产结构的合理性、资产风险程度大小提供了重要的帮助。这是因为即使两个企业的资产总额相等，由于资产总额的构成不同，风险程度不同，其所能产生的效益也是不同的。通过资产结构分析，可以根据各项资产在资产总额中所占的比重，分析某项资产比重上升或下降的原因。如在资产负债表中反映的应收账款增加较快，就要分析是什么原因导致了企业该项目的增加，是由于信用政策的改变、债务方故意拖欠货款还是其他原因，企业应采取哪些催款措施。而诸如此类的分析有利于企业做出优化资产结构、降低风险和提高运营效率的判断和决策。

(二) 利润表

利润表按照权责发生制进行编制，反映企业某一期间的经营成果，具体提供企业在某一特定期间内所实现利润或发生亏损额的报表。

1. 利润表的基本格式

利润是收支配比的结果。现行的利润表是按照“利润＝收入－费用”这一基本公式编制的多步式利润表，表中项目按照利润形成的各项目分项列示，其格式见表11－2。为进一步分析企业总收入和总支出及其构成情况，利润表也可以按单步式进行反映。运用单步式利润表可以分析总收入和总支出及其构成情况，便于分析了解各个项目的变化趋势，通过结构分析和不同年份之间的对比了解各项目的发展变化情况。

2. 利润表的作用

（1）了解企业本期取得的收入、发生的成本、期间费用和税金（不含增值税）。

（2）了解企业盈利总水平、利润来源及其结构。

（三）现金流量表

现金流量表是按照收付实现制进行编制，提供企业在某一特定期间内有关现金和现金等价物的流入和流出信息的报表。其中，现金包括企业的库存现金、银行存款和其他货币资金。现金等价物是企业持有的期限短，流动性强，易于转换为已知金额的现金且价值变动风险很小的投资，一般指企业购买的期限为三个月以内的国库券。

1. 现金流量表的基本结构

我国现行的现金流量表分为主表和附表两部分。主表反映的是按直接法编制的反映企业经营活动、投资活动和筹资活动的现金流量以及汇率变动所产生的现金流量。其中，投资活动所产生的现金流量是企业购建长期资产以及不包括在现金等价物范围内的投资及其处置活动所产生的现金流量；筹资活动所产生的现金流量是导致企业的资本、债务规模及其构成和结构发生变化的活动所产生的现金流量；经营活动所产生的现金流量是指除了投资活动和筹资活动以外的所有交易或事项产生的现金流量。

附表主要反映了两项内容：一是将净利润调节为经营活动现金流量的部分，二是不涉及现金收支的筹资和投资活动的部分。其中，前者是在净利润的基础上经过项目调整得出的。调整项目包括：

（1）没有实际发生现金支出的费用；

（2）没有实际收到现金的收益；

（3）不属于经营活动的损益；

（4）经营性应收和应付项目；

（5）增值税增加净额等。

现行的现金流量表按照经营活动、投资活动和筹资活动的内容，分别反映了各活动的现金流入、现金流出和现金流量净额的相关信息。这种编排方法对了解各项活动所产生的现金流量，并根据现金流量进行财务决策非常有用。

2. 现金流量表的作用

现金流量表在企业的财务管理中具有十分重要的作用，主要体现在以下几个方面。

第一，可以预测企业未来现金流量的发展变化趋势。由于现金流量表分别从经营活动、投资活动和筹资活动产生的现金流量方面反映了企业的现金流入和现金流出的数量及其净流量，因此，通过该表可以分析企业的现金流入、现金流出及现金流量净额的结构和发展趋势。分析的目的在于了解企业各项目不同期间的增减变动情况及增减百分比。我国上市公司需要在半年和年度财务报告中提供现金流量表，一般企业只在年末编报现金流量表。从企业财务管理的角度出发，按月编制现金流量表更有意义。现金流量发展变化趋势的分析可以通过编制趋势分析表进行。

第二，分析现金流量的构成情况。现金流量的构成分析，主要是分析在企业的现金流量净额中经营活动、投资活动和筹资活动所产生的现金流量净额所占的比例，或者分析某种活动产生的现金流量在现金流入和现金流出中所占的比例。如果在企业的现金流量净额中，经营活动所产生的现金流量占的比例较大，则说明企业主要是依靠自身的经营活动实现现金流量；如果投资活动所产生的现金流量较大，则说明企业的现金流量主要来源于投资活动；如果企业的现金流量主要是由筹资活动形成的，则说明企业的现金流量主要是由投资人投资或负债形成的，企业经营活动产生的现金流量较差。通过对企业现金流量结构的分析，能够明确企业现金管理的重点及存在的问题。对现金流入的分析，主要是分析经营活动、投资活动和筹资活动产生的现金流入各项目在全部现金流入中的比重。同样，对现金流出的分析，主要是分析经营活动、投资活动和筹资活动产生的现金流出各项目在全部现金流出中的比重。

第三，分析评价企业的偿债能力和股利支付能力。现金及现金等价物是企业最具有流动性的资产，现金流量净额越高，企业的偿债能力和支付能力就越强。可通过计算现金流动比率、现金到期债务比率、现金负债总额比率等指标来分析企业偿债能力，通过计算每股现金流量等指标来分析股利支付能力。

第四，分析企业净利润的质量。利润表中的净利润按照权责发生制原则编制，由于受会计方法和其他因素的影响，净利润并不能反映一个企业真实的盈利能力，而按收付实现制原则编制的现金流量表则能够在一定程度上弥补权责发生制的不足，从而反映企业经营活动中实际获取现金的能力。

二、财务报表附注及财务情况说明书

（一）财务报表附注

财务报表附注是财务报告的重要组成部分，也是对财务报表信息的补充说明，目的是使财务报表信息对财务信息使用者的决策更加相关、有用。财务报表附注对于报表使用者了解企业的年度会计政策、或有负债及重大事项具有重要的参考价值，也能够帮助报表使用者更好地理解财务信息，并做出正确选择。按制度规定，企业年度的财务报表附注至少应披露如下内容。

（1）不符合会计核算前提的说明。

（2）重要会计政策和会计估计的说明。

（3）重要会计政策和会计估计变更的说明，以及重大会计差错更正的说明，主要包括以下事项：

1）会计政策变更的内容和理由；

2）会计政策变更的影响数；

3）累计影响数不能合理确定的理由；

4）会计估计变更的内容和理由；

5）会计估计变更的影响数；

6）会计估计变更的影响数不能合理确定的理由；

7）重大会计差错的内容；

8）重大会计差错的更正金额。

（4）或有或承诺事项的说明。

或有负债的类型及其影响，包括：

1）已贴现商业承兑汇票形成的或有负债；

2）未决诉讼、仲裁形成的或有负债；

3）为其他单位提供债务担保形成的或有负债；

4）其他或有负债（不包括极小可能导致经济利益流出企业的或有负债）；

5）或有负债预计产生的财务影响（如无法预计，应说明理由）；

6）或有负债获得补偿的可能性。

如果或有资产很可能会给企业带来经济利益，则应说明其形成的原因及其产生的财务影响。

（5）资产负债表日后事项的说明。

应说明股票和债券的发行、对一个企业的巨大投资、自然灾害导致的资产损失，以及外汇汇率发生较大变动等非调整事项的内容，估计对公司财务状况、经营成果的影响。如无法做出估计，应说明其原因。

（6）关联方关系及其交易的说明。

在存在控制关系的情况下，关联方如为企业，不论它们之间有无交易，都应说明如下事项：

1）企业经济性质或类型、名称、法定代表人、注册地、注册资本及其变化；

2）企业的主营业务；

3）所持股份或权益及其变化。

在企业与关联方发生交易的情况下，企业应说明关联方关系的性质、交易类型及其交易要素，这些要素一般包括：

1）交易的金额或相应比例；

2）未结算项目的金额或相应比例；

3）定价政策（包括没有金额或只有象征性金额的交易）。

关联方交易应分别按关联方以及交易类型予以说明。类型相同的关联交易，在不影响会计报表使用者正确理解的情况下可以合并说明。

对于关联方交易价格的确定，如果其高于或低于一般交易价格，应说明该价格的公允性。

（7）重要资产转让及出售的说明。

（8）企业合并、分离的说明。

（9）会计报表重要项目的说明。

1）应收款项（不包括应收票据，下同）及计提坏账准备的方法，主要说明坏账的确认标准，以及坏账准备的计提比例。

2）存货的核算方法，说明存货分类、取得、发出、计价以及低值易耗品和包装物的摊销方法，计提存货跌价准备的方法以及存货可变现净值的确定依据。

3）投资的核算方法，说明当期发生的投资净收益，其中重大的投资净收益项目应单独说明；说明短期投资（如以公允价值计量且变动计入当期损益的金融资产、衍生金融资产）、长期股权投资和持有至到期投资的期末余额，其中长期投资中属于对子公司、合营企业、联营企业投资的部分应单独说明；说明当年提取的投资损失准备、投资的计价方法以及短期投资的期末市价；说明投资总额占净资产的比例；采用权益法核算时，还应说明投资企业与被投资单位会计政策的重大差异；说明投资变现以及投资收益汇回的重大限制；股权投资差额的摊销方法、持有至到期投资溢价和折价的摊销方法以及长期投资减值准备的计提方法。

4）固定资产计价和折旧方法，说明固定资产的标准、分类、计价方法和折旧方法，各类固定资产的预计使用年限、预计净残值和折旧率，如有在建工程转入、出售、置换、抵押和担保等情况的，应予以说明。

5）无形资产的计价和摊销方法。

6）长期待摊费用的摊销方法。

（10）收入。

说明应当确认的下列各项收入的金额：销售商品的收入，提供劳务的收入，利息收入，使用费收入，本期分期收款确认的收入。

（11）所得税的会计处理方法。

说明所得税的会计处理是采用应付税款法，还是采用纳税影响会计法。如果采用纳税影响会计法，应说明是采用递延法还是债务法。

（12）合并会计报表的说明。

说明合并范围的确定原则，本年度合并报表范围如发生变更，企业应说明变更的内容、理由。

（13）有助于理解和分析会计报表需要说明的其他事项。

（二）财务情况说明书

财务情况说明书是在报表之外对报表有关项目的详细说明。主要说明在报告年度企业的资产，负债，所有者权益，利润，现金流量的变动情况、变动趋势、变动原因，所采取的主要措施以及以后年度的工作方向。目的是向财务信息使用者提供有关报表信息的详细说明。

三、企业内部财务报表

除了企业对外报送的主要财务报表之外，企业从内部管理的角度出发，也需要编制企业内部财务报表。这些企业内部财务报表通常以财务报表附表的形式予以揭示。企业内部财务报表包括资产减值准备明细表、所有者权益（或股东权益）增加变动表、应缴增值税明细表、利润分配表、分部报表等报表。

（一）资产减值准备明细表

为了反映企业真实的资产价值，调整企业资产账面价值与市场价值的差异，对应收账款、短期投资、长期投资、存货、固定资产、无形资产、在建工程和委托贷款，在其市场价值低于账面价值时可以提取相应的准备金，以调整有关资产的账面价值。该报表提供了企业相关资产变化的数据信息，便于企业进行相应的管理。

（二）应缴增值税明细表

该表是反映企业按照规定应缴纳的增值税情况的报表。从内部管理角度说，该表一方面反映了企业应缴纳的增值税情况，另一方面为企业筹划资金和及时纳税提供了相应信息。

（三）分部报表

该报表反映了企业按地区或按业务类别反映的经营业务的收入、成本、费用、营业利润、资产总额以及负债总额的情况。分部报表有利于企业加强对不同地区企业和业务的管理。

第三节　基本的财务比率

比率分析法是企业财务报表分析中应用最多的一种方法。它在分析企业偿债能力、资产营运能力、资产盈利能力方面具有广泛的用途。一般来说，在进行财务报表分析中要分析的基本财务比率，如表 11－4 所示。

表 11－4　　基本财务比率

主要财务比率	计算公式	指标揭示的问题
1. 反映偿债能力的指标		
流动比率	流动资产/流动负债	衡量用流动资产偿还流动负债的能力
速动比率	速动资产/流动负债	衡量用变现能力最强的流动资产偿还流动负债的能力
资产负债率	负债总额/资产总额	反映资产总额中负债筹资所占的比重
产权比率	负债总额/所有者权益总额	反映负债受权益资本保障的程度
已获利息倍数	息税前利润/利息费用	反映偿付债务利息的能力；计算息税前利润对利息费用的倍数
2. 反映资产营运能力的指标		
应收账款周转率	赊销收入净额/平均应收账款	反映年度内应收账款变为现金的次数
应收账款周转天数（平均收现期）	360/应收账款周转率	反映应收账款从获得权利到收回款项的平均天数
存货周转率	营业成本/平均存货	衡量年度内存货周转的次数；反映存货的流动性

续前表

主要财务比率	计算公式	指标揭示的问题
存货周转天数	360/存货周转率	衡量存货是否有积压的趋势；存货销售转化为应收账款或现金的平均天数
流动资产周转率	营业收入总额/平均流动资产	衡量用流动资产产生营业收入的能力
固定资产周转率	营业收入总额/平均固定资产	衡量用固定资产产生营业收入的能力
总资产周转率	营业收入总额/平均资产总额	衡量用总资产产生营业收入的能力
3. 反映资产盈利能力的指标		
营业净利率	净利润/营业收入总额	衡量营业收入的盈利水平，即每 1 元的营业收入所提供的净利润
资产净利率	净利润/平均资产总额	衡量全部资产的盈利能力
权益净利率	净利润/平均所有者权益	衡量投资者账面投资资产的盈利能力
4. 上市公司主要的财务比率		
每股收益	净利润/年末普通股股数	反映普通股股东每股实现的税后利润
每股股利	现金股利/年末普通股股数	衡量每股分配的现金股利
股利支付率	每股股利/每股收益	衡量公司的股利政策；衡量股利支付能力
市盈率	普通股每股市价/普通股每股收益	衡量普通股的每股市价对每股收益的倍数、衡量公司的资信能力、发展前景及股票的风险大小
每股净资产	年末所有者权益/年末普通股股数	衡量普通股每股所代表的账面净资产价值，在理论上应是股票的最低价值
市净率	每股市价/每股净资产	衡量市场对公司资产质量的评价
净资产收益率	净利润/平均所有者权益	衡量股东投入资本实现的净利润

说明：为简化计算，在计算基本财务比率时，一年按 360 天计算，季度和月份分别按 90 天和 30 天计算。

下面将根据表 11-4 中的有关公式，结合甲公司 2017 年度的资产负债表、利润表和现金流量表［分别见表 11-1（a）、表 11-1（b）、表 11-2 和表 11-3］，说明主要财务比率的计算方法、反映的内容以及对企业财务状况的影响。

一、偿债能力比率

（一）短期偿债能力比率

短期偿债能力比率是衡量企业偿还流动负债能力的比率。流动负债是企业将于一年内偿还的债务，而用于偿还流动负债的资产来源于流动资产。如果企业具有较好的现金流量，就会按期偿还债务，避免自身陷于财务危机。流动比率和速动比率是衡量企业短期偿债能力最重要的两个指标。

1. 流动比率

流动比率反映的是流动资产与流动负债之间的比率关系。其计算公式为：

$$流动比率=\frac{流动资产}{流动负债}$$

以甲公司为例，2017 年该项指标计算如下：

$$流动比率=\frac{19\ 973}{21\ 323}=0.94$$

如果企业的流动比率偏低，则说明企业不能按时支付货款、工资和纳税，无法以现金分配利润。因此，流动比率下降可能是企业财务状况出现困难的一个信号。一般来说，该比率为 2∶1 比较好。由于行业特点，该比率在不同的行业具有不同的特征。企业要对不同年份的流动比率进行计算、比较，来发现其变化趋势。另外应将本企业与同行业其他企业的流动比率进行比较，了解企业在本行业中的水平。

2. 速动比率

速动比率是企业的速动资产与流动负债的比率。速动资产是流动资产减去存货以后的差额。之所以要从流动资产中扣除存货，是基于以下几个方面的原因：（1）在流动资产中存货的变现速度较慢；（2）部分存货损失可能未做处理；（3）存货计价方法还存在着成本价与合理市价之间相差悬殊的问题；（4）部分存货可能已经抵押给债权人。速动比率的计算公式为：

$$速动比率=\frac{速动资产}{流动负债}$$

以甲公司为例，2017 年该项指标计算如下：

$$速动比率=\frac{19\ 973-10\ 372}{21\ 323}=0.45$$

一般来说，该比率为 1∶1 较好。

按保守的算法，企业在计算速动比率时，有的还要从流动资产中减去待摊费用、待处理流动资产损失和预付款项等。这是因为待摊费用是无实物形态的资产，是前期已经花费需要摊销的费用，不能用于偿还债务。待处理流动资产损失也不能用于偿还债务。预付款项的主要目的是为了取得存货，因此，在计算时应将其从流动资产中扣除。

（二）财务杠杆比率

财务杠杆比率反映了负债在资产总额中所占的比重。负债在企业全部资金中所占的比重对企业具有双重影响。一方面，如果利用负债资金所获得的投资收益率大于负债资金成本，由于负债利息可以在所得税前列支，从而使企业以较低的资金成本取得资金，就能使企业的投资者获得财务杠杆利益。另一方面，如果负债资金运用得不好，企业会因负债过高而陷于财务危机。财务杠杆比率包括资产负债率和已获利息倍数。

1. 资产负债率

资产负债率反映的是负债总额占资产总额的比率。该比率反映了债权人权益受保护的程度，以及企业将来筹措新资金的能力。如果资产负债率高，那么债权人的权益受保护的程度就低。但对企业较高的资产负债率也应进行客观的分析。对于一个成长型的企业而言，在引入期，可能资产负债率较高，而在进入成长期后会出现资产负债率下降的情况，对此类企业不能说资产负债率过高就不好。

为反映企业的债务水平，还可以通过计算产权比率和权益乘数来衡量。有关指标的计算公式如下：

$$资产负债率=\frac{负债总额}{资产总额}$$

$$产权比率=\frac{负债总额}{所有者权益总额}$$

$$权益乘数=\frac{资产总额}{所有者权益总额}$$

以甲公司为例，2017 年资产负债率等指标计算如下：

$$资产负债率=\frac{39\ 076}{92\ 179}=42.39\%$$

$$产权比率=\frac{39\ 076}{53\ 103}=0.74$$

$$权益乘数=\frac{92\ 179}{53\ 103}=1.74$$

2. 已获利息倍数

已获利息倍数反映的是息税前利润与利息费用之间的比率关系，又称利息保障倍数。其计算公式如下：

$$已获利息倍数=\frac{息税前利润}{利息费用}$$

息税前利润是指利润表中的未扣除利息和所得税之前的利润。它可以用利润总额加利息费用来计算。利息费用是指企业本期发生的全部应付利息，不仅包括财务费用中的利息，还包括计入固定资产价值中已经资本化的利息。虽然资本化利息不反映在利润表的财务费用中，而是通过折旧的形式计入成本费用，但这部分利息也需要偿还，因此，在计算时还要加上资本化利息。

该指标反映了企业所实现的利润偿付利息费用的能力。利息费用是企业借债必须付出的代价。当企业有足够的现金流量时，才不会出现利息费用支付困难。

甲公司 2017 年的财务费用为 694 百万元，利息支出为 769 百万元，该公司的在建工程项目中，已资本化的借款费用为 869 百万元。两部分利息合计为 1 638 百万元。则该公司的已获利息倍数为：

$$已获利息倍数=\frac{3\ 842+1\ 638}{1\ 638}=3.35(倍)$$

已获利息倍数反映了企业的息税前利润是利息费用的多少倍。已获利息倍数越大，表明企业支付利息的能力越强，否则，企业的付息能力就较差。为了分析本企业偿付利息的能力，可以与同行业该指标的平均水平进行对比，也可以比较企业若干年份的该项指标，分析企业的付息能力是增强了还是减弱了。

二、资产营运能力比率

资产营运能力比率，也称资产管理能力比率，主要用来分析企业的资产管理水平。存货的积压状况、应收账款的回收天数及资产结构是否合理都可以通过资产营运能力比率做出分析判断。按照企业的资产构成，与营业收入有关的资产主要包括流动资产和固定资产，因此，在实务中，资产营运能力比率主要是通过应收账款周转率、存货周转率、流动资产周转率、固定资产周转率和总资产周转率这五个指标来衡量。

(一) 应收账款周转率

应收账款是企业销售商品或提供劳务时应向购货单位或接受劳务单位收取的款项。应收账款管理水平的高低可通过周转率和周转天数两个指标的计算做出判断。

应收账款周转率是赊销收入净额与平均应收账款的比值。用一年的总天数 360 天除以应收账款周转率为应收账款周转天数，即平均收现期。有关计算公式如下：

$$应收账款周转率=\frac{赊销收入净额}{平均应收账款}$$

$$赊销收入净额=赊销销售收入-销售折扣与折让$$

$$平均应收账款=\frac{期初应收账款+期末应收账款}{2}$$

$$应收账款周转天数=\frac{360}{应收账款周转率}$$

在计算应收账款周转率时，分子采用的赊销收入净额，是赊销销售收入减去销售折扣与折让后的余额。赊销销售收入是企业当期的销售收入扣除现金销售以后的部分。销售收入可以从利润表中直接获取，现金销售来源于现金流量表。由于企业外部报表使用者不能直接从现金流量表中找到该项数据，因此，在实务中，对于外部的报表使用者来说，只能采用营业收入指标来计算应收账款周转率。公式中的应收账款是扣除坏账准备前的应收账款。

在计算应收账款周转天数时，季度按 90 天计算，月度按 30 天计算。

应收账款实际上是企业采用信用政策的结果，如果企业的信用政策比较宽松，其应收账款就会比较多。如果企业的信用政策比较紧，其应收账款就会比较少。当赊销行为发生后，企业的应收账款能否及时收回，取决于企业对应收账款管理的好坏。应收账款周转率和应收账款周转天数提供了企业应收账款管理方面的信息。

甲公司 2017 年的营业收入为 79 616 百万元，其应收账款周转率与应收账款周转天数计算如下（按应收账款全额计算）：

$$平均应收账款=\frac{1\ 235+932}{2}=1\ 083.50(百万元)$$

$$应收账款周转率=\frac{79\ 616}{1\ 083.50}=73.48(次)$$

$$应收账款周转天数=\frac{360}{73.48}=4.90(天)$$

一般来说，应收账款周转率越高，应收账款周转天数越少，说明企业的应收账款回收的速度越快；否则，企业过多的营运资金占用在应收账款上，会影响到企业资金的正常周转。为分析判断企业的应收账款管理成效，可通过本企业相关指标与同行业其他先进企业同类指标的对比，通过本企业若干年份该项指标的分析比较来进行。需要注意的是，在运用该项指标对企业的应收账款管理情况进行分析评价时，要考虑到以下因素可能对该项指标结果的影响，以免做出错误的判断。这些因素是：(1) 企业营销方式的影响。一个企业从不采用信用政策到采用信用政策，会对营业收入和赊销产生影响，并影响到不同年度，使得该项指标缺少可比性。(2) 季节性因素的影响。对于季节性经营的企业运用该项指标不一定能反映企业的实际情况。(3) 在年末出现销售的大量增加或减少。因此，对该项指标的计算结果应进行客观分析。

(二) 存货周转率

存货是企业为了生产和销售而储备的各种货物。一般来说，存货在企业的流动资产中占有较大比重，存货的流动性将直接影响企业的流动比率。存货的流动性可以通过存货周转率和存货周转天数两个指标进行分析。

存货周转率是营业成本与平均存货的比值。存货周转天数反映了从存货的购买到销售所占用的天数。商业批发或零售企业称其为“库存周期”。存货周转率和存货周转天数的计算公式如下：

$$存货周转率=\frac{营业成本}{平均存货}$$

$$平均存货=\frac{期初存货+期末存货}{2}$$

$$存货周转天数=\frac{360}{存货周转率}$$

以甲公司为例，2017 年的存货周转率指标计算如下：

$$平均存货=\frac{10\ 372+8\ 701}{2}=9\ 536.50(百万元)$$

$$存货周转率=\frac{66\ 611}{9\ 536.50}=6.98(次)$$

$$存货周转天数=\frac{360}{6.98}=51.58(天)$$

一般来说，存货周转率越高，存货周转天数越短，说明企业的存货转为现金或应收账款的速度越快，否则存货的周转速度就越慢。只有提高了存货的周转率，才可能提高企业资产的变现能力。对企业存货管理成效的分析判断，可通过本企业该项指标与同行业其他先进企业同类指标的对比，通过本企业若干年份该项指标的分析比较来进行。

存货周转率衡量了存货的生产及销售速度，分析存货周转率的主要目的是为了加强对存货的管理，在满足生产经营对存货需求量的前提下，减少存货资金占用，加速存货资金的周转。需要注意的是，在运用该项指标对企业的存货管理情况进行分析评价时，要考虑到以下因素可能对该项指标的影响，以免做出错误的判断。这些主要因素是：(1) 存货计价方法的影响。存货计价方法包括企业是否按规定结转成本，以及按什么方法结转成本。企业是否按规定结转成本，会影响到当期的营业成本总额。存货按什么方法结转成本同样会影响到当期的营业成本总额。这是因为，存货虽然是按照历史成本计价反映的，但在发出存货时可以采用先进先出法、加权平均法等多种计价方法。不同的计价方法会影响到当期结转的销售成本，进而影响到存货周转率的计算。因此，在分析时，应考虑不同的计价方法对存货周转率的影响。(2) 不同行业的存货周转率受到产品制造技术的影响。企业的生产周期越长，存货占用的资金就越多。对于制造业而言，存货的周转涉及存货材料的采购、材料投产加工以及销售三个阶段。在这三个阶段，存货分别表现为不同的存货占用形态，包括原材料、在产品和产成品形态。因此，在分析时还应对存货的结构以及影响存货周转率的重要项目进行分析，如分别计算原材料周转率、在产品周转率。其计算公式如下：

$$原材料周转率=\frac{耗用的原材料成本}{平均原材料存货}$$

$$在产品周转率=\frac{制造成本}{平均在产品存货}$$

（三）流动资产周转率

流动资产周转率是营业收入总额与平均流动资产的比值。其计算公式为：

$$流动资产周转率=\frac{营业收入总额}{平均流动资产}$$

$$平均流动资产=\frac{期初流动资产+期末流动资产}{2}$$

$$流动资产周转天数=\frac{360}{流动资产周转率}$$

以甲公司为例，2017 年这些指标计算如下：

$$平均流动资产=\frac{19\ 973+30\ 115}{2}=25\ 044(百万元)$$

$$流动资产周转率=\frac{79\ 616}{25\ 044}=3.18(次)$$

$$流动资产周转天数=\frac{360}{3.18}=113.21(天)$$

流动资产周转率反映了流动资产的周转速度。周转速度越快，会越节约流动资产，等于相对扩大资产的投入，增强企业的盈利能力；否则，流动资产的周转速度缓慢会增加新的流动资产投入，从而降低企业的盈利能力。可以通过对比同行业中不同企业和同一企业在不同时期的该项指标来分析流动资产管理的成效。

（四）固定资产周转率

固定资产周转率反映的是营业收入总额与平均固定资产之间的比值。其计算公式为：

$$固定资产周转率=\frac{营业收入总额}{平均固定资产}$$

$$平均固定资产=\frac{期初固定资产+期末固定资产}{2}$$

$$固定资产周转天数=\frac{360}{固定资产周转率}$$

以甲公司为例，2017 年这些指标计算如下：

$$平均固定资产=\frac{43\ 252+32\ 656}{2}=37\ 954(百万元)$$

$$固定资产周转率=\frac{79\ 616}{37\ 954}=2.10(次)$$

$$固定资产周转天数=\frac{360}{2.10}=171.43(天)$$

固定资产周转率反映了固定资产的周转速度。周转速度越快，表明企业同样的固定资产占用实现了越多的收入。可以通过同行业不同企业之间该项指标的对比，或同一企业该项指标在不同时期的对比，来分析企业的固定资产占用是否合理，以便合理安排资产结构，提高生产用固定资产的使用效率。

（五）总资产周转率

总资产周转率是营业收入总额与平均资产总额之间的比值。其计算公式如下：

$$总资产周转率=\frac{营业收入总额}{平均资产总额}$$

$$平均资产总额=\frac{期初资产总额+期末资产总额}{2}$$

$$总资产周转天数=\frac{360}{总资产周转率}$$

以甲公司为例，2017 年这些指标计算如下：

$$平均总资产=\frac{92\ 179+86\ 783}{2}=89\ 481(百万元)$$

$$总资产周转率=\frac{79\ 616}{89\ 481}=0.89(次)$$

$$总资产周转天数=\frac{360}{0.89}=404.49\ (天)$$

该项指标用来反映企业对总资产的管理是否有效。一般来说，总资产周转率越高，说明企业能越有效地运用资产创造收入；反之，则说明企业的资产利用效率低。要提高总资产周转率，其一是要提高营业收入总额，其二是在营业收入总额一定的条件下，降低资产占用总额。企业可以通过同行业不同企业之间的对比，或同一企业该项指标在不同时期的对比，来分析企业的资产占用是否合理，以便合理安排资产结构，提高资产的使用效率。

当用总资产周转率这一指标进行财务分析时，需要注意两个方面的问题。第一个问题是，在按历史成本计价的条件下，由于新资产的计价高于旧资产，因此会因较多地使用旧资产而引起总资产周转率偏大。第二个问题是，资产结构会引起总资产周转率的差异。以资产总额中固定资产所占比重为例，相对来说，制造业的固定资产比重较高，而商业零售和批发企业的固定资产所占比重较低，因此，固定资产较多的企业相对固定资产较少的企业而言，其总资产周转率会更低。

三、资产盈利能力比率

通常，一个企业的盈利能力往往是以企业赚取利润的能力来衡量的，这里的利润是指按会计方法确认的利润。但用按会计方法确认的利润来评价企业的盈利能力，也有其局限性。这主要是因为用会计利润衡量企业的盈利能力有两个方面的缺陷：其一，一个新建的处于成长期的企业，其前期投入的费用会较高，因此，起初只有较低的利润，在此情况下，当前企业的利润就不足以评价其盈利能力；其二，即使两个企业的当期利润相同，但其风险显著不同，仅依据二者当期的利润相同而得出其盈利能力相同的结论是错误的。因此，用按会计方法确认的利润来衡量企业的盈利能力缺乏可以比较的基础。从经济意义的角度来说，企业具有较强的盈利能力，应是企业的收益率大于投资者自己能够从资本市场上赚取利润的收益率。但这并不否认企业可以根据会计方法对其当期的盈利能力进行判断。

反映盈利能力的指标主要有营业利润率、资产利润率、权益净利率。

（一）营业利润率

营业利润率反映的是利润与营业收入总额的比值，反映了每1元营业收入中利润所占的比重。在实务中，营业利润率有三种表现形式，包括营业净利率、营业毛利率、营业息税前利润率。其计算公式如下：

$$营业净利率=\frac{净利润}{营业收入总额}$$

$$营业毛利率=\frac{毛利}{营业收入总额}$$

$$营业息税前利润率=\frac{息税前利润}{营业收入总额}$$

一般来说，营业净利率反映了企业以较低的成本或较高的价格提供产品和劳务的能力。企业在增加收入的同时，必须获得更多的净利润。要获得较多的净利润，企业只有在增加收入和降低成本两方面做好管理工作。该项指标实际是向管理者提供了这样的信息：企业的营业净利率由高变低，应从收入和成本两方面分析原因。

营业毛利率反映了每1元营业收入中毛利所占的比重。该指标在商业零售和批发企业中具有重要的作用。能否获得较高的毛利，直接关系到企业当期利润的多少。这里的毛利是企业当期的商品进销差价，在利润表上为当期的营业收入与当期的营业成本之差。

营业息税前利润率反映的是息税前利润占营业收入总额的比值。

以甲公司为例，2017 年这些指标计算如下：

$$营业净利率=\frac{2\ 990}{79\ 616}=3.76\%$$

$$营业毛利率=\frac{79\ 616-66\ 611}{79\ 616}=16.33\%$$

$$营业息税前利润率=\frac{3\ 842+1\ 638}{79\ 616}=6.88\%$$

（二）资产利润率

资产利润率反映的是利润与平均资产总额的比值。这里的利润有净利润和息税前利润两种形式。该类指标是衡量企业资产管理效率的常见指标，其意义在于为不同企业提供了相同的可比基础，有助于企业提高存量资产的使用效率，有助于企业内部的业绩评价与考核。其计算公式为：

$$资产净利率=\frac{净利润}{平均资产总额}$$

$$资产息税前利润率=\frac{息税前利润}{平均资产总额}$$

以甲公司为例，2017 年这些指标计算如下：

$$资产净利率=\frac{2\ 990}{89\ 481}=3.34\%$$

$$资产息税前利润率=\frac{3\ 842+1\ 638}{89\ 481}=6.12\%$$

对资产净利率指标进行分解会得到以下公式：

$$\begin{aligned}资产净利率&=\frac{净利润}{平均资产总额}=\frac{净利润}{营业收入总额}\times\frac{营业收入总额}{平均资产总额}\\&=营业净利率\times总资产周转率\end{aligned}$$

该指标反映的信息是：要提高企业资产的盈利能力，不仅要提高营业净利率，而且要提高资产的营运能力。当然，由于各种因素的影响，企业很难同时做好以上两个方面，但可以在二者之间选择其一。将资产净利率分解为营业净利率和总资产周转率，有助于帮助企业制定财务策略。当企业不能提高总资产周转率时，就要想办法提高营业净利率。杜邦财务控制系统就是将这种分解后的指标用于管理工作。

（三）权益净利率

权益净利率反映的是净利润与平均所有者权益之间的比值。其计算公式为：

$$权益净利率=\frac{净利润}{平均所有者权益}$$

$$平均所有者权益=\frac{期初所有者权益+期末所有者权益}{2}$$

以甲公司为例，2017年权益净利率指标计算如下：

$$平均所有者权益=\frac{53\ 103+54\ 263}{2}=53\ 683(百万元)$$

$$权益净利率=\frac{2\ 990}{53\ 683}=5.57\%$$

权益净利率反映了企业运用权益资本获取净利润的能力。将该指标分解后可以有以下结果：

$$\begin{aligned}权益净利率&=\frac{净利润}{平均所有者权益}\\&=\frac{净利润}{营业收入总额}\times\frac{营业收入总额}{平均资产总额}\times\frac{平均资产总额}{平均所有者权益}\\&=营业净利率\times总资产周转率\times权益乘数\end{aligned}$$

公式中的权益乘数表示企业的负债程度。权益乘数越大，企业的负债程度越高。之所以叫权益乘数，是因为权益乘数是资产权益率的倒数。因为通常的财务比率都是除数，除数的倒数叫乘数，所以将平均资产总额除以平均所有者权益称为权益乘数。

从该指标分解的结果可以看出，权益净利率与资产净利率的区别在于前者等于后者再乘以权益乘数。权益乘数反映了财务杠杆对权益净利率的影响。权益乘数实际上是要求企业从提高权益净利率的角度合理安排企业的资本结构，充分发挥财务杠杆作用。以上分析说明，要提高权益净利率，不仅要提高营业净利率，而且要提高总资产周转率，合理安排企业的负债比重。财务杠杆对提高权益净利率有重要作用，但只有在资产息税前利润率大于债务利率时，才能通过财务杠杆提高企业的权益净利率。

以上分解的权益净利率是美国杜邦公司进行杜邦分析的依据，也是其他企业进行财务分析的重要方法。其最重要的价值在于分析影响企业权益净利率的因素。

四、上市公司主要的财务比率

上市公司不同于一般企业，外部报表使用者要求上市公司披露更多的信息，以便投资者和债权人等能根据对财务报表资料的分析做出自己的判断。

按照我国上市公司信息披露的有关规定，对于上市公司来说，最重要的财务指标是每股收益、每股净资产和净资产收益率。证券信息机构要定期公布按以上三项指标排序的上市公司排行榜。由此可见，对于上市公司而言，其财务比率更应引起关注。

（一）每股收益

按照我国规定，每股收益是净利润与年末普通股股数之间的比值。公司在年度中间发生股数增减变动事宜，会引起股数在年度中间的变化。由于变化前后公司的股数在年度中间持有时间不同，因此，在实务中，计算每股收益时有全面摊薄法和加权平均法两种计算方法。

（1）全面摊薄法。全面摊薄法就是不考虑股数在年度中间的变化，完全以年末普通股股数作为计算每股收益的依据。其计算公式为：

$$每股收益=\frac{净利润}{年末普通股股数}$$

（2）加权平均法。加权平均法就是要求在计算普通股股数时，考虑到年度中间股数变动的影响，按照股数实际持有时间进行平均后计算总股数，然后计算每股收益的一种方法。其计算公式为：

$$每股收益=\frac{净利润}{(股数变化前的总股本\times持有时间+股数变化后的总股本\times持有时间)\div 12}$$

每股收益代表了普通股股东每股所实现的净利润。公司实现的净利润为其税后利润，对于税后利润要按照国家规定的分配顺序建立法定盈余公积金、向股东分配利润，剩余部分作为未分配利润继续投入公司运营。在整个净利润的分配过程中，净利润的高低会对企业的市盈率产生影响，公司对股东分配利润是采用现金还是其他股利分配形式，会影响到每股的现金股利，剩余的未分配利润又形成了公司的留存收益，因此，与每股收益的计算相关，公司要同时计算市盈率、每股股利、股利支付率、留存收益比率和股利收益率几个指标。

1. 市盈率

市盈率是普通股每股市价与普通股每股收益的比值。其计算公式为：

$$市盈率=\frac{普通股每股市价}{普通股每股收益}$$

市盈率是衡量公司股价高低和公司盈利能力的一个重要指标。由于市盈率将股价与公司的盈利能力结合起来，其水平高低更能真实地反映股票价格的高低。例如，股价同为40元的两只股票，其每股收益分别为2元和4元，则其市盈率分别为20倍和10倍。从长期投资的角度出发，市盈率的倒数为投资收益率，也就是说，在公司盈利能力不变的条件下，投资者如果分别按40元的价格购买两种股票，其分别要在20年和10年以后才能从公司盈利中收回投资。公司的盈利能力不是固定不变的，投资者购买公司的股票更看重的是公司的未来。因此，那些市盈率较高但具有较好发展前景的公司，投资者也愿意购买其股票。

为了反映不同市场和不同行业股票的价格水平，也可以计算出每个市场的整体市盈率或者不同行业上市公司的平均市盈率。具体计算方法是，用全部上市公司的股票市值除以全部上市公司的税后利润，即可得出这些上市公司的平均市盈率。

市盈率在实务中有两个用途：其一是用来衡量二级市场中股价水平的高低；其二是在股票发行时，作为估算发行价格的重要指标。根据发行公司的每股收益，参照市场的总体价格水平，确定一个合理的发行市盈率倍数，二者相乘即为股票的发行价格。从我国几年来新股的发行情况来看，新股发行市盈率基本维持在15～20倍。

2. 每股股利

每股股利是指公司支付给普通股股东的现金股利与年末普通股股数之比。该指标反映的是每股所能分配的现金额。其计算公式为：

$$每股股利=\frac{现金股利}{年末普通股股数}$$

3. 股利支付率

股利支付率反映的是公司支付给普通股股东的现金股利与其净利润的比值，或者说是每股股利与每股收益的比值，它反映了公司的股利政策和支付现金股利的能力。其计算公式为：

$$股利支付率=\frac{每股股利}{每股收益}$$

在运用该指标计算时，如果公司还有优先股股东，则应从每股收益中扣除支付给优先股股东的股利。

股利支付率的倒数为公司的股利保障倍数，倍数越大，表明公司支付股利的能力越强。其计算公式为：

$$股利保障倍数=\frac{每股收益}{每股股利}$$

4. 留存收益比率

留存收益比率反映了公司的留存收益与净利润的比值。留存收益是公司实现的净利润扣除支付的全部股利后的余额。其计算公式为：

$$留存收益比率=\frac{净利润-支付的全部股利}{净利润}$$

留存收益比率指标反映了公司的股利政策。公司留存收益的多少受到公司自身、股东、债权人、法律等多种因素的制约。如果公司按照优化资本结构的要求适当留存收益，就会提高留存收益比率；如果公司不需要留存较多的收益，或者股东要求得到较高的现金股利，公司就会降低留存收益比率。留存收益比率的提高意味着公司股利支付率的降低。但公司是否留存收益，以及按什么标准留存受到债权人权益保护条例和法律的制约。

5. 股利收益率

股利收益率是公司每股股利与每股市价的比率。它反映了股利和股价之间的关系。其计算公式为：

$$股利收益率=\frac{每股股利}{每股市价}$$

股利收益率取决于市场对公司未来前景的预期，有好前景的公司一般股利收益率比较高。该指标主要应用于非上市的少数股权。因为非上市的少数股权不能从股票价格上升中获得好处，只能依赖于公司的股利政策和分配的现金股利。

（二）每股净资产

每股净资产是指年末所有者权益与年末普通股股数的比值，也称每股账面价值或每股权益。每股净资产反映了每股股票代表的公司净资产价值，是支撑股票市场价格的重要基础。每股净资产越多，表明公司每股股票代表的财富越雄厚，通常创造利润的能力和抵御外来因素冲击的能力就越强。

因公司年度中间可能发生股数增减变动情况，因此，该指标可按全面摊薄法和加权平均法两种方法计算。

1. 全面摊薄法

按全面摊薄法，每股净资产计算公式为：

$$每股净资产=\frac{年末所有者权益}{年末普通股股数}$$

在计算每股净资产时，需要对年末所有者权益进行调整，实际上是对净资产的调整。调整后的每股净资产计算公式如下：

$$\begin{aligned}调整后的每股净资产=[&年末所有者权益-3年以上的应收款项\\&-待摊费用-待处理(流动、固定)资产损失-开办费\\&-长期待摊费用]\div 年末普通股股数\end{aligned}$$

2. 加权平均法

按加权平均法，每股净资产计算公式为：

$$每股净资产=\frac{年末所有者权益}{(股数变化前的总股本\times 持有时间+股数变化后的总股本\times 持有时间)\div 12}$$

每股净资产是理论上的股票最低价值。如果公司的股票价格低于净资产的成本，成本又接近于变现价值，说明公司已无存在的价值，清算是股东的最好选择。

（三）净资产收益率（或权益净利率）

净资产收益率是公司净利润与平均所有者权益的比值。其计算公式为：

$$净资产收益率=\frac{净利润}{平均所有者权益}$$

该指标可用来衡量公司对股东投入资本的利用效率，它弥补了每股收益和每股净资产指标的不足。例如，公司对原有股东以送股的方式分配股利，会引起每股收益的下降，从而使投资人产生错觉，以为公司的盈利能力下降了。事实上公司的盈利能力并没有改变，用净资产收益率指标分析就能比较合理地反映公司的盈利能力。

下面举例说明上市公司主要的财务比率的计算。

【例 11-1】 2017 年甲公司股数变动情况如表 11-5 所示。

表 11-5　　股数变动情况表

项　目	股数（百万股）	备注
期初数	7 235	
本期增加数	0	公司在报告期内未发生增减股本事项
本期减少数	0	
期末余额	7 235	

根据甲公司 2017 年的资产负债表及利润表的有关资料，计算出甲公司主要财务指标如表 11-6 所示。

表 11-6　　2017 年甲公司主要财务指标

项　目	全面摊薄法	加权平均法
每股收益	0.41 元	0.41 元
每股净资产	7.34 元	7.34 元
净资产收益率	5.57%	5.57%

表 11-6 中有关指标在全面摊薄法下的计算如下。

每股收益＝2 990÷7 235＝0.41(元)

每股净资产＝53 103÷7 235＝7.34(元)

净资产收益率＝5.57%

由于甲公司在 2017 年未发生增减注册资本事项，因此加权平均法下的各项指标计算结果同全面摊薄法。

从表 11-6 的计算结果可以看出，采用全面摊薄法和加权平均法计算上市公司的主要财务比率，在股本规模不发生增减变动的情形下是相同的，否则存在差异，因此，在评价时要考虑到计算方法可能产生的影响。

以上对财务比率的计算及说明给出了这样的信息：企业提供的财务报表对报表使用者来说具有重要的参考价值。报表使用者应通过对主要财务比率的分析，对企业的偿债能力、资产营运能力和资产盈利能力做出判断。在分析过程中应注意以下两点。

第一，用权益净利率等衡量资产盈利能力的指标来反映企业绩效存在着一定的缺陷，即没有考虑风险和现金流量的时间性。

第二，各种财务比率之间是相互联系的。如权益净利率是由营业净利率、总资产周转率和权益乘数三个方面决定的。

第四节　杜邦分析体系

在前文中我们分别运用不同的财务指标对企业的偿债能力、资产营运能力和资产盈利能力进行了分析。从三大能力分析可以看出，如果企业的资产管理水平高，资产营运能力强，就会提高企业的盈利能力，进而提高企业的偿债能力；如果企业的资产管理水平低，资产营运能力弱，就会降低企业的盈利能力，进而降低企业的偿债能力。这也说明尽管各单项财务指标所起的作用不同，但企业的各项财务指标之间并不是孤立的，而是相互之间存在着密切联系。要提高企业综合能力，关键是提高资产投资报酬率。衡量资产投资报酬率的指标主要有两个：一是资产净利率，二是权益净利率。资产净利率是从全部资产的角度分析问题，权益净利率是从权益资产的角度分析问题。将以上两个指标分解后会有以下两个基本公式：

$$资产净利率=\frac{净利润}{平均资产总额}=\frac{净利润}{营业收入总额}\times\frac{营业收入总额}{平均资产总额}$$

$$=营业净利率\times总资产周转率$$

$$权益净利率=\frac{净利润}{平均所有者权益}$$

$$=\frac{净利润}{营业收入总额}\times\frac{营业收入总额}{平均资产总额}\times\frac{平均资产总额}{平均所有者权益}$$

$$=营业净利率\times总资产周转率\times权益乘数$$

以上两个公式分别从不同角度阐述了企业的资产管理能力与盈利能力之间的关系。

资产净利率和权益净利率两个指标为企业进行综合分析提供了依据，美国杜邦公司也因最早发现各项指标之间的相互关系并将其用于对公司财务状况的分析而闻名，此种综合分析方法也称为杜邦分析法，有关指标之间构成的分析体系称为杜邦分析体系。

根据 2017 年甲公司的财务资料绘制的杜邦分析图如图 11－1 所示。

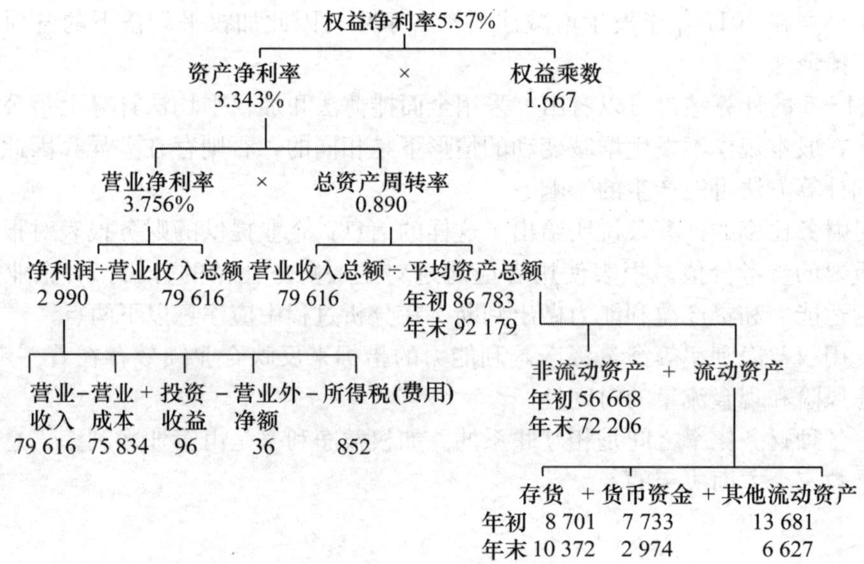

图 11－1　杜邦分析图

说明：营业成本也可根据利润表分别列示，从而构成完整的杜邦分析图。限于篇幅此处从略。

图 11－1 中的权益乘数计算如下：

$$权益乘数=\frac{平均资产总额}{平均所有者权益}$$

$$=\frac{89\ 481}{53\ 683}$$

$$=1.667$$

从杜邦分析图可以得出以下结论。

第一，要提高权益净利率，就要提高资产净利率和权益乘数。

第二，从资产净利率指标的分解中可以看出，要提高企业资产的盈利能力，不仅要提高营业净利率，而且要提高资产的营运能力。当然，由于各种因素的影响，企业很难同时做好以上两个方面，但可以在二者之间选择其一。将资产净利率分解为营业净利率和总资产周转率有助于帮助企业制定财务策略。当企业不能提高总资产周转率时，就要想办法提高营业净利率。杜邦财务控制系统就是根据这种分解后的指标用于管理工作的。

第三，要提高营业净利率，关键是要提高企业的销售收入，降低成本、费用支出，通过税收筹划合理避税。这为企业提供了日常管理的信息，要求其将成本费用的控制作为日常财务管理的重点。

第四，要提高总资产周转率，就是要减少资产占用，包括流动资产、固定资产和其他资产的占用，加速资金周转，提高资金的使用效率。在流动资产方面主要是加强对存货和应收账款的管理。

第五，要提高权益乘数。权益乘数提供的信息是，企业应合理负债，充分发挥财务杠杆的作用。财务杠杆对提高权益净利率有重要作用，但只有在资产息税前利润率大于债务利率时，才能通过财务杠杆提高企业的权益净利率。

总之，杜邦分析体系不仅有利于分析企业投资报酬率形成的原因，而且向企业展示了提高投资报酬率、提高偿债能力的途径，这为企业以后的财务管理工作提供了十分有益的信息。

复习思考题

1. 财务分析的方法有哪几种？为什么说比率分析是财务分析中的重要方法？

2. 为什么说存货周转天数越短越好？

3. 你对资产负债率指标是怎么看的？请分别站在企业、投资者和债权人的角度谈谈你对资产负债率指标高低的认识。

4. 为什么要编制管理型的资产负债表、利润表和现金流量表？你认为它对企业的管理有什么作用？

5. 企业为什么要重视财务报表分析工作？

6. 你认为利用财务报表可以对公司经营中的哪些能力进行评价？

7. 从本企业与本行业财务指标的对比中可能获得哪些启发性信息？

8. 财务报表分析与企业预算管理之间有什么关系？

9. 杜邦分析体系的核心逻辑是什么？

附　录

复利系数公式和复利系数表

1. 复利系数公式

各种复利系数公式总结如下：

复利系数名称	符号	公式
(1) 复利终值系数	$(F/P, i, n)$	$(1+i)^n$
(2) 复利现值系数	$(P/F, i, n)$	$(1+i)^{-n}$ 或 $\frac{1}{(1+i)^n}$
(3) 年金终值系数	$(F/A, i, n)$	$\frac{(1+i)^n-1}{i}$
(4) 基金年存系数	$(A/F, i, n)$	$\frac{i}{(1+i)^n-1}$
(5) 年金现值系数	$(P/A, i, n)$	$\frac{(1+i)^n-1}{i(1+i)^n}$
(6) 投资回收系数	$(A/P, i, n)$	$\frac{i(1+i)^n}{(1+i)^n-1}$

从上述公式中可以清楚地看出各种系数之间的关系。在复利终值系数和复利现值系数之间，年金终值系数和基金年存系数之间，年金现值系数和投资回收系数之间，都存在着倒数关系。

2. 复利系数表

为了便于时间价值的换算，根据上述公式计算的六种复利系数表如下。

1%复利系数表

年限	复利终值系数 已知现值求将来值	复利现值系数 已知将来值求现值	年金终值系数 已知年金求将来值	基金年存系数 已知将来值求年金	年金现值系数 已知年金求现值	投资回收系数 已知现值求年金
1	1.010 0	0.990 1	1.000 0	1.000 0	0.990 1	1.010 0
2	1.020 1	0.980 3	2.010 0	0.497 5	1.970 4	0.507 5
3	1.030 3	0.970 6	3.030 1	0.330 0	2.941 0	0.340 0
4	1.040 6	0.961 0	4.060 4	0.246 3	3.902 0	0.256 3
5	1.051 0	0.951 5	5.101 0	0.196 0	4.853 4	0.206 0
6	1.061 5	0.942 0	6.152 0	0.162 5	5.795 5	0.172 5
7	1.072 1	0.932 7	7.213 5	0.138 6	6.728 2	0.148 6
8	1.082 9	0.923 5	8.285 7	0.120 7	7.651 7	0.130 7
9	1.093 7	0.914 3	9.368 5	0.106 7	8.566 0	0.116 7
10	1.104 6	0.905 3	10.462 2	0.095 6	9.471 3	0.105 6
11	1.115 7	0.896 3	11.566 8	0.086 5	10.367 6	0.096 5
12	1.126 8	0.887 4	12.682 5	0.078 8	11.255 1	0.088 8
13	1.138 1	0.878 7	13.809 3	0.072 4	12.133 7	0.082 4
14	1.149 5	0.870 0	14.947 4	0.066 9	13.003 7	0.076 9
15	1.161 0	0.861 3	16.096 9	0.062 1	13.865 0	0.072 1
16	1.172 6	0.852 8	17.257 9	0.057 9	14.717 9	0.067 9
17	1.184 3	0.844 4	18.430 4	0.054 3	15.562 2	0.064 3
18	1.196 1	0.836 0	19.614 7	0.051 0	16.398 3	0.061 0
19	1.208 1	0.827 7	20.810 9	0.048 1	17.226 0	0.058 1
20	1.220 2	0.819 5	22.019 0	0.045 4	18.045 6	0.055 4
21	1.232 4	0.811 4	23.239 2	0.043 0	18.857 0	0.053 0
22	1.244 7	0.803 4	24.471 6	0.040 9	19.660 4	0.050 9
23	1.257 2	0.795 4	25.716 3	0.038 9	20.455 8	0.048 9
24	1.269 7	0.787 6	26.973 5	0.037 1	21.243 4	0.047 1

续前表

年限	复利终值系数	复利现值系数	年金终值系数	基金年存系数	年金现值系数	投资回收系数
	已知现值求将来值	已知将来值求现值	已知年金求将来值	已知将来值求年金	已知年金求现值	已知现值求年金
25	1.282 4	0.779 8	28.243 2	0.035 4	22.023 1	0.045 4
26	1.295 3	0.772 0	29.525 6	0.033 9	22.795 2	0.043 9
27	1.308 2	0.764 4	30.820 9	0.032 4	23.559 6	0.042 4
28	1.321 3	0.756 8	32.129 1	0.031 1	24.316 4	0.041 1
29	1.334 5	0.749 3	33.450 4	0.029 9	25.065 8	0.039 9
30	1.347 8	0.741 9	34.784 9	0.028 7	25.807 7	0.038 7
31	1.361 3	0.734 6	36.132 7	0.027 7	26.542 3	0.037 7
32	1.374 9	0.727 3	37.494 1	0.026 7	27.269 6	0.036 7
33	1.388 7	0.720 1	38.869 0	0.025 7	27.989 7	0.035 7
34	1.402 6	0.713 0	40.257 7	0.024 8	28.702 7	0.034 8
35	1.416 6	0.705 9	41.660 3	0.024 0	29.408 6	0.034 0
40	1.488 9	0.671 7	48.886 4	0.020 5	32.834 7	0.030 5
45	1.564 8	0.639 1	56.481 1	0.017 7	36.094 5	0.027 7
50	1.644 6	0.608 0	64.463 2	0.015 5	39.196 1	0.025 5
55	1.728 5	0.578 5	72.852 4	0.013 7	42.147 2	0.023 7
60	1.816 7	0.550 4	81.669 6	0.012 2	44.955 0	0.022 2
65	1.909 4	0.523 7	90.936 6	0.011 0	47.626 6	0.021 0
70	2.006 8	0.498 3	100.676 3	0.009 9	50.168 5	0.019 9
75	2.109 1	0.474 1	110.912 8	0.009 0	52.587 0	0.019 0
80	2.216 7	0.451 1	121.671 5	0.008 2	54.888 2	0.018 2
85	2.329 8	0.429 2	132.978 9	0.007 5	57.077 7	0.017 5
90	2.448 6	0.408 4	144.863 2	0.006 9	59.160 9	0.016 9
95	2.573 5	0.388 6	157.353 7	0.006 4	61.143 0	0.016 4
100	2.704 8	0.369 7	170.481 3	0.005 9	63.028 9	0.015 9

2%复利系数表

年 限	复利终值系数 已知现值求将来值	复利现值系数 已知将来值求现值	年金终值系数 已知年金求将来值	基金年存系数 已知将来值求年金	年金现值系数 已知年金求现值	投资回收系数 已知现值求年金
1	1.020 0	0.980 4	1.000 0	1.000 0	0.980 4	1.020 0
2	1.040 4	0.961 2	2.020 0	0.495 1	1.941 6	0.515 1
3	1.061 2	0.942 3	3.060 4	0.326 8	2.883 9	0.346 8
4	1.082 4	0.923 8	4.121 6	0.242 6	3.807 7	0.262 6
5	1.104 1	0.905 7	5.204 0	0.192 2	4.713 5	0.212 2
6	1.126 2	0.888 0	6.308 1	0.158 5	5.601 4	0.178 5
7	1.148 7	0.870 6	7.434 3	0.134 5	6.472 0	0.154 5
8	1.171 7	0.853 5	8.582 9	0.116 5	7.325 5	0.136 5
9	1.195 1	0.836 8	9.754 6	0.102 5	8.162 2	0.122 5
10	1.219 0	0.820 3	10.949 7	0.091 3	8.982 6	0.111 3
11	1.243 4	0.804 3	12.168 7	0.082 2	9.786 8	0.102 2
12	1.268 2	0.788 5	13.412 0	0.074 6	10.575 3	0.094 6
13	1.293 6	0.773 0	14.680 3	0.068 1	11.348 4	0.088 1
14	1.319 5	0.757 9	15.973 9	0.082 6	12.106 2	0.082 6
15	1.345 9	0.743 0	17.293 4	0.057 8	12.849 2	0.077 8
16	1.372 8	0.728 4	18.639 2	0.053 7	13.577 7	0.073 7
17	1.400 2	0.714 2	20.012 0	0.050 0	14.291 8	0.070 0
18	1.428 2	0.700 2	21.412 2	0.046 7	14.992 0	0.066 7
19	1.456 8	0.686 4	22.840 5	0.043 8	15.678 4	0.063 8
20	1.485 9	0.673 0	24.297 3	0.041 2	16.351 4	0.061 2
21	1.515 7	0.659 8	25.783 2	0.038 8	17.011 2	0.058 8
22	1.546 0	0.646 8	27.298 9	0.036 6	17.658 0	0.056 6
23	1.576 9	0.634 2	28.844 9	0.034 7	18.292 2	0.054 7
24	1.608 4	0.621 7	30.421 8	0.032 9	18.913 9	0.052 9

续前表

年限	复利终值系数	复利现值系数	年金终值系数	基金年存系数	年金现值系数	投资回收系数
	已知现值求将来值	已知将来值求现值	已知年金求将来值	已知将来值求年金	已知年金求现值	已知现值求年金
25	1.640 6	0.609 5	32.030 2	0.031 2	19.523 4	0.051 2
26	1.673 4	0.597 6	33.670 8	0.029 7	20.121 0	0.049 7
27	1.706 9	0.585 9	35.344 2	0.028 3	20.706 9	0.048 3
28	1.741 0	0.574 4	37.051 1	0.027 0	21.281 2	0.047 0
29	1.775 8	0.563 1	38.792 1	0.025 8	21.844 3	0.045 8
30	1.811 4	0.552 1	40.567 9	0.024 7	22.396 4	0.044 7
31	1.847 6	0.541 3	42.379 3	0.023 6	22.937 7	0.043 6
32	1.884 5	0.530 6	44.226 9	0.022 6	23.468 3	0.042 6
33	1.922 2	0.520 2	46.111 4	0.021 7	23.988 5	0.041 7
34	1.960 7	0.510 0	48.033 6	0.020 8	24.498 5	0.040 8
35	1.999 9	0.500 0	49.994 3	0.020 0	24.998 6	0.040 0
40	2.208 0	0.452 9	60.401 7	0.016 6	27.355 4	0.036 6
45	2.437 8	0.410 2	71.892 4	0.013 9	29.490 1	0.033 9
50	2.691 6	0.371 5	84.579 0	0.011 8	31.423 6	0.031 8
55	2.971 7	0.336 5	98.586 1	0.010 1	33.174 7	0.030 1
60	3.281 0	0.304 8	114.051 0	0.008 8	34.760 8	0.028 8
65	3.622 5	0.276 1	131.125 5	0.007 6	36.197 4	0.027 6
70	3.999 5	0.250 0	149.977 1	0.006 7	37.498 6	0.026 7
75	4.415 8	0.226 5	170.790 9	0.005 9	38.677 1	0.025 9
80	4.875 4	0.205 1	193.770 9	0.005 2	39.744 5	0.025 2
85	5.382 9	0.185 8	219.142 7	0.004 6	40.711 2	0.024 6
90	5.943 1	0.168 3	274.155 2	0.004 0	41.586 9	0.024 0
95	6.561 7	0.152 4	278.083 2	0.003 6	42.380 0	0.023 6
100	7.244 6	0.138 0	312.230 3	0.003 2	43.098 3	0.023 2

3%复利系数表

年	复利终值系数	复利现值系数	年金终值系数	基金年存系数	年金现值系数	投资回收系数
限	已知现值求将来值	已知将来值求现值	已知年金求将来值	已知将来值求年金	已知年金求现值	已知现值求年金
1	1.030 0	0.970 9	1.000 0	1.000 0	0.970 9	1.030 0
2	1.060 9	0.942 6	2.030 0	0.492 6	1.913 5	0.522 6
3	1.092 7	0.915 1	3.090 9	0.323 5	2.828 6	0.353 5
4	1.125 5	0.888 5	4.183 6	0.239 0	3.717 1	0.269 0
5	1.159 3	0.862 6	5.309 1	0.188 4	4.579 7	0.218 4
6	1.194 1	0.837 5	6.468 4	0.154 6	5.417 2	0.184 6
7	1.229 9	0.813 1	7.662 5	0.130 5	6.230 3	0.160 5
8	1.266 8	0.789 4	8.892 3	0.112 5	7.019 7	0.142 5
9	1.304 8	0.766 4	10.159 1	0.098 4	7.786 1	0.128 4
10	1.343 9	0.744 1	11.463 9	0.087 2	8.530 2	0.117 2
11	1.384 2	0.722 4	12.807 8	0.078 1	9.252 6	0.108 1
12	1.425 8	0.701 4	14.192 0	0.070 5	9.954 0	0.100 5
13	1.468 5	0.681 0	15.617 8	0.064 0	10.635 0	0.094 0
14	1.512 6	0.661 1	17.086 3	0.058 5	11.296 1	0.088 5
15	1.558 0	0.641 9	18.598 9	0.053 8	11.937 9	0.083 8
16	1.604 7	0.623 2	20.156 9	0.049 6	12.561 1	0.079 6
17	1.652 8	0.605 0	21.761 6	0.046 0	13.166 1	0.076 0
18	1.702 4	0.587 4	23.414 4	0.042 7	13.753 5	0.072 7
19	1.753 5	0.570 3	25.116 9	0.039 8	14.323 8	0.069 8
20	1.806 1	0.553 7	26.870 4	0.037 2	14.877 5	0.067 2
21	1.860 3	0.537 5	28.676 5	0.034 9	15.415 0	0.064 9
22	1.916 1	0.521 9	30.536 8	0.032 7	15.936 9	0.062 7
23	1.973 6	0.506 7	32.452 9	0.030 8	16.443 6	0.060 8
24	2.032 8	0.491 9	34.426 5	0.029 0	16.935 5	0.059 0

续前表

年限	复利终值系数	复利现值系数	年金终值系数	基金年存系数	年金现值系数	投资回收系数
	已知现值求将来值	已知将来值求现值	已知年金求将来值	已知将来值求年金	已知年金求现值	已知现值求年金
25	2.093 8	0.477 6	36.459 3	0.027 4	17.413 1	0.057 4
26	2.156 6	0.463 7	38.553 0	0.025 9	17.876 8	0.055 9
27	2.221 3	0.450 2	40.709 6	0.024 6	18.327 0	0.054 6
28	2.287 9	0.437 1	42.930 9	0.023 3	18.764 1	0.053 3
29	2.356 6	0.424 3	45.218 8	0.022 1	19.188 5	0.052 1
30	2.427 3	0.412 0	47.575 4	0.021 0	19.600 4	0.051 0
31	2.500 1	0.400 0	50.002 7	0.020 0	20.000 4	0.050 0
32	2.575 1	0.388 3	52.502 7	0.019 0	20.388 8	0.049 0
33	2.652 3	0.377 0	55.077 8	0.018 2	20.765 8	0.048 2
34	2.731 9	0.366 0	57.730 2	0.017 3	21.131 8	0.047 3
35	2.813 9	0.355 4	60.462 1	0.016 5	21.487 2	0.046 5
40	3.262 0	0.306 6	75.401 2	0.013 3	23.114 8	0.043 3
45	3.781 6	0.264 4	92.719 8	0.010 8	24.518 7	0.040 8
50	4.383 9	0.228 1	112.796 8	0.008 9	25.729 8	0.038 9
55	5.082 1	0.196 8	136.071 6	0.007 3	26.774 4	0.037 3
60	5.891 6	0.169 7	163.053 4	0.006 1	27.675 6	0.036 1
65	6.830 0	0.146 4	194.332 7	0.005 1	28.452 9	0.035 1
70	7.917 8	0.126 3	230.594 0	0.004 3	29.123 4	0.034 3
75	9.178 9	0.108 9	272.630 7	0.003 7	29.701 8	0.033 7
80	10.640 9	0.094 0	321.362 9	0.003 1	30.200 8	0.033 1
85	12.335 7	0.081 1	377.856 7	0.002 6	30.631 2	0.032 6
90	14.300 5	0.069 9	443.348 7	0.002 3	31.002 4	0.032 3
95	16.578 2	0.060 3	519.271 7	0.001 9	31.322 7	0.031 9
100	19.218 6	0.052 0	607.287 4	0.001 6	31.598 9	0.031 6

4%复利系数表

年	复利终值系数	复利现值系数	年金终值系数	基金年存系数	年金现值系数	投资回收系数
限	已知现值求将来值	已知将来值求现值	已知年金求将来值	已知将来值求年金	已知年金求现值	已知现值求年金
1	1.040 0	0.961 5	1.000 0	1.000 0	0.961 5	1.040 0
2	1.081 6	0.924 6	2.040 0	0.490 2	1.886 1	0.530 2
3	1.124 9	0.889 0	3.121 6	0.320 3	2.775 1	0.360 3
4	1.169 9	0.854 8	4.246 5	0.235 5	3.629 9	0.275 5
5	1.216 7	0.821 9	5.416 3	0.184 6	4.451 8	0.224 6
6	1.265 3	0.790 3	6.633 0	0.150 8	5.242 1	0.190 8
7	1.315 9	0.759 9	7.898 3	0.126 6	6.002 1	0.166 6
8	1.368 6	0.730 7	9.214 2	0.108 5	6.732 7	0.148 5
9	1.423 3	0.702 6	10.582 8	0.094 5	7.435 3	0.134 5
10	1.480 2	0.675 6	12.006 1	0.083 3	8.110 9	0.123 3
11	1.539 5	0.649 6	13.486 3	0.074 1	8.760 5	0.114 1
12	1.601 0	0.624 6	15.025 8	0.066 6	9.385 1	0.106 6
13	1.665 1	0.600 6	16.626 8	0.060 1	9.985 6	0.100 1
14	1.731 7	0.577 5	18.291 9	0.054 7	10.563 1	0.094 7
15	1.800 9	0.555 3	20.023 6	0.049 9	11.118 4	0.089 9
16	1.873 0	0.533 9	21.824 5	0.045 8	11.652 3	0.085 8
17	1.947 9	0.513 4	23.697 5	0.042 2	12.165 7	0.082 2
18	2.025 8	0.493 6	25.645 4	0.039 0	12.659 3	0.079 0
19	2.106 8	0.474 6	27.671 2	0.036 1	13.133 9	0.076 1
20	2.191 1	0.456 4	29.778 1	0.033 6	13.590 3	0.073 6
21	2.278 8	0.438 8	31.969 2	0.031 3	14.029 2	0.071 3
22	2.369 9	0.422 0	34.247 9	0.029 2	14.451 1	0.069 2
23	2.464 7	0.405 7	36.617 9	0.027 3	14.856 8	0.067 3
24	2.563 3	0.390 1	39.082 6	0.025 6	15.247 0	0.065 6

续前表

年限	复利终值系数	复利现值系数	年金终值系数	基金年存系数	年金现值系数	投资回收系数
	已知现值求将来值	已知将来值求现值	已知年金求将来值	已知将来值求年金	已知年金求现值	已知现值求年金
25	2.665 8	0.375 1	41.645 9	0.024 0	15.622 1	0.064 0
26	2.772 5	0.360 7	44.311 7	0.022 6	15.982 8	0.062 6
27	2.883 4	0.346 8	47.084 2	0.021 2	16.329 6	0.061 2
28	2.998 7	0.333 5	49.967 5	0.020 0	16.663 1	0.060 0
29	3.118 6	0.320 7	52.966 2	0.018 9	16.983 7	0.058 9
30	3.243 4	0.308 3	56.084 9	0.017 8	17.292 0	0.057 8
31	3.373 1	0.296 5	59.328 3	0.016 9	17.588 5	0.056 9
32	3.508 1	0.285 1	62.701 4	0.015 9	17.873 5	0.055 9
33	3.648 4	0.274 1	66.209 5	0.015 1	18.147 6	0.055 1
34	3.794 3	0.263 6	69.857 8	0.014 3	18.411 2	0.054 3
35	3.946 1	0.253 4	73.652 1	0.013 6	18.664 6	0.053 6
40	4.801 0	0.208 3	95.025 4	0.010 5	19.792 8	0.050 5
45	5.841 2	0.171 2	121.029 2	0.008 3	20.720 0	0.048 3
50	7.106 7	0.140 7	152.666 9	0.006 6	21.482 2	0.046 6
55	8.646 4	0.115 7	191.158 9	0.005 2	22.108 6	0.045 2
60	10.521 9	0.095 1	237.990 3	0.004 2	22.623 5	0.044 2
65	12.798 7	0.078 1	294.967 9	0.003 4	23.046 7	0.043 4
70	15.571 6	0.064 2	364.289 8	0.002 7	23.394 5	0.042 7
75	18.945 2	0.052 8	448.630 5	0.002 2	23.680 4	0.042 2
80	23.049 8	0.043 4	551.243 8	0.001 8	23.915 4	0.041 8
85	28.043 5	0.035 7	676.088 6	0.001 5	24.108 5	0.041 5
90	34.119 3	0.029 3	827.981 4	0.001 2	24.267 3	0.041 2
95	41.511 3	0.024 1	1 012.782 0	0.001 0	24.397 8	0.041 0
100	50.504 8	0.019 8	1 237.621 0	0.000 8	24.505 0	0.040 8

5%复利系数表

年	复利终值系数	复利现值系数	年金终值系数	基金年存系数	年金现值系数	投资回收系数
限	已知现值求将来值	已知将来值求现值	已知年金求将来值	已知将来值求年金	已知年金求现值	已知现值求年金
1	1.050 0	0.952 4	1.000 0	1.000 0	0.952 4	1.050 0
2	1.102 5	0.907 0	2.050 0	0.487 8	1.859 4	0.537 8
3	1.157 6	0.863 8	3.152 5	0.317 2	2.723 2	0.367 2
4	1.215 5	0.822 7	4.310 1	0.232 0	3.545 9	0.282 0
5	1.276 3	0.783 5	5.525 6	0.181 0	4.329 5	0.231 0
6	1.340 1	0.746 2	6.801 9	0.147 0	5.075 7	0.197 0
7	1.407 1	0.717 0	8.142 0	0.122 8	5.786 4	0.172 8
8	1.477 5	0.676 8	9.549 1	0.104 7	6.463 2	0.154 7
9	1.551 3	0.644 6	11.026 5	0.090 7	7.107 8	0.140 7
10	1.628 9	0.613 9	12.577 9	0.079 5	7.721 7	0.129 5
11	1.710 3	0.584 7	14.206 8	0.070 4	8.306 4	0.120 4
12	1.795 9	0.556 8	15.917 1	0.062 8	8.863 2	0.112 8
13	1.885 6	0.530 3	17.712 9	0.056 5	9.393 6	0.106 5
14	1.979 9	0.505 1	19.598 6	0.051 0	9.898 6	0.101 0
15	2.078 9	0.481 0	21.578 5	0.046 3	10.379 6	0.096 3
16	2.182 9	0.458 1	23.657 4	0.042 3	10.837 8	0.092 3
17	2.292 0	0.436 3	25.840 3	0.038 7	11.274 1	0.088 7
18	2.406 6	0.415 5	28.132 3	0.035 5	11.689 6	0.085 5
19	2.526 9	0.395 7	30.538 9	0.032 7	12.085 3	0.082 7
20	2.653 3	0.376 9	33.065 9	0.030 2	12.462 2	0.080 2
21	2.786 0	0.358 9	35.719 2	0.028 0	12.821 1	0.078 0
22	2.925 3	0.341 9	38.505 1	0.026 0	13.163 0	0.076 0
23	3.071 5	0.325 6	41.430 4	0.024 1	13.488 6	0.074 1
24	3.225 1	0.310 1	44.501 9	0.022 5	13.798 6	0.072 5

续前表

年限	复利终值系数	复利现值系数	年金终值系数	基金年存系数	年金现值系数	投资回收系数
	已知现值求将来值	已知将来值求现值	已知年金求将来值	已知将来值求年金	已知年金求现值	已知现值求年金
25	3.386 3	0.295 3	47.727 0	0.021 0	14.093 9	0.071 0
26	3.555 7	0.281 2	51.113 3	0.019 6	14.375 2	0.069 6
27	3.733 4	0.267 8	54.669 0	0.018 3	14.643 0	0.068 3
28	3.920 1	0.255 1	58.402 4	0.017 1	14.898 1	0.067 1
29	4.116 1	0.242 9	62.322 5	0.016 0	15.141 1	0.066 0
30	4.321 9	0.231 4	66.438 6	0.015 1	15.372 4	0.065 1
31	4.538 0	0.220 4	70.760 6	0.014 1	15.592 8	0.064 1
32	4.764 9	0.209 9	75.298 6	0.013 3	15.802 7	0.063 3
33	5.003 2	0.199 9	80.063 5	0.012 5	16.002 5	0.062 5
34	5.253 3	0.190 4	85.066 7	0.011 8	16.192 9	0.061 8
35	5.516 0	0.181 3	90.320 0	0.011 1	16.374 2	0.061 1
40	7.040 0	0.142 0	120.799 3	0.008 3	17.159 1	0.058 3
45	8.985 0	0.111 3	159.699 5	0.006 3	17.774 1	0.056 3
50	11.467 4	0.087 2	209.347 0	0.004 8	18.255 9	0.054 8
55	14.635 6	0.068 3	272.711 3	0.003 7	18.633 5	0.053 7
60	18.679 1	0.053 5	353.581 8	0.002 8	18.929 3	0.052 8
65	23.839 8	0.041 9	456.795 4	0.002 2	19.161 1	0.052 2
70	30.426 2	0.032 9	588.524 9	0.001 7	19.342 7	0.051 7
75	38.832 4	0.025 8	756.648 7	0.001 3	19.485 0	0.051 3
80	49.561 1	0.020 2	971.222 0	0.001 0	19.596 5	0.051 0
85	63.253 9	0.015 8	1 245.078 0	0.000 8	19.683 8	0.050 8
90	80.729 7	0.012 4	1 594.595 0	0.000 6	19.752 3	0.050 6
95	103.033 8	0.009 7	2 040.677 0	0.000 5	19.805 9	0.050 5
100	131.500 1	0.007 6	2 610.003 0	0.000 4	19.847 9	0.050 4

6%复利系数表

年 限	复利终值系数 已知现值求将来值	复利现值系数 已知将来值求现值	年金终值系数 已知年金求将来值	基金年存系数 已知将来值求年金	年金现值系数 已知年金求现值	投资回收系数 已知现值求年金
1	1.060 0	0.943 4	1.000 0	1.000 0	0.943 4	1.060 0
2	1.123 6	0.890 0	2.060 0	0.485 4	1.833 4	0.545 4
3	1.191 0	0.839 6	3.183 6	0.314 1	2.673 0	0.374 1
4	1.262 5	0.792 1	4.374 6	0.228 6	3.465 1	0.288 6
5	1.338 2	0.747 3	5.637 1	0.177 4	4.212 4	0.237 4
6	1.418 5	0.705 0	6.975 3	0.143 4	4.917 3	0.203 4
7	1.503 6	0.665 1	8.393 8	0.119 1	5.582 4	0.179 1
8	1.593 8	0.627 4	9.897 5	0.101 0	6.209 8	0.161 0
9	1.689 5	0.591 2	11.491 3	0.087 0	6.801 7	0.147 0
10	1.790 8	0.558 4	13.180 8	0.075 9	7.360 1	0.135 9
11	1.898 3	0.526 8	14.971 6	0.066 8	7.886 9	0.126 8
12	2.012 2	0.497 0	16.869 9	0.059 3	8.383 8	0.119 3
13	2.132 9	0.468 8	18.882 1	0.053 0	8.852 7	0.113 0
14	2.260 9	0.442 3	21.015 0	0.047 6	9.295 0	0.107 6
15	2.396 6	0.417 3	23.275 9	0.043 0	9.712 2	0.103 0
16	2.540 3	0.393 6	25.672 5	0.039 0	10.105 9	0.099 0
17	2.692 8	0.371 4	26.212 8	0.035 4	10.477 3	0.095 4
18	2.854 3	0.350 3	30.905 6	0.032 4	10.827 6	0.092 4
19	3.025 6	0.330 5	33.758 9	0.029 6	11.158 1	0.089 6
20	3.207 1	0.311 8	36.785 5	0.027 2	11.469 9	0.087 2
21	3.399 6	0.294 2	39.992 7	0.025 0	11.764 1	0.085 0
22	3.603 5	0.277 5	43.392 2	0.023 0	12.041 6	0.083 0
23	3.819 7	0.261 8	46.995 7	0.021 3	12.303 4	0.081 3
24	4.048 9	0.247 0	50.815 5	0.019 7	12.550 4	0.079 7

续前表

年限	复利终值系数	复利现值系数	年金终值系数	基金年存系数	年金现值系数	投资回收系数
	已知现值求将来值	已知将来值求现值	已知年金求将来值	已知将来值求年金	已知年金求现值	已知现值求年金
25	4.291 9	0.233 0	54.864 4	0.018 2	12.783 4	0.078 2
26	4.549 4	0.219 8	59.156 3	0.016 9	13.003 2	0.076 9
27	4.822 3	0.207 4	63.705 7	0.015 7	13.210 5	0.075 7
28	5.111 7	0.195 6	68.528 0	0.014 6	13.406 2	0.074 6
29	5.418 4	0.184 6	73.639 7	0.013 6	13.590 7	0.073 6
30	5.743 5	0.174 1	79.058 0	0.012 6	13.764 8	0.072 6
31	6.088 1	0.164 3	84.801 5	0.011 8	13.929 1	0.071 8
32	6.453 4	0.155 0	90.889 6	0.011 0	14.084 0	0.071 0
33	6.840 6	0.146 2	97.343 0	0.010 3	14.230 2	0.070 3
34	7.251 0	0.137 9	104.183 5	0.009 6	14.368 1	0.069 6
35	7.686 1	0.130 1	111.434 5	0.009 0	14.498 2	0.069 0
40	10.285 7	0.097 2	154.761 6	0.006 5	15.046 3	0.066 5
45	13.764 5	0.072 7	212.743 0	0.004 7	15.455 8	0.064 7
50	18.420 1	0.054 3	290.335 1	0.003 4	15.761 9	0.063 4
55	24.650 2	0.040 6	394.170 8	0.002 5	15.990 5	0.062 5
60	32.987 6	0.030 3	533.126 3	0.001 9	16.161 4	0.061 9
65	44.144 8	0.022 7	719.080 3	0.001 4	16.289 1	0.061 4
70	59.075 7	0.016 9	967.928 4	0.001 0	16.384 5	0.061 0
75	79.056 6	0.012 6	1 300.943 0	0.000 8	16.455 8	0.060 8
80	105.795 5	0.009 5	1 746.592 0	0.000 6	16.509 1	0.060 6
85	141.578 3	0.007 1	2 342.971 0	0.000 4	16.548 9	0.060 4
90	189.463 6	0.005 3	3 141.060 0	0.000 3	16.578 7	0.060 3
95	253.544 9	0.003 9	4 209.082 0	0.000 2	16.600 9	0.060 2
100	339.300 2	0.002 9	5 638.368 0	0.000 2	16.617 5	0.060 2

7%复利系数表

年	复利终值系数	复利现值系数	年金终值系数	基金年存系数	年金现值系数	投资回收系数
限	已知现值求将来值	已知将来值求现值	已知年金求将来值	已知将来值求年金	已知年金求现值	已知现值求年金
1	1.070 0	0.934 6	1.000 0	1.000 0	0.934 6	1.070 0
2	1.144 9	0.873 4	2.070 0	0.483 1	1.808 0	0.553 1
3	1.225 0	0.816 3	3.214 9	0.311 1	2.624 3	0.381 1
4	1.310 8	0.762 9	4.439 9	0.225 2	3.387 2	0.295 2
5	1.402 6	0.713 0	5.750 7	0.173 9	4.100 2	0.243 9
6	1.500 7	0.666 3	7.153 3	0.139 8	4.766 5	0.209 8
7	1.605 8	0.622 7	8.654 0	0.115 6	5.389 3	0.185 6
8	1.718 2	0.582 0	10.259 8	0.097 5	5.971 3	0.167 5
9	1.838 5	0.543 9	11.978 0	0.083 5	6.515 2	0.153 5
10	1.967 2	0.508 3	13.816 5	0.072 4	7.023 6	0.142 4
11	2.104 9	0.475 1	15.783 6	0.063 4	7.498 7	0.133 4
12	2.252 2	0.444 0	17.888 5	0.055 9	7.942 7	0.125 9
13	2.409 8	0.415 0	20.140 7	0.049 7	8.357 7	0.119 7
14	2.578 5	0.387 8	22.550 5	0.044 3	8.745 5	0.114 3
15	2.759 0	0.362 4	25.129 1	0.039 8	9.107 9	0.109 8
16	2.952 2	0.338 7	27.888 1	0.035 9	9.446 7	0.105 9
17	3.158 8	0.316 6	30.840 3	0.032 4	9.763 2	0.102 4
18	3.379 9	0.295 9	33.999 1	0.029 4	10.059 1	0.099 4
19	3.616 5	0.276 5	37.379 0	0.026 8	10.335 6	0.096 8
20	3.869 7	0.258 4	40.995 5	0.024 4	10.594 0	0.094 4
21	4.140 6	0.241 5	44.865 2	0.022 3	10.835 5	0.092 3
22	4.430 4	0.225 7	49.005 8	0.020 4	11.061 2	0.090 4
23	4.740 5	0.210 9	53.436 2	0.018 7	11.272 2	0.088 7
24	5.072 4	0.197 1	58.176 8	0.017 2	11.469 3	0.087 2

续前表

年限	复利终值系数	复利现值系数	年金终值系数	基金年存系数	年金现值系数	投资回收系数
	已知现值求将来值	已知将来值求现值	已知年金求将来值	已知将来值求年金	已知年金求现值	已知现值求年金
25	5.427 4	0.184 2	63.249 1	0.015 8	11.653 6	0.085 8
26	5.807 4	0.172 2	68.676 6	0.014 6	11.825 8	0.084 6
27	6.213 9	0.160 9	74.484 0	0.013 4	11.986 7	0.083 4
28	6.648 8	0.150 4	80.697 8	0.012 4	12.137 1	0.082 4
29	7.114 3	0.140 6	87.346 7	0.011 4	12.277 7	0.081 4
30	7.612 3	0.131 4	94.460 9	0.010 6	12.409 0	0.080 6
31	8.145 1	0.122 8	102.073 2	0.009 8	12.531 8	0.079 8
32	8.715 3	0.114 7	110.218 4	0.009 1	12.646 6	0.079 1
33	9.325 4	0.107 2	118.933 6	0.008 4	12.753 8	0.078 4
34	9.978 1	0.100 2	128.259 0	0.007 8	12.854 0	0.077 8
35	10.676 6	0.093 7	138.237 1	0.007 2	12.947 7	0.077 2
40	14.974 5	0.066 8	199.635 5	0.005 0	13.331 7	0.075 0
45	21.002 5	0.047 6	285.750 0	0.003 5	13.605 5	0.073 5
50	29.457 1	0.033 9	406.530 0	0.002 5	13.800 7	0.072 5
55	41.315 1	0.024 2	575.930 2	0.001 7	13.939 9	0.071 7
60	57.946 6	0.017 3	813.522 8	0.001 2	14.039 2	0.071 2
65	81.273 1	0.012 3	1 146.759 0	0.000 9	14.109 9	0.070 9
70	113.989 8	0.008 8	1 614.140 0	0.000 6	14.160 4	0.070 6
75	159.876 6	0.006 3	2 269.666 0	0.000 4	14.196 4	0.070 4
80	224.235 3	0.004 5	3 189.075 0	0.000 3	14.222 0	0.070 3
85	314.501 6	0.003 2	4 478.594 0	0.000 2	14.240 3	0.070 2
90	441.104 9	0.002 3	6 287.213 0	0.000 2	14.253 3	0.070 2
95	618.672 6	0.001 6	8 823.894 0	0.000 1	14.262 6	0.070 1
100	867.720 4	0.001 2	12 381.720 0	0.000 1	14.269 3	0.070 1

8%复利系数表

年 限	复利终值系数 已知现值求将来值	复利现值系数 已知将来值求现值	年金终值系数 已知年金求将来值	基金年存系数 已知将来值求年金	年金现值系数 已知年金求现值	投资回收系数 已知现值求年金
1	1.080 0	0.925 9	1.000 0	1.000 0	0.925 9	1.080 0
2	1.166 4	0.857 3	2.080 0	0.480 8	1.783 3	0.560 8
3	1.259 7	0.793 8	3.246 4	0.308 0	2.577 1	0.388 0
4	1.360 5	0.735 0	4.506 1	0.221 9	3.312 1	0.301 9
5	1.469 3	0.680 6	5.866 6	0.170 5	3.992 7	0.250 5
6	1.586 9	0.630 2	7.335 9	0.136 3	4.622 9	0.216 3
7	1.713 8	0.583 5	8.922 8	0.112 1	5.206 4	0.192 1
8	1.850 9	0.540 3	10.636 6	0.094 0	5.746 6	0.174 0
9	1.999 0	0.500 2	12.487 6	0.080 1	6.246 9	0.160 1
10	2.158 9	0.463 2	14.486 6	0.069 0	6.710 1	0.149 0
11	2.331 6	0.428 9	16.645 5	0.060 1	7.139 0	0.140 1
12	2.518 2	0.397 1	18.977 1	0.052 7	7.536 1	0.132 7
13	2.719 6	0.367 7	21.495 3	0.046 5	7.903 8	0.126 5
14	2.937 2	0.340 5	24.214 9	0.041 3	8.244 2	0.121 3
15	3.172 2	0.315 2	27.152 1	0.036 8	8.559 5	0.116 8
16	3.425 9	0.291 9	30.324 3	0.033 0	8.851 4	0.113 0
17	3.700 0	0.270 3	33.750 3	0.029 6	9.121 6	0.109 6
18	3.996 0	0.250 2	37.450 3	0.026 7	9.371 9	0.106 7
19	4.315 7	0.231 7	41.446 3	0.024 1	9.603 6	0.104 1
20	4.661 0	0.214 5	45.762 0	0.021 9	9.818 1	0.101 9
21	5.033 8	0.198 7	50.423 0	0.019 8	10.016 8	0.099 8
22	5.436 5	0.183 9	55.456 8	0.018 0	10.200 7	0.099 0
23	5.871 5	0.170 3	60.893 3	0.016 4	10.371 1	0.096 4
24	6.341 2	0.157 7	66.764 8	0.015 0	10.528 8	0.095 0

续前表

年限	复利终值系数	复利现值系数	年金终值系数	基金年存系数	年金现值系数	投资回收系数
	已知现值求将来值	已知将来值求现值	已知年金求将来值	已知将来值求年金	已知年金求现值	已知现值求年金
25	6.848 5	0.146 0	73.106 0	0.013 7	10.674 8	0.093 7
26	7.396 4	0.135 2	79.954 5	0.012 5	10.810 0	0.092 5
27	7.988 1	0.125 2	87.350 9	0.011 4	10.935 2	0.091 4
28	8.627 1	0.115 9	95.338 9	0.010 5	11.051 1	0.090 5
29	9.317 3	0.107 3	103.966 0	0.009 6	11.158 4	0.089 6
30	10.062 7	0.099 4	113.283 3	0.008 8	11.257 8	0.088 8
31	10.867 7	0.092 0	123.346 0	0.008 1	11.349 8	0.088 1
32	11.737 1	0.085 2	134.213 7	0.007 5	11.435 0	0.087 5
33	12.676 1	0.078 9	145.950 8	0.006 9	11.513 9	0.086 9
34	13.690 1	0.073 0	158.626 9	0.006 3	11.586 9	0.086 3
35	14.785 4	0.067 6	172.317 0	0.005 8	11.654 6	0.085 8
40	21.724 5	0.046 0	259.056 9	0.003 9	11.924 6	0.083 9
45	31.920 5	0.031 3	386.506 2	0.002 6	12.108 4	0.082 6
50	46.901 7	0.021 3	573.771 1	0.001 7	12.233 5	0.081 7
55	68.914 0	0.014 5	848.924 7	0.001 2	12.318 6	0.081 2
60	101.257 3	0.009 9	1 253.216 0	0.000 8	12.376 6	0.080 8
65	148.780 2	0.006 7	1 847.252 0	0.000 5	12.416 0	0.080 5
70	218.606 9	0.004 6	2 720.086 0	0.000 4	12.442 8	0.080 4
75	321.205 3	0.003 1	4 002.566 0	0.000 2	12.461 1	0.080 2
80	471.956 0	0.002 1	5 886.950 0	0.000 2	12.473 5	0.080 2
85	693.458 3	0.001 4	8 655.729 0	0.000 1	12.482 0	0.080 1
90	1 018.918 0	0.001 0	12 723.980 0	0.000 1	12.487 7	0.080 1
95	1 497.125 0	0.000 7	18 701.560 0	0.000 1	12.491 7	0.080 1
100	2 199.768 0	0.000 5	27 484.610 0	0.000 0	12.494 3	0.080 0

9%复利系数表

年限	复利终值系数 已知现值求将来值	复利现值系数 已知将来值求现值	年金终值系数 已知年金求将来值	基金年存系数 已知将来值求年金	年金现值系数 已知年金求现值	投资回收系数 已知现值求年金
1	1.090 0	0.917 4	1.000 0	1.000 0	0.917 4	1.090 0
2	1.188 1	0.841 7	2.090 0	0.478 5	1.759 1	0.568 5
3	1.295 0	0.772 2	3.278 1	0.305 1	2.531 3	0.395 1
4	1.411 6	0.708 4	4.573 1	0.218 7	3.239 7	0.308 7
5	1.538 6	0.649 9	5.984 7	0.167 1	3.889 7	0.257 1
6	1.677 1	0.596 3	7.523 3	0.132 9	4.485 9	0.222 9
7	1.828 0	0.547 0	9.200 4	0.108 7	5.033 0	0.198 7
8	1.992 6	0.501 9	11.028 5	0.090 7	5.534 8	0.180 7
9	2.171 9	0.460 4	13.021 0	0.076 8	5.995 2	0.166 8
10	2.367 4	0.422 4	15.192 9	0.065 8	6.417 7	0.155 8
11	2.580 4	0.387 5	17.560 3	0.056 9	6.805 2	0.146 9
12	2.812 7	0.355 5	20.140 7	0.049 7	7.160 7	0.139 7
13	3.065 8	0.326 2	22.953 4	0.043 6	7.486 9	0.133 6
14	3.341 7	0.299 2	26.092 0	0.038 4	7.786 2	0.128 4
15	3.642 5	0.274 5	29.360 9	0.034 1	8.060 7	0.124 1
16	3.970 3	0.251 9	33.003 4	0.030 3	8.312 6	0.120 3
17	4.327 6	0.231 1	36.973 7	0.027 0	8.543 6	0.117 0
18	4.717 1	0.212 0	41.301 4	0.024 2	8.755 6	0.114 2
19	5.141 7	0.194 5	46.018 5	0.021 7	8.950 1	0.111 7
20	5.604 4	0.178 4	51.160 2	0.019 5	9.128 5	0.109 5
21	6.108 8	0.163 7	56.764 6	0.017 6	9.292 2	0.107 6
22	6.658 6	0.150 2	62.873 4	0.015 9	9.442 4	0.105 9
23	7.257 9	0.137 8	69.532 0	0.014 4	9.580 2	0.104 4
24	7.911 1	0.126 4	76.789 9	0.013 0	9.706 6	0.103 0

续前表

年限	复利终值系数	复利现值系数	年金终值系数	基金年存系数	年金现值系数	投资回收系数
	已知现值求将来值	已知将来值求现值	已知年金求将来值	已知将来值求年金	已知年金求现值	已知现值求年金
25	8.623 1	0.116 0	84.701 0	0.011 8	9.822 6	0.101 8
26	9.399 2	0.106 4	93.324 1	0.010 7	9.929 0	0.100 7
27	10.245 1	0.097 6	102.723 3	0.009 7	10.026 6	0.099 7
28	11.167 2	0.089 5	112.968 4	0.008 9	10.116 1	0.098 9
29	12.172 2	0.082 2	124.135 5	0.008 1	10.198 3	0.098 1
30	13.267 7	0.075 4	136.307 7	0.007 3	10.273 7	0.097 3
31	14.461 8	0.069 1	149.575 4	0.006 7	10.342 8	0.096 7
32	15.763 4	0.063 4	164.037 2	0.006 1	10.406 2	0.096 1
33	17.182 1	0.058 2	179.800 6	0.005 6	10.464 4	0.095 6
34	18.728 4	0.053 4	196.982 7	0.005 1	10.517 8	0.095 1
35	20.414 0	0.049 0	215.711 1	0.004 6	10.566 8	0.094 6
40	31.409 5	0.031 8	337.883 1	0.003 0	10.757 4	0.093 0
45	48.327 4	0.020 7	525.859 8	0.001 9	10.881 2	0.091 9
50	74.357 7	0.013 4	815.085 3	0.001 2	10.961 7	0.091 2
55	114.408 5	0.008 7	1 260.095 0	0.000 8	11.014 0	0.090 8
60	176.031 8	0.005 7	1 944.797 0	0.000 5	11.048 0	0.090 5
65	270.846 8	0.003 7	2 998.297 0	0.000 3	11.070 1	0.090 3
70	416.731 4	0.002 4	4 619.238 0	0.000 2	11.084 4	0.090 2
75	641.193 1	0.001 6	7 113.256 0	0.000 1	11.093 8	0.090 1
80	986.555 2	0.001 0	10 950.610 0	0.000 1	11.099 8	0.090 1
85	1 517.938 0	0.000 7	16 854.860 0	0.000 1	11.103 8	0.090 1
90	2 335.536 0	0.000 4	25 939.290 0	0.000 0	11.106 4	0.090 0
95	3 593.513 0	0.000 3	39 916.810 0	0.000 0	11.108 0	0.090 0
100	5 529.066 0	0.000 2	61 422.950 0	0.000 0	11.109 1	0.090 0

10%复利系数表

年 限	复利终值系数 已知现值求将来值	复利现值系数 已知将来值求现值	年金终值系数 已知年金求将来值	基金年存系数 已知将来值求年金	年金现值系数 已知年金求现值	投资回收系数 已知现值求年金
1	1.100 0	0.909 1	1.000 0	1.000 0	0.909 1	1.100 0
2	1.210 0	0.826 4	2.100 0	0.476 2	1.735 5	0.576 2
3	1.331 0	0.751 3	3.310 0	0.302 1	2.486 9	0.402 1
4	1.464 1	0.683 0	4.641 0	0.215 5	3.169 9	0.315 5
5	1.610 5	0.620 9	6.105 1	0.163 8	3.790 8	0.263 8
6	1.771 6	0.564 5	7.715 6	0.129 6	4.355 3	0.229 6
7	1.948 7	0.513 2	9.487 2	0.105 4	4.868 4	0.205 4
8	2.143 6	0.466 5	11.435 9	0.087 4	5.334 9	0.187 4
9	2.357 9	0.424 1	13.579 5	0.073 6	5.759 0	0.173 6
10	2.593 7	0.385 5	15.937 4	0.062 7	6.144 6	0.162 7
11	2.853 1	0.350 5	18.531 2	0.054 0	6.495 1	0.154 0
12	3.138 4	0.318 6	21.384 3	0.046 8	6.813 7	0.146 8
13	3.452 3	0.289 7	24.522 7	0.040 8	7.103 4	0.140 8
14	3.797 5	0.263 3	27.975 0	0.035 7	7.366 7	0.135 7
15	4.177 2	0.239 4	31.772 5	0.031 5	7.606 1	0.131 5
16	4.595 0	0.217 6	35.949 7	0.027 8	7.823 7	0.127 8
17	5.054 5	0.197 8	40.544 7	0.024 7	8.021 6	0.124 7
18	5.559 9	0.179 9	45.599 2	0.021 9	8.201 4	0.121 9
19	6.115 9	0.163 5	51.159 1	0.019 5	8.364 9	0.119 5
20	6.727 5	0.148 6	57.275 0	0.017 5	8.513 6	0.117 5
21	7.400 3	0.135 1	64.002 5	0.015 6	8.648 7	0.115 6
22	8.140 3	0.122 8	71.402 8	0.014 0	8.771 5	0.114 0
23	8.954 3	0.111 7	79.543 1	0.012 6	8.883 2	0.112 6
24	9.849 7	0.101 5	88.497 4	0.011 3	8.894 7	0.111 3

续前表

年 限	复利终值系数 已知现值求将来值	复利现值系数 已知将来值求现值	年金终值系数 已知年金求将来值	基金年存系数 已知将来值求年金	年金现值系数 已知年金求现值	投资回收系数 已知现值求年金
25	10.834 7	0.092 3	98.347 1	0.010 2	9.077 0	0.110 2
26	11.918 2	0.083 9	109.181 8	0.009 2	9.160 9	0.109 2
27	13.110 0	0.076 3	121.100 0	0.008 3	9.237 2	0.108 3
28	14.421 0	0.069 3	134.210 0	0.007 5	9.306 6	0.107 5
29	15.863 1	0.063 0	148.631 0	0.006 7	9.369 6	0.106 7
30	17.449 4	0.057 3	164.494 1	0.006 1	9.426 9	0.106 1
31	19.194 4	0.052 1	181.943 5	0.005 5	9.479 0	0.105 5
32	21.113 8	0.047 4	201.137 9	0.005 0	9.526 4	0.105 0
33	23.225 2	0.043 1	222.251 7	0.004 5	9.569 4	0.104 5
34	25.547 7	0.039 1	245.476 8	0.004 1	9.608 6	0.104 1
35	28.102 5	0.035 6	271.024 5	0.003 7	9.644 2	0.103 7
40	45.259 3	0.022 1	442.592 8	0.002 3	9.779 1	0.102 3
45	72.890 5	0.013 7	718.905 3	0.001 4	9.862 8	0.101 4
50	117.390 9	0.008 5	1 163.909 0	0.000 9	9.914 8	0.100 9
55	189.059 3	0.005 3	1 880.593 0	0.000 5	9.947 1	0.100 5
60	304.481 9	0.003 3	3 034.819 0	0.000 3	9.967 2	0.100 3
65	490.371 2	0.002 0	4 893.712 0	0.000 2	9.979 6	0.100 2
70	789.747 8	0.001 3	7 887.478 0	0.000 1	9.987 3	0.100 1
75	1 271.897 0	0.000 8	12 708.970 0	0.000 1	9.992 1	0.100 1
80	2 048.403 0	0.000 5	20 474.030 0	0.000 0	9.995 1	0.100 0
85	3 298.973 0	0.000 3	32 979.730 0	0.000 0	9.997 0	0.100 0
90	5 313.030 0	0.000 2	53 120.300 0	0.000 0	9.998 1	0.100 0
95	8 556.688 0	0.000 1	85 556.880 0	0.000 0	9.998 8	0.100 0
100	13 780.630 0	0.000 1	137 796.300 0	0.000 0	9.999 3	0.100 0

11%复利系数表

年限	复利终值系数 已知现值求将来值	复利现值系数 已知将来值求现值	年金终值系数 已知年金求将来值	基金年存系数 已知将来值求年金	年金现值系数 已知年金求现值	投资回收系数 已知现值求年金
1	1.110 0	0.900 9	1.000 0	1.000 0	0.900 9	1.110 0
2	1.232 1	0.811 6	2.110 0	0.473 9	1.712 5	0.583 9
3	1.367 6	0.731 2	3.342 1	0.299 2	2.443 7	0.409 2
4	1.518 1	0.658 7	4.709 7	0.212 3	3.102 4	0.322 3
5	1.685 1	0.593 5	6.227 8	0.160 6	3.695 9	0.270 6
6	1.870 4	0.534 6	7.912 9	0.126 4	4.230 5	0.236 4
7	2.076 2	0.481 7	9.783 3	0.102 2	4.712 2	0.212 2
8	2.304 5	0.433 9	11.859 4	0.084 3	5.146 1	0.194 3
9	2.558 0	0.390 9	14.164 0	0.070 6	5.537 0	0.180 6
10	2.839 4	0.352 2	16.722 0	0.059 8	5.889 2	0.169 8
11	3.151 8	0.317 3	19.561 4	0.051 1	6.206 5	0.161 1
12	3.498 5	0.285 8	22.713 2	0.044 0	6.492 4	0.154 0
13	3.883 3	0.257 5	26.211 6	0.038 2	6.749 9	0.148 2
14	4.310 4	0.232 0	30.094 9	0.033 2	6.981 9	0.143 2
15	4.784 6	0.209 0	34.405 4	0.029 1	7.190 9	0.139 1
16	5.310 9	0.188 3	39.190 0	0.025 5	7.379 2	0.135 5
17	5.895 1	0.169 6	44.500 8	0.022 5	7.548 8	0.132 5
18	6.543 6	0.152 8	50.395 9	0.019 8	7.701 6	0.129 8
19	7.263 3	0.137 7	56.939 5	0.017 6	7.839 3	0.127 6
20	8.062 3	0.124 0	64.202 8	0.015 6	7.963 3	0.125 6
21	8.949 2	0.111 7	72.265 2	0.013 8	8.075 1	0.123 8
22	9.933 6	0.100 7	81.214 3	0.012 3	8.175 7	0.122 3
23	11.026 3	0.090 7	91.147 9	0.011 0	8.266 4	0.121 0
24	12.239 2	0.081 7	102.174 2	0.009 8	8.348 1	0.119 8

续前表

年限	复利终值系数	复利现值系数	年金终值系数	基金年存系数	年金现值系数	投资回收系数
	已知现值求将来值	已知将来值求现值	已知年金求将来值	已知将来值求年金	已知年金求现值	已知现值求年金
25	13.585 5	0.073 6	114.413 3	0.008 7	8.421 7	0.118 7
26	15.079 9	0.066 3	127.998 8	0.007 8	8.488 1	0.117 8
27	16.738 6	0.059 7	143.078 6	0.007 0	8.547 8	0.117 0
28	18.579 9	0.053 8	159.817 3	0.006 3	8.601 6	0.116 3
29	20.623 7	0.048 5	178.397 2	0.005 6	8.650 1	0.115 6
30	22.892 3	0.043 7	199.020 9	0.005 0	8.693 8	0.115 0
31	25.410 5	0.039 4	221.913 2	0.004 5	8.733 1	0.114 5
32	28.205 6	0.035 5	247.323 7	0.004 0	8.768 6	0.114 0
33	31.308 2	0.031 9	275.529 2	0.003 6	8.800 5	0.113 6
34	34.752 1	0.028 8	306.837 5	0.003 3	8.829 3	0.113 3
35	38.574 9	0.025 9	341.589 6	0.002 9	8.855 2	0.112 9
40	65.000 9	0.015 4	581.826 1	0.001 7	8.951 1	0.111 7
45	109.530 3	0.009 1	986.638 7	0.001 0	9.007 9	0.111 0
50	184.564 9	0.005 4	1 668.771 0	0.000 6	9.041 7	0.110 6
55	311.002 5	0.003 2	2 818.205 0	0.000 4	9.061 7	0.110 4
60	524.057 3	0.001 9	4 755.067 0	0.000 2	9.073 6	0.110 2
65	883.067 1	0.001 1	8 018.792 0	0.000 1	9.080 6	0.110 1
70	1 488.019 0	0.000 7	13 518.360 0	0.000 1	9.084 8	0.110 1
75	2 507.399 0	0.000 4	22 785.450 0	0.000 0	9.087 3	0.110 0
80	4 225.114 0	0.000 2	38 401.030 0	0.000 0	9.088 8	0.110 0
85	7 119.562 0	0.000 1	64 714.200 0	0.000 0	9.089 6	0.110 0
90	11 996.880 0	0.000 1	109 053.400 0	0.000 0	9.090 2	0.110 0
95	20 215.440 0	0.000 0	183 767.600 0	0.000 0	9.090 5	0.110 0
100	34 064.180 0	0.000 0	309 665.300 0	0.000 0	9.090 6	0.110 0

12%复利系数表

年限	复利终值系数 已知现值求将来值	复利现值系数 已知将来值求现值	年金终值系数 已知年金求将来值	基金年存系数 已知将来值求年金	年金现值系数 已知年金求现值	投资回收系数 已知现值求年金
1	1.120 0	0.892 9	1.000 0	1.000 0	0.892 9	1.120 0
2	1.254 4	0.797 2	2.120 0	0.471 7	1.690 1	0.591 7
3	1.404 9	0.711 8	3.374 4	0.296 3	2.401 8	0.416 3
4	1.573 5	0.635 5	4.779 3	0.209 2	3.037 3	0.329 2
5	1.762 3	0.567 4	6.352 8	0.157 4	3.604 8	0.277 4
6	1.973 8	0.506 6	8.115 2	0.123 2	4.111 4	0.243 2
7	2.210 7	0.452 3	10.089 0	0.099 1	4.563 8	0.219 1
8	2.476 0	0.403 9	12.299 7	0.081 3	4.967 6	0.201 3
9	2.773 1	0.360 6	14.775 7	0.067 7	5.328 3	0.187 7
10	3.105 8	0.322 0	17.548 7	0.057 0	5.650 2	0.177 0
11	3.478 5	0.287 5	20.654 6	0.048 4	5.937 7	0.168 4
12	3.896 0	0.256 7	24.133 1	0.041 4	6.194 4	0.161 4
13	4.363 5	0.229 2	28.029 1	0.035 7	6.423 5	0.155 7
14	4.887 1	0.204 6	32.392 6	0.030 9	6.628 2	0.150 9
15	5.473 6	0.182 7	37.279 7	0.026 8	6.810 9	0.146 8
16	6.130 4	0.163 1	42.753 3	0.023 4	6.974 0	0.143 4
17	6.866 0	0.145 6	48.883 7	0.020 5	7.119 6	0.140 5
18	7.690 0	0.130 0	55.749 7	0.017 9	7.249 7	0.137 9
19	8.612 8	0.116 1	63.439 7	0.015 8	7.365 8	0.135 8
20	9.646 3	0.103 7	72.052 4	0.013 9	7.469 4	0.133 9
21	10.803 8	0.092 6	81.698 7	0.012 2	7.562 0	0.132 2
22	12.100 3	0.082 6	92.502 6	0.010 8	7.644 6	0.130 8
23	13.552 3	0.073 8	104.602 9	0.009 6	7.718 4	0.129 6
24	15.178 6	0.065 9	118.155 2	0.008 5	7.784 3	0.128 5

续前表

年	复利终值系数	复利现值系数	年金终值系数	基金年存系数	年金现值系数	投资回收系数
限	已知现值求将来值	已知将来值求现值	已知年金求将来值	已知将来值求年金	已知年金求现值	已知现值求年金
25	17.000 1	0.058 8	133.333 9	0.007 5	7.843 1	0.127 5
26	19.040 1	0.052 5	150.333 9	0.006 7	7.895 7	0.126 7
27	21.324 9	0.046 9	169.374 0	0.005 9	7.942 6	0.125 9
28	23.883 9	0.041 9	190.698 9	0.005 2	7.984 4	0.125 2
29	26.749 9	0.037 4	214.582 8	0.004 7	8.021 8	0.124 7
30	29.959 9	0.033 4	241.332 7	0.004 1	8.055 2	0.124 1
31	33.555 1	0.029 8	271.292 6	0.003 7	8.085 0	0.123 7
32	37.581 7	0.026 6	304.847 7	0.003 3	8.111 6	0.123 3
33	42.091 5	0.023 8	342.429 5	0.002 9	8.135 4	0.122 9
34	47.142 5	0.021 2	384.521 0	0.002 6	8.156 6	0.122 6
35	52.799 6	0.018 9	431.663 5	0.002 3	8.175 5	0.122 3
40	93.051 0	0.010 7	767.091 4	0.001 3	8.243 8	0.121 3
45	163.987 6	0.006 1	1 358.230 0	0.000 7	8.282 5	0.120 7
50	289.002 2	0.003 5	2 400.018 0	0.000 4	8.304 5	0.120 4
55	509.320 6	0.002 0	4 236.005 0	0.000 2	8.317 0	0.120 2
60	897.596 9	0.001 1	7 471.641 0	0.000 1	8.324 0	0.120 1
65	1 581.872 0	0.000 6	13 173.940 0	0.000 1	8.328 1	0.120 1
70	2 787.800 0	0.000 4	23 223.330 0	0.000 0	8.330 3	0.120 0
75	4 913.055 0	0.000 2	40 933.790 0	0.000 0	8.331 6	0.120 0
80	8 658.482 0	0.000 1	72 145.690 0	0.000 0	8.332 4	0.120 0
85	15 259.210 0	0.000 1	127 151.700 0	0.000 0	8.332 8	0.120 0
90	26 891.930 0	0.000 0	224 091.100 0	0.000 0	8.333 0	0.120 0
95	47 392.780 0	0.000 0	394 931.500 0	0.000 0	8.333 2	0.120 0
100	83 522.270 0	0.000 0	696 010.600 0	0.000 0	8.333 2	0.120 0

13%复利系数表

年	复利终值系数	复利现值系数	年金终值系数	基金年存系数	年金现值系数	投资回收系数
限	已知现值求将来值	已知将来值求现值	已知年金求将来值	已知将来值求年金	已知年金求现值	已知现值求年金
1	1.130 0	0.885 0	1.000 0	1.000 0	0.885 0	1.130 0
2	1.276 9	0.783 1	2.130 0	0.469 5	1.668 1	0.599 5
3	1.442 9	0.693 1	3.406 9	0.293 5	2.361 2	0.423 5
4	1.630 5	0.613 3	4.849 8	0.206 2	2.974 5	0.336 2
5	1.842 4	0.542 8	6.480 3	0.154 3	3.517 2	0.284 3
6	2.082 0	0.480 3	8.322 7	0.120 2	3.997 5	0.250 2
7	2.352 6	0.425 1	10.404 7	0.096 1	4.422 6	0.226 1
8	2.658 4	0.376 2	12.757 3	0.078 4	4.798 8	0.208 4
9	3.004 0	0.332 9	15.415 7	0.064 9	5.131 7	0.194 9
10	3.394 6	0.294 6	18.419 7	0.054 3	5.426 2	0.184 3
11	3.835 9	0.260 7	21.814 3	0.045 8	5.686 9	0.175 8
12	4.334 5	0.230 7	25.650 2	0.039 0	5.917 6	0.169 0
13	4.898 0	0.204 2	29.984 7	0.033 4	6.121 8	0.163 4
14	5.534 8	0.180 7	34.882 7	0.028 7	6.302 5	0.158 7
15	6.254 3	0.159 9	40.417 4	0.024 7	6.462 4	0.154 7
16	7.067 3	0.141 5	46.671 7	0.021 4	6.603 9	0.151 4
17	7.986 1	0.125 2	53.739 0	0.018 6	6.729 1	0.148 6
18	9.024 3	0.110 8	61.725 1	0.016 2	6.839 9	0.146 2
19	10.197 4	0.098 1	70.749 4	0.014 1	6.938 0	0.144 1
20	11.523 1	0.086 8	80.946 8	0.012 4	7.024 8	0.142 4
21	13.021 1	0.076 8	92.469 9	0.010 8	7.101 5	0.140 8
22	14.713 8	0.068 0	105.490 9	0.009 5	7.169 5	0.139 5
23	16.626 6	0.060 1	120.204 8	0.008 3	7.229 7	0.138 3
24	18.788 1	0.053 2	136.831 4	0.007 3	7.282 9	0.137 3

续前表

年 限	复利终值系数 已知现值求将来值	复利现值系数 已知将来值求现值	年金终值系数 已知年金求将来值	基金年存系数 已知将来值求年金	年金现值系数 已知年金求现值	投资回收系数 已知现值求年金
25	21.230 5	0.047 1	155.619 4	0.006 4	7.330 0	0.136 4
26	23.990 5	0.041 7	176.850 0	0.005 7	7.371 7	0.135 7
27	27.109 3	0.036 9	200.840 4	0.005 0	7.408 6	0.135 0
28	30.633 5	0.032 6	227.949 7	0.004 4	7.441 2	0.134 4
29	34.615 8	0.028 9	258.583 1	0.003 9	7.470 1	0.133 9
30	39.115 9	0.025 6	293.199 0	0.003 4	7.495 7	0.133 4
31	44.200 9	0.022 6	332.314 8	0.003 0	7.518 3	0.133 0
32	49.947 0	0.020 0	376.515 7	0.002 7	7.538 3	0.132 7
33	56.440 2	0.017 7	426.462 7	0.002 3	7.556 0	0.132 3
34	63.777 4	0.015 7	482.902 9	0.002 1	7.571 7	0.132 1
35	72.068 4	0.013 9	546.680 3	0.001 8	7.585 6	0.131 8
40	132.781 4	0.007 5	1 013.703 0	0.001 0	7.634 4	0.131 0
45	244.641 0	0.004 1	1 874.162 0	0.000 5	7.660 9	0.130 5
50	450.735 2	0.002 2	3 459.502 0	0.000 3	7.675 2	0.130 3
55	830.450 3	0.001 2	6 380.387 0	0.000 2	7.683 0	0.130 2
60	1 530.050 0	0.000 7	11 761.930 0	0.000 1	7.687 3	0.130 1
65	2 819.018 0	0.000 4	21 677.070 0	0.000 0	7.689 6	0.130 0
70	5 193.858 0	0.000 2	39 945.060 0	0.000 0	7.690 8	0.130 0
75	9 569.345 0	0.000 1	73 602.660 0	0.000 0	7.691 5	0.130 0
80	17 630.900 0	0.000 1	135 614.600 0	0.000 0	7.691 9	0.130 0
85	32 483.770 0	0.000 0	249 867.500 0	0.000 0	7.692 1	0.130 0
90	59 849.240 0	0.000 0	460 371.100 0	0.000 0	7.692 2	0.130 0
95	110 268.300 0	0.000 0	848 210.200 0	0.000 0	7.692 2	0.130 0
100	203 162.200 0	0.000 0	1 562 779.000 0	0.000 0	7.692 3	0.130 0

14%复利系数表

年	复利终值系数	复利现值系数	年金终值系数	基金年存系数	年金现值系数	投资回收系数
限	已知现值求将来值	已知将来值求现值	已知年金求将来值	已知将来值求年金	已知年金求现值	已知现值求年金
1	1.140 0	0.877 2	1.000 0	1.000 0	0.877 2	1.140 0
2	1.299 6	0.769 5	2.140 0	0.467 3	1.646 7	0.607 3
3	1.481 5	0.675 0	3.439 6	0.290 7	2.321 6	0.430 7
4	1.689 0	0.592 1	4.921 1	0.203 2	2.913 7	0.343 2
5	1.925 4	0.519 4	6.610 1	0.151 3	3.433 1	0.291 3
6	2.195 0	0.455 6	8.535 5	0.117 2	3.888 7	0.257 2
7	2.502 3	0.399 6	10.730 5	0.093 2	4.288 3	0.233 2
8	2.852 6	0.350 6	13.232 8	0.075 6	4.638 9	0.215 6
9	3.251 9	0.307 5	16.085 3	0.062 2	4.946 4	0.202 2
10	3.707 2	0.269 7	19.337 3	0.051 7	5.216 1	0.191 7
11	4.226 2	0.236 6	23.044 5	0.043 4	5.452 7	0.183 4
12	4.817 9	0.207 6	27.270 8	0.036 7	5.660 3	0.176 7
13	5.492 4	0.182 1	32.088 7	0.031 2	5.842 4	0.171 2
14	6.261 3	0.159 7	37.581 1	0.026 6	6.002 1	0.166 6
15	7.137 9	0.140 1	43.842 4	0.022 8	6.142 2	0.162 8
16	8.137 3	0.122 9	50.980 4	0.019 6	6.265 1	0.159 6
17	9.276 5	0.107 8	59.117 6	0.016 9	6.372 9	0.156 9
18	10.575 2	0.094 6	68.394 1	0.014 6	6.467 4	0.154 6
19	12.055 7	0.082 9	78.969 2	0.012 7	6.550 4	0.152 7
20	13.743 5	0.072 8	91.024 9	0.011 0	6.623 1	0.151 0
21	15.667 6	0.063 8	104.768 4	0.009 5	6.687 0	0.149 5
22	17.861 0	0.056 0	120.436 0	0.008 3	6.742 9	0.148 3
23	20.361 6	0.049 1	138.297 1	0.007 2	6.792 1	0.147 2
24	23.212 2	0.043 1	158.658 7	0.006 3	6.835 1	0.146 3

续前表

年限	复利终值系数	复利现值系数	年金终值系数	基金年存系数	年金现值系数	投资回收系数
	已知现值求将来值	已知将来值求现值	已知年金求将来值	已知将来值求年金	已知年金求现值	已知现值求年金
25	26.461 9	0.037 8	181.870 8	0.005 5	6.872 9	0.145 5
26	30.166 6	0.033 1	208.332 8	0.004 8	6.906 1	0.144 8
27	34.389 9	0.029 1	238.499 4	0.004 2	6.935 2	0.144 2
28	39.204 5	0.025 5	272.889 3	0.003 7	6.960 7	0.143 7
29	44.693 1	0.022 4	312.093 8	0.003 2	6.983 0	0.143 2
30	50.950 2	0.019 6	356.786 9	0.002 8	7.002 7	0.142 8
31	58.083 2	0.017 2	407.737 1	0.002 5	7.019 9	0.142 5
32	66.214 8	0.015 1	465.820 3	0.002 1	7.035 0	0.142 1
33	75.484 9	0.013 2	532.035 1	0.001 9	7.048 2	0.141 9
34	86.052 8	0.011 6	607.520 0	0.001 6	7.059 9	0.141 6
35	98.100 2	0.010 2	693.572 8	0.001 4	7.070 0	0.141 4
40	188.883 6	0.005 3	1 342.025 0	0.000 7	7.105 0	0.140 7
45	363.679 2	0.002 7	2 590.565 0	0.000 4	7.123 2	0.140 4
50	700.233 1	0.001 4	4 994.523 0	0.000 2	7.132 7	0.140 2
55	1 348.239 0	0.000 7	9 623.137 0	0.000 1	7.137 6	0.140 1
60	2 395.920 0	0.000 4	18 535.140 0	0.000 1	7.140 1	0.140 1
65	4 998.221 0	0.000 2	35 694.430 0	0.000 0	7.141 4	0.140 0
70	9 623.649 0	0.000 1	68 733.210 0	0.000 0	7.142 1	0.140 0
72	18 529.510 0	0.000 1	132 346.500 0	0.000 0	7.142 5	0.140 0
80	35 676.990 0	0.000 0	254 828.500 0	0.000 0	7.142 7	0.140 0
85	68 693.000 0	0.000 0	490 657.200 0	0.000 0	7.142 8	0.140 0
90	132 262.500 0	0.000 0	944 725.100 0	0.000 0	7.142 8	0.140 0
95	254 660.200 0	0.000 0	1 818 994.000 0	0.000 0	7.142 8	0.140 0
100	490 326.500 0	0.000 0	3 502 325.000 0	0.000 0	7.142 8	0.140 0

15%复利系数表

年 限	复利终值系数 已知现值求将来值	复利现值系数 已知将来值求现值	年金终值系数 已知年金求将来值	基金年存系数 已知将来值求年金	年金现值系数 已知年金求现值	投资回收系数 已知现值求年金
1	1.150 0	0.869 6	1.000 0	1.000 0	0.869 6	1.150 0
2	1.322 5	0.756 1	2.150 0	0.465 1	1.625 7	0.615 1
3	1.520 9	0.657 5	3.472 5	0.288 0	2.283 2	0.438 0
4	1.749 0	0.571 8	4.993 4	0.200 3	2.855 0	0.350 3
5	2.011 4	0.497 2	6.742 4	0.148 3	3.352 2	0.298 3
6	2.313 1	0.432 3	8.753 7	0.114 2	3.784 5	0.264 2
7	2.660 0	0.375 9	11.066 8	0.090 4	4.160 4	0.240 4
8	3.059 0	0.326 9	13.726 8	0.072 9	4.487 3	0.222 9
9	3.517 9	0.284 3	16.785 8	0.059 6	4.771 6	0.209 6
10	4.045 6	0.247 2	20.303 7	0.049 3	5.018 8	0.199 3
11	4.652 4	0.214 9	24.349 3	0.041 1	5.233 7	0.191 1
12	5.350 3	0.186 9	29.001 7	0.034 5	5.420 6	0.184 5
13	6.152 8	0.162 5	34.351 9	0.029 1	5.583 1	0.179 1
14	7.075 7	0.141 3	40.504 7	0.024 7	5.724 5	0.174 7
15	8.137 1	0.122 9	47.580 4	0.021 0	5.847 4	0.171 0
16	9.357 6	0.106 9	55.717 5	0.017 9	5.954 2	0.167 9
17	10.761 3	0.092 9	65.075 1	0.015 4	6.047 2	0.165 4
18	12.375 5	0.080 8	75.836 4	0.013 2	6.128 0	0.163 2
19	14.231 8	0.070 3	88.211 8	0.011 3	6.198 2	0.161 3
20	16.366 5	0.061 1	102.443 6	0.009 8	6.259 3	0.159 8
21	18.821 5	0.053 1	118.810 1	0.008 4	6.312 5	0.158 4
22	21.644 7	0.046 2	137.631 6	0.007 3	6.358 7	0.157 3
23	24.891 5	0.040 2	159.276 4	0.006 3	6.398 8	0.156 3
24	28.625 2	0.034 9	184.167 9	0.005 4	6.433 8	0.155 4

续前表

年	复利终值系数	复利现值系数	年金终值系数	基金年存系数	年金现值系数	投资回收系数
限	已知现值求将来值	已知将来值求现值	已知年金求将来值	已知将来值求年金	已知年金求现值	已知现值求年金
25	32.919 0	0.030 4	212.793 0	0.004 7	6.464 1	0.154 7
26	37.856 8	0.026 4	245.712 0	0.004 1	6.490 6	0.154 1
27	43.535 3	0.023 0	283.568 8	0.003 5	6.513 5	0.153 5
28	50.065 6	0.020 0	327.104 1	0.003 1	6.533 5	0.153 1
29	57.575 5	0.017 4	377.169 7	0.002 7	6.550 9	0.152 7
30	66.211 8	0.015 1	434.745 2	0.002 3	6.566 0	0.152 3
31	76.143 6	0.013 1	500.957 0	0.002 0	6.579 1	0.152 0
32	87.565 1	0.011 4	577.100 5	0.001 7	6.590 5	0.151 7
33	100.699 8	0.009 9	664.665 5	0.001 5	6.600 5	0.151 5
34	115.804 8	0.008 6	765.365 3	0.001 3	6.609 1	0.151 3
35	133.175 5	0.007 5	881.170 1	0.001 1	6.616 6	0.151 1
40	267.863 6	0.003 7	1 779.090 0	0.000 6	6.641 8	0.150 6
45	538.769 3	0.001 9	3 585.128 0	0.000 3	6.654 3	0.150 3
50	1 083.658 0	0.000 9	7 217.717 0	0.000 1	6.660 5	0.150 1
55	2 179.622 0	0.000 5	14 524.150 0	0.000 1	6.663 6	0.150 1
60	4 383.999 0	0.000 2	29 219.990 0	0.000 0	6.665 1	0.150 0
65	8 817.787 0	0.000 1	58 778.580 0	0.000 0	6.665 9	0.150 0
70	17 735.720 0	0.000 1	118 231.500 0	0.000 0	6.666 3	0.150 0
75	35 672.870 0	0.000 0	237 812.500 0	0.000 0	6.666 5	0.150 0
80	71 750.880 0	0.000 0	478 332.600 0	0.000 0	6.666 6	0.150 0
85	144 316.700 0	0.000 0	962 104.300 0	0.000 0	6.666 6	0.150 0
90	290 272.400 0	0.000 0	1 935 142.000 0	0.000 0	6.666 6	0.150 0
95	583 814.500 0	0.000 0	3 892 270.000 0	0.000 0	6.666 7	0.150 0
100	1 174 314.000 0	0.000 0	7 828 750.000 0	0.000 0	6.666 7	0.150 0

20%复利系数表

年	复利终值系数	复利现值系数	年金终值系数	基金年存系数	年金现值系数	投资回收系数
限	已知现值求将来值	已知将来值求现值	已知年金求将来值	已知将来值求年金	已知年金求现值	已知现值求年金
1	1.200 0	0.833 3	1.000 0	1.000 0	0.833 3	1.200 0
2	1.440 0	0.694 4	2.200 0	0.454 5	1.527 8	0.654 5
3	1.728 0	0.578 7	3.640 0	0.274 7	2.106 5	0.474 7
4	2.073 6	0.482 3	5.368 0	0.186 3	2.588 7	0.386 3
5	2.488 3	0.401 9	7.441 6	0.134 4	2.990 6	0.334 4
6	2.986 0	0.334 9	9.929 9	0.100 7	3.325 5	0.300 7
7	3.588 2	0.279 1	12.915 9	0.077 4	3.604 6	0.277 4
8	4.299 8	0.232 6	16.499 1	0.060 6	3.837 2	0.260 6
9	5.159 8	0.193 8	20.798 9	0.048 1	4.031 0	0.248 1
10	6.191 7	0.161 5	25.958 7	0.038 5	4.192 5	0.238 5
11	7.430 1	0.134 6	32.150 4	0.031 1	4.327 1	0.231 1
12	8.916 1	0.112 2	39.580 5	0.025 3	4.439 2	0.225 3
13	10.699 3	0.093 5	48.496 6	0.020 6	4.532 7	0.220 6
14	12.839 2	0.077 9	59.195 9	0.016 9	4.610 6	0.216 9
15	15.407 0	0.064 9	72.035 1	0.013 9	4.675 5	0.213 9
16	18.488 4	0.054 1	87.442 1	0.011 4	4.729 6	0.211 4
17	22.186 1	0.045 1	105.930 6	0.009 4	4.774 6	0.209 4
18	26.623 3	0.037 6	128.116 7	0.007 8	4.812 2	0.207 8
19	31.948 0	0.031 3	154.740 0	0.006 5	4.843 5	0.206 5

续前表

年限	复利终值系数 已知现值求将来值	复利现值系数 已知将来值求现值	年金终值系数 已知年金求将来值	基金年存系数 已知将来值求年金	年金现值系数 已知年金求现值	投资回收系数 已知现值求年金
20	38.337 6	0.026 1	186.688 0	0.005 4	4.869 6	0.205 4
21	46.005 1	0.021 7	225.025 6	0.004 4	4.891 3	0.204 4
22	55.206 1	0.018 1	271.030 7	0.003 7	4.909 4	0.203 7
23	66.247 4	0.015 1	326.236 9	0.003 1	4.924 5	0.203 1
24	79.496 9	0.012 6	392.484 3	0.002 5	4.937 1	0.202 5
25	95.396 2	0.010 5	471.981 1	0.002 1	4.947 6	0.202 1
26	114.475 5	0.008 7	567.377 3	0.001 8	4.956 3	0.201 8
27	137.370 6	0.007 3	681.852 9	0.001 5	4.963 6	0.201 5
28	164.844 7	0.006 1	819.223 3	0.001 2	4.969 7	0.201 2
29	197.813 6	0.005 1	984.068 1	0.001 0	4.974 7	0.201 0
30	237.376 4	0.004 2	1 181.882 0	0.000 8	4.978 9	0.200 8
31	284.851 6	0.003 5	1 419.258 0	0.000 7	4.982 4	0.200 7
32	341.821 9	0.002 9	1 704.110 0	0.000 6	4.985 4	0.200 6
33	410.186 3	0.002 4	2 045.931 0	0.000 5	4.987 8	0.200 5
34	492.223 6	0.002 0	2 456.118 0	0.000 4	4.989 8	0.200 4
35	590.668 3	0.001 7	2 948.341 0	0.000 3	4.991 5	0.200 3
40	1 469.772 0	0.000 7	7 343.858 0	0.000 1	4.996 6	0.200 1
45	3 657.263 0	0.000 3	18 281.310 0	0.000 1	4.998 6	0.200 1
50	9 100.439 0	0.000 1	45 497.190 0	0.000 0	4.999 5	0.200 0

25%复利系数表

年	复利终值系数	复利现值系数	年金终值系数	基金年存系数	年金现值系数	投资回收系数
限	已知现值求将来值	已知将来值求现值	已知年金求将来值	已知将来值求年金	已知年金求现值	已知现值求年金
1	1.250 0	0.800 0	1.000 0	1.000 0	0.800 0	1.250 0
2	1.562 5	0.640 0	2.250 0	0.444 4	1.440 0	0.694 4
3	1.953 1	0.512 0	3.812 5	0.262 3	1.952 0	0.512 3
4	2.441 4	0.409 6	5.765 6	0.173 4	2.361 6	0.423 4
5	3.051 8	0.327 7	8.207 0	0.121 8	2.689 3	0.371 8
6	3.814 7	0.262 1	11.258 8	0.088 8	2.951 4	0.338 8
7	4.768 4	0.209 7	15.073 5	0.066 3	3.161 1	0.316 3
8	5.960 5	0.167 8	19.841 9	0.050 4	3.328 9	0.300 4
9	7.450 6	0.134 2	25.802 3	0.038 8	3.463 1	0.288 8
10	9.313 2	0.107 4	33.252 9	0.030 1	3.570 5	0.280 1
11	11.641 5	0.085 9	42.566 1	0.023 5	3.656 4	0.273 5
12	14.551 9	0.068 7	54.207 7	0.018 4	3.725 1	0.268 4
13	18.189 9	0.055 0	68.759 6	0.014 5	3.780 1	0.264 5
14	22.737 4	0.044 0	86.949 5	0.011 5	3.824 1	0.261 5
15	28.421 7	0.035 2	109.686 8	0.009 1	3.859 3	0.259 1
16	35.527 1	0.028 1	138.108 6	0.007 2	3.887 4	0.257 2
17	44.408 9	0.022 5	173.635 7	0.005 8	3.909 9	0.255 8
18	55.511 2	0.018 0	218.044 6	0.004 6	3.927 9	0.254 6
19	69.388 9	0.014 4	273.555 8	0.003 7	3.942 4	0.253 7

续前表

年限	复利终值系数	复利现值系数	年金终值系数	基金年存系数	年金现值系数	投资回收系数
	已知现值求将来值	已知将来值求现值	已知年金求将来值	已知将来值求年金	已知年金求现值	已知现值求年金
20	86.736 2	0.011 5	342.944 7	0.002 9	3.953 9	0.252 9
21	108.420 2	0.009 2	429.680 9	0.002 3	3.963 1	0.252 3
22	135.525 3	0.007 4	538.101 1	0.001 9	3.970 5	0.251 9
23	169.406 6	0.005 9	673.626 3	0.001 5	3.976 4	0.251 5
24	211.758 3	0.004 7	843.032 9	0.001 2	3.981 1	0.251 2
25	264.697 8	0.003 8	1 054.791 0	0.000 9	3.984 9	0.250 9
26	330.872 3	0.003 0	1 319.489 0	0.000 8	3.987 9	0.250 8
27	413.590 3	0.002 4	1 650.361 0	0.000 6	3.990 3	0.250 6
28	516.987 9	0.001 9	2 063.952 0	0.000 5	3.992 3	0.250 5
29	646.234 9	0.001 5	2 580.940 0	0.000 4	3.993 8	0.250 4
30	807.793 6	0.001 2	3 227.174 0	0.000 3	3.995 0	0.250 3
31	1 009.742 0	0.001 0	4 034.968 0	0.000 2	3.996 0	0.250 2
32	1 262.178 0	0.000 8	5 044.710 0	0.000 2	3.996 8	0.250 2
33	1 577.722 0	0.000 6	6 306.888 0	0.000 2	3.997 5	0.250 2
34	1 972.152 0	0.000 5	7 884.610 0	0.000 1	3.998 0	0.250 1
35	2 465.191 0	0.000 4	9 856.762 0	0.000 1	3.998 4	0.250 1
40	7 523.164 0	0.000 1	30 088.660 0	0.000 0	3.999 5	0.250 0
45	22 958.880 0	0.000 0	91 831.500 0	0.000 0	3.999 8	0.250 0
50	70 064.930 0	0.000 0	280 255.700 0	0.000 0	3.999 9	0.250 0

30%复利系数表

年	复利终值系数	复利现值系数	年金终值系数	基金年存系数	年金现值系数	投资回收系数
限	已知现值求将来值	已知将来值求现值	已知年金求将来值	已知将来值求年金	已知年金求现值	已知现值求年金
1	1.300 0	0.769 2	1.000 0	1.000 0	0.769 2	1.300 0
2	1.690 0	0.591 7	2.300 0	0.434 8	1.360 9	0.734 8
3	2.197 0	0.455 2	3.990 0	0.250 6	1.816 1	0.550 6
4	2.856 1	0.350 1	6.187 0	0.161 6	2.166 2	0.461 6
5	3.712 9	0.269 3	9.043 1	0.110 6	2.435 6	0.410 6
6	4.826 8	0.207 2	12.756 0	0.078 4	2.642 7	0.378 4
7	6.274 8	0.159 4	17.582 8	0.056 9	2.802 1	0.356 9
8	8.157 3	0.122 6	23.857 7	0.041 9	2.924 7	0.341 9
9	10.604 5	0.094 3	32.015 0	0.031 2	3.019 0	0.331 2
10	13.785 8	0.072 5	42.619 5	0.023 5	3.091 5	0.323 5
11	17.921 6	0.055 8	56.405 3	0.017 7	3.147 3	0.317 7
12	23.298 1	0.042 9	74.326 9	0.013 5	3.190 3	0.313 5
13	30.287 5	0.033 0	97.625 0	0.010 2	3.223 3	0.310 2
14	39.373 7	0.025 4	127.912 4	0.007 8	3.248 7	0.307 8
15	51.185 9	0.019 5	167.286 2	0.006 0	3.268 2	0.306 0
16	66.541 6	0.015 0	218.472 0	0.004 6	3.283 2	0.304 6
17	86.504 1	0.011 6	285.013 6	0.003 5	3.294 8	0.303 5
18	112.455 3	0.008 9	371.517 7	0.002 7	3.303 7	0.302 7
19	146.191 9	0.006 8	483.972 9	0.002 1	3.310 5	0.302 1
20	190.049 4	0.005 3	630.164 8	0.001 6	3.315 8	0.301 6
21	247.064 3	0.004 0	820.214 0	0.001 2	3.319 8	0.301 2
22	321.183 5	0.003 1	1 067.278 0	0.000 9	3.323 0	0.300 9
23	417.538 5	0.002 4	1 388.462 0	0.000 7	3.325 3	0.300 7
24	542.800 1	0.001 8	1 806.000 0	0.000 6	3.327 2	0.300 6
25	705.640 0	0.001 4	2 348.800 0	0.000 4	3.328 6	0.300 4
26	917.332 0	0.001 1	3 054.440 0	0.000 3	3.329 7	0.300 3
27	1 192.532 0	0.000 8	3 971.772 0	0.000 3	3.330 5	0.300 3
28	1 550.291 0	0.000 6	5 164.303 0	0.000 2	3.331 2	0.300 2
29	2 015.378 0	0.000 5	6 714.594 0	0.000 1	3.331 7	0.300 1
30	2 619.991 0	0.000 4	8 729.971 0	0.000 1	3.332 1	0.300 1

35%复利系数表

年	复利终值系数	复利现值系数	年金终值系数	基金年存系数	年金现值系数	投资回收系数
限	已知现值求将来值	已知将来值求现值	已知年金求将来值	已知将来值求年金	已知年金求现值	已知现值求年金
1	1.350 0	0.740 7	1.000 0	1.000 0	0.740 7	1.350 0
2	1.822 5	0.548 7	2.350 0	0.425 5	1.289 4	0.775 5
3	2.460 4	0.406 4	4.172 5	0.239 7	1.695 9	0.589 7
4	3.321 5	0.301 1	6.632 9	0.150 8	1.996 9	0.500 8
5	4.484 0	0.223 0	9.954 4	0.100 5	2.220 0	0.450 5
6	6.053 4	0.165 2	14.438 4	0.069 3	2.385 2	0.419 3
7	8.172 2	0.122 4	20.491 9	0.048 8	2.507 5	0.398 8
8	11.032 4	0.090 6	28.664 0	0.034 9	2.598 2	0.384 9
9	14.893 7	0.067 1	39.696 4	0.025 2	2.665 3	0.375 2
10	20.106 6	0.049 7	54.590 2	0.018 3	2.715 0	0.368 3
11	27.143 9	0.036 8	74.696 7	0.013 4	2.751 9	0.363 4
12	36.644 2	0.027 3	101.840 6	0.009 8	2.779 2	0.359 8
13	49.469 7	0.020 2	138.484 8	0.007 2	2.799 4	0.357 2
14	66.784 1	0.015 0	187.954 4	0.005 3	2.814 4	0.355 3
15	90.158 5	0.011 1	254.738 5	0.003 9	2.825 5	0.353 9
16	121.713 9	0.008 2	344.897 0	0.002 9	2.833 7	0.352 9
17	164.313 8	0.006 1	466.610 9	0.002 1	2.839 8	0.352 1
18	221.823 7	0.004 5	630.924 7	0.001 6	2.844 3	0.351 6
19	299.462 0	0.003 3	852.748 4	0.001 2	2.847 6	0.351 2
20	404.273 6	0.002 5	1 152.210 0	0.000 9	2.850 1	0.350 9
21	545.769 4	0.001 8	1 556.484 0	0.000 6	2.851 9	0.350 6
22	736.788 6	0.001 4	2 102.253 0	0.000 5	2.853 3	0.350 5
23	994.664 8	0.001 0	2 839.042 0	0.000 4	2.854 3	0.350 4
24	1 342.797 0	0.000 7	3 833.707 0	0.000 3	2.855 0	0.350 3
25	1 812.776 0	0.000 6	5 176.504 0	0.000 2	2.855 6	0.350 2
26	2 447.248 0	0.000 4	6 989.281 0	0.000 1	2.856 0	0.350 1
27	3 303.785 0	0.000 3	9 436.529 0	0.000 1	2.856 3	0.350 1
28	4 460.110 0	0.000 2	12 740.320 0	0.000 1	2.856 5	0.350 1
29	6 021.148 0	0.000 2	17 200.420 0	0.000 1	2.856 7	0.350 1
30	8 128.550 0	0.000 1	23 221.570 0	0.000 0	2.856 8	0.350 0

40%复利系数表

年限	复利终值系数 已知现值求将来值	复利现值系数 已知将来值求现值	年金终值系数 已知年金求将来值	基金年存系数 已知将来值求年金	年金现值系数 已知年金求现值	投资回收系数 已知现值求年金
1	1.400 0	0.714 3	1.000 0	1.000 0	0.714 3	1.400 0
2	1.960 0	0.510 2	2.400 0	0.416 7	1.224 5	0.816 7
3	2.744 0	0.364 4	4.360 0	0.229 4	1.588 9	0.629 4
4	3.841 6	0.260 3	7.104 0	0.140 8	1.849 2	0.540 8
5	5.378 2	0.185 9	10.945 6	0.091 4	2.035 2	0.491 4
6	7.529 5	0.132 8	16.323 8	0.061 3	2.168 0	0.461 3
7	10.541 4	0.094 9	23.853 4	0.041 9	2.262 8	0.441 9
8	14.757 9	0.067 8	34.394 7	0.029 1	2.330 6	0.429 1
9	20.661 0	0.048 4	49.152 6	0.020 3	2.379 0	0.420 3
10	28.925 5	0.034 6	69.813 6	0.014 3	2.413 6	0.414 3
11	40.495 6	0.024 7	98.739 1	0.010 1	2.438 3	0.410 1
12	56.693 9	0.017 6	139.234 7	0.007 2	2.455 9	0.407 2
13	79.371 5	0.012 6	195.928 7	0.005 1	2.468 5	0.405 1
14	111.120 0	0.009 0	275.300 1	0.003 6	2.477 5	0.403 6
15	155.568 1	0.006 4	386.420 1	0.002 6	2.483 9	0.402 6
16	217.795 3	0.004 6	541.988 2	0.001 8	2.488 5	0.401 8
17	304.913 4	0.003 3	759.783 4	0.001 3	2.491 8	0.401 3
18	426.878 7	0.002 3	1 064.697 0	0.000 9	2.494 1	0.400 9
19	597.630 2	0.001 7	1 491.576 0	0.000 7	2.495 8	0.400 7
20	836.682 2	0.001 2	2 089.205 0	0.000 5	2.497 0	0.400 5
21	1 171.355 0	0.000 9	2 925.888 0	0.000 3	2.497 9	0.400 3
22	1 639.897 0	0.000 6	4 097.243 0	0.000 2	2.498 5	0.400 2
23	2 295.856 0	0.000 4	5 737.140 0	0.000 2	2.498 9	0.400 2
24	3 214.198 0	0.000 3	8 032.995 0	0.000 1	2.499 2	0.400 1
25	4 499.877 0	0.000 2	11 247.190 0	0.000 1	2.499 4	0.400 1
26	6 299.828 0	0.000 2	15 747.070 0	0.000 1	2.499 6	0.400 1
27	8 819.759 0	0.000 1	22 046.900 0	0.000 0	2.499 7	0.400 0
28	12 347.660 0	0.000 1	30 866.660 0	0.000 0	2.499 8	0.400 0
29	17 286.730 0	0.000 1	43 214.320 0	0.000 0	2.499 9	0.400 0
30	24 201.420 0	0.000 0	60 501.050 0	0.000 0	2.499 9	0.400 0

45%复利系数表

年	复利终值系数	复利现值系数	年金终值系数	基金年存系数	年金现值系数	投资回收系数
限	已知现值求将来值	已知将来值求现值	已知年金求将来值	已知将来值求年金	已知年金求现值	已知现值求年金
1	1.450 0	0.689 7	1.000 0	1.000 0	0.689 7	1.450 0
2	2.102 5	0.475 6	2.450 0	0.408 2	1.165 3	0.858 2
3	3.048 6	0.328 0	4.552 5	0.219 7	1.493 3	0.669 7
4	4.420 5	0.226 2	7.601 1	0.131 6	1.719 5	0.581 6
5	6.409 7	0.156 0	12.021 6	0.083 2	1.875 5	0.533 2
6	9.294 1	0.107 6	18.431 4	0.054 3	1.983 1	0.504 3
7	13.476 5	0.074 2	27.725 5	0.036 1	2.057 3	0.486 1
8	19.540 9	0.051 2	41.202 0	0.024 3	2.108 5	0.474 3
9	28.334 3	0.035 3	60.742 8	0.016 5	2.143 8	0.466 5
10	41.084 7	0.024 3	89.077 1	0.011 2	2.168 1	0.461 2
11	59.572 8	0.016 8	130.161 9	0.007 7	2.184 9	0.457 7
12	86.380 6	0.011 6	189.734 7	0.005 3	2.196 5	0.455 3
13	125.251 9	0.008 0	276.115 3	0.003 6	2.204 5	0.453 6
14	181.615 3	0.005 5	401.367 2	0.002 5	2.210 0	0.452 5
15	263.342 1	0.003 8	582.982 5	0.001 7	2.213 8	0.451 7
16	381.846 1	0.002 6	846.324 6	0.001 2	2.216 4	0.451 2
17	553.676 8	0.001 8	1 228.171 0	0.000 8	2.218 2	0.450 8
18	802.831 5	0.001 2	1 781.848 0	0.000 6	2.219 5	0.450 6
19	1 164.106 0	0.000 9	2 584.680 0	0.000 4	2.220 3	0.450 4
20	1 687.953 0	0.000 6	3 748.785 0	0.000 3	2.220 9	0.450 3
21	2 447.532 0	0.000 4	5 436.739 0	0.000 2	2.221 3	0.450 2
22	3 548.922 0	0.000 3	7 884.272 0	0.000 1	2.221 6	0.450 1
23	5 145.937 0	0.000 2	11 433.190 0	0.000 1	2.221 8	0.450 1
24	7 461.609 0	0.000 1	16 579.130 0	0.000 1	2.221 9	0.450 1
25	10 819.330 0	0.000 1	24 040.740 0	0.000 0	2.222 0	0.450 0
26	15 688.040 0	0.000 1	34 860.080 0	0.000 0	2.222 1	0.450 0
27	22 747.650 0	0.000 0	50 548.120 0	0.000 0	2.222 1	0.450 0
28	32 984.100 0	0.000 0	73 295.770 0	0.000 0	2.222 2	0.450 0
29	47 826.940 0	0.000 0	106 279.900 0	0.000 0	2.222 2	0.450 0
30	69 349.070 0	0.000 0	154 106.800 0	0.000 0	2.222 2	0.450 0

50%复利系数表

年	复利终值系数	复利现值系数	年金终值系数	基金年存系数	年金现值系数	投资回收系数
限	已知现值求将来值	已知将来值求现值	已知年金求将来值	已知将来值求年金	已知年金求现值	已知现值求年金
1	1.500 0	0.666 7	1.000 0	1.000 0	0.666 7	1.500 0
2	2.250 0	0.444 4	2.500 0	0.400 0	1.111 1	0.900 0
3	3.375 0	0.296 3	4.750 0	0.210 5	1.407 4	0.710 5
4	5.062 5	0.197 5	8.125 0	0.123 1	1.604 9	0.623 1
5	7.593 8	0.131 7	13.187 5	0.075 8	1.736 6	0.575 8
6	11.390 6	0.087 8	20.781 3	0.048 1	1.824 4	0.548 1
7	17.085 9	0.058 5	32.171 9	0.031 1	1.882 9	0.531 1
8	25.628 9	0.039 0	49.257 8	0.020 3	1.922 0	0.520 3
9	38.443 4	0.026 0	74.886 7	0.013 4	1.948 0	0.513 4
10	57.665 0	0.017 3	113.330 1	0.008 8	1.965 3	0.508 8
11	86.497 6	0.011 6	170.995 1	0.005 8	1.976 9	0.505 8
12	129.746 3	0.007 7	257.492 7	0.003 9	1.984 6	0.503 9
13	194.619 5	0.005 1	387.239 0	0.002 6	1.989 7	0.502 6
14	291.929 3	0.003 4	581.858 5	0.001 7	1.993 1	0.501 7
15	437.893 9	0.002 3	873.787 8	0.001 1	1.995 4	0.501 1
16	656.840 8	0.001 5	1 311.682 0	0.000 8	1.997 0	0.500 8
17	985.261 2	0.001 0	1 968.523 0	0.000 5	1.998 0	0.500 5
18	1 477.892 0	0.000 7	2 953.784 0	0.000 3	1.998 6	0.500 3
19	2 216.838 0	0.000 5	4 431.676 0	0.000 2	1.999 1	0.500 2
20	3 325.257 0	0.000 3	6 648.513 0	0.000 2	1.999 4	0.500 2
21	4 987.885 0	0.000 2	9 973.769 0	0.000 1	1.999 6	0.500 1
22	7 481.828 0	0.000 1	14 961.660 0	0.000 1	1.999 7	0.500 1
23	11 222.740 0	0.000 1	22 443.480 0	0.000 0	1.999 8	0.500 0
24	16 834.110 0	0.000 1	33 666.220 0	0.000 0	1.999 9	0.500 0
25	25 251.170 0	0.000 0	50 500.340 0	0.000 0	1.999 9	0.500 0
26	37 876.750 0	0.000 0	75 751.500 0	0.000 0	1.999 9	0.500 0
27	56 815.130 0	0.000 0	113 628.300 0	0.000 0	2.000 0	0.500 0
28	85 222.690 0	0.000 0	170 443.100 0	0.000 0	2.000 0	0.500 0
29	127 834.000 0	0.000 0	255 666.100 0	0.000 0	2.000 0	0.500 0
30	191 751.100 0	0.000 0	383 500.100 0	0.000 0	2.000 0	0.500 0

参考文献

1. 阿斯沃思·达摩达兰. 应用公司财务（第三版）. 北京：中国人民大学出版社，2012.
2. 阿斯沃斯·达摩达兰. 投资估价（第三版）. 北京：清华大学出版社，2014.
3. 陈文浩，等. 公司财务（第三版）. 上海：上海财经大学出版社，2015.
4. 登齐尔·沃森，等. 公司理财：原理与实践（第4版）. 北京：电子工业出版社，2009.
5. 刘玉平. 财务管理理论与实务. 北京：中共中央党校出版社，2008.
6. 罗伯特·希金斯. 财务管理分析（第8版）. 北京：北京大学出版社，2007.
7. 王化成. 公司财务管理. 北京：高等教育出版社，2007.
8. 威廉·L. 麦金森. 公司财务理论. 大连：东北财经大学出版社，2011.
9. 中国注册会计师协会. 财务成本管理. 北京：中国财政经济出版社，2011.
10. 中华人民共和国财政部. 企业会计准则 2006. 北京：经济科学出版社，2006.

图书在版编目（CIP）数据

财务管理学/刘玉平，马海涛，李小荣主编. —5版. —北京：中国人民大学出版社，2019.7

高等学校经济管理类核心课程教材

ISBN 978-7-300-27062-3

Ⅰ.①财… Ⅱ.①刘… ②马… ③李… Ⅲ.①财务管理-高等学校-教材 Ⅳ.①F275

中国版本图书馆 CIP 数据核字（2019）第 131379 号

"十二五"普通高等教育本科国家级规划教材

高等学校经济管理类核心课程教材

财务管理学（第五版）

刘玉平　马海涛　李小荣　主编

Caiwu Guanlixue

出版发行	中国人民大学出版社		
社　　址	北京中关村大街 31 号	**邮政编码**	100080
电　　话	010－62511242（总编室）		010－62511770（质管部）
	010－82501766（邮购部）		010－62514148（门市部）
	010－62515195（发行公司）		010－62515275（盗版举报）
网　　址	http://www.crup.com.cn		
经　　销	新华书店		
印　　刷	北京昌联印刷有限公司	**版　　次**	2004 年 4 月第 1 版
规　　格	185 mm×260 mm　16 开本		2019 年 7 月第 5 版
印　　张	19.5	**印　　次**	2022 年 1 月第 3 次印刷
字　　数	444 000	**定　　价**	42.00 元